The
Body
Multiple

바디 멀티플

의료실천에서의 존재론

아네마리 몰 지음

송은주·임소연 옮김

그린비

| 일러두기 |

1 이 책은 Annemarie Mol, *The Body Multiple: Ontology in Medical Practice*, Duke University Press, 2003를 완역한 것이다.

2 주석은 모두 옮긴이 주이며 별표(*)로 표시했다.

3 단행본·정기간행물 등의 제목에는 겹낫표(『 』)를, 논문·단편 등의 제목에는 낫표(「 」)를 사용했다.

4 외국어 고유명사는 2002년 국립국어원에서 펴낸 외래어표기법을 따랐다.

이 책은 (서구, 코스모폴리탄, 이종요법적allopathic) 의학이 신체와 질병을 다루는 방식에 관한 것이다. 이 책이 제기하는 질문은 의학이 그 대상을 **아는** 방식과는 무관하다. 그보다 책이 탐색하는 내용은 의학이 다양한 각종 실천practice에서 의학의 대상object들과 조화를 이루고 상호작용하면서 형성하는 방식들이다. 혹은 기술적 용어를 사용해서 말하자면, 이 책은 의학이 관심과 치료의 대상을 **실행하는**enact 방식에 관한 것이다.*

그래서 의학과 그 프로세스를 다루는 다른 많은 책과는 달리, 이 책은 신체와 질병에 관한 각기 다른 관점에 대해 이야기하지는 않는다. 그 대신 신체와 질병이 어떻게 형성되는가에 대해 말한다. 즉, 이 책은 일련의 다른 실천들에 관해 이야기하게 될 것이다. 이 실천들은 어떤 존재자entity를 얇게 자르고, 색을 입히고, 조사하고, 그것에 관해

---

* enact는 '상연하다', '실연하다', '발제하다', '창제하다' 등 여러 용어로 번역되어 쓰이지만 이 글에서는 실제로 행함으로써 존재한다는 존재론적 의미를 담아 '실행하다'로 번역하고자 한다. 국내 인류학 논문에서는 주로 '상연하다'로 번역되었으나 몰이 버틀러의 '수행하다'(perform)가 초래하는 무대 위와 아래의 구분에 대한 논란을 염려하여 이 단어를 선택한 것을 염두에 둔다면, 여전히 무대 위에서 벌어지는 일을 가리키는 '상연하다'보다는 '실행하다'가 더 적합할 것으로 보았다. 이 용어의 선택에 대해서는 저자 스스로 본문 67~68쪽에서 설명하고 있다.

이야기하고, 측정하고, 수를 세고, 도려내고, 걷기로 막거나 예방하는 것들이다. 어떤 존재자인가? 그때그때 조금씩 다르다. 지식보다는 실행을 다루어야 중요한 효과를 얻을 수 있다. 그러면 우리가 단일한 대상으로 생각한 것이 하나 이상으로 보일 수도 있다. 이 책의 사례들은 모두 동맥경화증atherosclerosis에 관한 것이다.* 그러나 동맥경화증에 걸린 동맥에서 잘라 낸 플라크plaque는, 같은 이름으로 불린다 하더라도 동맥경화증을 앓는 환자가 진찰실에서 말하는 문제와 똑같은 존재자가 아니다. 협착증으로 인한 혈압 저하는 방사선 전문의가 엑스레이 사진에서 보여 주는 혈관 관내강lumen의 손실loss과 같은 것이 아니다.

　　그러면 인식론에서는 멀어진다. 인식론은 지시reference와 관련이 있다. 실재의 재현이 정확한지 묻는다. 그러나 대상들이 실천에서 실행되는 방식을 다룬다면 무엇이 중요한지는 완전히 달라진다. 실행이 여러 가지로 나오기 때문에, 실행에 대해 꼭 던져야 할 핵심적인 질문은 실행이 어떻게 조정되는가coordinate다. 실천에서 신체와 질병은 하나 이상이지만, 그렇다고 해서 그것들이 여러 개로 쪼개진다는 뜻은 아니다. 그렇게 생각하기는 어렵다. 그러나 이 책이 연구하는 것은 바로 이런 복잡한 상황이다. 나는 이를 제목에서 포착하려 했고, 그래서 단수 명사에 복수화하는 형용사가 붙었다. 그러니까 이 책은 복잡하게 조정된 무리, 다중신체body multiple에 관한 것이다.

　　이 텍스트는 논쟁하기보다는 성찰하는 투로 쓰였다. 마치 의학

---

* '아테롬성 동맥경화증' 또는 '죽상동맥경화증'이 더 정확한 표기이지만, 일반 독자를 고려하여 '동맥경화증'으로 표기한다. 더불어 이 책에 등장하는 의학 용어는 모두 KLME 의학 검색엔진 포털 사이트(http://m.kmle.co.kr)를 참고했다.

이 하나의 전체인 것처럼, 전반적으로 의학을 비판하거나 옹호할 이유가 없다. 의학의 외부에 자리 잡고 의학에 대해 어떤 판단을 내리는 대신, 더 익숙한 규범성normativity을 다루고자 한다. 나는 의학 안의 차이들을 열어 놓고, 거기 접근할 더 나은 방법을 만들어 내고자 한다. 의학의 대상들이 다양한 방법으로 실행된다면, 진실성truthfulness으로는 더는 충분치 않다. 다중신체와 질병의 다양한 실행의 적절성에 대해 질문을 던질 필요가 있지만, 나는 이 책에서 그런 질문을 하지는 않는다. 제시된 다양한 실행들의 적절성을 어떻게 판단할지, 혹은 판단할 수 있을지에 대해 깊이 파고들지는 않는다. 그 대신, 이런 문제를 생각할 이론적 레퍼토리를 만들어 내는 데 한몫을 하려고 한다. 나는 의학의 **존재론적 정치학**을 이론화하는 데 기여하고자 한다. 이는 문제들을 표현해 내고, 신체를 형성하고, 생명을 밀고 당겨 이런저런 형상으로 만드는 방식들을 다루는 정치학이다.

이론화에 관한 관심 덕분에 이 책은 철학적인 책이 되었다. 그러나 내가 여기에서 이용하는 철학은 매우 특정한 종류의 것이다. 그 철학은 어느 한 지역에서 기원한다. 그래서 책 전체에 단 하나의 다중적 질병multiple disease과, 그 병이 병원 딱 한 곳과 그 병원 일부에서 다루어지는 방식에 대한 짤막한 이야기들이 나온다. 그 질병은 동맥경화증이다. 더 정확히 말하자면 다리 동맥의 동맥경화증이다. 병원은 네덜란드 중급 정도 규모 도시에 있는 대형 대학병원으로, 병원 이름은 Z로 처리했다. 이렇게 잘 제한된 위치에서 시작함으로써, 보편주의적 주장들을 전하면서도 실은 그 주장들이 지닌 지역성을 숨기는 구성 방식으로부터 철학을 분리하려고 한다. 그러나 보편주의 대신 지역주의를 찬양하려는 의도는 아니다. 그보다는 문제, 용어, 목표들이 한

장소에서 다른 장소로 이동할 때 무엇이 바뀌는지를 되도록 지속적
으로 추적하려는 뜻이다.

　　의료인류학과 의료사회학은 풍요로운 학문이다. 그래서 나의 철
학 연구에 경험적 조사를 포함시키면서 토대로 이용할 수 있는 것들
이 많았다. 나는 이 책을 지식에 대한 인식론적 접근과의 토론일 뿐
아니라, 사회과학이 과거에 신체와 질병을 연구해 온 방식에 대한 토
론으로 구성했다. 오랫동안 사회과학자들은 의사들이 치료하는 물리
성physicality 이상의 것이 있다고 말했다. 그리고 그들은 이 "그 이상의
것", 즉 사회적이고 해석학적인 실재를 연구했다. 그들은 질병disease
과 병illness을 차별화하여 후자를 연구 대상으로 삼았다.* 더 최근에는
질병에 대한 의학적 관점도 연구에 포함되었다. 이 책은 다음 단계로
나아가려는 시도들 중 하나다. 이 책은 실천에서 실재의 실행에 대한
연구가 다중신체와 그 몸에 나타난 질병들을 민족지학적으로 조사할
수 있게 해준다고 말한다. 어떻게? 이 책 전체에서 그 질문에 대한 답
변의 개요를 제시하고자 한다.

　　이 책은 철학, 인류학, 과학, 기술 연구, 페미니스트 이론, 사회학,
정치학 이론 등 다양한 문헌에 의지한다. 현재 이론적 작업의 상황이
이렇다. 학문 간 경계가 모호해졌다. 그러나 나는 독자 여러분에게 이
책이 어디에 자리하고 있는가를 잘 알려 주고 싶었다. 이 책을 경험적
인 "자료"만이 아니라, 이 책을 낳은 지적 전통 위에 놓고 싶었다. 어

---

* disease와 illness는 우리말로는 '병, 질병, 질환' 등으로 별 차이 없이 번역된다. 그러나 전
　자는 병리학, 생물학 등 의학 전문가의 진단을 바탕으로 의학적 관점에서 정의되는 병이
　고, 후자는 환자 개인이 겪는 증상을 바탕으로 정의되는 병, 즉 개인적인 관점에서 보는 병
　이다. 따라서 환자는 증상을 호소하지만 의학적 관점에서는 병으로 진단되지 않을 수도 있
　다. 이 책에서는 적합한 번역어를 찾기 어려워 disease를 질병, illness를 병으로 옮겼다.

떡하면 그렇게 할 수 있을지 오래 고민한 끝에, 나는 이 질문을 주제로 바꾸기로 했다. 이 책 전반에서 여러분은 하위텍스트를 볼 수 있을 것이다. 나는 하위텍스트에서 이 작업이 어떤 의미인지를 반성적으로 생각해 보면서 문헌들(혹은 더 정확히 말하자면 본보기가 될 책과 논문들)에 대해 설명한다.

텔레비전 채널을 획획 돌리는 독자에게는 이 책이 더 읽기 쉬울 것이다. 상위텍스트와 하위텍스트 사이를 더 빨리 옮겨 다니는 법을 쉽게 찾아낼 수 있을 테니까. 그렇지 않은 사람들은 맨 처음부터 자신에게 맞는 독서 방식을 고안해 내야 할 것이다. 하위텍스트가 인쇄된 바로 그 페이지와 꼭 연관되지는 않는다는 점을 미리 알아 두면 좋겠다. 하위텍스트의 위치는 각주보다 훨씬 더 연관성이 없다. 당신이 어디에 있는지, 누구인지, 어떤 상태인지에 따라, 한 장을 읽기 전에 하위텍스트를 읽을 수도 있고, 나중에 읽어도 되고, 상위텍스트의 이야기가 슬슬 지루해져서 뭔가 다른 것을 좀 읽고 싶어질 때 봐도 된다. 당신 마음이다.

이 책은 영어로 쓰였다. 그러다 보니 처음 책을 쓸 때에는 여러 언어가 사용되었지만 그 사실이 숨겨졌다. 나는 독일어 텍스트 몇 개와 네덜란드어로 된 소수의 텍스트를 참조했다(모국어로 읽은 책들로부터 많은 것을 배웠지만). 내가 설명한 문헌들 중 다수는 프랑스어로 쓰인 것들이었다. 영어로 된 것은 훨씬 더 많다. 현장조사의 일환으로 영어권 의학 학회에 참여하고 영어 교과서와 연구논문들(그중 일부는 나의 네덜란드 정보 제공자들이 썼다)을 읽었다. 그러나 병원에서 매일 업무 중에는 거의 항상 네덜란드어를 썼다. 또한 내 현장 노트도 네덜란드어로 작성했다. 이 텍스트(의 일부)의 이전 버전에 대한 토론은 영어, 프랑스어, 그리고 다시 대개는 네덜란드어로 이루어졌다.

그래서 이 책은 주로 네덜란드어로 쓰였다가 최종판에서 바뀌었다. 이에 대해서 어떻게 말하면 좋을까? 네덜란드어를 이해하는 사람은 세계 일부 지역(주로 네덜란드, 수리남, 벨기에에 있고, 아프리칸스어를 할 줄 아는 남아프리카인 중 일부가 겨우 네덜란드어를 이해하는 정도다. 인도네시아에는 자신들의 예전 식민 지배자의 언어를 능숙하게 구사하는 사람들이 날이 갈수록 드물어지고 있다)의 2500만 명 정도뿐이다. 네덜란드인들은 경제적 제국주의와 문화적 제국주의를 결합하는 데 실패했고, 그래서 오늘날 네덜란드어가 멀리까지 퍼져 나가지 못했다. 그래서 네덜란드어를 쓰는 지식인들은 **지역적인 것과 글로벌한 것** 사이에서 선택해야만 한다. 이 선택은 **적은** 청중을 목표로 하는가 **많은** 청중을 좇는가의 문제와는 무관하다. 영어를 읽을 수 있는 사람이 2500만 명보다 훨씬 더 많다 하더라도, 네덜란드어 학술서도 비슷한 영어 학술서와 같은 수가 인쇄된다. 지역적인 것이 글로벌한 것 안에 제한되지 않는다. 어딘가 다른 곳일 뿐이다.

이 책은 여러 대학으로 퍼져 나가 학자들과 학생들에게 읽히도록 만들어진 학술서이기 때문에 영어로 쓰였다. 나의 "국제적" 동료들에게 닿으려는 시도에서 외국어로 글을 쓰게 되어 아쉽다. 외국어로 쓰자면 가외로 꽤 힘든 작업을 해야 할 뿐 아니라, 체화된 저자와 각인된 저자 간의 격차가 더 벌어지게 된다. 네덜란드어로 책을 내면 인접 분야의 학술적 동료들뿐 아니라 많은 네덜란드 의사들도 읽게 되겠지만, 잠재적 독자 중 상당수는 이 책을 만나지 못할 확률이 훨씬 높다. 하지만 다시, 나는 네덜란드적인 것에 집착하기보다는 노르웨이에서 인도까지, 인류학에서 철학까지, 독일에서 브라질까지, 의학에서 사회학까지, 미국에서 프랑스까지, 과학기술 연구와 페미니즘 이론까지, 독자에게 가닿게 해주는 언어를 쓸 수 있게 되어서 매우 기쁘다. 그러지 않으면 텍스트들이 아예 이동하지 못할 수도 있다. 다시, 그것도 당신 마음이다, 독자 여러분.

그리고 이제 개인사에 대해 좀 이야기하겠다.

이 책을 위한 현장조사는 70년대 초, 주방 식탁에서 아버지가 경동맥 검사를 위해 도플러 측정을 이용하는 작업을 하고 있다고 얘기해 주었을 때 시작되었다. 내가 공식적으로 아버지를 면담하기 한참 전부터, 아버지는 훌륭한 정보원이었다. 60년대 말 2차 페미니즘 물결에 참여 중이었던 어머니는 11살의 나를 페미니스트로 바꾸어 놓았다. 또한 지리학자였던 어머니는 조경, 도시 풍경, 삶 전반의 공간성에 관심을 갖도록 나를 이끌어 주었고, 그 점에 대해 어머니에게 감사한다.

그러나 이 책이 실제로 진행되었던 기간은 1977~78년이다. 그때 나는 의과대학 2학년이면서 철학과 1학년이었다. 목요일이 제일 좋았다. 오전이면 신체에 대한 철학 수업을 듣고 오후 해부학 수업에서는 시체를 절개했다. 롤랑 바르트에서 포르말린 냄새에 찌든 큰 하얀 방으로 넘어갔다. 오렌지색 수건과 초록색 비닐에 싸인 시신들이 메를로퐁티의 뒤를 이었다. 오전에는 푸코의 글을 해독하는 법을 배우고 오후에는 신경과 혈관을 절개하지 않고서 여성 신체의 골반강을 조사해야 했다. 20년도 더 전의 일이지만, 이 책은 어느 정도까지는 그 오래전에 지나간 목요일들의 산물이다. 어려운 프랑스어 문장들, 이상한 냄새, 내 서툰 칼질과 같은 그 모든 것의 놀라운 물질성 속에 있다.

그 이후부터 지금까지의 세월 동안 도움을 준 다양한 분들에게 감사를 드리고 싶다. 먼저 80년대 초에 "존재론들"의 공존에 대해, 그리고 나중에 사회 이론과 네덜란드의 일반 진료와 정신건강 관리에서 관리 대상의 묘사에 대해서 함께 글을 썼던 페테르 판리스하우트에게 감사한다. 그는 또한 삶의 복잡성을 다스리도록 나를 도와주었다. 비록 복잡성을 더 늘리기도 했지만. 우리 아이들, 엘리사벳과 요하네스의 아버지가 되어 준 데에도 감사한다. 얀 판에스는 내가 의과대학에서 의학 이론가가 되도록 도와주었다. 롤러 나우타와 헤라르트 더프리스는 나에게 논쟁하는 법을 가르쳐 주었다. 딕 빌럼스는 자신의 에너지와 의학 연구를 공유해 주었다. 예아네터 폴스는 놀라운 열정으로 이 프로젝트에 임해 주었다. 마르크 베르흐와 뤼트 헨드릭스도 연구 조교, 공지자, 공동 편집자의 역할을 바꿔 맡아 가면시 아주 훌륭하게 일해 주었다. 아흐너스 핀세놋, 피터르 페켈하링, 얀 빌럼 다위벤닥, 시흐리트 세이드호프, 찰링 스비르스트라, 베르니커 파스베이즈, 한스 하르버르스, 마르야 하스텔라르스, 샤크 쿠니스, 로프 하헨데이크, 레인 더빌더, 크르 반데르베일러, 에디 하우아르트, 바우크여 프린스, 파울 바우터르스, 에벨린 통컨스, 마리아너 판덴보먼, 베르테커 발데이크, 미커 아르츠, 엔스 라흐뮌트, 헤이르티어 막은 지적인 면으로나 그 외로나 도움을 주었다. 또한 베르나르트 엘스만, 안트레팅아, 바르트 판랑어, 안토이네터 더본트, 예시카 메스만, 이네커 클링어, 아리아너 더라니츠, 브렌다 디르하르더, 이르마 판데르플루흐, 아마더 므하럭, 티아호 모레이라, 베네딕터 라우소, 알리서 스톨메이여르, 토이너 피터르스와 함께 일하면서 여러 가지 방식으로 많은 것을 배웠다. 바바라 두덴, 도나 해러웨이, 매릴린 스트래선에게는 그들이 보인 모범과 연구에 대해 감사하고 싶다. 브뤼노 라투르와 마이클 칼롱의 도전과 격려에 감사한다. 사라 프랭클린, 이사벨 바스장거, 캐리스 톰슨, 마들렌 아크리치, 볼로로나 라베하리소아, 인군 모세르, 클라우디아 카스타녜다, 비키 싱글턴과 종종 만날 수 있어서 좋았고, 내가 국제적인 **흐름**의 일부라고 느꼈다. 니콜라 도디에는 제때 적절한 질문을 해주었고, 슈테판 히르샤우어는 내가 훨씬 더 진지해지도록 자극해 주었다. 마리아너 더라트는 나의 이야기에 귀 기울여 주고 이전 버전에 신중한 논평을 해주었다. 이름은 모르지만 듀크대학 출판부의 세 검토자는 마지막에 이 원고를 승인해 주고, 그 전에 많은 귀중한, 건설적인 비평을 해주었다. 그리고 끝에서 두 번째 버전을 처음 읽어 준 노르티어 마러스에게도 감사한다. 존 로는 시간을 들여 다시 이 책을 샅샅이 보면서 많은 부분을 개선해 주고, 새로운 리좀들을 만들어 내고 공동 집필을 해주고, 관련 주제들을 써 주고, 여러 버전의 영어를 고쳐 주고 내가 끝낼 수 있도록 떠밀어 주었다. 그건 대단한 일이다. 감사한다. 여러분 모두에게.

그리고 마지막으로 나의 정보원들에게 감사를 전하고 싶다. 여기에서 아프 스트라위벤베르흐와 함께 시작했는데, 그는 은퇴 직전에 나를 병원에 맞아 주고 나중에 내 초고를 읽어 주었다. 물론 내가 관찰하고 질문하도록 허락해 준 Z병원의 많은 의사, 간호사, 기술자, 연구원, 환자들의 협조가 없었더라면 현장연구를 할 수 없었을 것이다. 그들은 나에게 생각해 볼 거리를 주었을 뿐 아니라, 어떤 경우에는 내 글에 논평을 해주었다. 정보원의 정체를 보호하는 민족지학적 관습에 따라 여기에서 그들의 이름은 언급하지 않겠다. 그러나 그들이 시간을 내주고 신뢰해 준 데에 대단히 감사한다.

5년 동안 『의료에서의 차이들』에 관해 연구하고 집필할 수 있도록 나에게 콘스탄테인 앤 크리스티안 하위헌스 연구비를 제공해 준 네덜란드과학연구학회의 관대한 재정적 지원에 감사한다. 특히 이 학회의 윤리와 정치 분야에서 준 연구비 덕분에 이 책을 수정하는 데 시간을 쓰면서 새로운 주제에 대해 계속 글을 쓸 수 있었다.

결국 나 혼자 썼지만, 그래도 남은 오류에 대해서는 특별히 질책 받고 싶지 않다. 대신, 독자 여러분이 찾아내어 여러분의 글에서 이를 개선해 준다면 더없이 고맙겠다.

차례

서문 5

1장 질병을 행하기 ── 19

분야들 간의 움직임 19 · 사람들의 관점들 28

실천의 실재 38 · 누가 행하기를 하는가? 49

2장 다른 동맥경화증들 ── 61

결코 홀로가 아닌 61 · 근본이 되는가 아니면 뒤따라가는가 72

대상들 84 · 어느 위치인가? 92

3장 조정 ── 101

지역적 정체성들 101 · 하나의 실재가 이긴다 105

합성 그림 122 · 번역 131 · 조정 149

4장 분배 ── 153

분리된 지역성들 153 · 진단과 치료 155 · 적응 기준 167

단계와 층 178 · 혈액이 있는 장소 188 · 다른 편과 다른 위치들 199

5장 포함 ── 205

하나의 전체로? 205 · 신체의 껍질을 벗기기 209 · 긴장과 루프 217

통합된 마찰들 229 · 간섭 242 · 존재론들 253

6장 이론을 행하기 ── 257

과학은 어떻게 관계 맺는가 258 · 의심 270 · 누구의 정치학 279

무엇의 정치학 288 · 선택을 넘어서 297 · 임상의학 302

옮긴이 해제 309

참고문헌 314

색인 321

바디 멀티플

1장 질병을 행하기

분야들 간의 움직임

이것은 경험주의적 철학 연구다. 경험적인 것에서 시작하기로 하자. 내가 이 책에서 하려는 이야기들은 대부분 네덜란드 중심부의 중간 크기 도시에 있는 대학병원인 Z 병원에서 일어난 것이다. 나는 4년 동안 매주 한두 번씩 그곳에 갔다. 신분증이 있어서 내 자전거를 담장 뒤에 두고 어디에나 있는 자판기에서 공짜 커피를 마실 수 있었다. 도서관 대출증도 있었고 사람이 가득한 방에서 책상도 쓸 수 있었다. 나는 흰색 겉옷을 입었다. 그리고 관찰했다.

학과장 교수에게 가서 내 목적을 설명했다. 지식의 원천과 앎의 방식들 간의 긴장이 오늘날 이종요법 의학 내에서 어떻게 다루어지고 있는지를 조사하는 것이었다. 적어도 그런 전형들 중 하나를 조사하겠다고 했다. 나는 "하지의 동맥경화증"이 어째서 내 목적에 적합한 병례이며, 그들의 과에서 내가 무엇을 배우고자 하는지 설명했다. 나는 의과대학에서 기본 훈련을 받았으며 철학에서도 광범위한 수련을 쌓은, 내부인이자 외부인으로 자기소개를 했다. 그리고 내 연구를 지원해 주는 내과 교수의 이름을 댔다. 그랬더니 내가 만난 교수들 모두 우호적으로 대해 주었다. 다들 학술적인 병원들은 연구를 장려해야 한다고 강조했다. 내 특별한 연구 계획에 어떤 이들은 관심을 보였고, 어떤 이들은 의심했다. 그저 무관심한 사람들도 있었다. 그러나 몇 가지 질문을 더 하고 나서, 예외 없이 나를 이야기를 나누고 실질적으로 내 관찰을 주선해 줄 한두 단계 아래 급의 누군가에게 보냈다.

그래서 나는 오랫동안 오전마다 외래환자를 보는 혈관외과의 vascular surdeon와 내과의들 옆에 앉아 300건의 진찰을 관찰했다. (내가 이 연구를 위해 관찰한 외과의와 내과의들은 모두 남자였다. 그 사실을 숨기지는 않겠다. 그래서 내가 관찰한 병리학자들 중 한 명은 여성이었지만, "그 의사"에 대해 쓸 때는 포괄적으로 "그"라고 쓴다. 그렇다, 이것은 희미해져 가는 역사적 순간이다. 이 직업에서 빠르게 젠더상의 변화가 일어나고 있다. 그러나 그것은 또 다른 이야기다. 여기에서는 복잡해질 테니 생략하겠다.) 대학병원에서는 의사와 환자 모두 관찰자에게 익숙하다. 항상 뭔가를 배워야 하는 학생들과 수련의들이 주위에 있다. 그러나 내 존재를 차분하게 받아들이는 데 놀랐다. 왜냐하면 이러한 관찰은 좀 친밀한 것이었기 때문이다. 환자들은 얘기를 아주

문헌을 어떻게 설명하면 좋을까?

이 책 전반에 걸쳐 민족지학적 이야기로 상황을 요약하지는 않겠다. 나는 서구 의학이 아니라, 딱 한 군데, 네덜란드 대학병원의 특정 사건들을 설명하려는 것이다. 그리고 30킬로미터 떨어진 곳이나 독일 국경선 너머, 혹은 대서양 건너편에 있는 그다음 병원에서의 사건들은 내가 목격했던 것들과 복잡한 관계가 있을 것이다. 비교분석을 해보면 유사한 패턴이 드러날 것이다. 비슷한 손짓. 비슷한 기계들. 그러나 자명하게 다른 사실들도 있다. 다른 바늘과 다른 규범들. 다른 농담. 그러나 정확히 어떤 차이일까? 그리고 그것들이 어떻게 개입하고 회절할까? 하나의 의학적 장소와 다른 곳 사이의 유사성과 차이점은 다루어 볼 만한 주제. 나는 그 주제는 일단 결론짓지 않고 남겨 둠으로써 적어도 표준화된 식으로 답할 위험은 피하도록 하겠다. 단 하나의 병원에서 일어나는 일이 더 큰 의료 체계, 즉 서구적, 범세계적, 현대적, 이종요법적 일부라고 생각하지도 않겠다. 이런 체계가

많이 하고 자주 속을 털어놓는다. 이런 것을 어려워하는 사람도 있고 위안으로 느끼는 사람도 있지만, 주치의 뒤에 있는 나의 존재 때문에 달라지는 것은 별로 없는 듯했다. 석연치 않을 것 같으면 방문을 건너뛰었다(한 번은 환자가 부탁했을 때였고, 의사가 부탁한 적은 여러 번 있었다. 내가 조금 아는 사람을 알아보고 먼서 물러선 적도 있었다.) 의사의 프라이버시를 침해할 수 있다는 문제도 있다. 나는 의사들이 일하는 방식을 세부적인 것까지 다 관찰할 수 있는 위치에 있었다. 어떤 의사들은 환자와의 상호작용에서 얼마나 인정이 있고 친절한지 내가 평가할 수도 있다는 사실에 대놓고 불편한 기색을 드러냈다. 그러나 (가끔은 하고 싶을 때도 있었지만) 나는 그런 평가를 하려고 나온 것이 아니었다. 의사들의 진단과 치료에 관한 소위 전문적인 기술 수준을 평가할 생각도 없었다. 나에게 관찰은 그들의 기준을 알아내는 수단일 뿐이지, 내 기준을 그들에게 적용하려는 의도는 없었다.

그런 이유 때문에 나는 여러 장소를 옮겨 다니고 병원 안을 돌아

존재한다고 가정한다면, "의료실천상의 변형"이 너무나도 많은 데 놀랄지도 모른다.

그러나 의학을 발견되어야 할 시스템으로 이해하는 표준 방식은 어디에 있는가? 그리고 어디에서 "변형들"을 발견하고 놀라움을 느끼는가? 정확히 내가 연구한 병원은 아니었다. 이런 것들은 거기에서는 토론할 거리도 되지 못한다. 그런 것들은 문헌에서 찾아내야 한다(예를 들면, 다음을 보라. Anerson and Mooney 1990). 그래서 나는 이 책에서 내 이야기에서 중요한 사건들을 설명하는 데 그치지 않고, 다른 텍스트들도 설명한다. 그것도 아주 많이. 다른 병원과 다른 의료실천에 대한 텍스트들이고, 신체와 질병에 대한 텍스트들이라도 전혀 다른 주제에 관한 텍스트들이다. 이는 시스템과 사건들, 논쟁, 유사점과 차이, 공존, 방법, 정치학이다. 이 텍스트가 이것을 둘러싼 다른 것들로부터 어떻게 출발했는가를 분명히 밝히고자 한다면, 어떻게 그것들과 다르면서 동시에 그것들에 의해 가

다녔다. 기술자들이 혈관검사실에서 진단 도구를 다루는 것을 관찰했다. 방사선 전문의와 병리학자들이 다리 동맥을 다루는 과정을 추적했다. 몇 달 동안 복잡한 사례의 혈관 관련 질병을 앓는 환자들을 위한 치료 선택안들을 논의하는 주간 회의에도 갔다. 역학자, 생리학자, 내과의, 외과의, 일반의들과 면담을 하거나 대화를 나누었다. 그들 중 두 명은 내 논문을 읽었고, 그들의 반응에 대해서도 이야기를 나누었다. 또한 도서관에 가서 "내 의사들"이 집필하거나 자료로 동원한 교과서와 학회 논문들을 연구하거나, 참조문헌과 호기심이 이끄는 대로 그것들을 다른 출판물들과 비교했다. 2년 동안 매달 열리는 동맥경화증에 관한 연구 콜로키움에도 나갔다. 수련의와 진단 프로토콜에 대한 논문을 공동 집필했다. 여러 소형 병원에서 혈관전문의들을 면담한 의대생과, 콜레스테롤 섭취에 대한 논의를 분석한 또 다른 의대생을 지도했다. 그리고 마지막으로 잠깐이지만 연구 조교를 쓰는 사치도 누렸다. 나처럼 철학자이며 생리학자로도 훈련을 받은 예

능하게 되었는지 보여 주고 싶다면, 나는 그 **문헌을 설명**해야 한다. 하지만 어떻게 하면 좋을까? 어떻게 문헌을 설명할 수 있을까? 나는 그 질문을 아주 진지하게 받아들였다. 그래서 그 답을 행간에 숨기지 않기로 했다. 나는 문헌에 대해 명시하지 않고 사용하는 장르들의 방식을 따르지 않는다. 대신, 문헌을 설명하면서 동시에 어떻게 그렇게 할 수 있을지에 관한 문제를 다루고자 했다 — 앞으로도 그럴 것이다. 이를 적절히 해내기 위해, 이 책의 핵심 텍스트

에서 문헌 설명을 분리해 냈다. 나는 주 텍스트와 공명하고, 함께 가고, 방해하고, 거기에서 멀어지고, 주 텍스트에 가외의 차원을 부여하는 분리된 텍스트들에서 문헌을 다루었다. 다시 말해서 이 하위텍스트에서 다룬다.

특수성

문헌을 설명하면서 이렇게 쓸 수도 있을 것이다. "다양한 학문 분과에서 서구 의학의 통일성unity은 수십 년 동안 하나의 비유였다. 의료사회학에서는 이

아네터 폴스Jeannette Pols였다. 그녀는 오래 환자들과 면담하고, 그 내용을 기록하고, 나와 함께 그에 대해 토론하고, 이 자료에 대한 출판물들을 공동 집필했다. 또한 그녀는 나의 작업을 토론하기에 좋은 연습경기 상대였다.

병원 밖의 다른 세상에서 내가 추구한 또 하나는 토론이었다. 아주 멀리 떨어진 곳에 있어서 자전거로 가기는 어려웠지만, 나의 글을 쓰고 말을 하는 자아에는 더 가깝게 느껴지는 곳들이었다. 그런 곳들은 철학과, 인류학과, 사회학과, 과학기술학과였다. 나는 학회에 참석하여 다섯 명에서 쉰 명까지 논문을 발표하는 발표자들에게 지루해하거나, 홀딱 빠져서 귀를 기울였다. 나는 호숫가를 산책하면서 대화를 하거나 저녁식사를 하면서 수다를 떨었다. 내 분야, 나의 방법, 나의 목적, 나의 이론적 선조들을 교차 조사했다. 종종 이런 교환은 어색한 영어로 이루어졌다. 영어는 모국어가 아닌 사람에게는 다소 어려움이 있지만, 멀리까지 닿는 전송 도구다. 그래서 나의 이야기는 내

직업이 갖는 사회적 힘을 의료 전문직의 통일성으로 설명했다. 의료인류학에서는 서구 의학이라는 견고한 통일성과 전 세계의 의학 전통들을 대조함으로써 이런 전통에 차이가 있음을 명시했다 (타자들의 미신적 성격을 보여 주기 위해서, 아니면 그것들의 독창성과 더 뛰어난 민감성을 강조하기 위해서였다). 의학사에서는 많은 학파와 기술이 공존하는 오래된 절충주의가 현재의 동질성과의 흥미로운 대조점으로 바뀌었다. 그리고 의료철학은 통일성, 즉 전체로서의 개인을 하나의 규범으로 받아들였다. 개인의 총체성은 존중받을 자격이 있었다." 정말로 내가 쓴 내용이다(혹은 공동 저술했다). 다른 어딘가에. (이런 개요의 약간 더 긴 버전은 다음을 보라. Mol and Berg 1998, 1~12.)

이런 식으로 문헌을 설명할 수 있다. 네 개의 학문 분야 전체를 단 몇 줄로 환기하는 것이다. 일반성의 수준이 좀 과도할 정도로 높아진다. 제목을 넣기가 거의 불가능할 지경이다. 물론 이렇게 할 수도 있다. 각 분과학문

가 사는 도시의 병원에서 나왔지만, 나와 함께 다른 여러 곳으로 갔다. 마스트리히트, 빌레펠트, 랭커스터, 파리, 몬트리올, 샌프란시스코와 같은 곳에 있는 나의 학문적 친구와 적들에게로. 다리 혈관과 고통에 대한 나의 이야기들이 퍼져 나갔다. 실재의 다중화multiplication에 대한 이론적 논쟁에 깊이 빠져서.

이 책에 수많은 경험적 자료가 있다 해도, 현장 보고서는 아니다. 이 책은 경험주의 철학의 연습이다. 이제 철학으로 옮겨가 보자. Z 병원의 혈관과 액체, 고통과 기술자, 환자와 의사, 기술과 기술에 대한 이야기들로 이루어진 줄거리는 철학적 내러티브의 일부다. 그 장르의 지배적 관습에 따라서 바로 여기에서, 처음부터 줄거리를 미리 말해 주겠다. 바로 이것이다. 대상들을 각기 다른 사람들의 관점이 한데 모이는 중심점이 아니라, 실천에서 조작되는 것으로 이해할 수 있다. 만약 우리가 그렇게 한다면, 다시 말해서 대상들을 다루는 실천을 괄호 안에 넣는 대신 전면에 내세운다면, 훨씬 더 큰 효과를 얻을 수 있

뒤에 이름과 날짜를 괄호를 쳐서 넣을 수도 있다. 70년대 의료사회학에서는…(Freidson 1970을 보라). 이런 식으로 하면 프라이드슨의 『의학 전문직』은 "의료사회학"이라는 이름을 달고 1970년대 출간된 엄청나게 많은 책과 논문 중에서 대표작이 되어 버린다. 하지만 다른 모든 예외는 어쩔 것인가? 같은 시기에 의학 전체에서 **계급 분할**이 일어난다고 주장했던 마르크스주의 사회학자들은 어떤가(Chauvenet 1978). 혹은, 그 문제에 대해서라면 여

성과 다른 이들에게 이로웠던 의료 분야와, 책임을 물어야 하는 분야를 구분하는 데 적극적이었던 페미니스트들은(Dreifus 1978)? 그 둘 사이의 연합도 잊지 말아야 한다(Doyal and Pennell 1979).

이런 텍스트들을 옆으로 치워 놓고 그것들은 주변적인 것이었다고 주장할 수도 있다. 꽤 오랫동안 대체로 의료 사회학은 의학 전문가들을 일부 예외를 제외하고는 통일체로 간주했다. 혹은 이런 예외들은 새로운 세기의 서두

다. 실재가 다중화하게 된다.

　실천들을 전면에 내세운다면, 끝이 없어 보이는 관점들의 시점에서 봐 주기를 기다리는, 수동적인 단 하나의 대상은 더는 존재하지 않게 된다. 그 대신, 대상들은 그것들을 조작하는 실천과 함께 출현하고 사라진다. 그리고 조작의 대상은 실천에 따라 달라지는 경향이 있으므로 실재가 다중화하게 된다. 신체, 환자, 질병, 의사, 테크니션, 기술, 이 모든 것이 하나가 아니다. 단일하지 않다. 여기에서 대상들이 어떻게 관련되는가라는 질문이 제기된다. 대상들이 실천에 따라 달라진다 하더라도, 이 실천들 사이에는 관계가 있기 때문이다. 그러므로 다중적 대상들은 반드시 파편으로 쪼개지는 것이 아니라 어느 정도 합쳐진다. 실재의 다중성을 다루면 이 주목할 만한 성취를 연구할 가능성이 열리게 된다.

　철학은 **인식론적인** 방식으로 지식에 접근해 왔다. 철학은 참된 지식을 얻기 위한 전제조건에 관심이 있었다. 그러나 내가 여기에서 사

에서는 아직 초기 단계였다고 말할 수도 있다. 그러려면 70년대까지는 의료사회학이 의학 전문가들을 통합된 것으로 보았으나, 이런 입장이 천천히 바뀌기 시작했다고 말해야 한다. 하지만 그래도 여전히 몇 가지 문제가 남을 것이다. 프라이드슨의 책을 더 주의 깊게 읽어 보니, 그의 주요 관심사는 의료 전문직의 통일성이 **아니라 폐쇄적인 성격이었다면?** 프라이드슨을 그의 방식대로 읽어 보면, 주로 의료상의 실수와 실패에 대한 외부 감사나 통제가 부족하

다는 점을 우려하는 듯 보인다. 나는 여전히 그를 의학 전문가들을 통일체로 보는 사람으로 인용하고 싶지만, 그러면 그 직업의 통일성과 폐쇄성이 밀접하게 연결되어 있거나 혹은 서로 의존하고 있음을 보여 주어야 한다. 그런 주장을 하기 어렵다면, 나의 일반화를 뒷받침해 줄 다른 책을 찾아야 할 것이다. 그러나 어떤 책을 찾아야 할까? 문제는 의료사회학에 너무 많은 제목이 제각기 나름대로 통한다는 것이다. 의료 전문직의 통일성을 언급하는 텍스트가 엄청

용하는 철학적인 방식에서는 지식을 지시reference의 문제가 아니라 조작manipulation의 문제로 이해한다. 이제 중요한 질문은 "어떻게 진실을 찾을 것인가?"가 아니라 "어떻게 실천에서 대상을 다룰 것인가?"다. 이러한 변화와 함께, 지식의 철학은 지식 실천에 **민족지학적** 관심을 갖게 된다. 새로운 질문들이 잇달아 출현한다. 실천에서 다루는 대상들은 장소에 따라 다르다. 그러면 이런 대상들 간의 조정이 어떻게 진행되는가? 그리고 각기 다른 대상들이 하나의 이름 아래 진행되면서 어떻게 충돌과 폭발적인 대면을 피하는가? 그리고 대상의 다양한 버전 사이에 긴장이 존재한다 하더라도, 가끔은 서로 의존하기도 할까? 이런 것들이 이 책에서 다루게 될 질문들이다. 나는 **이루어진** done 대상들 간의 복잡한 관계로 들어가는 방법의 개요를 조심스럽게 제시하고자 한다.

이 책은 어떤 대상, 어떤 신체, 어떤 질병도 단일하지 않다고 말한다. 실재는 그것을 지탱하는 실천에서 떼어 내지 않는다면 다중적

나게 많다. 그러나 프라이드슨의 연구처럼 파고들어가 보면 거의 전부가 다른 관심사들이 있다.

이것이 핵심이다. "문헌"을 일반화하면 항상 다른 정신, 나름대로의 다른 관심사를 가진 이질적인 저작들을 한데 끌어모아 놓게 되기 일쑤다. 일반적으로 그 문헌이 의학의 통일성에 초점을 맞추고 있다고 강조한다면, 분열을 강조하는 **이** 연구의 독창성을 두드러지게 하는 역할을 할 수도 있다. 그러나 여러 위험이 따른다. 하나는 거짓된 새로움

을 주장한다는 것이다. 선조를 존중하는 대신 기억에서 삭제한다. 두 번째로, 이 책에서 이러한 일반성들은 "분야"와 "문헌"을 다루는 방식들 간의 긴장을 만들어 낸다. 사회학, 인류학, 역사학, 철학은 일반적인 측면에서 언급하면서 의학의 다중성을 그토록 애써 지적한다면, 그런 학문들에는 의학에 없는 통일성이 있다는 것처럼 들릴 수도 있다. 하지만 실제로는 그렇지 않다. 의학의 대상들의 다중성에 대해 쓸 수 있듯이, 다른 분과학문들의 다중성도 다룰 수 있

이다. 이는 사실에 적절히 잘 들어맞는 기술로 읽을 수 있다. 그러나 실재의 다중성을 다루는 것은 **행위**act이기도 하다. 뭔가를 하거나 하지 않고 그대로 두는 것이다. 실재의 다중성을 다루는 것은 개입이다. 실천들을 기술하기 위해 이용할 수 있는 다양한 방식으로 개입한다. 인식론적 규범성은 적절히 아는 법을 말해 준다는 점에서 지시적이다. 민족지학적 기술의 규범성은 다른 종류의 것이다. 그것은 실천들을 평가하게 될 때 무엇을 고려해야 하는가를 제시한다. 실재가 실천에 선행하는 것이 아니라 실천의 일부라면, 그 자체로는 실천들을 평가하는 기준이 될 수 없다. 그러나 각각의 사건들이 아무리 실용주의적인 동기가 있다 해도, 어떤 "신체"(어떤 질병, 어떤 환자)를 살아 있는 실재로 바꾸어 놓음으로써 또 다른 것의 실재는 소거하기 때문에, "단순한 실용주의"로는 충분히 정당화하기 어렵다.

이것이 나의 철학적 이야기의 줄거리다. **존재론**은 사물의 질서 속에서 주어지는 것이 아니다. **존재론들**은 흔한 매일의 사회물질적 실

다. 나는 여기에서 그런 시도를 하지 않을 것이다. 그러나 문헌에 대해 설명하면서 다른 학문들의 다중성도 억누르거나 숨기려 하지 않음으로써, 여기에서 동원된 다양한 지식에서 여러 가지의 관심사, 물질성, 스타일, 대상 구성을 공정하게 다루겠다.

날짜 그리고 시대에 뒤쳐진다는 것
탤컷 파슨스의 작업은 구식이다. 기능주의적이다. 『사회 시스템』이 1951년 나온 그의 유명한 책의 제목이다. 그 책

은 모든 사회적 현상을 시스템의 안정성을 위협하거나 혹은 안정화하는 기능을 가지고 있는 것으로 받아들인다: 10장 「사회 구조와 역동적 프로세스: 현대 의료실천의 사례」에서, 그는 **병자역할**의 사회 현상을 이런 식으로 분석한다. 현대사회에서 파슨스는 아프다는 것은 특정 역할로 의례화된다고 주장한다. 아픈 사람들은 일반적으로 일할 필요 없고, 대신 돌봄을 받는다. 그들은 병의 희생자로 생각된다. 아플 때에는 일을 멈추고 휴식을 취해야 일찍 죽을

천 속에서 출현하여 유지되거나 혹은 스러진다. 그 가운데 의료실천 medical practice들이 있다. 그러므로 존재론들을 조사하고 질문하는 것은 19세기 역사를 쓰는 사람들한테나 넘겨야 할 구식의 철학적 도락이 아니다. 존재론들은 대단히 시사적인 문제다. 존재론들은 우리의 신체, 우리의 보건 체계 조직들, 우리의 질병의 리듬과 통증, 우리의 기술의 형상에 영향을 미치고 그것들로부터 영향을 받는다. 이 모든 것이 한꺼번에 모두 뒤얽히면서, 모두 긴장 속에 있다. 실재가 다중적이라면, 그것은 또한 정치적이다. 이 연구가 제기하는 문제는 어떻게 다중신체와 그것의 질병들을 잘 다룰 수 있을까다. 이 질문에 대해 여기에서 답하지는 않겠다. 그 대신, 질문을 제기할 수 있는 공간을 구상해 보겠다.

사람들의 관점들

이것은 구체적인, 즉 경험적인 종류의 철학서다. 사회과학적, 특히 민

위험이 낮아지므로, 사회를 위해서도 이 편이 이롭다. 그래야 사회가 양육과 교육에 투자한 것을 적게 회수할 위험이 줄어든다. 그러나 평소의 일할 의무에서 벗어날 수 있다면 "병든다는 것"이 매력적이기도 하므로, 이것은 잠재적 위험이다. 모두가 아프다며 일을 그만두려 한다면 시스템은 붕괴할 것이다. 그렇기에 일을 접고 수동성을 용인받는 것 이외에도 "병자 역할"에는 두 가지 요소가 더 추가된다. 환자는 침대로 가서 회복되기 위해 필요한 일은 뭐든지 다 해야 한다. 그리고 환자는 진단을 내려 공식적으로 그에게 환자의 역할을 허가해 주는 의사의 지시를 따라야 한다.

이것이 기능주의다. 병자 역할은 네 가지 요소로 구성되는 역할로 기술되며, 이 요소들 모두 사회 시스템에 대해 그것들이 갖는 기능의 관점에서 설명된다. 역할 요소들 중 두 가지는 좋은 기능이지만 사회 시스템을 약화할 위험이 있고, 다른 두 가지는 그런 위험을 막아야 한다. 대체로 보아 약화하는 요소

족지학적 조사 방법에 의존한다. 그러나 이 방법들을 불러올 뿐 아니라 그것들과 함께 뒤섞인다. 내가 여기에서 민족지학적 방법들을 사용한다면, 그것은 **질병**을 연구하기 위해서다. 물리성들을 민족지학적으로 연구할 수 있다는 사실은 대단히 현대적인 발상이다. 오랫동안 "질병"은 의학의 인류학과 사회학에서 눈에 띄지 않는 범주였다. 물리적 신체의 상태로서 질병은 생의학biomedical의 대상이었다. 질병에 대해 진실을 말하거나, 아니면 진실을 말하지 않는다면 최소한 서로 바로잡아 줄 수 있는 이들은 오직 의사들뿐이었다. 사회과학자들은 이러한 신체-대화body-talk에 끼어들지 않으려고 주의했다. 대신 기존 의학 지식에 **덧붙여서** 할 말이 있었다. 그들은 물리성을 나열하는 식으로는 질병과 더불어 살아간다는 것의 실재를 다 말할 수 없다고 지적했다. 그 이상의 것이 있다. 물리적 실재와는 별개로, 병이 있다는 것은 문제의 환자에게 **의미**를 갖는다. 그 의미는 조사에 열려 있다. 트레버스 씨(꾸며 낸 이름이다. 현장 이야기에서 사용한 이름들은

와 보호하는 요소들 간의 균형이 맞아서, 시스템은 그 자체로 유지되고 안정적으로 지속되었다. 50년대에는 기능주의가 강했으나, 이후의 사회학자들에 의해 완전히 약화되었다. 마르크스주의자들은 기능주의가 적대감, 투쟁, 변화에 대해서는 잊고 있다고 지적했다. 양적 연구는 변수들이 서로 고립되어 있고, 기능적 구도가 아니라 인과적 연쇄로 연관된다고 비판했다. 미시사회학은 사람들이 관여하는 많은 활동이 꼭 더해져서 안정적인 전체를 이루는 않으

며, 오히려 다른 방향으로 향한다고 지적했다. 그 외에도 많은 비판이 있다.

파슨스 시대 이후로 의료사회학에서 많은 변화가 있었다. 후대의 의료사회학자들은 여전히 의사를 환자가 "아프다" 혹은 "건강하다"라고 말할 힘을 가진 사람들로 보았다. 프라이드슨, 졸라, 사스 모두 그러한 주장을 고수했다. 그러나 그들의 작업에서 "아프다"라는 꼬리표는 더는 의사가 환자에게 승인할 수 있는 잠재적 호의, 잠시 일을 멈추어도 좋은 구실로 제시되지 않았다. 대

전부 꾸며 낸 것이다)에 대한 이야기를 들어 보자.

트레버스 씨는 외과 진료실의 의자에 앉아 있다. 물론 그는 몇 가지 질문에 매우 적극적으로 답변한다. 면담자인 예아네터는 그의 옆에 앉아 있다. 그녀가 무심하게 테이프 레코더를 켜도 괜찮겠냐고 묻는다. 네, 괜찮습니다. 그들은 트레버스 씨의 발에 입은 부상에 대해 이야기한다. 그 때문에 며칠 전 그의 다리 동맥 수술을 했다. "제 문제는 아프다는 것이 아니라 이 상처가 낫질 않는다는 것이었어요. 정말 무서운 일이었죠. 상처가 벌어져 있어요. 발 위로 기둥이 쓰러졌을 때에는 의사에게 바로 가지 않았어요. 별로 아프지 않았거든요. 하지만 상처가 낫기는커녕 점점 더 심해지니까 겁이 났어요. 그래서 일반의를 찾아갔지요. 의사가 저를 병원으로 보냈어요. 그리고 이제 두 가지 병을 갖게 되었어요. 동맥경화증이라더군요. 그리고 당뇨도요. 당뇨병도 있어요."

신 그것은 부정적 판단으로 받아들여졌다. 반감의 형식이다. 1960년대에는 "아프다"라는 꼬리표가 "죄"라는 꼬리표의 세속적 형식으로 보이게 되었다. 의사들이 사람들에게 이 꼬리표를 붙이면, 그들은 부정적으로 분류되었다. 기능주의가 시대에 뒤떨어지게 된 이유는 그것만이 아니다. "아프다"라는 꼬리표 또한 일종의 구실 혹은 정당화에서 비난의 형식으로 바뀌게 되었다. 그리고 거기에서 그치지 않는다. 사용된 사례의 종류도 바뀌었다. 파슨스의 연구에서 제시된 사례는 죽든가 아니면 완전히 회복되는 전염성 질병이었다. 꼬리표 이론들은 40년대에는 "죄", 60년대에는 "아프다"로 통했던 동성애와 혼외 출산과 같은 일탈의 형식과 관련이 있었다. 그리고 그 이후로는 다른 예들이 나왔다. 과로나 스트레스나 사회적 고립으로 인한 질병들이 그것이다. 만성적인 병. 에이즈. 재생산 기술. 소위 유전병. 한 주제가 물러가고 다음 주제가 그 자리를 차지했다 — 언제나 부분적이기는 하지만.

트레버스 씨는 상처가 낫지 않자 두려워졌다. 그를 수술한 혈관 외과의가 볼 때 이런 두려움은 적절한 것이 아니다. 트레버스 씨가 결국 의사를 보러 가기로 결정한 것은 적절한 행동이다. 그러나 이 두려움은 "쩍 벌어진" 채로 있는 상처가 주는 혐오스러움이 그렇듯, "사람들이 느끼는 감정들 중 하나"다. 시간이 있다면 트레버스 씨는 사신의 감정에 대해 말할 수 있었을 것이다. 그러나 그의 수술 파일에는 그의 감정을 기록할 필요가 없었다. 외과의는 "좋은 의사"로서 환자를 안심시키기 위해 몇 가지 사실을 설명해 줄 수도 있다. 그러나 "두려움"은 트레버스 씨의 혈관 질병의 일부도, 그의 당뇨병의 일부도 아니다.

이를 보완하고자 사회과학자들은 환자와 면담할 때 감정에 대해 들어 주는 데 집중했다. 그리고 의사들이 환자에게 다쳤다는 것이 어떤 의미인지는 거의 묻지 않고 상처를 깨끗이 유지하는 데에만 관심을 기울이느라 심리사회적인 문제들은 무시한다고 줄기차게 신랄

조사해야 할 다양한 역사의 층위들이 있고, 그런 층위들이 모두 파슨스를 덮어 버리고 시대에 뒤떨어진 것으로 만들었다. 그러나 왜 여전히 그의 글에 대해 말하고자 할까? 그 답은 파슨스가 의료사회학을 창안했다는 것이다. 이 학문의 대상들, 즉 **병과 의료서비스** 모두를 구체화한 것을 그의 작업에서 추적할 수 있다. 다시 그것들이 초기에 어떻게 표현되었는지를 『사회 시스템』 10장에서 찾아 보자. 파슨스는 당대 의료계에서 인기였던 광범위한 건강의 정의와 연결한다. 건강은 "완전한 신체적, 정신적, 사회적 안녕"에 적용된다. (이 정의는 희망적 분위기가 고조되었던 전후 1948년 세계보건기구 첫 번째 회의에서 작성되었으나, 그것은 또 다른 이야기다.) 파슨스는 "병은 생물학적 시스템으로서의 유기체와, 개인적, 사회적 적응의 상태 양자를 다 포함하여 온전한 개인이 '정상적'으로 기능하는 데 지장이 있는 상태"로, "**그래서 일부는 생물학적으로, 일부는 사회적으로 정의된다**"라고 쓴다(431). 사회학적 사상의 모

한 비판을 퍼부었다. 사회과학자들은 혈당 수치, 상태가 나쁜 동맥, 상처 등 다른 물리성들을 다루는 것 이외에도, 의사들이 환자 경험에 여러 가지 방식으로 신경을 써야 한다고 주장했다. 그들은 이런 식으로 표현했다. 생의학의 대상인 질병 이외에도 중요한 다른 무언가, 즉 환자의 **병**illness이 있다. 여기에서 병은 자신의 질병에 대한 환자의 해석, 그에 따르는 감정들, 바뀌는 생활 사건들을 나타낸다.

사회과학에서 "질병"과 "병"은 상호연결되었으면서도 별개의 두 현상으로 분리되었다. 사회과학자들은 병을 연구 과제에 올려놓았다. 많은 책과 학술지가 이 주제를 다루었다. 면담이 축적되고, 의미의 속성이 분석되고, 이를 치료법 측면에서 다루는 방식들이 고안되었다. 사회과학자들은 질병 자체의 연구는 동료인 의사들에게 넘겼고, 결국 그들은 의사들이 물리적 실재와의 강한 유대를 통해 부여받는 강한 힘에 대해 우려하기 시작했다. 사회과학자들은 점차 의사들이 실재에 대해 하는 말이 실재의 전부는 아니라고 강조하기 시작

든 전통은 이 단 한 줄의 문장으로 거슬러 올라갈 수 있다. 그래서 파슨스의 연구가 중요한 것이다. 그 점을 설명해야 한다. 그렇게 해야 그것이 놓인 좌표에서 탈출하는 데 도움이 된다.

파슨스가 어떻게 이런 좌표들을 만드는가, 어떻게 이후의 의료사회학이 나아갈 기반을 놓았는가? 생물학적으로 정의된 병은 일부는 의사의 기술적 능력의 영향을 받는다. "병자를 돌보는 것은 다른 역할에 딸린 부수적인 활동이 아니다. 예를 들어 어머니들이 대부

분 맡기는 하지만, 상근직으로서 기능적으로 전문화되어 왔다"(434). 파슨스는 의사들과 "기능적으로 전문화된" 일을 놓고 싸우지는 않을 것이다. 즉 의사들의 **기술적 능력**, 병에 대한 지식과 병을 다루는 기술은 인정한다. 그것은 의사들의 영역이다. 그러나 사회학자들은 직업, 기능, 전문 분야에 대해 이야기하는 것이 **자기들의** 기술적 능력이라고 여긴다. 파슨스는 의사의 능력의 내용에 대해서는 말하기를 자제하기 때문에, **의사의 사회적 역할**을 분석할 수 있

했다. "질병"은 신체 안에 있을 수도 있지만, 질병에 대한 이야기는 그렇지 않다. 신체는 의미로 충만해질 때에만 이야기한다. 트레버스 씨의 경우, 낫지 않는 상처는 당뇨와 다리 동맥경화증을 가리키는 신호다. 그러나 이것이 꼭 그렇지만도 않다. 그런 상처가 어떤 병의 신호라는 식의 의미를 부여해 온 것이다. 이렇게 의미를 부여해 온 데에는 역사가 있고, 문화적 특수성이 있다. 그리하여 역사적, 사회적 과학 연구를 할 수 있는 여지가 생긴다.

이렇게 의미론적으로 접근하면, 사회과학자들은 더는 의사를 환자가 하는 말에 충분히 주의 깊게 귀를 기울이지 않는다고 비판받을 수 있는 동료로 보지 않게 된다. 의사들은 사회과학자들이 다루지 못하는 물리적 실재를 대상 영역으로 삼는다. 의사들은 동료가 아니라 사회과학자들의 대상이 된다. 사회과학자들은 의사들이 질병에 대해 이야기할 때 하는 말을 환자의 말을 연구하기 위해 제작된 이론적 도구들로 조사한다. 환자들처럼 의사들도 관점이 있다고 주장한다. 의사는

게 된다.

파슨스에 따르면 의사의 사회적 역할은 "보편적이고, 기능적으로 특수하며, 정서적으로 중립적이고, 집단을 지향"한다(434). 나는 지금 "의사의 역할"을 상세히 다루지는 않겠다. 대신 파슨스가 이 역할을 사회적 분석의 대상으로 바꾸었다는 점을 강조하고 싶다. 사회학자들이 이야기할 수도 있는 것, 그것은 그들의 기술적 능력의 일부다. 나중에 사회학자들은 의사의 역할의 특수성에 관해서건, "역할"이 적절한 용어냐는 질문에 관해서건, 파슨스에게 동의하지 않았다. 그러나 사회학자들은 그에게 반대하면서 이 새롭게 창조된 공간을 점유했다. 그들이 의사들이 스스로를 어떤 존재로 이해하건 그것과 상관없이 말할 수 있는 공간이었다. (그리고 나중에는 의료서비스에 종사하는 사람들도 말할 수 있었다.) 그들이 치유의 기술적인 것에 대해서는 말하지 않는 한, 의료서비스의 사회적 특성에 대해 말할 수 있는 공간이었다.

그러나 다시 보자. 치료한다는 것이

신체와 생명에 일어나는 일에 의미를 부여한다. 환자들이 주로 자기들의 몸과 생명에 대해 이야기하는 반면, 의사들은 다른 이들의 신체와 생명을 해석하는 것이라 해도 그렇다.

관점주의perspectivism는 의사와 환자들을 동등한 위치로 만든다. 양쪽이 다 자기들이 살아가는 세계를 해석하기 때문이다. 그러나 이렇게 말하면 그들의 분열을 강화하게 된다. 의사와 환자가 하는 해석은 그들이 연루된 특정한 역사, 관심사, 역할, 각 집단의 시야에 따라 다를 수밖에 없기 때문이다. 관점주의에서는 더는 신체적 사실들과 개인적 의미의 대조를 위해 "질병"과 "병"이라는 단어를 사용하지 않는다. 대신, 그들은 한편에는 의사의 관점, 다른 한편에는 환자의 관점을 놓고 차별화한다.

내가 한 말에 대한 사회과학자들의 논평: "그래서 우리에게 동맥경화증에 대한 각기 다른 관점에 대해 이야기하겠다고요? 누구를 포함시

무엇인가? 의사의 기술적 능력에 들어가는 생의학적인 측면과 함께, 병의 사회적으로 정의되는 부분들이 있다. 사회적으로 아프다는 것은 병자 역할을 맡는 것과 같다. 파슨스는 네 가지 요소를 구성하는 이 역할을 분석한다. 그 부분은 이미 보았다. 나는 파슨스의 기능주의를 설명하면서 여러분에게 병자 역할에 관해서도 이야기했다. 그러나 다시 거기로 돌아가야 한다. 파슨스가 **사회학자로서** "병자 역할"을 이야기했다면, 사회학자들은 명백히 병의 사회적으로 정의되는 부분에 관해 이야기할 전문적 능력을 가지고 있기 때문이다. 이는 사회학이 단지 의료서비스의 바깥에서 이를 대상으로 보지는 않는다는 의미다. 또한 사회학은 의사들에게 유용할 수 있는 지식을 습득하는 능력이 있다. "'정신-신체적'라는 용어에서 하이픈을 빼고 단 하나의 개념적 구도 아래 모든 '의학'을 포함시킬 수 있게 된다면, 19세기 말과 20세기 초 생물학적 과학의 개념적 구도와는 다른 것이 될 거라고 확신할 수 있다"(431). "하이픈"을

킬 건데요? 외과의와 방사선 전문의들만요? 아니면 내과의, 심장 전문의, 일반의도요? 역학자들 얘기도 해야겠군요. 완전히 다른 관점을 갖는 경향이 있으니까요. 그리고 간호사들은 어떻고요, 간호사를 빠뜨린 것 같은데요? 그리고 저에게 물어보신다면, 환자의 관점에 조금 더 신경을 쓰시는 게 좋을 것 같군요. 무엇보다도 거기에는 관심을 너무 안 두거든요. 환자들이야말로 의학이 신경 써야 하는 대상입니다."

환자들처럼 전문가들에게도 자기들의 관점이 있으리라 예상할 수 있다. 그러나 이것이 내가 하려는 이야기는 **아니다**. 이 작업에는 몇 가지 문제가 있다. "관점들"의 연구는 결국 "질병 자체"를 다루는 한 가지 방식으로 보일 수도 있지만, 실은 그렇지 않다. 의미의 영역에 들어감으로써 신체의 물질적 실재는 여전히 무시되기 때문이다. 다시, 아직 드러나지 않는 범주다. 그러나 문제가 점점 커졌다. 이번에는 신체는 사회과학에서만이 아니라, 사회과학이 환기하는 전체 세

제거하면 생물학적 과학에 무언가가, 즉 사회학적이고 심리학적인 통찰들이 덧붙여질 것이다. 예를 들면 파슨스의 사회학적 통찰 같은 것이다. 무엇보다도 그들은 병자 역할에 매력적인 측면이 있으며, 그래서 발병의 **동기**가 될 수도 있기 때문에 의사들이 주의해야 한다고 말한다.

"병자 역할"을 시대에 뒤떨어진 이론적 개념이 아니라 사회적 실재의 일부로 제시하는 의료사회학 개론들도 여전히 있다. 그것들은 파슨스의 연구를 마치 현재에 속한 것처럼 설명한다. 그러나 최신 서적과 논문에 나오는 이야기들은 다르다. 우리는 그런 다른 이야기들과 마주치게 될 것이다. 그러나 출발점은 공통적이다. 아픈 사람에 대해 생의학에서 말하는 것보다 이야기할 것이 더 많다는 생각이다. 물리적 사실에서 나오지 않았지만, 나름대로 특수성을 가진 "개인적이고 사회적인 적응"의 영역이 있다는 생각이다. 그런 의미에서 의료사회학은 여전히 대체로 파슨스가 설정한 조합들 안에서 움직인다.

계에서 드러나지 않는다. 무엇보다도 물질적 실재를 드러내는 힘이 더는 의사들에게 주어져 있지 않다. 그 누구에게도 주어져 있지 않다. 의미의 세계에서는 누구도 질병의 실재와 접촉할 수 없다. 모두가 그 것을 "단지" 해석할 뿐이다. 도처에 다른 해석들이 있을 뿐, 영원히 미지의 것인 "질병"은 어디에서도 발견되지 않는다. 질병은 해석 뒤로 **물러난다.** 의미만의 세계에서 단어들은 어떤 입장에서 말해졌는지만 중요해진다. 단어들이 말한 것이 무엇이건, 다 희미해진다.

혹은 그렇지 않을 수도 있다. 그리고 그것이 관점주의적 이야기들의 두 번째 문제점이다. 의미와 해석에 대한 이야기에서 물질적 신체는 여전히 **건드려지지 않는 채로** 남는다. 수가 얼마나 되건 모든 해석은 무언가의 해석이다. 무엇에 대한 해석인가? 어딘가에 투사된 어떤 문제에 대한 해석이다. 이 모든 형상을 문화가 부여할 수 있게 해주는 어떤 본질에 대한 해석이다. 이것은 "관점" 자체의 은유가 된다. 관찰자들은 다중화되지만, 대상은 관찰되지 않은 채로 남는다. 온전히 홀

내가 이를 설명하는 목적은 파슨스가 처음이라고 말하려는 것이 아니다. 그의 시대에 나온 의학과 사회과학 학술지에는 신체뿐 아니라 **사회적인 것도** 돌보아야 한다는 비슷한 제안을 담은 텍스트들이 많이 있다. (파슨스 본인은 의사/생리학자에 각주를 단다. L. J. 헨더슨, 「사회 시스템으로서의 의사와 환자」[Henderson 1935].) 여기에서 저자와 원래 내용은 내 관심사가 아니다. 그러나 파슨스는 명쾌하고, 날카롭고, 분명하다. 그의 연구를 언급하면, 50년 후 사회과학이 어떻게 1950년대 의료서비스와 병에 대해 말할 권리를 확립했는가를 알 수 있다. 그리고 동시에 사회과학이 어떻게 이 권리에 제한을 두었는가도. 사회과학은 **사회적인 것의** 영역을 사회과학이 말할 수 있는 것으로 바꾸어 놓았다. 이런 식으로 사회과학은 자신들의 대상을 묘사하는 **한편** 생의학에 신체와 질병에 대해 말할 독점적 권리를 부여했다. 그래서 내가 파슨스의 오래된 연구를 여기에서 언급한다면, 의료사회학이 창안된 바로 그 순간에

로. 건드려지지 않은 채로. 보여지기만 할 뿐이다. 마치 원의 한가운데 있는 것처럼. 말 없는 얼굴들이 그 주위에 모여 있다. 얼굴들은 눈으로만 대상을 알게 된다. 들을 수 있는 귀가 있을지도 모른다. 그러나 아무도 대상을 건드리지는 않는다. 이런 기이한 방식은 대상을 뒤로 물러나 희미하게 사라지게 만드는 것이 아니라, 오히려 아주 견고하게 만든다. 뭐라 말할 수 없이 강하게.

이런 문제들을 다룰 수 있을까? 내가 하려는 일이 바로 그것이다. 의사, 간호사, 테크니션, 환자, 그 밖에 관련자들의 관점에 대해 말하는 대신, 관점주의로부터 빠져나와 질병 "자체"로 들어갈 방법을 찾아볼 것이다. 어떻게 그렇게 할 수 있을까? 세 번째 단계를 밟아야 한다. 의학 분야에서 사회과학의 첫 단계는 **병**을 질병의 물리성에 추가해야 할 중요한 대상으로 묘사하는 것이다. 두 번째 단계는 의사들이 "질병"에 대해 하는 말은 무엇이든지 **대화**라고 강조하는 것이다. 대화는 의미의 영역이며, 말하는 사람의 특정 관점과 관련되어 있다.

그가 오랫동안 의료사회학이 점유하게 되었던 장소의 윤곽을 아주 분명하게 그렸기 때문이다. 이 책이 (요즘 보이는 다양한 다른 책과 마찬가지로) 벗어나려 하는 바로 그 장소다.

나란히 놓기와 대조하기
1981년, 앨런 영은 「합리적인 사람이 병이 날 때: 의료인류학의 일부 가정들에 대한 조사」를 발표했다. 이것은 비판적인 논문이다. 영은 그 당시 너무 많은 의료인류학자가 자기의 병에 관해 이야기하는 사람들이 마치 "합리적인 사람"인 것처럼 그들의 이야기에 귀를 기울인다고 썼다. 마치 환자들의 목표가 이론적 지식을 제시하고 논쟁의 합리적인 선을 따라 생각하는 것인 양 받아들인다는 것이다. 영은 이러한 가정과 반대로, 아픈 사람들의 이야기는 대개 다른 종류의 것이라고 주장한다. 아픈 사람들이 이야기할 때 그들은 반드시 내적인 상태에 관해서만 이야기하지 않고, 어떤 목표에 도달하려 시도한다. 그들은 수술 단계가 아니라 수술 전 단계에 그리고 여기 세 번째 단계가 있다. 세 번째 단계는 실천성practicality, 물질성materiality, **사건들**을 중시한다. 이 단계에 들어가면 "질병"은 실천에서 이루어지는 것의 일부가 된다.

실천의 실재

실천에 대해 더 알아보기 위해 Z 병원으로 가 보자. 혈관 환자들이 간호를 받는 병동에서 예아네터가 창가 테이블 옆의 의자에 앉아 있다. 그녀는 헤릿선 씨와 이야기를 나누고 있다. 그들은 긴 대화를 나눈다. 면담자가 계속해서 공책에 휘갈겨 쓴 주제들, 잊지 말아야 할 주제들에만 매달리지는 않기 때문이다. 대신 그녀는 환자들이 하고 싶은 말은 뭐든지, 거의 다 이야기하게 해준다. 대화는 여러 방향으로 흘러가서 어떤 환자들은 자신들이 하는 역할과 자신들이 하는 게임을 혼동하고 이렇게 말하기도 한다. "하지만 이런 것을 전부 다 알고 싶다는 건 아니겠죠?" 혹은 "지금 이 면담의 목적이 뭐라고 하셨죠?" 하지만

있는 경우가 많다. 이 말은 이런 경험을 설명해 줄 수 있는 어떤 이론보다도 자신의 경험이 그들에게 더 중요하다는 뜻이다. 그들이 사용하는 단어들은 단일한 의미가 아니라 분열하는 의미들의 배열이며, 그들의 추론은 일관적이지 않다.

이런 논문을 어떻게 설명하면 좋을까? 나는 영과 의견을 **같이할** 수도 있다. 그가 옳다. 인류학자들은 아픈 사람들이 "설명하는 모델"을 가지고 있다고 기대해서는 안 된다. 의사들이 아무리 다양해도 같은 종에 속해 있듯이, 환자들도 그렇다고 보고 조사해서는 안 된다. 아픈 사람들의 이야기는 "합리적인 사람" 구도가 파악할 수 있는 것보다 훨씬 더 복잡하다. 그러나 또한 영을 비판하고 그에게서 **떨어져 나올** 수도 있다. 그는 아픈 사람들은 "합리적인 사람들"이 아니라고 주장하지만, 반대로 의사들은 합리적이라는 것을 당연하게 받아들인다. 그는 의사들을 "제 역할을 다하는" 사람들로 여긴다. 그러나 의사들도 다른 이들처럼 비논리적이고, 복잡하

헤릿선 씨는 전혀 주저함이 없다. 그는 말하기를 즐기는 것 같다. 할 말이 아주 많다.

헤릿선 씨는 62살이다. 일찍 은퇴했고 딸들은 독립했기 때문에 조용히 여생을 보내게 되리라 기대했다. 그럴 자격이 있다고 생각했다. 그는 아내가 아팠던 7년 내내, 암 발병에서 사망할 때까지 줄곧 돌보았다. 그때 딸들은 아직 어렸다. 아내가 죽었을 때 13살, 11살이었다. 그는 재혼하지 않고 딸들을 홀로 키웠다. 몇 년 전 다리가 아파 오기 시작했다. 그러다가 지금과 같은 상태가 되었다. 그 때문에 두려워하거나 낙담하지는 않는다. 적어도 우리에게 말하기로는 그렇다. 헤릿선 씨의 이야기는 잘 쓰지 못하는 다리로 살아가는 현실에 관한 것이다. 다리가 아프다. 여기에서 모든 어려움이 비롯된다. 집안일 하기가 어렵다. 쇼핑도. 사회생활도. 그는 이런 사정을 자세히 설명한다. 어려움의 긴 목록 중 한 가지 예는 이런 것이다.

고, 자기 모순적이라고 보는 편이 맞다. (여기에서 의사들의 **생각**을 조사한 이후의 연구들을 인용하여 내 논지를 뒷받침하는 데 이용할 수 있다. 예를 들어 로버트 한, 「내복약의 세계: 한 내과의사의 초상」[1985].)

그리고 영의 1981년 논문을 설명하는 세 번째 방법이 있다. 이것은 숨겨진 절반의 발언을 끄집어내 부풀려서 믿어 버리는 것이다. 영은 사람들의 이야기가 인지할 수 있는 것만이 아니며, 인지를 이야기에만 한정할 수도 없다

고 말한다. 환경 속에 **박혀 있는 지식** embedded knowledge 같은 것이 있다. 이 지식은 사람들의 이야기에서는 추론할 수 없다. 그것은 임상 절차에, 도구에, 비언어적 구조에 내포되어 있다. 엄밀하게 표현하면, 영은 관련자들이 이 지식을 더 분명하게 표현하려는 능력도, 의지도 없다는 것을 나타내기 위해 환경에 **박혀 있는 지식**의 존재를 취한다. 예를 들어 그는 임상의들이 "이런 지식을 자의식을 가지고 의식적으로 조사하기보다는 계속해서 이 지식에 투자하는

"큰딸이 다른 곳으로 이사를 했답니다. 위층에 살기 위해서요. 아직 젊어서 1층에 집을 구하지는 않을 거예요. 아직 딸애 집에 가 본 적이 없답니다. 계단을 올라갈 수가 없거든요. '아빠, 언제 오실 거예요?' 딸애가 묻지요. 아이는 저를 이해해요. 재촉하지는 않아요. 하지만 저도 가고 싶습니다. 그렇지 않겠어요? 문제는 이거죠. 4층까지의 계단. 4층이라고요. 하지만 방법이 있을 겁니다. 그래서 이렇게 말했지요. '내 목에 밧줄을 감아서 계단 위에서, 위에서 당겨 주면 어떠냐… 아니년… 아, 그만두자'(웃음을 터뜨린다)."

이 이야기는 헤릿선 씨에 대해 여러 가지를 드러내 준다. 그의 감정, 이해력, 자조. 그러나 헤릿선 씨는 아픈 다리를 끌고 어떻게 살아가는지 이야기하면서, 또한 우리에게 성치 않은 몸을 가진 이들에게 일어나는 사건들에 대한 통찰을 준다. 그는 걸을 때마다 통증이 느껴지는 상황에 어떻게 자신의 습관을 맞추었는지 이야기한다. 그리고

경향이 있다"고 말한다. "임상의의 관점에서는 환경에 박혀 있는 지식은 일종의 전문적 투자(돈과 직업적 시간을 뺏기는)의 형식이며, 계속 일하려면 자신의 평판과 능력에 필수적이기 때문"이다(324). 의사들은 이 지식에 대해 명확히 밝혀서 상황을 명확하게 만들려고 시간과 노력을 쓰지는 않는다. 특히 이렇게 하면 그들이 더 취약해질 경우에는 더욱 그렇다. 그보다 그들에게는 일을 계속 해 나가는 것이 더 중요하다.

이 말이 맞지도 모른다. 그러나 또한 의사들은 명확히 하는 것보다 일에 투자하는 쪽을 "선호하는" 것이 아니다. 이것은 재량의 문제가 아닐 수도 있다. 다시 말해서 환경에 박혀 있는 지식 안에서, 그것을 가지고, 그것을 통해 일한다는 것은 보통 하는 방식일 뿐이다. 어디에서나 ─ 혹은 거의 그렇다. 인지적 작용들이 병원에서 일어나는 일에 핵심은 아니라는 의미다. 그래서 의학 지식을 이해하려면 의사의 마음과 인지 작용보다는 임상 절차와 도구들을 조사할 필요가 있다. 그리고 논의를 따라가다

이런 적응의 한계에 대해서도 말한다. 작은 수레를 사서 쇼핑을 할 수 있다. 그러나 딸을 방문하는 일처럼, 딸이 4층에 살고 밧줄에 목을 매달리고 싶지 않다면 도저히 불가능한 일도 있다.

걸을 때 아픈 다리로 살아간다는 것은 자신의 새로운 상황을 이해하고 여기에 의미를 부여하도록 이끌어 주지만, 또한 현실적인 문제기도 하다. 다리 혈관 질환을 앓으며 살아가는 현실적인 문제에 대해 알고 싶은 사회과학자는 헤릿선 씨가 할 수 있는 일은 하고 할 수 없는 일에는 부딪칠 동안 그의 뒤를 쫓아다닐 수 있다. 예아네터와 나는 이런 식으로 민족지학적 연구를 하지는 않았다. 하지만 그의 일상을 따라다니지 않아도 여전히 어느 정도는 알아낼 수 있다. 우리는 헤릿선 씨가 자기 자신의 민족지학자인 것처럼 그의 이야기를 경청할 수 있다. 감정, 의미, 관점의 민족지학자가 아니다. 그는 성치 않은 몸으로 산다는 것이 실제로 어떻게 **이루어지는지** 말해 주는 사람이다.

사람들이 하는 이야기는 의미의 격자를 제시하는 데 그치지 않

보면 사람들을 인터뷰할 때 (그들이 의사건 환자건) 그들의 생각에 대해서보다는 그들이 하는 일과 그들에게 일어나는 사건들에 대해 물어보는 편이 더 나을 수도 있다.

문헌을 설명하면서 "환경 속에 박혀 있는 지식"이라는 주제를 받아들이고 믿는 것은 동의나 비판보다 더 섬세한 방식이다. 그런 방식으로 영의 텍스트와 이 책 사이에 **부분적인 연결**이 생겨난다. 그 연결은 "환경 속에 박혀 있는 지식"에서 영이 그런 지식의 속성이라

고 본 부정적 함의를 뺀 관념에 의해 형성된다. 그래서 여기에서 내 연구와 이런 인류학적 전통의 표본 사이에 연결 고리가 생겨난다. 나는 다른 용어를 사용하더라도 영이 "환경 속에 박혀 있는 지식"이라고 부른 것을 연구한다.

그러나 내가 이 논문 하나를 설명해야 할까? 좋은 논문이지만 영은 그 못지않게 좋은 것을 훨씬 더 많이 썼다. 그리고 다른 사람들도 그렇다. 문헌과의 관계를 명확하게 만들면 문제도 있다. 이렇게 단 하나의, 단순한 연결고리

는다. 이야기들은 다리, 쇼핑 카트, 혹은 계단에 대해 많은 것을 전한다. 사람들이 면담에서 하는 이야기는 그들의 관점을 드러내 줄 뿐 아니라, 그들이 살면서 겪어 온 사건들에 대해 이야기해 준다. 잠시 동안 이런 가능성에 동조하면서 현실적인 방식으로 환자 면담을 들어 본다면, 질문은 "사람들이 전달하는 사건들은 무엇인가?"가 된다. 여기에 각기 다른 환자 면담에서 가져온 세 가지 부분이 있다.

"저한테는 좋은 이웃이 있어요. 젊은 여성입니다. 그래서 저와 함께 다녀 줍니다. 그리고 우리는 함께 쇼핑해요. 토요일에요. 그녀의 차를 타고요."

"하지만 비계와 계단을 10~12미터 정도 높이까지 올라가야 한다면 더는 갈 수가 없었어요. 그리고 걷는 것도요. 저는 자전거를 탔지만 그것도 결국은 맞바람이 불면 너무 힘들어졌어요. 그래서 제 상사가

의 개요를 잡는 데 너무 많은 공간이 들어간다. 그리고 연결고리들이 너무 많다. 그것들은 던져진 질문, 제기된 주제, 이 연구 전체에서 사용되는 단어들 속에 **박혀 있다**. 텍스트와 관련된 다른 것들 간의 부분적인 연결을 전부 다 명확하게 드러내는 것이 가능할까? 나는 그렇게 생각지 않는다. 너무나 많은 용어가 공명하고, 너무 많은 주제가 회절하고, 너무 많은 단어가 텍스트에 따라 조금씩 다른 의미로 공유된다. 관계들을 표현하는 데 얼마나 많은 시간과 에너지를 투자해야 할까? 때로는 계속 작업을 해나가면서 "계속 일을 할 능력"을 보여 주는 편이 더 낫지 않을까? 이런 질문을 던질 수도 있을 것이다. 그러나 환경 속에 박혀 있는 지식을 표현하는 것이 의사들에게 신중함의 문제가 아니라면, 이론가들에게는 어느 정도까지 그럴지 궁금해질 것이다.

학문 분야
이 책은 신체와 질병의 다중성에 관한 것이다. 그 주제 때문에 이 책이 특정

합리적으로 일을 하자며 저에게 사무실에서 할 일을 주었어요. 제가 조기 퇴직을 할 수 있게 될 때까지요. 그래서 이제 조기 퇴직을 하게 되었고요. (한숨을 쉬며) 그래요."

"그러고부터 집에 있게 되었어요. 혼자. 온종일. 발을 질질 끌며 이리 저리 돌아다녀요. 싱크대까지는 잘 갑니다. 그 정도는 할 수 있어요."

우리와 했던 면담에서 환자들은 가계, 일, 가정생활을 다시 꾸린 방식을 자세히 설명해 주었다. 그들은 차를 어떻게 타는지 혹은 언제 택시를 잡는지 말해 주었다. 계단, 자전거, 목줄을 맨 개에 관해서. 일상생활에서 성치 않은 몸을 다루는 고난과 시련에 대해서.

그러나 일상생활은 집, 거리, 가게에만 있지 않다. 대부분의 환자들은 병원에서 그들에게 일어나는 일에 대해서도 할 말이 많았다. 병원에 가는 것에서부터 시작된다. 너무 바쁜 아들이 그들을 태워다 주

한 **학문 분야** 안에 놓이게 되는가? 어쩌면 그럴 수도 있지만, 만약 그렇다면 어떤 분야가 될까? 의료사회학? 의료인류학? 아니면 의료철학? 나 자신을 어디에 놓을지를 생각하기도 쉽지 않다. 혹은 이 책을 어디에 두어야 더 나을지도. 생각하기는 그나마 가장 쉬운 부분이다. 위치 설정 작업을 어떻게 해야 할까? 고전적인 방식은 학문 분야를 구성하는 문헌을 설명하는 식이다. 프라이드슨이나 파슨스를 설명함으로써 이 텍스트를 의료사회학으로 만든다. 영을

설명하면 의료인류학과 관련된다. 적절한 때에 철학자도 넣어야 할 것이다. 의료철학자로 통하는 캉길렘 같은 철학자면 좋을 것 같다.

그러나 설명해야 할 다른 분야, 장소, 문헌이 너무 많다. 그중 핵심적인 것은 생물학과 사회과학 간의 경계 짓기에 관한 산발적인 연구들이다. 2차 세계대전 이후 이런 경계들을 그리고 명확하게 만드는 것이 중요해졌다. 인간들 사이의 생물학적 차이를 말하면 의심을 사게 되었다. 나치의 잔학한 우생

기 위해 하루 휴가를 쓸 수 있을지? 환자가 가야 하는 이 FO21 방을 어디에서 찾아야 할지? 그리고 복잡한 이름이 붙은 검사를 하는 날에 뭐든 마셔도 괜찮은지? 다 중요하다. 다 이야기할 수도 있고 건너뛸 수도 있다.

고맨스 부인은 나흘 전 수술을 받았다. 왼쪽 다리를 절개했다. 다리 동맥 중 하나를 떼어 내 동맥경화증 플라크를 제거했다. 예아네터는 그 일에 대해 더 할 말이 있는지 물었다. "(하품을 한다.) 오, 저기, 수술 자체요, 그에 대해서는 별로 기억나는 게 없어요. 전신마취를 했거든 요. 그래서 정신이 돌아와서 보면 다리에 봉합선, 흉터가 한두 개 있어 요. 그리고 다 괜찮으면 혈류도 다시 좋아져요. 그럼 다 된 거예요. 그 러고 열흘이 지나면 집에 갈 수 있지요. 그러면 완전히 새로운 사람이 되는 거예요. 보통 그런 식이에요."

학적 실천과 확실하게 거리를 두기 위 해 인류의 생물학적 평등성이 강조되었 다. 인간들 간의 차이를 말하는 것은 사 회과학의 특권이 되었다. 이 특권을 거 듭해서 되찾아 와야 했다고 해도 그렇 다(Rose 1982). 사회과학은 다양한 형 식과 변종으로 자신들의 대상을 생물학 의 대상과 **나란히** 묘사했다. 이를 옹호 한 주장들 중 하나는 인종주의를 피하 는 데 도움이 된다는 것이었다.

1982년, 마틴 바커Martin Barker는 『새 로운 인종주의』를 출간했다. 이 책은 그

시대의 영국 신우익의 담론에 대한 분 석을 제시했다. 책은 이 운동의 담론에 서 더는 소위 다른 인종들의 열등함에 대한 이야기가 주가 아니라는 것을 보 여 주었다. 생물학적 열등함 대신, **문화 적 차이**가 "우리"와 "그들"을 구별한다 고 했다. "그들의" 몸에서 냄새가 나지 는 않지만 "그들의" 음식에서는 난다. 그리고 "그들"을 제거할 필요는 없다. "그들"은 고국으로 돌아가기만 하면 된 다—거기가 어디든지 간에. 바커의 책 은 의료 관련 분야의 것이 아니다. 그렇

    자신의 삶을 구성하는 사건들에 대하여 환자가 반드시 최상의 민족지학자는 아니라는 사실이 중요하다. 예를 들어 고맨스 부인은 수술에 대해 묻자 흉터 얘기만 했다. 자세히 말하지는 않고 "새로운 사람"이 되고 싶은 자신의 소망을 덧씌운 용어로 "보통 그런 식"에 대해 말했다. 그러나 고맨스 부인은 전신마취를 했다. 그리고 전신마취를 하면 나쁜 민족지학자가 될 수밖에 없다.

    다른 환자들은 더 많은 것을 보았다. 그들은 열심히 노력했다.

    요나스 씨도 며칠 전 수술을 받았다. 그는 부분마취를 해서 의식이 있었다. 그리고 그는 수술에 완전히 정신을 쏙 빼앗겼다. "마지막 수술을 전부 다 볼 수 있었어요. 흥미로웠습니다. 처음에는 제 얼굴 바로 앞에 천을 쳐 놓더군요. 저는 (마취과 의사한테) 저것 좀 치워 버리라고 했지요. 저런 건 보기 싫다고요. 그랬더니 의사가 안 된다고 했어요. 대부분의 환자들은 받아들이지 못하고 토한다는 겁니다. 수술 중

기는 하지만 바커가 한때는 유용했던 생물학과 사회학 사이의 구분이 초기의 힘을 잃었을지도 모른다는 것을 아주 명확히 드러내 주기 때문에 언급하기에 좋은 텍스트다. 그가 분석하는 사례에서 인종주의는 자연만이 아니라 문화 속에도 토대를 두고 있는 것 같다.

『자연 이후: 20세기 후반의 영국 친족』에서 매릴린 스트래선은 또 다른 식으로 자연/문화의 구분으로부터 거리를 둔다(1992a). 그녀는 인류학이 전 세계적으로 **친족 체계들을** 자연적 사실에 기반한 사회적 구성물처럼 연구해 왔음을 보여 준다. 친족 연구는 아이들이 아버지와 어머니로부터 반씩 물려받은 자식이라는 자연적 사실에서 출발한다. 그러나 스트래선은 이러한 "피할 수 없는 사실"들이 문화적이라는 점을 분명히 한다. 그것들은 영국적이었다. 정확히 말하자면 20세기의 영국 친족의 표현이었다. 소위 생식에 대한 자연적 사실을 표현하는 용어들이 이미 "유산"과 같은 사회적 관계의 이미지들 속에 통합되어 있었다. 그 단어는 유전자를 물

에 그런 일이 일어나면 곤란하다고요. 그래서 내가 실수로 저 천을 치워 버리게 된다 해도 나한테 화내지는 말라고 했지요. 내 눈으로 수술하는 것을 보고 싶었거든요. 그래서 보도록 허락을 받았답니다. 수술의 4분의 3을 보았어요. 그래요, 정말 흥미롭다고 생각했어요. 어쨌거나 자기 몸이니까(웃음을 터뜨린다)."

요나스 씨는 자기 몸이 겪게 된 개입을 관찰하고 싶었다. 무엇을 보았느냐는 질문을 받자, 그는 주위에 입과 코를 가리고 캡 모자를 쓰고 초록 옷을 입은 사람들이 많이 있었다고 말했다. 그들은 서로에게 수술도구를 건네주고 있었다. 그러다가 외과의가 절단에 대해 뭐라고 말했다. 요나스 씨는 그 자리의 학생들에게 동맥 상태가 나쁜데 치료하지 않은 사람들이 어떤 위험을 겪게 되는지에 대해 가르쳐 주고 있음을 즉시 알아차렸다. 자기 다리가 절단되리라는 두려움에 떨었던 순간은 아주 짧았다.

려받는 의미로 쓰였지만, 한참 이전에는 부를 물려받는다는 의미였다. 자신의 영국성과 거리를 두기 위해 스트래선은 다양한 멜라네시아 민족에게서 이론적 도움을 청했다. 그들의 개념 구조에는 자연도 문화도 없다. 대신 그들은 아버지를 낳는 아들들을 안다. 여성의 몸으로 남자인 여성들도 있고 그 역의 경우도 있다. 담는 것이 거꾸로 담긴다.

그러나 스트래선이 전통적인 영국적 구조에서 벗어나도록 도와준 것은 멜라네시아 이론만이 아니다. 인간 재생산을 재형성하는 최근의 기술도 이런 식으로 작용한다. 신생아는 한 어머니의 유전적 자식이면서 또 다른 어머니의 해부학적 자식일 수도 있으므로 옛 구조가 무너지기 시작한다. 단일한 자연적 부모 관계와 나중에 그것을 형성하는 문화적 구성물들 간의 대립이 더는 유지될 수가 없다. 그 다음에는 어떻게 될까? 서구/영국 문화는 자연을 바꿈으로써 스스로의 자연/문화 분할의 기반을 약화시키고 있다.

그리고 내가 설명하고자 하는 세 번

그래서 요나스 씨는 많은 것을 보았다. 그러나 예아네터가 그의 다리에 무슨 일이 일어났는지 묻자, 그는 피부가 절개된 자리에 대해서만 말했다. 그 일이 일어난 자리였다. 그는 이미지들을 기억하는데, 아주 생생하지만 할 수 있는 얘기는 별로 없다고 덧붙였다. 그가 어떻게 하겠는가? 수술의 세부 사항을 표현할 수 있는 용어들은 그가 아는 어휘들 안에는 없었다.

램지 부인은 첫 번째 수술을 받았다. 예아네터는 램지 부인에게 앞으로 또 수술을 받아야 할 거라고 생각하는지 물었다. 어쨌든 전에 여기에서 네댓 번씩 벌써 수술을 받은 환자들이 많이 있다. 그러나 그 질문은 겁에 질린 반응을 끌어낸다. "오, 제발 다시는 안 하고 싶어요. 네, 그러기를 바라요. 또 수술을 받지 않았으면 좋겠어요. 저를 이 기울어진 수술대에 눕혔어요. 다리 쪽을 수술해야 했지요. 수술대가 완전히 기울어져 있었어요. 그래서 내내 거기에 매달려 있었어요. 당연

째의 아주 비슷한 움직임이 있다. 인종이나 친족에 관한 것이 아니라, 성에 관한 것이다. 성과 젠더. 도나 해러웨이의 에세이 「마르크스주의 사전을 위한 '젠더': 단어의 성정치학」을 인용해 보겠다. "1958년, 젠더 정치학 연구 프로젝트가 로스앤젤레스에 있는 캘리포니아 대학 인터섹스와 트랜스섹스 연구를 위한 의료센터에서 시작되었다. 정신분석학자 로버트 스톨러의 연구는 UCLA 프로젝트의 결과를 논의하고 개괄했다. 스톨러는 '젠더 정체성'이라는 용어를 1963년 스톡홀름에서 열린 국제 정신분석 학회에 소개했다. 그는 생물학/문화 구분의 틀 안에서 젠더 정체성의 개념을 공식화하여, 섹스는 생물학과 관련짓고(호르몬, 유전자, 신경계, 형태학) 젠더는 문화와 연관시켰다(심리학, 사회학)"(Haraway 1991, 133).

50년대에는 또 다른 분할이 이루어졌다. 신체의 생물학적 "섹스"와 무관하게 "젠더"에 대해 이야기할 수 있다는 것이었다. 그리고 이런 식으로 이야기하는 사람들이 인터섹스, 트랜스섹스,

히 결국에는 몸이 뻣뻣해졌지요. 깨어날 때는 근육이 다 아파요. 그렇다니까요."

램지 부인은 하품을 하지 않았고, 고맨스 씨처럼 낙관적이지도 않았다. 요나스 씨처럼 놀라운 호기심을 보이지도 않았다. 그녀의 어조는 근심 가득했다. 수술을 받기 싫고 그에 따르는 신체적 불편들도 싫었다. 하지만 그러한 반감도 여러 가지 흥미로운 관찰을 막지는 못했다. 수술대가 기울어져 있었다는 사실. 외과의가 그녀의 다리 측면을 수술해야 했기 때문에 그랬다는 사실. 나중에 몸이 뻣뻣해졌다는 사실.

사람들이 사건에 대해 이야기하듯이 사람들의 이야기를 들을 수도 있다. 이러한 듣기를 통해 병은 물질적인 동시에 활동적인 형태를 취한다. 경사진 수술대에 누워 있는 것은 병의 일부를 이룬다. 눈앞의 천을 놓고 마취과 의사와 언쟁을 벌이는 것도 그렇다. 다리의 흉터로

그들의 치료사들만이 아니었다. 페미니스트들도 그렇게 했다. 이것은 페미니스트들이 여성 신체를 정당화의 근거로 이용하여 종속적 위치에 여성을 놓으려 했던 생물학적 결정주의와 싸우도록 도와주었다. 그러나 해러웨이는 우리가 섹스/젠더 분할에서 벗어나기를 원한다. 이런 분할을 따름으로써 페미니스트들은 "섹스와 무관한" 젠더의 사회적 형성에 대해 말할 권리를 얻었을지 모른다. 하지만 그들은 "섹스" 범주를 분석되지 않은 채로 남겨 두는 것으로 대가를 치러야 했다. 질문하지 않은 채로. "그리하여, 여성 혹은 남성으로서 본질적인 정체성의 공식화는 분석되지 않은 채, 정치적으로 위험성을 품고 남겨졌다"(134). 우리가 남녀가 생물학에서 구성되는 방식을 분석적으로 작업해 보고 싶다면, 이 문제를 다룰 필요가 있다.

여기에서 언급한 바커, 스트래선, 해러웨이의 텍스트에서는 "질병"이나 "병"이라는 단어는 전혀 나오지 않는다. 이런 텍스트들은 우리가 더는 "질병" 연구를 생의학에만 맡겨 두어서는

이루어진 병은 당신이 새로운 사람이 되는 것을 막지 못한다. 이 병은 환자에게 일어난 어떤 일이다. 그리고 환자로서 하는 어떤 일이기도 하다.

누가 행하기를 하는가?

위에서 인용한 환자들의 이야기는 물리적 실재를 쫓아내는 것이 아니라, 그것에 관해 이야기한다. 물리적 실재는 도처에 있기 때문이다. 신체, 혈관, 피의 물리성. 쇼핑, 카트, 계단의 물리성. 그리고 마취약, 초록색 옷, 칼, 수술대의 물리성. 이 실재에서 중요한 것은 그것이 아픔을 느끼고, 소음과 냄새를 만든다는 것이다. 뼈 소리를 울리고 바닥에 떨어진다는 것이다. 건드려진다는 것이다. 환자들은 신체를 해석할 수 있을지 모르지만, 또한 신체로 산다. 그리고 의사들도 마찬가지다. 의사들은 환자들의 이야기에서 눈에 띄게 중요한 존재들이다. 그들은 전신마취를 한다. 초록색 옷을 입고, 수술도구를 사용하고, 다리를

안 된다고 주장하고자 할 때 언급할 가치가 있다. 유사점들이 있다. 인종과 문화, 생물학적 부모 관계와 친족 체계, 섹스와 젠더, 혹은 질병과 병 간의 차별화는 많은 공통점이 있다. 이런 구분들 각각은 생물학과 나란히 사회과학을 위한 공간을 만들어 내기 위해 1950년대에 구성되었다. **나란히.** 이 은유를 진지하게 받아들일 수도 있다. 사회적 영역은 국지적으로 생물학적 영역과 분리되어 있었다. 두 영역 모두 문제들을 해결하고 또 만들어 냈다. 비교할 수 있을

만한 문제들을.

어떤 종류의 문제들인가? 바커는 "자연" 옆에 "문화"를 위한 공간을 만들어 주는 것이 더는 인종주의에 맞서 보호책이 되지 못한다는 것을 보여 준다. 인종주의는 자연적 용어만이 아니라 문화적 용어로도 구성될 수 있다. 이와 마찬가지로, 요즘에는 환자들에 대해 힘을 갖는 것이 "질병"에 대한 지식만이 아니라고 추측해 볼 수 있다. "병"에 대해 아는 것도 마찬가지다. 예를 들어, 현재 의료서비스를 구성하는 데 매우 중요한

절개하고, 다시 실과 바늘로 봉합한다. 가르치고 가르침을 받는다. 수술대를 기울여 다리 내부를 수술한다. 그들은 환자의 몸에 많은 일을 한다.

관점주의는 의사와 환자들을 뚜렷이 나누어진 동등한 양쪽으로 놓는다. 서로 다른 각도에서 보기 때문이다. 의사-환자의 구분 간에서 이루어지는 소통은 많은 대중의 관심을 끈다. 어떤 의사들은 자신이 병이 나서 환자가 되었을 때 자신의 관점이 어떻게 바뀌었는가를 훌륭하게 묘사한 책을 썼다. 사회과학자들은 환자가 의료 구조와 용어를 자신들의 사고 속에 통합하는가, 한다면 어떻게 하는가를 조사한다. 대화적 분석은 의사와 환자가 상호작용할 때 어떻게 경계를 넘는가 혹은 넘지 못하는가를 보여 준다. 그리고 의사가 자기들을 이해할 능력이 없다고 설명한 환자들의 증언은 독자를 낙담하게 만든다. 그러나 차이를 넘는 데 따르는 어려움 그리고 가능성은 그 차이의 존재를 가리킨다. 그러니까 거기에 있다. 갈라진 틈. 한 지점에서의 관

"삶의 질"은 사회학적 관점에서 정의된다. 스트래선은 자연/문화 분할이 후자의 요소에 종속된다고 말한다. 그것은 아주 특정한 문화의 고안물이다. 바로 이 문화가 증식할 가능성들을 변화시키는 자리에서 새로운 구도가 출현할 것이다(그래야 한다). 이 분석을 번역하자면, 서구 문화들이 "병"을 살아가는 지배적인 방식 중 하나는 병을 "질병"으로 받아들이는 것이라고 말할 수 있다. 의사들이 알고 있는 것으로 받아들이는 것이다. 그러나 최근의 치료법은 환자를 자신의 치료법의 안내자로 바꾸는 식의 전환으로 이전의 분할을 무효화하고 있다.

결국 해러웨이는 페미니스트들이 한 사람의 "젠더"를 논의하기 시작하기 전에 신체의 "섹스"를 안전한 영역에 두는 이분법적인 방식으로 생물학적 결정주의와 싸우면서, 생물학을 분석하지 않고 놔두고 있다고 경고한다. "'생물학'은 개입에 열려 있는 사회 담론보다는 신체 자체를 의미하는 경향이 있다"(134). 이와 함께 활동가 방식으로

점은 다른 지점에서의 관점과 차이가 있다.

실천-속-사건들에 대해 말하는 이야기에서는 다르다. 어떤 관점을 공유하건 독자적으로 고수하건, 질병을 진단하고 치료하는 행위는 불가피하게 협력을 요구한다.

외과의가 문으로 걸어가 다음 환자를 부른다. 그들은 악수를 한다. 의사가 내 쪽을 가리키고 내가 거기에서 이야기를 좀 들을 것이라고 말해 준다. 의사는 책상 뒤의 의자에 앉는다. 80대 여성인 환자가 무릎 위의 핸드백을 꼭 쥐고 책상 맞은편에 앉는다. 의사는 자기 앞의 파일을 들여다보고 편지 한 통을 꺼낸다. "그러니까, 틸스트라 부인, 담당 일반의가 부인의 다리에 문제가 있다는 편지를 썼습니다. 맞나요?" "예, 선생님, 그래서 여기 왔어요." "무슨 문제인지 좀 말씀해 주실까요? 언제부터 그랬습니까?" "뭐라고 말하면 좋을까요? 움직이거나, 걷거나, 뭔가를 하려고 할 때면 그래요. 오랫동안 개를 산책시키곤 했

생각한다면, "질병"을 의사의 손에만 맡겨 둔다면 정치적 약점이 된다고 말할 수도 있을 것이다. 과거 병자 역할의 사회적 형성에 대해 뭐라고 말하건, "질병"을 자연적 범주로 받아들여 분석하지 않고 내버려 두는 한, "병"에 대해 무슨 말을 하건, 그것의 이름으로 이야기하는 사람들의 발언이 항상 결정적이 된 것이다. 그것들을 뒤섞고, 그 속에서 움직이고, 연구하고, 진지한 토론에서 다루는 편이 나을 것이다.

나는 병을 설명함으로써 바커, 스트래선, 해러웨이의 연구를 의료사회학, 인류학, 혹은 철학 분야들로 들여 오려 할 수도 있다. 다른 분야에서 텍스트를 가져오는 것은 "새로운" 것을 이야기하는 좋은 방식이 되곤 한다. 그러나 이런 텍스트들은 어디에서 나오는가? 딱 떨어지는 학문 분과가 아니라 약간 덜 확립된 학제적 분야에서다. 경계들을 가로지르는 이론 운동의 흐름에서 나온다. 이론과 정치학, 자연과 문화, 분과학문들의 경계선들에서 나온다. 그런 텍스트들을 언급하는 것은 비분과적인 유

지만, 요즘은 할 수가 없어요. 거의 못 해요. 다리가 너무 아파서요."
"어느 부분이 아프십니까?" "여기요, 이 아래쪽이 거의 다 아파요. 종
아리가요. 왼쪽 다리요." "그러니까 걸으실 때 왼쪽 종아리가 아프시
다는 거군요. 평지를 걸으신다면, 얼마나 걸으면 아프기 시작하는 것
같나요?" "제가 어떻게 알겠어요? 제 생각에는, 음, 저, 한 50미터쯤
인 것 같아요." "좋습니다. 좋지 않을 수도 있고요. 그럼 좀 휴식을 취
하고 나면 다시 걸으실 수 있습니까?" "예, 좀 기다리고 나면, 예. 걸을
수 있어요. 예."

진찰실에서 뭔가 **이루어진다.** "평지에서 짧은 거리를 걸으면 시
작되었다가 휴식을 취하고 나면 멈추는 틸스트라 부인의 왼쪽 다리
의 통증"으로 묘사할 수 있다. 이런 현상은 의학 용어로는 **간헐성 파행**
intermittent claudication이라고 한다. 진찰실에 들어오기 전에 그녀의 몸
상태가 어떠했건, 민족지학적 관점에서는 틸스트라 부인은 의사를

동적 공간에서 **이런** 텍스트에 장소를
마련해 주는 좋은 방법이기도 하다.

가시성과 접근

문헌을 설명하는 것은 자신의 텍스트를
다른 것들 속에 위치시키는 한 방법이
될 수 있으며, 대부분의 독자에게 보통
은 도움이 된다. 그 텍스트를 형성한 선
행연구와, 텍스트가 차별화하고자 하는
이전 것들의 개요를 제시하는 방법이
될 수 있다. 이런 것들은 똑같을 수도
있고 똑같지 않을 수도 있다. 이런 목적

들 모두를 위해 좀 권위가 있는 문헌을
언급하는 것이 가장 좋다. 내가 파슨스
를 언급한다면, 고급 독자는 파슨스를
알고 있을 테니 내가 무엇을 하려고 하
는지를 더 쉽게 이해할 것이다. 그리고
초보 독자들에게도 도움이 된다. 진지
하게 받아들여지고 싶다면 조만간 그들
도 파슨스를 알아야 할 테니까 말이다.
내가 스트래선을 가져온다면 나의 텍스
트는 더 강해진다. 내가 자연/문화 분할
을 다루는 데 반대 견해를 피력하고 싶
은 사람은 누가 되었건 이제 스트래선

찾기 전에는 아직 이 병을 갖고 있지 않다. 그녀는 병을 **실행하지** 않았다. 홀로 있을 때 틸스트라 씨는 걸으면서 통증을 느꼈지만, 이 통증은 잦아들 뿐 평지에서 걷는 구체적인 거리와는 연결되지 않았다. 틸스트라 부인이 개를 산책시키려 할 때 겪었던 어려움은 아직 그녀가 의사의 질문에 대답할 때 출현하는 형태를 갖추고 있지 않았다.

이것이 의사가 틸스트라 부인의 질병을 존재하게 만들었다는 뜻은 아니다. 외과의가 진료실에 혼자 있을 때는 방문 민족지학자에게 임상적 진단이 무엇을 수반하는지를 설명해 줄 수도 있겠지만, 진단을 내리려면 환자가 있어야 한다. "간헐성 파행"을 다루려면 두 사람이, 즉 의사와 환자가 필요하다. 환자는 뭔가를 걱정하거나 궁금해해야 하고, 의사는 기꺼이 이를 다루며, 다룰 수 있어야 한다. 의사는 질문을 던지고 환자는 기꺼이 대답해 줄 수 있어야 한다. 그리고 이 두 사람 외에도 다소 중요한 역할을 하는 다른 요소들이 있다. 책상, 의자, 일반의, 편지 이것들 모두 함께 "간헐성 파행"을 "행하는" 사건들

과도 맞서야 하기 때문이다 — 그녀는 그 문제에 대해 많은 글을 썼다. 하지만 저자들이 어떻게 권위를 얻었을까? 답은 다른 저자들에게 언급됨으로써 얻었다. 빙빙 도는 원이다.

내가 언급하고 싶은 로버트 풀의 흥미로운 논문이 있다. 풀은 카메룬 북서쪽 지역에서 영양결핍으로 인한 병인 콰시오커가 어째서 먹을 것이 주변에 널려 있을 때조차 흔한지를 조사하기 위해 파견되었던(그리고 보수를 받았던) 의료인류학자다. 이 질문에 답하

기 위해서 풀은 그가 살던 마을 사람들이 이 질병에 대해 어떤 식으로 이야기하는지에 대해 통찰을 얻고자 했다. 그는 병에 대한 그들의 관점을 탐색하고 싶었다. 그들의 해석, 그들의 병 이야기 말이다. 그러나 마을 사람들이 풀에게 들려준 이야기는 콰시오커에 관한 것이 아니었다. 혹은 병 이야기라 하더라도 그보다 훨씬 더 많은 것에 대한 이야기이기도 했다. 이야기는 **콰시오커**, **응강**ngang, **브파**bfaa 사이를 오갔다. 이런 단어들 간에 명확한 경계가 없었다. 그중

에 참여한다. 틸스트라 부인의 개가 그렇듯이 말이다. 그 개가 없다면 부인은 왼쪽 다리가 아프기 시작하는 50미터 이상 걸으려는 시도조차 하지 않았을지도 모른다.

또 다른 장면.

로머 씨는 진찰실까지 와서도 좀처럼 입을 열지 않았다. 그의 아내가 함께 왔다. 아내가 대신 이야기를 했다. "남편은 몸이 좋지 않아요, 선생님. 아무것도 할 수가 없어요." 의사가 노인의 눈을 마주 보면서 말한다. "그래서, 로머 씨, 문제가 뭡니까? 무엇 때문에 저를 보러 오셨지요?" "그이 다리 때문에요, 선생님." 로머 씨의 아내가 대답한다. "심장마비가 왔었어요. 실은 두 번이나요. 하지만 지금은 다리가 문제예요. 더는 걸을 수가 없어요. 너무 아파해요." 로머 씨는 지친 표정이다. 그리고 의사가 아무리 말을 걸어 보아도 로머 씨는 입을 열지 않는다. 어쩌면 열 수 없는 것인지도 모른다. 시도하기를 포기했는지도

어떤 것도 대화가 달라져도 변함없는 식으로 사용되지 않았다. 그리고 질문을 던지는 풀이 없었더라면 이야기들은 아예 처음부터 나오지도 않았을 것이다 (그가 이야기를 녹음하는 방식은 차치하고라도).

풀은 인류학자들이 마치 "병"이 의사들이 의학 용어로 이야기하는 "질병"에 대한 문외한들의 이론인 것처럼 연구하러 나간다면, 처음부터 덫에 걸리게 된다는 점을 분명히 한다. 그랬다가는 "질병" 언어에 걸려들게 된다. 카메룬

은 고사하고, 왜 보통 사람들이 대화에서 서구 의학의 범주와 깔끔하게 잘 맞아떨어지는 식으로 존재자를 묘사하겠는가? 그럴 거라 생각했다면 서구 의학의 질병 범주들이 "자연적"이라고 가정한 것이다. 그것들이 다양한 방식으로 해석하기 이전에 누구나 더듬더듬 말할 수 있는 저기 바깥의 실재를 반영한다는 것이다. 그러나 풀은 사람들의 범주는 접근할 수 있는 자연을 반영하지 않는다고 주장한다. 대신, 그 범주들은 생명, 고통, 죽음을 다루기 위한 특정 실

모른다. 의사는 그 가능성도 생각해 보는 듯하다.

의사는 간헐성 파행 하나로만 진단할 수는 없다. 진단을 하려면 다른 것도 필요하다. 그러나 시나리오가 엄격하게 정해져 있지는 않다. 요소들 중 많은 것이 유동적이다. 걸을 수 있는 거리가 50미터가 아니라 100미터가 넘을 수도 있다. 종아리가 아니라 허벅지가 아플 수도 있다. 그리고 환자들이 말을 할 수 없으면 다른 사람이 대신 말해 줄 수도 있다. 그러나 임상적 진단에 필요한 것, 정말로 없어서는 안 되는 것은 환자의 몸이 거기 있어야 한다는 것이다. 몸이 그 자리에 꼭 있어야 한다. 그리고 그 몸이 협조해야 한다.

의사는 파일에서 눈을 들어 로머 씨 부부를 보고 다시 파일을 본다. 거기에 몇 가지 메모를 한다. 그는 다시 고개를 들고 이렇게 말한다. "자, 로머 씨, 괜찮으시다면 한번 봅시다. 다리를 좀 보여 주세요. 다

천의 일부다.

언급한 논문의 제목은 「카메룬 마을에서 질병에 대한 대화: 의료인류학 연구에 대한 비판적 성찰」Gesprekken over ziekte in een Kameroenees dorp: Een kritische reflectie op medisch-antropologisch onderzoek (Pool 1989)이다. 읽을 수 있겠는가? 네덜란드어다. 흥미롭지만 내가 이해하지 못하는 언어로 되어 있어서 언급할 수 없는 논문이 많이 있을 것이다. 덴마크어, 이탈리아어, 우르두어, 키쉬왈리어 Kishwahili. 그리고 네덜란드어로 된 글을

읽으면서 영어로 글을 쓸 때 네덜란드 문헌들을 언제 언급해야 할지 모르겠다. 언급을 한다면, 내 노력이 잘 전달되지 않을 위험이 있다. 독자가 내 텍스트의 위치를 찾도록 돕기보다는, 좌절하게 만들기 쉽다. 내 참고문헌 덕분에 독자가 풀을 읽고 싶어질 수도 있다. 이 경우에는 더 찾아볼 수 있다. 그는 영어로도 책을 냈고, 같은 논의를 전개한다 (Pool 1994). 그러나 이번에는 운이 좋았던 것이다.

리가 어떤지 제가 직접 봐야겠습니다. 그리고 혈관을 촉진하겠습니다. 혈관에 문제가 있을 수도 있으니까요." 큰 목소리로 이렇게 말하고 나서 의사가 로머 부인 쪽으로 고개를 돌린다. 대변인으로 인정한다는 의미다. 그리고 이렇게 말한다. "남편분께서 바지를 벗고 진찰대 위에 좀 누워 보실 수 있을까요?" 할 수는 있지만 로머 씨 혼자서는 못 한다. 쉽지 않다. 사지가 무겁다. 발을 들어 올려 주어야 신발과 구두를 벗길 수 있다. 지퍼는 잘 열리지 않고, 바지 천은 뻣뻣하다. 진찰대가 높나. 그러나 잠시 후 혈관외과의가 로머 씨의 두 발을 양손으로 잡고 온도를 재고 비교한다. 그는 피부를 관찰한다. 두 손가락으로 사타구니, 무릎, 발의 동맥들의 맥박을 느껴 본다. "다리를 좀 구부려 보실까요, 예, 좋습니다. 그래요. 아주 좋아요."

진찰실에서 혈관외과의들은 면담 외에 신체검진도 한다. 진단을 위한 질문에 대한 환자들의 답은 뻔하거나 애매모호하다. 그들은 간

공간/시간 없음!

어떤 텍스트도 도처에 다 있지는 않다. 이 책에서는 내가 설명하는 질병들의 역사로 들어가지는 않겠다. 나는 몇 년간의 현장연구에서 관찰한 변화들 중 대부분의 시간 차를 없애 버리기까지 했다. 시간에 따라 차이가 있다는 사실은 현재의 사회 이론이 늘어놓는 뻔한 소리다. 기능주의에 대한 공격 중 하나는 변화를 설명하지 못한다는 것이었다. 시간에 걸친 사건들에 대한 그래프를 만드는 대신, 사회의 공간적 이미지들을 그린다는 것이다. 오랫동안 **프로세스**는 (사회) 이론을 할 때 없어서는 안 되는 유행어였다. 그러나 이 책에서 생산되는 매트릭스들은 주로 공간적이다. 다른 배치 형태들이 서로 **나란히**, 혹은 **안**에, **위**에 그려진다. 그리고 나는 또한 공간에 대한 유클리드적 이미지를 가지고 놀고, 옮기고, 이런 형상들을 **상호포함하는 것**으로 이야기하고자 한다. 거기 대해서는 나중에 더 말하겠다.

이제 주목해야 할 중요한 사실은 이 책이 역사 속으로 들어가지 않는다는

헐성 파행에 대해 직접 말할 수도 있고 그렇지 않을 수도 있다. 어느 쪽이건 간헐성 파행의 실행은 신체검진으로 도출할 수 있는 요소들을 추가함으로써 확장되고 강화된다. 한쪽 발이나 양발이 찬 경우. 약한 맥박. 얇고 산소가 부족한 피부. 이런 요소들을 추가하기 위해 환자의 다리와 의사의 손이 협력한다. 진찰대와, 고령의 환자가 신발을 벗고 양말과 바지를 벗도록 도와주는 사람들도 마찬가지다.

누가 이런 일을 하는가? 사건들은 여러 사람과 많은 것에 의해 일어나게 된다. 단어도 한몫을 한다. 서류작업. 방, 건물. 보험 체계. 설명의 성격과 목적에 따라 강조하거나 배경에 남겨 둘 수 있는 이질적인 요소들의 목록이 끝없이 이어진다. 여기에서 제시한 설명들은 틸스트라 부인, 로머 씨, 다른 어떤 환자의 것도 아니고 나의 것이다. 그리고 환자들이 사건에 대해 이야기한 것을 내 설명에 반영한다 해도, 이 책에서 환자들의 이야기를 그대로 따라가는 예는 아주 드물다. 이런 민족지학은 의학에 집중한다. (그것이 민족지학의 힘이지만 또

것이다. 역사적 사건들을 설명해야 할까? 어쨌든 거기에서 찾아내야 할 흥미롭고 관련성 있는 연구들이 많이 있다. 그중 하나가 바바라 두덴의 『피부 밑의 여성들』(Duden 1991)이다. 그것은 이론적인 작업이다. 두덴의 역사는 인체의 피부 밑을 파고든다. 그것은 의료철학뿐 아니라 사회과학과도 직접적인 관련성을 만들어 낸다. 두덴을 읽다 보면, 독자는 자신의 내부로부터의 물리성의 경험이 문화에 선행하지 않음을 **깨닫게** 된다. 생산되거나 구성될 수 있는 것에

대한 이야기가 아니다. 육체는 완고하다. 살아 있는 한 완고하지만, 그렇기는 해도 역사적 현상이다. 그리고 육체의 역사성은 변화하는 해석의 문제에 불과한 것이 아니라, 살아 있다는 것 그 자체의 육체성이다.

두덴은 1730년 한 의사가 독일의 한 소도시에서 출간한, 여성 환자들의 불평과 바람에 대한 상세한 보고들을 분석한다. 이 여성들의 신체적 경험과 두덴의 독자 사이에는 많은 중개자가 있다. 저자의 의료실천의 내재성, 의학 용

한 한계이기도 하다.) 의학 지식, 의학 기술, 의학 진단, 의학적 개입을 풀어 나간다. 민족지학은 나 자신의 관찰과 또 다른 비전문 민족지학자 집단인 의학 전문가들의 단어들을 주로 다룸으로써 구성된다.

외래환자 진료실. 목록에 있는 다음 환자가 나타나지 않았다. 그 다음 사람은 아직 도착하지 않았다. 그래서 커피 머신으로 걸어가 혈관외과의가 신분증을 넣고 커피 두 잔을 뽑는다. 우리는 그의 진료실까지 걸어온다. 가벼운 수다를 떨듯이 대화를 나눈다. "저기, 이걸 아셔야 해요." 그는 좋은 정보원이 되고 싶은 마음에 이렇게 말해 준다. "진단을 내린다는 것은 좋은 일반의가 있느냐에 따라 아주 달라집니다. 가끔은 환자들이 가져온 일반의의 진료의뢰서 안에 모든 것이 다 있기도 해요. 보행거리, 맥박, 그 밖에 뭐든지 다요. 상세한 병력도. 물론 그런 것들을 저도 체크하고 다시 모든 단계를 하나하나 밟아 나가지만, 이런 경우에는 어디로 가야 할지 꽤 확신을 가질 수 있지요. 하지만

어의 특수성, 그의 시대의 글쓰기 습관, 역사가로서 두덴 자신의 선택 등이다. 독자는 이런 것들에 대해 많은 것을 알게 된다. 그리고 우리 사이의 차이가 아무리 크다 해도, 이 여성들의 신체가 우리가 지금 머무는 신체와 다르다는 것은 피할 수 없는 사실인 것 같다. 우리는 더는 이런 몸이 **될** 수 없고, 안에서 이를 묘사할 수도 없다.

두덴이 꼼꼼하게 나열하는 이 모든 단어! 몸속을 돌아다니는 아픔에 관하여. 자궁이나 피부나 눈 밖으로 흘러나오는 희거나 붉은 흐름들. 피가 그 안으로 몰려가고 거기서 굳어져 엉겨 붙어 밖으로 나오지 않게 된다는 여성들의 걱정. 두덴은 살아 있는 몸 — 그러나 우리 자신의 것과는 다른 삶을 사는 몸을 가지고 나오기 위해 18세기 자료의 묘사 속을 파고든다. 두덴을 언급함으로써 이런 결론을 **가져올** 수 있다. 자신의 몸에 대한 살아 있는 경험조차 매개된다. 그 몸에 덧붙일 수 어떤 형태로서만 매개되는 것은 아니다. 그러나 **현대 서구 신체**가 의학에 선행했고 나중에

'이 환자를 좀 봐 주시기 바랍니다' 같은 문장을 잘 알아보지도 못하게 휘갈겨 쓴 경우도 있어요. 그럴 때는 얘기가 달라집니다. 그런 경우에는 혈관에는 문제가 전혀 없는 경우도 종종 있어요. 신경 문제일 수도 있지요. 다른 것일 때도 있고. 아예 문제가 없기도 해요.”

위에 인용한 대화가 없었더라면 혈관외과의의 진단 작업이 일반의의 진료의뢰서와 상당히 다르다는 사실을 미처 알지 못했을 수도 있다. 그래서 여기에서 이용된 민족지학에서 의사들은 다시 한번 사회과학자의 동료가 된다. 그들은 더는 자기들의 해석을 나열하고 역사적, 문화적 맥락에 연결시키는 “단순한” 연구 대상이 아니다. 하지만 그렇다고 해서 과거처럼 전문가로서 사회과학자들이 “질병”의 지식을 “병”에 추가할 수 있게 해주는 동료도 아니다. 대신 전문성의 영토적 경계에 틈이 생기기 시작한다. 자신들의 일에 대해 말하는 의사들은 마치 (환자처럼) 자기들이 스스로의 민족지학자인 것처럼 이야

의학에 의해 객관화되었다는 말도 아니다. 둘 다 역사를 갖고 있다. 이 역사들이 상호 얽힌다고 봐야 할 것이다.

기한다. 한편으로, 민족지학자들 쪽에서도 기계나 피가 나왔다고 바로 작업을 멈추지 않아도 된다. 그들은 관찰을 계속할 수 있다. 신체와 질병에 대해 쓸 수도 있다.

이 경계가 없는 영토에서 질병/병 구분은 더는 유용하지 않다. 의사와 환자가 진찰실에서 함께 일할 때, 그들은 공동으로 환자의 아픈 다리라는 실재에 형체를 부여한다. 그렇게 만들어 내는 것을 어떻게 불러야 할까? 내가 여기에서 **질병**이라는 단어를 사용한다면, 그것은 실병/병 구분에서 질병 쪽에 내 텍스트를 놓으려는 것이 아니라, 그 구분을 위반하려는 것이다. 나는 의사가 아니지만 물리성을 다루겠다는 점을 분명히 밝히기 위해서다. 그렇게 할 수 있다는 것을 강조하기 위해서다. 민족지학적으로 신체를 이야기하는 방식이 있다는 것을 강조하기 위해서다. **인문학적인 것이** 오로지 심리사회적 문제에만 존재하지 않으므로, 이런 시도를 해볼 만하다. 감정과 해석이 아무리 중요할지라도, 그것들만이 삶에서 중요한 것을 구성하지는 않는다. 매일의 실재, 우리가 사는 삶 또한 육체적인 일이다. 의자와 테이블, 음식과 공기, 기계와 피의 문제다. 그래서 이런 이슈들을 의료인들의 손에만 맡겨 둘 것이 아니라 그것들에 대해 자유로이 말할 비전문적인 방법을 찾아야 한다.

2장 다른 동맥경화증들

결코 홀로가 아닌

외래진료실에서 혈관외과의들은 환자들과 상호작용한다. 의사들이 하는 일은 이렇다. 질문을 한다(어디가 아프십니까, 얼마나 오래 걸을 수 있습니까, 쉴 때는 아프지 않나요?). 아픈 다리의 피부색과 결을 관찰한다. 환자의 다리 동맥이 만져지는 곳에 손을 대고 동맥이 심장박동에 따라서 뛰는지 그렇지 않은지 느껴 본다. 파일에 메모할 동안 환자들은 다시 잽싸게 혹은 굼뜨게 옷을 입는다. 그러고는 환자에게 다음으로 어떤 단계를 밟을지 제안해 준다. 나는 흰색 가운을 입고 의자에 앉아, 미소를 짓거나 심각한 표정을 하고 의사들이 하는 일을 수없이 지켜보았다. Z병원 혈관외과의들에게 "다리 혈관의 동맥경화증"에 대해 질문하자 그들은 나를 외래진료실로 데려가 바로 이런 것들을 보여 주었다.

　　다음으로 병리학에 대해 알고 싶었다. 병리학과의 문들은 "입장불가"였다. 그렇기는 하지만 나는 연구자로서 그 문들을 출구로 이용해도 좋다는 허락을 받았다. 그러나 거기에서 아무 주에나 동맥경화증에 걸린 다리 혈관을 볼 수는 없었다. 정보원이 되어 주기로 한 병리학 수련의가 나에게 제안할 것이 있을 때면 전화를 걸었다. "다리가 생겼어요." 며칠간 예비 단계를 거친 후 드디어 내가 찾으러 온 것을 보았다. 동맥경화증이었다.

그는 책과 논문이 잔뜩 쌓여 있는 작은 방에 다른 두 명과 함께 있었다. 병리학 수련의는 내 방문에 대비해 이중 현미경을 설치해 두었다. "혼자 있으면 접안렌즈가 한 쌍만 있는 것을 쓴답니다. 이건 지도교수님이 우리가 무엇을 하는지 확인하고 싶을 때 써요." 우리는 현미경을 올려놓은 테이블을 사이에 두고 앉았다. 우리 둘은 각자 접안렌즈를 들여다보았다. 그가 이미지에 초점을 맞추면서 선명하게 보이면 말하라고 했다. 그는 나에게 내장 포인터로 무엇을 보아야 할지 가르쳐 주었다. 오늘은 그가 지도교수 같았다.

"자, 여기 이게 혈관이에요. 완전히 원 모양은 아니지만 대충 그렇지요. 분홍색이고요. 착색제를 써서 그래요. 그리고 저기 자주색, 저게 중막media에서 석회화calcification된 거예요. 손상되었지요. 석회질 제거를 잘 못했어요. 충분히 길게 제거하지 않아서 칼로 절단하는 데 문

실천을 연구하기

이 책에서 나는 "문헌 언급"의 장르를 반성적으로 다룬다. 나는 이 장르가 영 불편하다. 텍스트가 분명히 논쟁거리를 만들어 내고 있는데도 이에 반대되는 수많은 가정을 암묵적으로 강화할 위험이 있기 때문이다. 게다가 문헌을 충분히 명확하게 언급하기가 불가능하다. 나는 세부적인 것을 중요하게 생각하기 때문에 어떤 참고문헌도 포함시키지 않는 쪽을 선호한다. 참고문헌들은 어쩔 수 없이 너무 조잡해질 것이기

때문이다. 그러나 참고문헌을 넣지 않는다면 현명치 못한 행동이다. "참고문헌이 없는 논문은 대도시에서 한밤중에 봐 주는 이 없이 돌아다니는 아이나 마찬가지다. 고립되어 있고, 길을 잃으며, 무슨 일이든 일어날 수 있는 상태다"(Latour 1987, 33). 여기에서 이 인용문은 따라야 할 권위의 원천으로 제시되었다. 나는 이 책 전체에서 이런 식의 문헌 설명 방식은 아주 드물게만 썼다. 라투르가 논문에는 참고문헌이 필요하다고 말한다면, 그렇게 한다. 누가 감히

제가 있었어요. 보세요, 여기가 엉망이 되었죠. 저건 그래서 생기는 인공물artifact*이고요." 그는 포인터를 원 한가운데로 옮긴다. "저게 관내강이에요. 저 안에 혈구가 있어요. 관내강이 작을 때만 저게 있답니다. 그렇지 않으면 준비 중에 씻겨 내려가요. 그리고 여기, 관내강 주위에 이 첫 번째 세포층, 저게 내막intima이고요. 두껍지요. 오, 우와, 두껍지 않나요! 보세요. 이제 당신이 찾는 동맥경화증이에요. 저거요. 내막이 두꺼워진 거요. 이게 진짜 동맥경화증이에요."

그러고는 잠시 후 이렇게 덧붙였다. "현미경 아래에서는요."

나의 노력은 이 마지막으로 덧붙인 말에 달려 있다. 병리학 수련의는 마치 대수롭지 않다는 듯이 무심하게 내뱉는다. "현미경 아래에서는요." 하지만 그 말에는 많은 의미가 내포되어 있다. 이렇게 덧붙

* 혈관을 MRI 촬영하거나 현미경으로 관찰할 때 혈관 내의 다른 것들 때문에 판독에 혼돈이 일어나는 현상.

그에게 반대하고 나서겠는가? 그리고 논문에 참고문헌이 필요하다면, 책도 그렇다.

라투르에게 현재 연구의 배경 중 일부를 소개하는 데 도움이 되었던 참고문헌은 그의 『우리는 결코 근대인이었던 적이 없었다』(Latour 1993)에 붙인 참고문헌이다. 그 책에서 라투르는 바커, 스트래선, 해러웨이, 내가 언급하지 못한 다른 많은 사람과 마찬가지로, 자연/문화 분할에서 빠져나올 방법들을 찾는다. 라투르는 이런 분할이 20세기에 구성되고 제도화된 방식을 다 이야기하지는 않지만, 더 광범위하게 이를 근대성과 연관 짓는다. 그는 모든 근대 사상가가 자연적인 현상과 사회적인 현상을 구별하는 자신들의 능력을 찬양하면서, 그렇게 "할 수 없는" 이들을 전근대적이라며 무시한다고 주장한다. 하지만 라투르는 소위 전근대적 **사고**에서 그렇듯이, 소위 근대 세계의 **실천**에서도 자연적인 것과 사회적인 것은 서로 뒤얽혀 있다고 주장한다. 이는 기술과학 사회에서 **표현된** 지식과 그들의 실

인 말이 없다면, 동맥경화증은 홀로 존재한다. 그것은 현미경을 **통해**서 가시화된다. 그것은 두꺼워진 내막이다. 현미경 위로 머리를 수그리고 포인터가 가리키는 대로 눈을 맞추는 데에는 뭔가 유혹적인 면이 있다. 단면을 가로지르는 혈관이 아름다운 이미지를 만들어 내기 때문에 그런 것뿐일지도 모른다. 그것들의 본질을 밝혀낸다면 분홍과 보라, 기묘한 형태를 서서히 식별할 수 있게 된다 해도 그렇다. 도구를 동맥경화증의 숨겨진 실재를 드러내는 "단순한" 도구로 이용하는 것에는 뭔가 유혹적인 데가 있다.

그러나 "현미경 아래에서"라고 덧붙이면 두꺼워진 혈관 내막은 더는 그 자체로 존재하지 않게 되고, 현미경을 통해 존재한다. 이런 덧붙임을 통해 혈관 내막의 가시성이 현미경에 **달려 있다**는 사실이 전면에 드러나게 된다. 그리고 그 문제에 관해서라면 현미경 말고도 더 많은 것이 작용한다. 포인터. 그리고 슬라이드를 만드는 두 개의 얇은 유리판. 충분히 오래 가지 않더라도 기술자가 혈관의 얇은 단면들을

천에 **박혀 있는** 지식 간에 충돌이 있음을 의미한다. 명확한 차이의 중요성을 소리 높여 선포하면서도, 그것을 행동으로 전환하지는 못했다는 것이다. 그래서 **근대성**은 우리가 아직 한 번도 겪어 보지 못한 상태가 되었다. 근대적 분할을 만들어 낸 것은 우리의 이론뿐이었다. 실천으로는 그렇게 하지 못한다. 라투르는 자연/사회 구분의 여러 버전을 다룬다. 그중 하나는 **주체와 존재자**의 구분이다. 도식적인 근대성 모델에서 사회적인 주체는 능동적으로 알며, 존재자는 앎의 대상이 되는 것이 자연스럽다고 라투르는 설명한다. 이런 분할을 극복하기 위해 우리는 우리가 사는 세계가 혼합물임을 알아야 한다. 라투르는 주체와 존재자가 스펙트럼의 양 끝에 위치하며, 그 스펙트럼에는 많은 유사 주체와 유사 존재자, 혼합물이 있다고 주장한다. 이 책의 윤리는 주체의 정신에 있는 생각들과 저기 바깥에 있는 객관적 실재 사이를 변증법적으로 점프하는 대신, 우리의 일상생활에서 두껍고 육체적이며 따뜻할 뿐 아

잘라 낼 수 있게 해주는 탈석회작용도 잊지 말아야 한다. 핀셋과 칼. 다양한 세포 구조를 분홍과 자주색으로 물들이는 염색약. 모두 병리학자들이 두꺼운 혈관 내막을 잘 보려면 필요한 것들이다.

그것은 전면에 부각될 수도, 잊힐 수도 있다. 신체에 대해 말할 때 의사들은 양쪽을 오간다. "현미경 아래에서"라거나 그 비슷한 말을 덧붙일 때도 있고, 그러지 않을 때도 있다. 나의 민족지학적 전략에서는 현미경을 절대 잊지 않는 기술이 대단히 중요한데, 이는 현미경의 관련성을 유념하면서 항상 물질성에 대한 이야기에 포함시키는 기술이다. 바로 이런 전략 덕분에 질병은 민족지학자들이 이야기할 만한 주제로 바뀌게 된다. 질병을 **행하는**doing 실천성이 이야기의 일부를 이루는 한, 그것은 실천에 관한 이야기다. 실천지praxiography다. 민족지학자들이 화제로 삼는 "질병"은 결코 홀로 존재하지 않는다. 그 자체로 존재하지 않는다. 질병이 실천될 동안 작동하는 모든 것과 모든 사람에 의존한다. 이 질병은 **행해지는 중이다**being done.

니라 금속, 유리, 숫자들로부터 만들어진 실천 — 늘 불확실한 실천 — 에 우리가 참여하고 있음을 인정해야 한다는 것이다.

여러분에게 바라건대, 이런 진술을 언급함으로써 내가 이 책에서 하려는 것이 무엇인지 더 잘 설명할 수 있게 되었으면 좋겠다. 내가 시도하는 것도 비슷하다. 나는 단어와 이미지로 표현되고 종이에 인쇄되는 지식보다는 일상의 사건과 활동에서 구체화되는 지식을 조사한다. 나는 원칙보다 실천을 우선시하며, 실천을 민족지학적으로 연구한다. 이것이 **인류학 하기를 철학적 움직임**으로 바꾼다. 이는 아는 주체와 앎의 대상들 간의 관계를 표현하려고 노력했던 철학의 인식론적 전통에서 벗어나려는 움직임이다. 실천의 민족지학적 연구는 지식을 염두에 두고 지식에 대해 말할 수 있는 주체에서 지식을 조사하지 않는다. 대신, 그러한 연구는 지식을 주로 활동, 사건, 구성, 도구, 절차 등에 놓는다. 대상들은 여기에서 재현되어야 하는 존재자로 간주되지 않지만, 주 아니다, 병리학자들은 그들이 보고 있는 두꺼운 동맥경화증 혈관 벽을 **만들지** 않았고, 그것들을 **구성하지도** 않는다. 병든 혈관 벽은 Z 병원 병리학과에서 일어나고 있는 일을 어설프게 표현하는 말이다. 병리학자들은 물질이 조정되고 조립되어 나중에 그 자체로 온전히 세상으로 나오는 대상으로 바뀐다고 암시한다. 작업장에서 쓰는 "구성"construction의 은유 대신, 우리는 병원에서 일어나는 일에 대해 극장의 은유를 동원해 볼 수도 있다. 질병이 행해질 때, 특정한 방식으로 그것이 **수행된다**performed고 말할 수 있다. "퍼포먼스"라는 단어는 다양한 함의를 지니고 있다. 질병을 행하는 데 이용할 대본이 있을 수도 있다(하지만 꼭 그럴 필요는 없다). 극장에서 일어나는 일에 대본이 가치가 있으려면 반드시 상연되어야 한다. 대본은 각기 다른 때와 장소에 다양한 방식으로 무대에 올려진다. 대본이 없다면 배우들은 즉흥 연기를 한다. 무대 소도구는 사람들 못지않게 중요하다. 그것들이 무대를 만들기 때문이다.

체-아는 자에 의해 형성되는 구성물도 아니다. 대상들 ── 그것들은 무엇인가? 그것이 문제다. 이 책은 바로 그 문제를 다룬다.

그래서 라투르가 『우리는 결코 근대인이었던 적이 없었다』에서 권고했듯이, 나는 주체/존재자 이분법에서 벗어나고 싶다. 하지만 차이가 있다. 나는 이 이분법에서 **두 번** 벗어나고 싶다. 이 분법이 단 **하나만** 있는 것이 아니라고 주장할 것이다. (적어도) **두 개의** 주체/존재자 분할이 있다. 물론 그것들은 서로 의존한다. 근대의 철학적 전통에 들끓는 수많은 이분법이 모두 상호연관되어 있다. 그러나 또한 그것들 사이에 끝없는 다양성과 부조화가 있다. 민족지학적 수단을 이용한 질병의 조사로 가면, 주체/존재자 분할의 이중적 성격을 강조하는 것이 중요하다. 이 장 전반에서 문헌과의 관계를 만드는 하위텍스트는 이것만을 보여 주고자 한다. 먼저, 주체-인간과 존재자-자연 사이의 구별이 있다는 것. 그리고 두 번째로 적극적으로 아는-주체와 수동적인 알려지는-

하지만 다시, 수행의 은유에는 부적절한 연관성도 있다. 백스테이지가 있고, 진짜 실재는 그 뒤에 숨겨져 있다는 의미로 받아들여질 수도 있다. 혹은 뭔가 어려운 일이 진행 중이며, 임무를 성공적으로 완수하는 것과 관련이 있다는 의미로 보일 수도 있다. 지금 여기에서 이루어지는 일이 이 순간을 넘어 수행상의 효과를 갖는다는 의미처럼 보일 수도 있다. 나는 그런 연상들로 인해 여기에서 하고자 하는 일이 방해받는 것은 원치 않는다. 실재에 대한 인식론적 조사에서 실천지적 조사로 옮겨 가는 것은 바라지 않는다. 그래서 너무 많은 암시를 품지 않는 단어가 필요하다. 과하게 많은 학술적 역사를 갖지 않는 단어가 있어야 한다. 영어에 좋은 단어가 있는데, '**실행하다**'enact다. 실천에서 대상들이 **실행된다**고 말할 수 있다. 이는 활동이 일어나지만 행위자들은 여전히 모호하다는 것을 암시한다. 또한, 행위에서도, 딱 그 순간, 바로 거기에서만 뭔가가 실행되고 있는 중이라는 사실을 암시한다. 두 가지 암시 모두 내가 여기에서 이용하고자 하는 실천지와

대상들 사이에 관련되어 있으나 서로 다른 분할이 있다는 것. 첫 번째 이분법에서 빠져나오려면 두 번째에서 탈출하는 것과는 다른 움직임이 필요하다.

주체/존재자 1

말할 수 있는 인간이 이 능력 덕분에 주체로서 존중받게 된 반면, 침묵하는 자연의 일부인 다른 존재자들은 대상이 되었다면, 이런 질문이 제기된다. 학자들은 이런 종류의 존재자들 중 어떤 것에 대한 텍스트를 출간하고 싶어 할까?

오래된 차별화가 있다. 사회과학은 인간과 인간 사회에 대해 알지만, 자연과학은 자연 세계에 대해 안다. 하지만 이런 구도에 맞지 않는 분과학문이 많이 있다. 세 개만 예를 들면 지리학, 건축학, 의학이다. 그러나 사회과학과 자연과학 간의 구분은 사라지지 않는다. 여기에는 여러 이유가 있다. 그중 하나로 많은 사회과학자가 분할을 무시한다면, 자연과학적 방법들이 우위를 차지해 버릴 것이라고 우려한다. 자연과학적 방법들은 제국주의적으로 모든 곳과 인

잘 맞는다.

그래서 질병을 조사하는 민족지학자/실천지학자는 결코 질병을 그것이 **실행되는** 실천으로부터 분리해 내지 않는다. 그는 고집스럽게 사물을 듣고, 보고, 만지고, 알 수 있게 만들어 주는 기술에 주목한다. 신체들에 대해 이야기할 수도 있지만, 절대 현미경을 잊지 않는다. 이는 외래진료실(Z 병원에는 F동 1층에 있다)에서 병리학과(D동 4층)까지의 거리를 정말로 아주 긴 거리로 바꾸어 놓는다. 이는 건널 수 없는 거리처럼 보이게 된다. 동맥경화증을 보고, 듣고, 만지고, 알 수 있게 만들어 주는 테크니션들에게 이 두 장소는 멀리 떨어져서 서로를 배제한다.

우리는 냉장고로 걸어간다. 병리학과 수련의가 꼬리표가 붙은 비닐 봉지 하나를 꺼낸다. 그 속에는 28센티미터 길이의 다리에 붙은 발이 들어 있다. 전날 절단하여 평소처럼 검사를 위해 병리학과로 보낸 것

간 주체들을 장악해 버릴 것이다. 말하는 대신 객관화할 것이다. (이 문제에 대한 논의로, 예를 들면 콜린스, 이얼리, 라투르, 칼롱 간의 논의를 보라. Pickering 1991.) 그러나 분할을 존중하지 않는다면 다른 가능성이 열린다. 지금까지 거의 언급된 적이 없는 가능성이다. 사회과학자들이 모든 것을 다 할 수는 없다 해도, 손을 뻗을 방법, 어디에나 갈 수 있는 방법들을 가지고 있다는 것이다. 정말로, 나는 여기에서 이런 방법들이 존재한다고 주장할 것이다. 그중 하나

는 인간 주체 연구를 위해 기획된 사회학적 전통이다. 조금만 밀고 당기면 모든 종류의 주체/존재자를 포괄하도록 확장할 수 있다.

이런 주장을 펼치기 위해 나는 또 다른 오래된 텍스트를 하나 가져오겠다. 1959년 고프먼은 인간 주체를 논하기 위하여 극장의 언어를 빌려 왔다. 고프먼은 사람들이 자신을 서로에게 보여 줄 때, **자기 자신**보다는 **자아**, 페르소나, 가면을 보여 준다고 말한다. 사람들은 마치 무대 위에 있는 것처럼 행동

이다. 절제한 면, 피부, 혈관을 좀 현미경으로 보게 준비해 주실래요? 그가 절단된 다리를 테이블로 가져올 동안, 수련의는 족배동맥이 있을 자리를 손으로 짚는다. "하, 맥이 잘 뛰네." 그가 도발적으로 말한다. 그러고는 나를 보며 이렇게 덧붙인다. "제가 무서워요?"

외래진료실에서 외과의들은 환자들이 걸을 때 아픈 다리의 족배동맥의 맥을 짚어 본다. 심장이 뛸 때마다 피가 동맥을 통해 밀려 들어온다. 신체 표면에서 이를 느낄 수 있다(혈관을 통한 흐름과 대조적으로, 같은 피가 훨씬 더 차분해져서 다시 심장으로 되돌아간다). 병리학과에서 맥을 짚어 보는 손짓은 의미가 없다. 죽은 사지의 동맥은 뛰지 않는다. 그것을 짚어 보는 것은 역겨운 농담이다.

이 수련의는 역겨운 농담을 하기는 해도 좋은 정보원이다. 아니, 역겨운 농담을 하니까 좋은 정보원이다. 병리학적 기능이 있을지도 모르는 농담이다. 병리학과는 다른 대부분의 곳과는 달리 싸늘해진

한다. 그들은 **연기한다**. 일상생활에서 사람들은 스스로를 서로에게 보여 준다. 그리고 연기를 하면서 다른 사람들을 자기들의 공동 연기자이면서 동시에 극의 관객인 것처럼 대한다(Goffman 1971[1959]). 고프먼은 우리가 연기를 조사하고 있는 것일지도 모른다고 암시하면서 개인의 사회학의 가능성을 열었다. 그는 사회적 자아에 대한 연구를 시작한 것이다. 상점, 교회, 공장, 술집, 학교, 병원, 그 밖에 사회학자들이 가서 무슨 일이 일어나는지 관찰해 볼 수 있

는 배경에서, 정체성은 표현되는 것이 아니라 수행된다.

고프먼의 사회학은 특정한 종류의 심리학에 대한 보완으로 기획되었다. 정적인 인물 유형화나 입력-출력 상호 관계에만 여지를 두는 행동주의의 변형이 아닌, 발달상의 과정 이후 성인들이 백스테이지, 아래쪽 깊은 곳에 진짜 자아를 갖고 있다는 역동적 심리학이었다. 『일상생활에서 자아의 사회적 재현』에서 고프먼은 이 백스테이지 정체성을 심리학자들이 연구해야 할 주제

인간의 다리가 냉장고에서 꺼내 들고 올 수 있는 물건이 되는 곳이다. 농담은 이 젊은이가 병리학의 비의적인 세계로 들어오도록 도와줄지도 모른다. 하지만 여기에서 인용한 농담은 민족지학적 정보도 담고 있다. 이 농담은 환자가 일단 죽으면 임상적인 방식으로 질병을 실행하기 위해 필요한 것들이 더 이상 충족되지 않는다는 사실을 알려 준다. 초보 의사가 맥을 짚어 보는 데 아무리 능숙하다 해도, 절단된 다리 혈관을 진단하는 데에는 이 기술이 그에게 아무 도움도 되지 못할 것이다.

병리학과에서는 맥을 짚어 보지도 않고, 면담 질문을 하지도 않는다. 이 다리가 아프신가요? 이런 질문에 대답하고 싶어 할 환자가 있다 해도, 말이 되지 않을 것이다. 다리는 그것에 대해 말할 수 있는 환자의 살아 있는 몸의 일부이거나, 이미 절단된 상태다. 그리고 다리가 없어져서 아무리 아프더라도, 부재한 다리 자체는 더는 아프지 않다. 병리학과에는 동맥경화증을 임상학적인 방식으로 실행하는 데

로 한쪽에 밀어 두었다. 사회학적 대상은 다른 식으로 구성된다. 사람들이 **연기하는** 정체성은 깊이 있는 것이 아니라 **단지** 연기일 뿐이다. 고프먼은 사회학적 수련을 받은 덕분에 충분히 거리를 두고 항상 장막을 볼 수 있었다. 그러나 사회학자가 아닌 관찰자들과 참여자들에게는 연기와 현실의 격차가 눈에 띄지 않을 때가 많다. 극에 홀려 넘어가 버리기 쉽다. 고프먼은 이렇게 말한다. "한쪽 극단에서는 연기자가 자신의 연기에 완전히 사로잡혀 있음을 볼 수 있다. 그는 자신이 수행하는 현실의 인상이 진짜 현실이라고 굳게 믿고 있다. 그의 관객들 또한 그가 상연하는 쇼가 진짜 현실이라고 확신한다. 이런 것은 흔한 사례인 것 같다, 이럴 때 사회학자나 사회적으로 불만 많은 자만이 잠시라도 재현되는 것의 '현실성'에 의심을 품어 볼 것이다. 다른 극단에는 자신의 일상에 완전히 사로잡히지 못하는 연기자가 있다. 수행하는 사람이야말로 연기를 간파하기에 좋은 관찰자적 입장에 있기 때문에, 이런 가능성은 이해할 만

필요한 여러 가지 핵심 조건이 결핍되어 있다. 외래진료실에서는 그와 반대다. 거기에서는 병리학의 기술들이 맞지 않는다. 그것들을 적용할 수가 없다. 동맥이 있다면, 동맥의 단면도를 만드는 것은 좋다. 하지만 아무도 상태가 어떤지 보기 위해 살아 있는 몸에서 동맥을 절제하지는 않을 것이다. 그렇게 한다면 해결책이 필요한 문제보다 더 큰 문제를 야기하게 될 것이다. 의자에 슬프게 앉아 있는 저 환자의 대퇴동맥 내막이 두꺼운가? 그럴지도 모른다. 누가 알겠는가? 아무도 모른다. 환자의 피부에 손대지 않고 놔두는 한, 누구도 현미경 위로 고개를 숙이고 환자의 혈관 단면을 관찰할 수는 없을 것이다.

임상적 동맥경화증과 병리학적 동맥경화증을 실행하는 실천들은 상호배타적이다. 첫 번째 경우에는 다리 통증을 호소하는 환자가 있어야 한다. 두 번째는 현미경 아래 볼 수 있는 동맥 단면이 필요하다. 이런 요구들은 양립할 수 없고, 동시에 인식할 수도 없다. 한 과에서 다른 과로 단어들을 번역하기 어렵다는 문제가 아니다. 외과의와

하다"(28). 그러나 (사회학자, 사회적으로 불만 많은 사람, 정체성을 수행하는 사람) 무대 위 정체성의 심리학적 "현실성"을 의심할 수 있을지 몰라도, 공적으로 전시된 역할의 사회적 결과는 인상적이다. 사람들이 무대 위에서 공개적으로 연기하는 정체성은 다른 이들이 반응하며, 그래서 사회적으로 효력을 갖는 정체성이다. 그러므로 그것은 사회학적 연구의 중요한 대상이다.

다시, 내가 여기에서 설명한 오래된 텍스트는 나중에 정체성과/혹은 연기

에 대해 다소 다른 이야기를 하는 다른 많은 텍스트에 가려졌다. 여기에서 그 역사를 상세히 파고들어 가는 대신, 나는 (수많은 복잡한 세부를 넘어서) 수십 년 후의 두 텍스트로 펄쩍 뛰어오르겠다. 한 텍스트는 그 과정에서, 어딘가 사이에서 장막이 사라졌다는 생각을 분명히 밝힌다. 또 다른 텍스트는 수행에 대한 연구를 인간 정체성에서 혼종적인 종류의 존재자들로 확장한다.

50년대부터 80년대 사이의 어느 시점에 심리학은 개인의 진짜 실재를 연

병리학자들은 대화를 하면서 서로를 아주 잘 이해한다. 다른 각도에서 보는 문제도 아니다. 외과의들은 현미경을 통해 보는 법을 알고 있고 병리학자들은 살아 있는 환자들에게 이야기하는 법을 배웠다. 양립불가능성은 현실적인 문제다. 절단된 신체 부위와 대조적으로 말하는 환자들의 문제다. 세포 조직을 판단하는 것과 대조적으로 통증에 대해 이야기하는 것의 문제다. 슬라이드 준비와 대조적으로 질문을 던지는 것의 문제다. 외래진료실과 병리학과에서, 동맥경화증은 다르게 행해진다.

근본이 되는가 아니면 뒤따라가는가

대상들을 그것들이 실행되는 실천으로부터 고립시키면 효율적인 면이 있다. 대상의 실행과 관련된 복잡한 사항들을 괄호에 넣으면, 신체는 독립된 존재자로 확립된다. 그 자체로 온전히 실재다. 그것 하나만으로 충분하다. 그러면 진료실에서 표현된 통증을 현미경 밑에서 보

구하는 힘을 상실했다. 이제 사회학은 **무대 위에서** 공개적으로 개인들이 무엇을 하는가를 관찰할 때, 더는 뭔가 빠뜨린 깊이 있는 것이 있다고 보지 않는다. 무대 은유의 관점에서 요즘은 무대**만** 남았다고 말해도 좋을 정도다. 장막과 분장실은 사라졌다. 사회학자들은 사회학적 실재를 있는 그대로 받아들인다. "단순한" 것은 수행에서 사라졌다. "내가 주장하는 바는 '행위 뒤에 행위자'가 꼭 있을 필요가 없다는 것이다. '행위자'는 행위에서, 행위를 통해 그때그때 다

르게 구성된다." 주디스 버틀러는 젠더 정체성을 행하는 데 대해 이야기하면서 이렇게 썼다(Butler 1990, 142). 표면상의 겉모습과 깊은 곳의 실재 간의 대립은 사라졌다. 그리고 사람들의 정체성은 그들의 수행에 선행하는 것이 아니라, 수행에서, 수행을 통해 구성된다. 정체성은 무대에서 벌어지는 일에 달려 있다. 그러나 그때 심리학은 지워져 버리거나, 사회학의 또 하나의 분파로 바뀐다.

버틀러가 관심을 두었던 특정한 정

이는 두꺼워진 내막과 연결 지을 수 있게 된다. 가능하다. "진료실에서 표현된"이나 "현미경 밑에서 보이는"과 같은 말은 잊어버리고, 두 실천이 단 하나의, 공통된 대상을 공유한다고 상상하라. 그들은 신체 안에 있는 단 하나의 질병을 **지시대상**referent으로 갖는다. 정확히 말하면 다리 동맥 안에 있다. 그것은 징후들, 즉 질병에 대한 환자의 증상 호소에서 수면 위로 떠오른다. 그리고 혈관이 드디어 현미경 아래 놓일 때 밝혀진다.

이런 일이 자주 일어난다. 질병을 실행하는 실천성을 괄호 속에 넣고, 동맥경화증을 한 질병으로 취급한다. 환자의 통증은 표면으로 나타난 **증후들** 중 하나고, 두꺼워진 혈관은 질병의 **밑에 있는 실재**로 불린다. 이 여러 겹으로 이루어진 이미지 때문에 병리학이 핵심 과목이 된다. 병리학이 질병의 밑에 있는 실재를 드러내 주기 때문이다. 정말로, 병리학은 바로 그런 이유 때문에 많은 분석가에게 근대 의학의 **기초**라 불린다. 그렇게 주장하는 이들도 있는 반면, 이것을 비판의 이유

체성은 **젠더** 정체성이다. 그녀는 젠더 정체성을 사회학적 조사를 위한 주제로 바꾸어 놓으면서, 젠더 정체성에 대해 안다고 주장했던 또 하나의 전통을 제쳐 두었다. 그 전통은 바로 정신분석학이다. 정신분석학적 이야기들은 일찍부터 사람들의 삶에서 정체성은 아직 고정되지 않았고, 다양한 형태를 취할 수 있다고 말한다. 그러나 4세 이전에 여자나 남자가 된다. 버틀러는 바로 이 부분에 도전했다. "정체성으로 의미화된 것은 어느 특정 시점에 의미화된 이후

실체성 있는 언어의 무력한 조각으로 존재하게 되지는 않는다"(144). 버틀러는 정체성은 주어지는 것이 아니라 실천된다고 말한다. 정체성을 행하는 **수행적이고 일상적인 행위들**이 사람들을 현재의 모습으로 만든다. 이러한 행위들은 완고하게 지속되면서도 순식간에 증발한다는 두 측면에서 심각하게 고려할 필요가 있다.

그러나 사람들이 자아를 **행하는** 행위를 어떻게 연구할 것인가? 무대가 하는 식으로 장막으로 무대를 구성할 수

로 보는 사람들도 있다. 살아 있는 환자를 치료하겠다면서 죽은 신체에 대한 지식에 바탕을 둔다니, 그런 의학이 말이 되는가?

그러나 실재를 실행하는 특수성들을 괄호에 넣지 않는다면 그림은 완전히 달라진다. 신체의 제한들 속에 머물지 않고 동맥경화증이 병원 전체에서 실행되는 다양한 실천을 따라간다면, 병리학과 임상 사이의 관계의 지형은 완전히 다르게 보인다. 병원 실천hospital practice에서 두꺼워진 혈관 벽은 아픈 다리 밑에 있지 않다. 혈관 벽은 아픈 다리 이후에 나온다. 그것도 환자 중 적은 비율에 대해서만 그렇다. 실천에서 두꺼워진 혈관 벽은 다리를 절단한 환자나, 수술받은 환자, 신체의 작은 부분을 D동 4층으로 보내 현미경으로 관찰받는 환자한테서만 나타난다. 실천에서는 병리학이 동맥경화증과 하나라도 관계가 있다면, 그것은 토대로서가 아니라 차후에 덧붙여진 소견으로서다.

병리학 수련의는 냉장고에서 방금 꺼낸 절단된 다리에 붙은 발을 테없고 어디에나 가지고 다닐 수 있는 핸드 카메라로 다큐멘터리 필름을 찍듯이 보아야 한다면, 어떻게 일어나는 일을 겉에서 보이는 대로 받아들이지 않을 수 있는가? 고프먼은 수행을 연구할 때 학자로서 거리를 두었다. 그 거리가 그에게 장막을 의식하게 해주었다. 하지만 한참이 흐른 후 버틀러는 어떻게 했는가? 분열. 차이들. 모순. "특정 젠더가 **되라는** 명령은 불가피한 실패를 낳는다. 이 실패들은 그것들을 만들어 낸 명령을 다중성에서 초과하고 도전하는, 다양한 불일치하는 배치들이다"(Butler 1990, 145). 충돌과 위반은 분기하는 규칙과 규제들을 가시화한다. 여자 **하기** doing는 교실에서 하는 것과 슈퍼마켓에서 하는 것이 똑같지 않으므로, 침대에서 남자를 **연기하는** 것과 전문가 모임에서 남자를 연기하는 것은 전혀 다른 문제이므로, 이것, 저것, 또는 다른 젠더를 연기한다는 것이 무엇인지를 조사할 수 있다. 이제 여기에서 좋은 관찰자가 될 수 있게 해주는 것은 거리가 아니라 **대조**다.

이블로 옮긴다. 그는 다리 길이를 잰다. 28센티미터다. 치수를 적어 놓는다. 그런 다음 서랍에서 해부용 칼을 꺼낸다. 절단면에서 조직을 조금씩 두 개 떼어 내 플라스틱 용기에 넣고 번호를 붙인다. 그는 대강 그린 그림 옆에 공책에 치수를 적어 넣고, 각 표본을 떼어 낸 곳을 화살표로 표시한다. 그는 피부 빛 조사노 똑같이 한나. 그런 다음 동맥을 찾기 시작한다. 맥이 뛰지 않아서 찾기가 쉽지 않다. 그러나 결국은 성공한다. 그는 여러 조각씩 잘라 내어 역시 각각을 용기에 넣는다. 용기에는 구멍이 있다. 그것을 분해를 막아 주는 용액이 담긴 작은 양동이에 넣는다. 다음 날 테크니션들이 보존한 조직을 슬라이드로 만들어 줄 것이다. 그리고 며칠 후면 수련의와 나는 현미경 위로 고개를 숙이고 내막이 두꺼운 동맥들을 볼 것이다. 또한 우리는 절단면의 세포를 조사할 것이다. 괴저에 걸리지 않고 멀쩡해 보인다. 그리고 피부 세포에서는 장기간의 심각한 산소 결핍의 징후가 보인다. 수련의는 이를 기록하고 지도교수에게 가져간다.

인간 주체는 이런 식으로 연구할 수 있다. 다양한 장소와 상황에서 주체들이 연기될 때 대조되는 정체성들을 조사하는 것이다. 그러나 자연 세계의 존재자들, 대상들은 어떨까? 연기의 관점에서 젠더 정체성 연구는 몇몇 자연물의 중요성을 축소하면서 시작된다. 예를 들면 질 같은 것이다. 더는 이 기관 하나만으로 누군가를 여성으로 바꾸어 놓지 못한다. 여자 됨을 **하는** 데에는 훨씬 더 많은 것이 필요하다. 특정한 말하기 양식, 걷고, 옷을 입고, 발언하는 방식들이다. 여자답게 비명을 지르고, 화를 내고, 미소 짓고, 먹고, 달래고, 사랑하는 방식들. 젠더가 고정되거나 신체적인 것이 아니라, 점성이 있고 수행되는 것이라면, 신체의 생식기들만으로는 젠더를 표시할 수 없다.

그러나 다시 보자. 정체성을 수행하는 것은 물질성 없이 생각과 상상만으로 될 일이 아니다. 많은 **사물**이 연관된다. 검은 타이와 노란 드레스. 가방과 안경. 신발과 책상과 의자와 면도기. 그리고 무대 소도구 중에는 물리적 신체 병리학은 절단 사례에 최종 결정을 내린다. 환자가 병원에서 회복 중이고 불완전한 다리로 살아가는 법을 배울 동안, 병리학자들은 수술이 필요한 것이었는지, 적절히 이루어졌는지를 판단한다. 병리학자들은 또한 절단까지는 하지 않는 수술 도중 제대로 기능을 하지 못하는 순환계에서 절제한 작은 동맥 조각들의 벽에 대해서도 판단을 내릴 수도 있다. 동맥들이 제 기능을 하지 못하게 되면, 피가 동맥을 통해 흐르기를 멈추면, 그들은 모든 종류의 동맥에 대해 판단을 내릴 수 있다. 그러나 그들은 진료실에서 동맥경화증의 실행을 끌어내는 "무엇을 할 것인가?"라는 질문에 대해서는 답을 주지 못한다. 동맥경화증을 앓는 환자들을 매일 병원에서 다룰 때에는 병리학이 근본적인 것이 아니다. 병리학은 행동의 기초를 세우지는 못하기 때문이다. 병리학의 진실이 아무리 기본적인 것이라 해도, 병리학은 혈관외과의들이 치료에 대한 결정을 내릴 때 알고 싶어 하는 것을 알아낼 수는 없다. 이 환자가 수술을 받아야 할까? 만약 그렇다면, 어디에서,

도 있다. 질이나 페니스가 있어야만 여자나 남자로 연기하도록 내면에서 젠더 정체성을 불러낼 수 있는 것은 아니다. 그런 것들이 어디까지 관련이 있는가는 상황에 따라 다르다. 거리에서는 남성성을 수행하는 데 페니스가 필요하지는 않다. 그러나 수영장의 공용 샤워실에서는 큰 도움이 된다. 그래서 거기에서는 생식기가 무대에 오른다.

그러나 그런 것들은 어디에 있는가 ─ 문헌에서 어디에 있는가? 버틀러의 책에는 없다. 버틀러는 젠더 정체성

이 연기되는 일상적이고 흔한 행위들을 연구하는 것이 중요하다고 말하는 철학자다. 그러나 그녀가 사실 이런 연구를 하지는 않는다. 다른 이들이 한다. 예를 들면 슈테판 히르샤우어 같은 철학자다. 그는 사회학자로서 젠더 정체성의 수행을 조사했다(Hirschauer 1993). 그의 진입점은 트랜스섹슈얼들을 위한 독일 치료 프로그램에 대한 민족지적 연구다. 히르샤우어는 트랜스섹슈얼들은 분할된 영역의 한쪽에서 다른 쪽으로 넘어가기 때문에, 트랜스섹슈얼리티는

어떻게? 병리학은 이런 질문에 대해서는 침묵한다.

병리학 수련의는 이런 점에서 좌절을 느낀다. 그는 이 전공이 근본적인 것이라 생각했고, 그래서 모든 지식, 개요를 갖고 있을 것이라 기대했다. 그러나 병리학은 단순한 문제에도 답을 주지 못할 때가 많다. 그가 말하듯이 말이다. "저는 동맥의 상태를 절대 제대로 진단할 수 없을 겁니다. 절대로요. 혈관 전체가 다 저한테 있다 해도 그렇습니다. 살아 있는 환자라면 당연히 말도 안 되는 얘기지요. 하지만 시체라 해도 못 한다니까요. 무엇을 알고 싶으신가요? 협착의 위치와 범위를 알고 싶으시겠죠. 그렇다면 3센티미터 단위로 모든 슬라이드를 만들어야 해요. 아니면 5센티미터 정도. 상상해 보세요. 아래쪽 다리, 위쪽 다리, 대동맥 전체 다요. 슬라이드가 몇 개나 나올까요? 그 조각들을 다 자르는 제 모습을 상상해 보세요. 그것들을 얇게 자르고, 색을 입혀서 슬라이드를 만드는 테크니션을 상상해 보시라고요. 그런 다

사회학자들에게 젠더를 수행한다는 것이 무엇인지에 대해 많은 것을 말해 줄 수 있다고 말한다. 이렇게 넘어가는 데에는 무엇이 연관되는가? 법, 직업 시장, 가족관계 등이다. 그리고 물론 신체도 그렇다. 신체는 "다른" 젠더인 사람, 혹은 "다른" 젠더가 되려고 하는 사람에 의해 변경되며, 변경될 수밖에 없다. "다른" 젠더란 자신의 생식기와 일치하지 않는 젠더다. 머리 길이, 보폭, 앉는 방식, 모든 것이 이에 맞추어 바뀐다.

그래서 트랜스섹슈얼 신체는 새로운 젠더 정체성 연기의 일부다. 그 목적을 달성하기 위해 신체는 트랜스섹슈얼에 의해서만이 아니라 의학 전문가들에 의해 변경된다. 히르샤우어의 연구는 이런 의학적 변경을 꽤 상세히 파고든다. 먼저 정신과 의사가 자신이 다른 젠더라는 주장을 받아들여 준다. 그러고 나면 이 잘못된 신체는 다시 가능한 한 그 신체를 정상으로 만드는 호르몬을 투여하기 위해 먼저 내분비학적으로 정상으로 진단받는다. 그러나 이때는 다른 정상의 가치에 따라서다. 그 다음에 수술

음에는 그것들을 하나씩 신중하게 살펴봐야 해요. 벽이 두껍다고 말하는 것으로는 부족해요. 벽이 얼마나 두꺼운지? 원래 관내강이 얼마나 남아 있는지? 더는 제 기능을 하지 못하는 관내강을 보고 있다는 것도 고려해야 하고요. 시간이 끝도 없이 걸릴 겁니다. 들어가는 시간이 엄청나서 비용도 그렇죠. 그리고 죽음이 초래할 인공물들 때문에 확실히 보이지도 않아요. 도저히 할 수가 없어요."

실천에서는 동맥경화증이 실행되는 각기 다른 방식들을 나란히 줄지어 늘어놓을 수는 없다. 진단을 하기 위해서 동맥 일부를 꺼낸다면 치료하기 위해 하는 것만큼 큰 개입이 될 것이기 때문에, 동맥들이 상태가 나쁜지 알아보기 위해 다리를 절개해 열지는 않는다. 게다가 동맥의 아주 작은 일부만 생체검사하는 정도로는 사타구니, 무릎, 발목인지, **어디가** 상태가 나쁜지 알 수 없을 것이다. 진단하기 위해 모든 혈관을 다 이용한다는 수련의의 사고 실험은, 이 불가능한 조건이 설

이 시행되어 용감하게 생식기를 재형성한다. 질을 페니스로 바꾸거나 그 반대로 한다. 이런 신체적 개입 없이는 트랜스섹슈얼들은 다른 젠더를 연기하는 데 어려움을 겪는다. 그들은 일관성 있는 정체성을 가지려면 "올바른" 성을 가진 몸이 필요하다. 그래서 신체는 사회적 수행에 반하는 것이 아니라 그 일부다. 수행들은 사회적일 뿐만 아니라 물질적이기도 하다. 대상들도 사회적이면서 물질적이다. 대상들은 사람들이 자신의 정체성을 수행하는 방식에 참여한다.

그러나 일단 대상들이 무대에 오르면 우리는 **그것들의** 정체성도 조사할 수 있다. 이것이 히르샤우어가 한 일이며, 이 책에서 하는 일이기도 하다. 여기에서 대상들은 마치 무대 위에 있는 것처럼 조사를 받는다. 여기에서 연구하는 것은 대상을 무대에 올리고, 다루고, 수행할 때 가질 수 있는 정체성이다.

문헌에서 **수행**이라는 용어에 대해 많은 논의가 있었다. 이 용어는 무대뿐 아니라 고된 작업과 말해진 단어들의 실제적인 효과 뒤에 오는 성공을 상

령 충족되어 그가 작업을 할 수 있게 된다 하더라도 혈관외과의에게 큰 도움이 되지 않으리라는 것을 보여 준다. 그때조차도 치료한 외과 의사가 임상적 진단 이외에 필요로 하는 정보를 모으지 못할 것이다. 그것은 바로 환자의 동맥경화증의 위치와 양적 수치다.

동맥경화증을 진단하는 과정에서, 행동의 기반이 될 지식은 병리학과에서 나오지 않는다. 이는 우연히 임무가 나누어진 것이 아니다. 병리학의 기술들을 이용하는 것으로는 필요한 지식을 절대 모을 수 없다. 진료실은 어떤가? 병원 실천에서는 동맥경화증을 실행하는 임상적 방식이 더 중요하다. 그렇다고 해서 진료실이 토대라는 뜻도 아니다. 여기에서 적절한 용어는 다른 것이다. 진료실에서 실행되는 실재는 다른 모든 것에 우선한다. 다른 모든 것의 **시작**이며 그것을 위한 조건이다. 특히 환자들이 의사-환자 면담의 암묵적 규칙을 따르지 못하게 될 때, 환자들이 그들의 증상 호소와 경험, 이야기가 의사에게 중요하지 않다고 생각하는 것 같을 때 이 사실이 명백해진다.

기시킨다. 나는 이렇게 상기시키고 싶지 않고, 이 텍스트가 참여할 생각이 없는 논의들까지 억지로 여기 엮고 싶지도 않다. 하지만 **문헌**에서 격렬히 펼쳐지는 논쟁에 끝까지 참여하는 것은 고사하고 그 일부도 되고 싶지 않다면, 자신의 텍스트가 자기와 상관없는 관심사들 사이에서 짓밟히는 것을 원치 않는다면, 그럼 어떻게 하면 좋을까? 유행어는 피하는 것이 좋다. 다른 용어를 찾아야 한다. 여전히 비교적 순수한 단어, 더 적은 의제를 상기시키는 단어. 나는

하나를 찾아냈다. 그리고 내가 과거에 어딘가 다른 곳에서 **수행**이라는 용어를 썼다 하더라도, 이 텍스트에서는 신중을 기해 이를 쓰지 않았다. 대신 '**실행하다**'라는 다른 단어를 쓴다. 독자가 되도록 새로운 방식으로 이것을 읽기를 바라는 마음에서, 그 단어에는 아무런 지시도 붙이지 않았기 때문이다. 실제로 대상들은 실행된다.

대상의 실행에 대해 이야기하는 것은 대상들에 기반한다. 이것은 대상에 대해서 이야기하는 또 다른 방식으로,

나는 혈관 질병을 전공하는 내과 전문의인 혈관전문의angiologist와 함께 앉아 있다. 그는 오전에는 파행이 있는 환자를 보지만, 동맥경화증이 아닌 다른 혈관 문제가 있는 환자들도 본다. 게다가 일반의가 진단을 내릴 수 없는 환자들도 있다. 그들은 몸 안에 문제가 있는 것 같다. 하지만 어떤 종류의 것일까? 그 때문에 혈관외과의 진료실에서 면담 질문은 예상보다 더 열린 것이 된다. '다리가 아프신가요?' 같은 질문이 아닌 '제가 어떻게 해드릴까요?' 혹은 '어떤 문제가 있습니까?' 같은. 펜하르 부인은 처음 와서 눈에 띄게 고통스러워하고 있다. 혈관전문의가 서류에서 눈을 들어 그녀를 본다. "저, 어떤 문제가 있습니까?" 펜하르 부인이 천천히 고개를 젓는다. 그러고는 이렇게 말한다. "모르겠어요, 선생님. 뭐가 문제인지 모르겠어요. 그래서 온 거예요. 모르겠어서요."

이런 대답은 외래진료실의 의사에게 아무것도 남겨 주지 않는

구성construction이라는 용어를 내세우는 방식에서 변화한 것이다. 70년대 후반부터 90년대 초까지 대상들은 주체의 정신역학적 조사와 유사한 식으로 주제화되었다. 그 시기에 구성이라는 용어가 널리 쓰였고, 제작making이라는 용어 또한 자주 보였다(두 가지 예만 들겠다. 「유전적 질병을 구성하기」: Yoxen 1982; 「심리, 몸, 사회: 심신 질병의 사회적 구성」: Helman 1988). 구성이라는 용어는 대상이 고정된 특정 정체성을 갖지 않고 서서히 출현한다는 견해를 이해시키기 위해 이용되었다. 불안정한 소년 시절에는 정체성들이 경쟁을 벌이고, 변덕스러우며, 쉽게 변화하는 경향이 있다. 그러나 일단 다 자라면 대상들은 안정되었다고 간주된다.

중심적인 텍스트 중 하나(모두가 이를 다룬다. 나도 그러는 편이 좋겠다)가 『실험실 생활』(Latour and Woolgar 1979)이다. 이 책은 실재가 고정된 특징을 갖는다고 예상되는 장소에서 빠져나오려 한다. "과학 활동은 '자연에 관한' 것이 아니다. 그것은 자연을 구성하려

다. 전에도 그런 경험이 있었다. 분위기가 어색해진다. 의사는 환자가 말을 하게 만들어야 한다. 면담 질문에서 뭔가 의미 있는 답을 얻지 못한다면, 어디에서부터 그 이상의 진단 작업을 시작해야 할지 짐작할 수가 없게 된다.

의학에서 진료실이 주도하지 못하는 분야들도 있다. 암의 경우, 병리학자들의 현미경으로 보는 미세한 이미지들이 진료실의 이야기들을 뒤집곤 한다. 현미경으로 작은 조직 슬라이스를 검사하기 위해 폐, 간, 가슴과 그 밖의 많은 조직으로 생체검사를 한다. 병리학자는 진단을 내린다. 어떤 질병에 대해서는 환자들이 증상을 호소하기도 전에 진단이 내려진다. 네덜란드와 여러 다른 나라에서 자궁경관 암의 초기 단계를 찾아내기 위해 일정 나이가 된 여성에게 자궁경부질 세포진검사를 실시한다. 그래서 병리학은 암을 다루는 의료 행위에서 제일 중요하다.

그러나 의학의 상당 분야, 당연히 다리 동맥의 동맥경화증을 다

는 격렬한 싸움이다. **실험실**은 일터이며 생산적인 힘들이 수행되는 장이다. 실험실이 구성을 가능하게 만든다. 진술은 안정화될 때마다 실험실로 재도입되어(기계, 기입 장치, 기술, 루틴, 편견, 공제, 프로그램 등등으로 가장하고), 진술들 간의 차이를 증가시키는 데 이용된다. 물화된 진술에 도전한 대가는 말도 안 되게 비싸다. 실재는 비밀스럽게 숨겨진다"(243). 이미지는 아름답다. 분비선이 호르몬을 숨기듯이, 검사실은 실재를 숨긴다. 그러나 90년대에는 대상의 정체성을 바꾸는 대가가 비싸다는 생각은 근거를 잃기 시작했다. 그 무렵에는 "물질은 때로 단단하고 지속적인 듯 보이지만 실은 그렇지 않다. 그리고 물질이 만약 하나로 유지된다면? 그것이야말로 놀라운 성취다"(Law and Mol 1995, 291).

(그러나 지금 다시, 자기가 썼던 글을 인용문으로 끄집어내 문헌에 넣는 사람이 있단 말인가? 흠, 내가 그런 저자들 중 한 명이었다. 자신이 이전에 한 말을 인용하는 것이 여전히 나중에 쓴 텍스트

루는 분야에서는 병리학이 이런 막강한 위치를 차지하지는 못한다. 외래진료실의 현실이 그보다 먼저 온다. 환자의 이야기를 항상 액면 그대로 받아들인다는 의미는 아니다. 하지만 분명 환자의 이야기가 동맥경화증의 진단과 치료 트랙을 따라 더 나아가는 길을 열거나 닫는다는 뜻이다.

혈관외과의가 40대 초반 남성 젠더 씨에게 이렇게 말한다. "자, 말씀해 보세요, 무슨 일을 하십니까?" 젠더 씨가 내가 처음 듣는 직업을 댄다. 외과의도 들어 본 적이 없는 것 같다. "저, 그게 뭔지 모르겠군요. 하지만 설명은 안 해주셔도 됩니다. 이것만 말씀해 주세요. 많이 걸으셔야 합니까?" "아니요. 대개는 앉아 있습니다. 하지만 최근에 다리에 이 통증이 와서 걸을 구실을 찾게 되었어요. 2층으로 간다든가, 그런 식으로요." "그러시군요. 집에서는 앉아 계신다면요?" "의사 선생님, 뭔가 일을 하고 있을 때는 괜찮아요. 하지만 청소를 하고, 아이들을 재

를 위치시키는 데 도움이 될까, 아니면 **문헌**과 **저자**가 경계가 있고 배타적인 경우, 객체로서 다른 별개의 존재자인 경우에만 언급해도 될까? 그것은 독자에게 달린 문제다. 여기에서는 통할까?)

90년대에는 대상이 고수하는 정체성을 서서히 획득한다는 생각이 다양한 장소에서 이 새로운 아이디어에 밀려나거나 보완되었다. 그것은 대상의 정체성을 유지하려면 끊임없는 노력이 필요하다는 아이디어였다. 대상의 정체성은 시간이 지나면 바뀔 수도 있다

는 아이디어였다. **문헌**에 이런 내용이 있다고 주장하고자 한다면, 캐리스 쿠신스를 언급해야 할 것이다. 그녀는 대상들을 춤추게 만들었고, 제목만으로도 내가 전하고자 하는 바를 충분히 말한다. 지속적인 "존재론적 안무"가 있다(Cussins 1996). 이 책은 **대상을 탈중심화하는** 과정의 산물, 증후, 요소들 중 하나다(존 로가 그렇게 불렀듯이. Law 2002). 그것은 대상에 상충하는 우연적인 역사를 부여할 뿐 아니라(**구성**이라는 개념과 그들의 구성에 관한 이야기와

우고, 텔레비전 앞 소파에 앉아 있을 때는 또 아프기 시작해요." 외과
의가 젠더 씨를 진찰대로 부른다. 그리고 이렇게 말한다. "안심시켜드
리려고 한번 보는 겁니다. 그러니까 제가 진찰도 하지 않더라는 말씀
은 못 하시겠지요. 하지만 한 가지만 말씀드릴게요. 다리에 통증이 있
을 수도 있어요. 하지만 다리 동맥에는 아무 문제도 없습니다."

혈관외과의 외래진료실에서는 이 상황은 명쾌하고 분명하다. 이
이야기는 동맥경화증에 대한 이야기가 아니다. 심각한 경우에 동맥
경화증을 앓는 환자들은 쉴 때도 통증을 느낀다. 하지만 걸을 때는 훨
씬 더 다리가 아프다. 그리고 쉬고 있을 때 다리가 아파서 움직일 구
실을 찾는다면, 그 통증은 혈관외과의가 도와줄 수 없는 것이다. 외과
의는 통증이 어디에서 오느냐는 질문을 받자 어깨를 으쓱하고 자기
도 모른다고 대답한다. 그는 환자를 다시 일반의에게 돌려보낸다. 혈
관외과의는 환자가 동맥경화증에 들어맞는 증상을 호소할 때만 그들

함께 대상들이 오래 전에 획득한), 대상
들에게 복잡한 현재, 그들의 정체성이
연약하고 장소에 따라 달라질 수 있는
현재를 준다. 사회학적이고, 더 구체적
으로 말하자면 민족지학적인 연구 방식
들을 전개함으로써 그렇게 할 수 있다.
무대 위에서 대상들의 정체성의 다양한
수행—혹은 실행들—을 묘사함으로
써 가능해진다.
　그리하여 주목할 만한 변동이 일어
났다. 사회과학적 작업 방식이 확장되
어 자연과학의 특권이었던 물리성까

지 포괄하게 된 것이다. 인간 주체와 자
연 대상을 구분하는 선에 균열이 생겼
다—그러나 물리학이 세상을 장악한
다거나, 유전학이 우리 모두를 설명하
게 되는 식으로는 아니었다. 여기에서
펼쳐지는 (진지한) 게임이 반대쪽으로
가는 움직임을 만들어 낸다. (인간) 주
체처럼, (자연) 대상들은 발생하는 사건
과 수행되는 게임의 일부로 구성된다.
대상들이 진짜라면, 그것은 대상이 실
천의 일부이기 때문이다. 그것은 **실행
된** 실재다.

이 찾고 있는 질병을 찾아내리라는 기대를 가지고 신체검진에 착수한다.

대상들

질병을 실행하는 실천성들을 괄호 안에 넣지 않고 강조하면, 병리학이 다리 동맥에 동맥경화증이 있는 환자들의 진단에서 근본적인 역할을 하지 못한다는 것이 분명해진다. 병리학이 뭔가 역할을 한다면, 사후평가로서다. 목표를 잘 겨냥한 임상 면담이 훨씬 더 중요하다. 그것이 제일 앞에 나선다. 그러나 그 다음에는 무엇이 오는가? 혹자는 면담에 "단지 실용적인" 의미를 붙일 수도 있다. 실천성을 괄호에서 꺼내고, 그것들이 존재한다고 인정하고, 심지어 주목하면서도 여전히 부차적인 문제로 볼 수도 있다. 현재 상태와 관련된 것은 앎의 가능성을 제한하지만 신체의 실재다. 이런 식으로 주장하는 사람은 병리학이 의료실천의 토대가 아니라 해도 두꺼운 혈관 벽이 여전히 통증을

주체/존재자 2

사회학이 "병"을 그 자체로 연구 대상으로 발명해 낸 시기 이후로, 사회학은 사람들이 살면서 앓는 병에 관한 지식을 신체를 괴롭히는 질병에 대한 지식에 추가하려 했다. 철학자들은 정신과 육체의 관점에서 비슷한 관심사를 구성하려 하는 경향이 있다. 희망은 자꾸만 뒤로 돌아간다. 사회심리학적 주체와 자연 대상들 둘 다 다루어야 한다. 80년대 글에서 인용한 구절이 있다. "우리는 이제 생의학적 접근의 엄청난 이점

을 희생하지 않고서 심리사회적인 것을 포함시키기 위해 질병에 대한 접근을 확장해야 할 필요와 도전에 직면해 있다"(Engel 1981, 594).

역시 또 추가 방식이 도움이 된다. 심리사회적 통찰을 생의학적 사실에 추가해야 한다. 그러나 인간 주체성을 경시하는 경향을 극복하도록 의학을 압박하는 방식은 이것만이 아니다. 다른 것도 있다. 예를 들어, 마크 설리번이 제목으로 사용한 질문에 대답한 답변에서 찾을 수 있다. "현대 의학은 어떤 의미에

일으키고 있다고 말할 것이다.

　질문은 이것이다. 정말로 그런가? 주의하라. 나는 이 질문에 직접적으로 "그렇다"라거나 "아니다"라고 대답하지는 않겠다. 민족지학자들은 고립된 신체들에 대해서가 아니라, 질병/병 구분을 넘어 움직일 때의 신체들에 대해서만 말할 수 있기 때문이다. 그래서 나는 혈관 벽과 신체 내부의 고통 사이의 관계에 대해서는 말하지 않겠다. 나는 "실행된 실재"만을 연구할 것이며, 다시 이 질문에 민족지학적으로 접근하겠다.

　병리학 수련의가 지도교수에게 메모를 가져간다. "모든 것을 다 확인했습니다. 절단면의 세포들 상태는 좋았습니다. 그래서 충분한 높이에서 절단되었습니다. 피부 세포에는 장기간의 심각한 산소 부족의 징후가 보입니다. 완전히 흐느적거립니다. 그리고 제 단면에서는 모두 심하게 병든 혈관들이 보입니다. 관내강이 거의 남아 있지 않은 두

서 이중적인가?"(Sullivan 1986). 설리번은 환자의 주체성을 의학의 조사 **대상**에 추가하는 대신, 전혀 다른 식으로 접근해야 한다고 주장한다. 지식의 **주체**로 접근해야 한다는 것이다. 설리번은 현대 의학이 데카르트가 아니라 비샤로부터 이원론을 물려받았다고 말한다. 비샤는 현대 병리학의 아버지다. 그의 연구로 19세기 초반 병리학이 의학에서 기초를 닦았다. 설리번은 이렇게 말한다. "비샤에게 의학의 주체와 의학의 대상은 동일한 개인 안에 있는 두 개

의 서로 다른 실체가 아니라, 하나는 죽은 것이고 하나는 살아 있는 것이었다. 아는 자와 알려진 것은 인식론적으로 아는 자의 위치를 차지하는 의사와 알려지는 자의 위치인 환자/시체로 구분된다"(344).

　해부실이 질병에 대한 진실이 드러나는 곳으로 바뀐 자리에서, 환자는 침묵한다. "여기에서, 자기-해석이나 자기-지식의 **활동**은 정신적 실체substance의 존재자가 아니라 신체에서 제거된다. 현대 의학이 알아내고 치료하는 신

꺼운 내막입니다." 지도교수가 메모를 가져간다. 몇 가지를 더 자세히 알고 싶어 한다. 기술적 용어의 사용에 대해 논평해 준다. 그러고는 이렇게 말한다. "좋아. 자네의 슬라이드를 마지막으로 한 번 보고 보고서에 사인을 해주는 게 좋겠군. 만족할 만하네. 이 정도면 됐어."

병리학은 모든 의료 행위의 토대가 될 수는 없지만, 이런 경우에 무엇이 행해졌는지 판단한다. 외과의들은 환자가 쉴 때조차 고통을 느끼고, 피부 상태가 매우 좋지 않고, 혈액 순환이 개선될 가능성이 전혀 없기 때문에 절단을 했다. 아래쪽 다리를 잘라 낸 것이다. 이런 특수성 때문에 병리학이 실행될 수 있다. 병리학은 진료실 다음에 오지만, 바로 온다. 그래서 병리학과 진료실의 대상을 비교해 볼 수 있다. 진료실의 통증과 병리학과의 두꺼운 내막은 서로 연결된다. 둘 다 매우 심각하다. 한쪽에 동맥경화증이 있다면, 다른 쪽에서도 마찬가지로 병이 있다고 밝혀진다. 진료실과 병리학의 대상이 **일치한다**.

체는 자의식이 없다"(344). 이 판결은 비샤의 "현대 의학"에 대한 글에서 가져온 것이다. 이것은 임상의학의 탄생과 함께 일어난 에피스테메, 앎의 방식과 늘 함께했기 때문이다. (마지막 문장이 **암묵적으로** 언급하는 문헌인 한 권의 책을 명확히 밝히는 편이 낫겠다. 의학에 대한 후대의 너무나 많은 글에 영감을 주었던 책으로, 설리번의 분석도 그중 하나다. 그 책은 바로 미셸 푸코의 『임상의학의 탄생』[1973]이다.) 설리번은 우리가 근대를 떠난 적이 없다고 말한다. 병

원에서 수집된 모든 지식은 여전히 신체를 향하고, 신체에서 표면상의 증후들은 그 밑에 있는 조직들의 이상을 가리킨다. 의사들은 병동에서 불평을 들으면, 이를 환자의 조직들을 병리학과에서 검사하면 드러나게 될 이상과 연관 지으려 한다. 이것은 신체가 시체가 되어야 가능할 따름이다─혹은 적어도 조직 자체는 살아 있는 신체에서 도려내져 죽은 것이 되어야 한다.

그러면 여기에서 두 번째의 주체/대상 분할이 일어난다. 아는 주체와 알려

진료실과 병리학의 대상들이 정말로 일치하는지를 알아보기 위해서는 연관되어야 한다. 언제 이런 일이 일어나는가? 진료실의 동맥경화증과 병리학적 동맥경화증은 언제 연관되는가? 걸을 때 통증을 느끼는 환자의 치료에 대해 결정하는 과정에서는 아니다. 그러나 혈관 조각을 이용할 수 있게 되면 곧바로 연결고리가 만들어질 수 있다. 그러면 단면을 만들고 혈관 두께가 진료실에서 바로 좀 전에 했던 증상 호소만큼 인상적인지를 물어볼 수 있다. 이 경우가 아마도 그런 경우일 것이다. 진료실과 병리학의 대상들은 일치할 수 있다. 그러나 때때로, 일치하지 않을 때도 있다.

병리학자 동맥경화증에 관심이 있으시다니 지난주에 여기로 오셨으면 좋았을 텐데요. 70대 여성 환자가 왔었어요. 신장 문제가 있었습니다. 심각한 것이었지요. 그래서 받았습니다. 다음 날 사망했어요. 푸우, 순식간이었어요. 신장 전문의들도 아연실색했다니까요. 물론

지는 대상 간의 구분이다. 그것은 첫 번째와 나란히 가지 않는다. 인간과학의 탄생 이후로 인간 주체(소위 자연 대상에서 주의 깊게 분리해 냈건 아니건)는 지식과의 관계에서 두 가지 입장을 가질 수 있게 되었다. 주체의 입장과 대상의 입장이다. 이 분할에서 어떻게 빠져나올 것인가? "환자에 대한 임상-병리학적 접근의 단점을 바로잡으려는 시도는 의학적 신체 속으로 정신을 애매모호하게 재통합하려 하지 말아야 한다. 차라리 환자의 자기-지식과 자기-해석

의 능력을 질병에 대한 우리의 정의 속으로 재전유하는 편이 낫다. 최대한 간단명료하게 표현하자면, 환자에게 장애의 의미는 바로 질병으로서의 장애에 대한 정의 속으로 통합되어야 한다"(Sullivan 1986, 346).

여기에서 복잡한 일이 일어난다. (설리번과 같은) 비평가들은 의학이 지식의 대상을 침묵시킨다고 거듭해서 말하면서, 환자들이 말해야 하는 내용이 무관함을 여러 번 거듭 사실로 진술한다. 그리하여 사실은 강화된다. 빠져나갈

그 환자분의 가족들도 그렇고요. 그래서 부검을 의뢰받았습니다. 믿을 수 없는 일이었지요. 환자의 혈관계 전체에 동맥경화증이 있었어요. 신장 동맥 중 하나는 폐쇄되었고, 다른 하나도 거의 그런 상태였어요. 신장이 그때까지 조금이라도 움직였다는 것 자체가 놀라운 일이었지요. 어디에서 피가 신장으로 들어왔는지 찾기가 어려웠답니다. 그리고 우리가 꺼낸 다른 동맥들도 전부 다 대동소이했어요. 모두 석회화되어 있었지요. 경동맥, 관상동맥, 장골동맥, 전부 다요. 내막은 두껍고 관내강은 적었어요. 그런데 환자는 증상을 전혀 호소하지 않았단 말이에요. 전혀. 등의 통증도 없고, 절뚝거림도 없고, 아무렇지도 않았어요. 환자의 일반의에게 확인하려고 전화를 걸었지요. 그 의사 말로는 기침이나 그런 것 때문에 왔었다더군요. 고혈압이랑. 하지만 동맥경화증을 떠올릴 만한 증상 호소는 전혀 없었답니다.

병리학자는 이 환자의 상태에 놀랐기 때문에 그녀를 기억하고

더 나은 방법이 있을 수도 있다. (푸코의 또 다른 글이 여기에 적합하다. 그는 지배적인 사고방식에서 빠져나갈 전략들을 능수능란하게 주장하고 이를 직접 이용한다. 예를 들어, "성적 억압"에 대한 비판이 혁명적 행위가 아니라 19세기 말 이후로 우리가 더불어 살아온 섹슈얼리티의 배치의 또 다른 표현에 불과하다는 그의 주장을 보자. 섹슈얼리티는 마치 야생동물인 양 길들여지고 순화된 욕구다[Foucault 1981].) 그렇다면 의학이 실천에서 정말로 병리학에 기초를 두고 있는지 생각해 보는 것이 병리학에 기초한 의학에서 벗어나는 좋은 방법이 될 수 있다. 병리학의 근본적 역할을 **비판하기**보다는, 그에 대해 질문을 제기하고 의심해 보자는 것이다. 의학 지식의 교과서적 버전을 따르기보다는 의료 실천에서 일어나는 일을 분석하는 것이다. 설리번은 아는 환자들을 알려지는 몸에 덧붙임으로써 비샤의 질병에 대한 정의에 도전하려 한다. 나는 지식과 그에 따르는 실천 간의 관계에 대한 가정을 의심함으로써 질병에 대한 비샤의

있다. 병리학자들은 나쁜 혈관 벽이 증상 호소를 끌어낼 것이라 예상한다. 그러나 무슨 이유에서인지 이런 예상이 늘 실현되지는 않는다. 여기 인용한 병리학자는 이를 관찰자에게 흥미로운 현상으로 받아들인다.

병리학의 동맥경화증과 진료실의 동맥경화승 사이에 어떤 관계가 생긴다면, 그들의 대상이 일치하게 될 수도 있다. 그러나 이것이 자연의 법칙은 아니다. 증상을 전혀 호소하지 않던 환자가 부검에서 심각한 동맥경화증을 가졌던 것으로 밝혀질 수도 있다. 이런 경우에는 진료실에서 실행한 대상과 병리학과에서 실행한 대상이 연관되지 않는다. 그들은 **충돌한다**. 한쪽의 동맥경화증은 심각한데 다른 쪽은 그렇지 않은 것이다. 한 동맥경화증은 치료를 할 이유가 되었을 수도 있지만, 아무도 다른 쪽에 대해서는 걱정하지 않았다. 이런 경우에는 병리학과 진료실의 대상이 같은 존재자의 양상들일 수가 없다. 그것들의 본질이 동일하지 않은 것이다. 그것들은 다른 대상들이다.

정의에 도전하는 쪽을 더 선호한다. 더는 우리가 아는 주체와 알려지는 존재자가 각각 별개라는 식으로 의학을 조사하지 않게 된다면, 그래도 병리학이 정말로 근본적일까?

나는 동맥경화증의 진단에서 병리학의 자리를 조사하고 이를 외래병동에서 말하고 행하는 일과 대조할 때, 문헌과의 관계에서 내가 무엇을 하고 있는지를 보여 주기 위해 설리번의 이야기를 하고 있다. 나는 정말로 환자들은 침묵하고 병리학이 근본적인지를 알아보려

한다. 그리고 이 주제들을 의사들이 무엇을 알고 있는지, 환자의 자기-지식에 어떤 일이 일어나는지 알아내는 식으로 연구하기보다는, 실천에 포함된 지식을 분석했다. 실천에 포함된 지식은 주제에만 있지 않고 건물, 칼, 염색약, 책상에도 있다. 그리고 환자 기록과 같은 기술에도 있다. 데이비드 암스트롱은 의료실천의 물질적 조직이 어떻게 질병의 실재를 형성하는지 훌륭하게 보여 주었다. 암스트롱의 주장은 실천에서 질병이 더는 신체의 다양한 층위(겉으로 드

설명이 필요할 것이다. 환자가 고통을 겪으면서도 알리지 않았던 것인가? 항상 앉아만 있고 걷지 않았던 것일까? 환자의 상태가 너무 서서히 발전해서 신진대사가 적응했던 것인가? 병리학과 진료실의 대상 사이의 차이에 대한 설명을 찾을 수 있을 때도 있다. 그러나 다른 "동맥경화증" 간의 충돌을 설명할 수 있다 해도, 끝내 해소되지 않는 의구심이 남는다. 충돌은 결과를 낳는다. 피할 수 없다. 실제적인 결과를 가져온다. 같은 이름을 가진 두 개의 대상이 충돌한다면, 실천에서는 어느 한쪽을 다른 것보다 앞세울 것이다.

혈관외과의 오 아닙니다. 아니에요. 꿈에도 생각해 보지 않았어요. 상태가 나쁜 동맥을 다 찾아내겠다고 인구조사를 하지는 않겠지요. 그랬다가는, 그 모든 환자에게 수술을 해준다면 비용이 엄청날 테니까요. 그리고, 더 중요한 것은 너무 많은 희생자가 생겨날 겁니다. 심각한 증상 호소가 있다면 상태를 개선해 줄 수 있겠지요. 하지만 증상

러나는 증상과 속의 조직의 병변)에 투사되지 않고, 시간 속에서 과정이 되었기 때문에 병리학이 근본적이 아니라는 것이다. "기록하기 전에 모든 환자, 모든 '접촉'은 단일한 사건이다. 상담에 '과거 병력'이 있을 수 있고 의사는 중요한 과거 사건을 기억해 낼 수도 있지만, 과거와 현재는 경험의 다른 영역이다. 그러나 사건들의 시간적 관계를 표시한 기록 카드와 함께, 시간은 연쇄적으로 연결된다. 임상적 문제들은 특정하고 즉각적인 병변만이 아니라, 과거가

알려 주고 현재로 퍼뜨리는 전기적 기록 속에 위치해 있다"(Armstrong 1988, 217).

암스트롱은 이를 하나의 배치가 다음으로 이어지는 역사적 연속으로 제시한다. 병리학이 사라지지 않았다는 이유만으로 그렇다면, 나는 여기에 동의하지는 않는다. 이것은 어느 정도는 의료 기록과 공존한다. 그러나 재미있는 부분은 암스트롱이 기록을 언급했다는 점이다. 그는 기록을 중요하게 받아들인다. 그는 이런 기술이 질병의 살아 있

호소가 전혀 없거나 거의 없다면, 얻는 이득이 충분치 않습니다. 위험을 감수해야 하는데요. 수술을 해서 상태가 더 나빠지는 경우도 있지요. 죽기도 해요. 그러니 수술로 삶이 나아지지 않는다면 수술을 하지는 않을 겁니다.

병리학의 대상이 임상의학의 대상과 충돌한다면, 두꺼워진 혈관 벽을 찾아내기란 매우 어려워진다. 동맥경화증 다리 동맥을 다루는 최근의 실천에서는 임상의학적 방식이 우위를 점한다. Z 병원에서는 아무도 그 지역에서 내막이 두껍고 관내강이 적은 사람들을 전부 다 가려내려고 하지는 않을 것이며, 외과적으로 처치하지도 않는다. 다리 동맥의 동맥경화증을 찾아내는 작업은 임상의학의 계통을 따라 이루어진다. 의사를 찾아가 걸을 때 통증이 있다고 말한다면 혈관 환자가 되는 것이다.

그래서 병리학이 모든 의료실천의 토대가 아니며 이런 질병의

는 실재와 어떤 관계가 있을 수 있는지 궁금해한다. 암스트롱의 논문에서 지식은 마음속에 있지 않고, 물질들이 실재의 실행에 적극 활용된다. 기록, 건물, 칼 그리고 시체도 들어간다.

시체가 병리학과 해부실의 금속 수술대 위에 놓여 있다. 곧 절개될 참이다. 그러나 아무리 말이 없더라도 이 시신은 살아 있다. 시신은 누군가의 삶이 끝났음을 말해 준다. 죽음에 대해 말한다─그리고 오늘날의 병원에서 이는 실패한 치료를 의미한다. 그리하여 병리학자가 날카로운 메스를 들고 절개를 시작할 동안, 시신은 치료하는 의사들을 실패자로, 좌절했으나 또한 좌절시킨 자들로 실행한다. 비유적 표현으로 시신은 치료하는 의사들이 실패했다는 것을 **알고 있다**고 말할 수도 있겠다. 나는 여기에서 이런 비유적 표현을 쓰지는 않겠다. 아는 시신들에 대해서는 쓰지 않는다. 그러나 아는 의사들이나 아는 환자들에 대해서도 아니다. 내가 주장하는 바는 이렇다. 양쪽 경우에 다 시신은 "비유적 표현"이다. 그리고 대신

진단과 발견에서는 임상의학이 선두에 선다는 것이 꼭 실용적인 이유에서만은 아니다. 그 사실은 실재를 바로 건드린다. 임상의학을 우선한다고 해서 환자의 증상 호소가 혈관 벽의 크기보다 더 **진짜가 되지**는 않는다. 그러나 그 사실로 인해 증상 호소는 특정한 장소에서 실재로 **간주되는 것으로** 바뀌게 된다. 이번에는 현미경 아래에서가 아니라, 보건 체계의 조직 안에서다. **현미경** 아래에서는 다리 동맥의 동맥경화증은 혈관 벽의 두꺼운 내막이 될 수도 있다. 그러나 **보건 체계의 조직**에서는 통증이다. 걷고 나면 오고 환자를 아프다고 호소하게 해서, 의사를 찾아가 어떤 치료를 해줄 수 있는지 묻게 만드는 통증.

어느 위치인가?

질병을 실행하는 실천성을 괄호에 넣으면, 질병은 신체 안에 위치하게 된다. 다리나 심장에 있다. 대동맥이나 다리 동맥, 혹은 서혜부나 무릎 주변일 수도 있다. 해부를 하면 **어디에** 문제가 있는지 알아내

환경에 박혀 있는 지식을 분석하기 위해 시신에게 부여하기를 꺼리는 주체성을 의사와 환자들에게 허락하지 않는 것은 좋은 방법론적 전략일 수 있다.

그렇다면 이것은 아는 주체와 알려지는-대상 사이의 이분법에서 빠져나오는 방법이 될 수 있다. 앎의 활동을 폭넓게 펼치는 것이다. 앎의 활동을 수술대, 칼, 기록, 현미경, 건물 등 그것이 박혀 있는 다른 사물이나 관습에 펼쳐 놓는 것이다. 그때 우리는 대상을 **아는** 주체에 대해 말하는 대신, 다음 단계로 실제로 **실행하는** 실재에 대해 말할 수 있게 될 것이다.

는 데 도움이 된다. 신체에 대해 이야기할 때 중요한 지형학적 언어다. 이는 병리학자들이 절개를 할 때 쓸 뿐 아니라, 진료실에서도 쓴다. "어디가 아프십니까?" 의사들은 환자들에게 보통 이렇게 묻는다. Z 병원을 찾은 대부분의 환자는 이 질문에 어떻게 대답할지를 어느 정도는 이미 알고 있다. 그들은 손가락으로 아픈 몸의 부위를 짚는다. 의사는 이런 대답들을 해부학적 용어로 번역하여 "하복부 왼쪽"이나 "하부 대퇴영역 오른쪽"이라고 환자 파일에 기록한다.

그러나 끈질기게 실천성을 다루는 민족지학자에게는 또 다른 지형학적 언어가 필요하다. 여러 개일 수도 있다. 실재가 위치에 따라 다르게 실행될 경우, 그 자리가 **어디**냐는 질문은 몸의 부위들을 손가락으로 가리키는 식으로는 답할 수 없다. 의학의 실천성을 다른 곳에서 찾아야 한다. 하지만 어디에서? 지금까지 나는 몇 가지 암시를 내놓았다. 나는 네덜란드의 중급 규모 도시 대학병원인 Z 병원에서 관찰했다고 말했다. 거기가 특정한 장소다. 그러나 또한 이 병원에서 두 장소, 병리학과와 외래진료실을 구분했다. 그러나 동맥경화증은 다른 위치, 다른 종류의 장소에서도 실행된다.

우리는 동맥경화증을 찾아내는 것이 전 인구를 검진하는 식이 아니라 환자가 찾아오기를 기다리는 식으로 진행된다는 것을 보았다. 이런 진술이 **어디에서** 유효한가? 물론 Z 병원에서지만, 네덜란드 전역에서도 그렇다. 그리고 그 진술이 해당되는 영역은 더 크다. 이렇게 환자를 기다리는 정책은 모든 서구 국가에서 동맥경화증을 찾아내는 방식의 특징이다. 혹은 이종요법 의학이 실시되는 모든 나라에서 그렇다. 그러나 이렇게 큰 영역에서는 당연히 예외를 찾아낼 수 있을 것이다. 과연 그렇다. 지금까지 내가 Z 병원이라는 한정된 구역 안에서 말한 것에도 예외가 있다.

내과의는 Z 병원에서 일한 지 3년째다. 내가 그의 뒤에 있는 작은 의자에 앉은 두 번째 아침이다. "오, 이런." 한 환자가 막 자리를 뜬 뒤 그가 이렇게 탄식하며 다음 환자의 파일을 본다. 그가 나에게 이유를 설명한다. "다음 사람은 제가 전임자한테서 인계받은 환자예요. 건강에 아무 이상이 없지만 살짝 신경과민에 걸린 50대 전문직입니다. 자기를 샅샅이 살펴봐 주기를 원해요. 특히 동맥경화증을 걱정하고 있지요. 처치를 해볼 만한 것을 찾아낼 거라 생각지는 않습니다. 그 환자에게 동맥경화증이 있다면, 제가 할 수 있는 일은 더 많이 움직이고, 운동을 하고, 식단조절을 하고, 흡연을 자제하라고 충고해 주는 것뿐이죠. 하지만 그 말을 해주고 나서 결국 수많은 검사를 해줘야 해요. 환자가 원하는 대로 해줍니다. 마지막으로 한두 번 그와 이야기해 보고 포기했습니다. 검사를 받아야 안심이 된다면 어쩔 수 없지요."

전혀 증상 호소가 없는데 진단 검사를 받게 되는 경우도 있다. 검사 속에 혈관 벽에 대한 병리학적 검사는 없겠지만, 그렇다고 이런 경우 진료실이 주도하는 것도 아니다. 진료실에 들어서는 "환자"는 아무 증상 호소가 없다. 걸을 때 다리가 아프지 않다. 그래서 진료실이 동맥경화증의 발견과 진단을 주도하는 영역이라는 사실도 늘 통하지는 않는다. 그곳은 아주 큰 장소다. "이종요법 의학"이 분배되는 영역은 거대하다. 그러나 Z 병원에서조차 예외를 쉽게 찾을 수 있다.

이 책에서 "서구 의학" 전반에 대해서 말하거나 다른 큰 지역을 놓고 주장을 펼치지 않는 이유는, 그렇게 하면 너무 많은 예외가 나와서 다 다룰 수가 없기 때문이다. 하지만 내가 여기에서 하는 이야기들은 Z 병원에서 일어나는 일에 국한되지 않는다. 변화, 이동, 구체적인 변경과 함께 그 이야기들은 어느 정도는 다른 누군가가, 다른 어느 때에, 많은 다른 병원에 대해서 하는 이야기도 될 수 있다. 네덜란드의 병원들(내가 여기에서 하는 이야기들에 네덜란드 이야기가 많이 섞여 있다)이지만 병원이 있는 곳이라면 어디에 있는 병원이든 해당된다. 그래서 내 이야기들이 펼쳐지는 영역은 이야기들이 놓여 있는 영역보다 더 크다. 하지만 또한 더 작기도 하다. 나의 민족지학적 현미경

렌즈를 살짝 바꾸거나 시야를 조금만 옆으로 돌리면, 다른 이야기들을 말하게 된다. 특수성들이 달라지는 것이다. 그러나 한 가지 질병을 실행하는 다른 방식들이 공존한다는 것, 즉 실행되는 다른 질병들이 공존한다는 사실만큼은 달라지지 않는다. 다중성이 존재한다는 사실만큼은 어떤 상소, 어떤 규모에서도 변함이 없다.

외래진료실에서 실행된 동맥경화증은 현미경을 통해 관찰할 수 있는 두꺼운 혈관 벽과 대조를 이룬다. 그러나 외래진료실이 자연적인 통일체는 아니다. 그것은 병리학과 **대비하여** 통일체를 형성한다. 진료실에 조금 더 가까이 접근해 보면, 뽑아내 더 조사해 볼 수 있는 대조들이 가득해 보인다. 진료실은 단일한 장소가 아니다.

혈관외과의 환자들이 하는 이야기들 중 일부는 매우 뻔합니다. 지금쯤은 당신도 제가 말하지 않아도 알아차리셨을 겁니다. 하지만 신체검진을 하는 것 또한 항상 중요합니다. 환자의 통증에는 여러 원인이 있을 수 있어요. 어떤 파티에서, 혹은 텔레비전에서 들은 이야기에서 가져온 것일 수도 있지요. 그래서 환자들의 맥을 주의 깊게 짚어 봅니다. 피부를 살펴보고요. 그리고 보통은 면담을 통해 제가 찾으려는 것을 알아냅니다. 하지만 다리 온도가 완벽하고 발 동맥이 멀쩡히 잘 뛰고 있을 때에도 환자의 이야기가 주의를 끄는 점이 있을 때도 있지요. 그런 것은 좋아하지 않습니다. 저는 깔끔하고 일관성 있는 진료실의 그림을 더 좋아해요.

의사들은 면담에서의 동맥경화증이 신체검진에서 나온 것과 일치하지 않으면 마음에 들어 하지 않는다. 그러나 가끔 그런 일이 일어난다. 내가 병리학과의 대조점으로 이용했던 바로 그 진료실이 동질적이지 않다는 사실이 드러난다. 진료실은 단일한 대상을 실행하지 않는다. 두 가지 진료실이 있다. 두 개의 대상이 있다. 하나는 이야기를 통해 실행되고, 다른 하나는 손으로 하는 검진을 통해 실행된다.

그것들이 실행하는 대상들이 일치하는 한 그들 사이의 차이는 관심을 끌지 못한다. 그러나 서로 모순된다면 그 순간 진료실이 두 개의 장소라는 사실이 명백해진다. 면담. 그리고 신체검진.

두 개? 하지만 두 개가 아니다. 이 위치들 각각은 더 작은 위치들로 다시 나뉠 수 있다. 그런 식으로 계속 이어진다. 의사와 환자 간의 대화가 끝없이 다양하게 이어진다고 묘사되는 일이 자주 있다. 사회학자들은 이에 대해 책들을 썼다. 그러니 다른 장소인 신체검진으로 가 보자.

나는 일하고 있는 외과의 여러 명을 본 후 "신체검진"을 요약하기 위해 내 공책들을 훑어본다. 그러나 요약할 수가 없다. 확실히 이 의사들에게는 공통의 제스처가 있다. 다들 맥을 짚어 보고 양쪽 발의 체온을 잰다. 그러나 동맥이 잘 적응하는지를 보려고 늘 잠시 양다리를 각각 들어 보는 사람이 있는가 하면, 절대 그런 행동을 하지 않는 사람이 있고, 가끔 한 번씩, 몇몇 환자에게만 하는 사람이 있다.

어느 장소든 세부적인 것을 몇 가지 건드리면 금세 무수히 불어난다. 동맥경화증이 실행되는 방식들, 즉 실행된 동맥경화증을 세는 민족지학자는 한 병원에서 일어나는 사건들의 수가 유한하다는 단순한 이유 때문에 무한한 수의 변종을 찾아내려 하지는 않을 것이다. 그보다 훨씬 전에 관찰 시간이 끝나 버릴 것이다. 그러나 그 전까지는 차이화가 계속될 수 있다. 그래서 내가 설명하려는 것은 동맥경화증의 둘, 다섯, 일흔 가지 변종이 있다는 것이 아니라, 다중성이 존재한다는 것이다. 질병을 실행하는 실천성을 계속 괄호 안에 넣어 두는 한, 다양한 "동맥경화증"은 다중화한다.

3장 조정

지역적 정체성들

이 책이 이용하는 한편 기여하고자 하는 사회과학은 그 단어의 관습적인 의미에서 "사회적"이 아니다. 이 이야기는 사람들, 그들 사이의 관계나 제도, 제도가 작동하는 방식이나 사회, 무엇이 되었건 사회 질서를 만들어 내는 것에 대해서 말하지 않는다. 대신, 이것은 실천에 대한 이야기다. 사건에 대한 이야기다. 혹자는 그것을 이야기라 부르고 싶어 하지도 않을 수 있다. 매끄럽게 진행되는 내러티브가 없기 때문이다. 대신 나는 별개의 장면들의 스케치를 짤막한 묘사를 곁들여서 내놓겠다. 그것들은 자세히 서술하거나 대조하는 식으로 서로 병치된다. 이 스케치에서 단어만이 아니라 사물도, 손만이 아니라 눈도, 기술만이 아니라 조직적 특징도 중요한 역할을 담당한다. 이런 이질적인 구성요소들이 다 함께 **동맥경화증**에 대해 말할 수 있게 해준다. 질병의 사회적 명분이나 결과에 대해서 말하는 것이 아니고, 환자든 의사든 관련된 사람이 질병을 인식하는 방법에 대해서 말하는 것도 아니다. 동맥경화증 그 자체에 대해서 말한다. 바로 그것이다.

자연과학과 나란히 사회과학을 위한 공간을 만들어 내느라 많은 어려움을 겪었던 사람들은 "동맥경화증은 ~이다"와 같은 문장과 마주치면 뒤로 돌아설지도 모른다. 혹은 화를 낼 수도 있다. 그들에게 이런 문장은 많은 노력을 들여 정복한 영역을 포기한다는 의미로 받아들여진다. 그들에게 이 부주의한 "~이다"는, 그들이 많은 노력으로 도입한 경고를 순진하게 내던져 버리는 것처럼 보일 수 있다. 그 경고는 저기-바깥의-대상을 쉽고 간단하게 지시하는 것은 불가능하고, 지시행위 그 자체를 다루어야 한다는 것이다. 그러나 실재의 인식론적 평가에서 실천지적 평가로 이동한 다음부터는, 동맥경화증이 무엇인가에 대해 말하는 것은 과거의 방식과는 전혀 달라진다. "~이다"라는 단어의 의미 어딘가에서 극적인 변화가 일어났다. 변화가 의미하는 바는 이렇다. 새로운 "~이다"는 그것이 어딘가에 위치해 있음을 의미한다. 동맥경화증이 본질적으로, 어디에서나 변함없이 무언가로 존재한다고 말하지 않는다. 그 자체로, 저절로 무엇인가가 된다고 말하지 않는다. 그 어떤 것도 결코 홀로 존재하지 않기 때문이다. 존재한다는 것은 관계를 맺는다는 것이다. "~이다"에 대한 새로운 이야기는 실재를 실행할 때 포함되는 실천성에 괄호를 치지 않는다. 그것은 실천성을 현존하게 한다.

그러므로 동맥경화증은 혈관 관내강이 잠식되고 혈관 벽이 두꺼워지는 것이다. 병리학과에서 개입 여부를 판단하기 위해 동맥 일

시스템 혹은 에피스테메

사회 이론은 이런 질문을 던지곤 했다. 사회는 어떻게 질서 지어지는가? 어떻게 합쳐져서 전체를 형성하는가? 고프먼이 연구한 수행들은 하나로 합쳐졌다. 그것들은 선행하는 패턴을 펼쳤다. "수행 중 펼쳐지거나, 다른 경우에 제시되거나 시행될 수 있는 사전에 설정된 행동 패턴들을 '역할' 혹은 '루틴'으로 부를 수 있을 것이다"(Goffman 1971[1959], 27). 이런 역할과 루틴들이 파슨스가 **배역**이라 불렀던 것에 추가되었다. 자신의 관점에서는 각각 일관성이 있는 다양한 배역들이 있다. 배역들은 다 함께 사회 시스템의 일관성을 보장한다. **사회 시스템**이라는 바로 그 용

부를 신체에서 절단해 얇게 자르고, 색을 입히고, 유리 슬라이드 위에 고정해 현미경 아래에 놓으면 그렇다. 그러나 외래진료실에서 외과의들이 "무엇을 할 것인가?"라는 질문을 대면할 때의 동맥경화증은 뭔가 다른 것이다. 그것은 운동 후에 일어나는 통증, 걸을 때 느껴지는 통증이다. 한쪽, 혹은 심지어 양쪽 다리의 영양이 부족한 피부다. 배동맥의 불안정한 맥박이다. 실천지적 "~이다"는 보편적인 것이 아니라 지역적이다. 공간적으로 특정되어야 한다. 이 존재론적 장르에서, 동맥경화증이 무엇인지 말해 주는 문장은 이것이 어디에 있는지를 밝히는 다른 문장으로 보완되어야 한다.

그래서 사회과학자들이 재현 활동의 중요성을 강조하느라 들인 수고는 헛되지 않았다. 대신 그 노력은 더 큰 프로젝트 속으로 흡수된다. **실행한다는 것**이 적절한 지시대상reference들을 설정하는 문제에 그치지 않기 때문에, 할 일이 더 많다. 동맥경화증을 혈관 벽의 확장된 내막으로 실행하는 것은 그림을 그리고 기록하는 재현의 기술, 사진술과 인쇄술과 관련이 있다. 그러나 그것은 또한 포름알데히드, 염색액, 메스, 슬라이드, 현미경의 문제이기도 하다. 그리고 동맥경화증이 외래진료실에서 제한된 보행거리로 실행될 때에는 파일에 기록한 메

어에 사회가 어떻게 해체를 피하는가의 문제에 대한 명확한 답이 포함되어 있다. 사회는 시스템 안에서와 같이 통합된다. 이런 관점에서 보면 사회는 신체와 똑같다. 혹은, 신체가 파슨스의 시대에 생각되었던 것과 똑같다고 말하는 편이 더 나을 것이다. 파슨스는 **시스템**이 무엇인지 설명하면서, 신체가 통합

하는 방식을 설명하기 위해 사이버네틱스를 고안해 낸 40년대 후반과 50년대 초반의 생리학자들에 대한 주석을 삽입한다.

그러나 사회가 신체와 같은가? 같은 시기에 이런 생각은 심한 공격을 받았다. 캉길렘은 차이를 구성하는 방식을 표현한 이들 가운데 하나였다. 그는 유

모가 포함된다. "통증 없이 걸을 수 있는 거리: 150미터." 그러나 거기에는 의사가 면담 중 환자의 눈을 보는(혹은 보지 않는) 방식과, 환자가 집에서 공원까지 걷는 거리를 따져 보려는 시도까지 포함된다. 존재한다는 것은 재현된다는 것, 알려진다는 것일 뿐 아니라 상상할 수 있는 다른 어떤 식으로든 실행된다는 것이다.

여기에서 사용된 "~이다"라는 단어는 지역화된 용어다. 의료실천에서 존재론은 특정한 장소와 상황에 결부된다. 하나의 병원 건물에 수많은 서로 다른 동맥경화증이 있다. 그러나 건물은 굳게 닫힌 문이 있는 더 작은 건물들로 나뉘지 않는다. 지식의 다른 형태들은 서로 배제하는 패러다임들로 나뉘지 않는다. 그것이 병원 생활의 위대한 기적들 중 하나다. 병원에는 다른 동맥경화증들이 있지만, 그것들은 다르면서도 서로 연결되어 있다. 실행된 동맥경화증은 하나 이상이지만, 많다고 할 정도까지는 아니다. **다중신체**는 파편화되어 있지 않다. 다중적이라 해도, 또한 연결되어 있다. 그렇다면 어떻게 연결되는가라는 질문을 던져야 할 것이다. 병원에서 실행된 서로 다른 동맥경화증들이 어떻게 연관되는가? 그것들이 어떻게 덧붙여지고, 혼합되고, 합쳐지는가? 이 장에서는 다중신체가 어떻게 연결되어 다양한 조

기체의 질서를 표시하는 규범들은 이미 정해져 있다고 썼다. 그러나 사회는 규제력을 지닌 규범들을 찾아내고 이를 적극적으로 설정해야 한다. 캉길렘은 이렇게 썼다. "어쨌든 전체 사회 조직의 임무 중 하나가 조직의 어떤 목적들이 가능한지 알리는 데 있다는 사실은 … 엄격하게 말해서 사회 조직이 어떤 내적인 궁극성도 갖지 않는다는 점을 명확히 보여 주는 듯하다. 사회의 경우, 사회의 기관과 행사 규범을 탐색하려면 규제가 필요하다"(Canguilhem 1991[1966], 252). 그러나 현대 사회는 신체가 아니지만, 캉길렘은 사회가 신체를 **모방한다**고 주장했다. 신체들은 질서와 혼돈, 삶과 죽음의 차이를 구분

정의 형식을 제시하는가의 문제를 다루겠다.

하나의 실재가 이긴다

대상들은 지역적 정체성을 갖는다. 그러나 내가 동맥경화증을 연구하기 위해 갔던 병원 안의 다양한 장소들은 완전히 분리되어 있지 않다. 병리학과에서 절단한 아래쪽 다리는 특별 배달원이 수술 전 환자의 "임상적 상태"를 기록한 작은 서류와 함께 수술실에서부터 걸어서 전달한다. 병리학 검사 후 결과가 또 다른 양식으로 치료한 외과 의사에게 다시 보내진다. 한 명의 환자에 대한 모든 서류는 파일에다 모아 놓는다. 요약본은 특정 환자의 동맥경화증을 하나의 대상으로 바꾸어 놓는다. 편지들도 마찬가지다. 진단을 받고 병원에 입원 허가를 받고, 수술을 받고, 다시 병원을 떠나는 환자에 대해 일반의에게 발송된 편지가 여기 있다.

> 귀하의 환자: D. 제스트라
>
> 출생 일자: 1921년 4월 13일
>
> 주소: 스몰타운 30번가

하는 규범을 유지함으로써 통합성을 유지한다. 이런 규범들은 다양하다. 병리학적으로 문제가 있는 유기체에서의 규범은 건강한 유기체에서와는 다른 수준에서 설정된다. 그러나 어떤 규범도 전혀 유지되지 않는다면 유기체는 혼란에 빠진다. 유기체는 여전히 물리학과 화학의 법칙을 따르지만, 생물학적으로는 혼돈이 된다. 그것은 죽는다.

사회와 신체의 관계는 모방 관계이지만, 규범으로 사회를 조직하는 것이 유일한 방법은 아니다. 캉길렘에 따르면 배치의 규범적 방식은 역사적 고안물이다. 그것을 고안한 사람들이 자기들이 했다고 하지는 않았지만, 그들은 규범이 사회에서 긍정적임을 발견했다

병원 번호: 2,892,130

친애하는 선생님,

위 환자가 Z 대학병원 C 4-동관, 외과병동, 혈관외과에 입원합니다.

입원 사항

입원 일자: 1992년 8월 1일

퇴원 일자: 1992년 8월 8일

입원 사유: 치료적 개입

입원 진단: 간헐성 파행이 있는 총대퇴동맥의 협착

재입원: 계획 없음

병력: 악화하는 간헐성 파행으로 왼쪽 종아리에 통증을 느끼면서 보행 가능한 거리가 250미터임. 걷지 않을 때는 통증이 없음. 심장병 이력은 고혈압 이외에는 없음.

내력

1981 분지 인공혈관 및 왼쪽 다섯 번째 발가락 절단

1988 왼쪽과 오른쪽 자가 대복재정맥을 이용한 대퇴슬와부 우회술

1992 고지혈증으로 왼쪽 전두두정엽의 경색과 일과성 흑내장

신체검진: 왼쪽 다리에 대퇴동맥이 촉지되었음. 이 지점에서 먼 곳에

고 주장했다. "'정상'이라는 단어가 나타난 1759년과 '정상화된'이라는 단어가 출현한 1834년 사이에 규범적인 계급이 사회 규범의 기능을 밝혀낼 힘을 획득했다. 이데올로기적 환상의 멋진 예라 할 수 있다. 그 계급은 규범으로 만들어 낸 것을 이용하여 규범의 내용을 결정했다"(246). 이런 생각은 미셸 푸코의 연구에서 더 자세히 나온다. "정상은 에콜 노르말(교사 양성 대학)의 표준화된 교육과 시설을 도입하여 교육하는 강제의 원칙으로 수립된다. 정상은 건강의 일반 규범을 작동시킬 수 있는 국가 의료 전문직과 병원 시스템을 조직하려는 노력으로 확립된다. 정상은 산업적 프로세스와 제품의 표준화

서는 박동이 없었음. 발을 포함한 오른쪽 다리 전체에서 박동이 있었음. 왼쪽 모세혈관 충만이 오른쪽보다 느렸음.

추가 진단 검사: 발목/팔 지수 왼쪽 0.6 오른쪽 1

듀플렉스: 왼쪽 총대퇴동맥에 50퍼센트 이상의 협착

수술: (92년 8월 2일) 왼쪽 총대퇴동맥에 동맥내막절세술

경과: 수술 후 합병증 없음. 환자가 빨리 거동할 수 있었음. 발목/팔 지수 오른쪽 1 왼쪽 0.9. 전반적으로 양호한 상태로 퇴원.

요약

주 진단: 왼쪽 총대퇴동맥의 협착

부차적 진단: 없음

치료: 왼쪽 총대퇴동맥에 동맥내막절제술

합병증: 없음

퇴원: 집으로

사후 처리: Z 병원 외래병동

Dr. T. F. J. 크산더르스, 외과의

A. J. 일스트라, 외과 수련의

에서 확립된다. … 감시와 마찬가지로, 감시와 함께, 정상화는 고전 시대의 종말에 훌륭한 권력의 도구 중 하나가 된다"(Foucault 1979, 184).

파슨스는 사회 체계의 유지에 의사가 어떤 기여를 하는가에 관한 이론을 내놓았다. 의료적 지원을 구하는 것이 병자 역할의 일부다. 의사들은 차후에 환자의 질병 행동을 허가하거나 다시 일터로 돌려보낸다. 의사들은 이런 식으로 **사회적 통제**를 실행한다. 그들은 사회적 의무를 다할 능력이 없다는 구실로 의무에서 벗어나는 사치를 누리고 싶어 하는 개인들로부터 사회 시스템을 보호한다. 또한 **정상화**의 푸코적 개념은 보건이 사회 질서의 유지를 위해 중

이 환자는 어떤 질병을 앓았을까? 편지는 각각 이 질문에 답을 주는 여러 개의 진단 기술을 언급한다. 병력, 신체검진, 혈압 측정, 듀플렉스 도플러 스캔 등이다. 그것들은 단 하나의 진단을 공동으로 뒷받침한다. 이 환자가 왼쪽 다리의 총대퇴동맥에 협착이 있다고 말한다. 이런 다른 진단 결과들의 주목할 만한 배치는 실제로 어떻게 얻어지는가?

환자의 일정으로, 퇴원 서류를 쓰기까지는 아직 한참 남은 때로 다시 돌아가 보자. 환자를 어떻게 치료할지 입원을 시킬지 말지 아직 결정하지 않았다. 그 시점에 있다. 다시 외래진료실이다. 혈관외과의는 새 환자를 보고 있다. 환자의 보행거리와 신체검진의 결과를 책상 위 파일에 기록했다. 둘 다 심각해 보인다. **임상 진단**은 긍정적이다(긍정적: 질병이 있음. 부정적: 질병이 발견되지 않음). 환자는 걸을 때 통증이 있다고 말했고, 외과의는 여러 동맥에서 좋지 않은 맥박을 찾아냈다. Z병원의 일반적인 진행 과정에서 이제 진단 기술이 등장한다. 외과의는 혈관검사실이 근무 중인지 전화로 확인하고, 테크니션에게 양 다리의 팔과 발목 혈압을 체크하도록 요청하는 메모를 적어서 이를 환자에게 건네고 이렇게 말한다. "자, 끝나면 여기로 다시 돌아오

요하다는 것을 보여 준다. 그러나 푸코의 의사들은 통제하지 않는다. 그들은 사람들을 침상에 누워 회복하거나 일어나 다시 일하러 가게 만들지 않는다. 대신, 정상성의 표준을 확립한다. 그들은 무엇이 정상이고 정상적인 방식으로 행동한다는 것이 어떤 것인지를 표현한다. 또한 정상 상태를 일으키기 위해 적

극적으로 개입할 수도 있다. 그러나 의사들은 판사와 달리 규범에 따라 살지 않는 자들을 벌주지 않는다. 정상성은 법이 아니다. 대신, 정상성의 표준을 만족시키지 못하는 자들, **비정상인** 자들은 사회 가장자리로 주변화된다. 그들은 대부분이 원치 않는 곳, 스스로 탈출하려 하게 될 곳에 놓이게 된다. 그래서

세요." 이 환자를 따라가 보면 혈관 질병을 진단하고 설명하는 다른 방식을 보게 된다. 바로 혈압 측정이다.

테크니션이 만더르스 씨의 팔에서 혈압을 측정한다. 팔 주위에 감은 혈압계 밴드를 부풀린다. 다시 공기가 천천히 빠져나오게 두고서 청진기로 팔꿈치 동맥에 귀를 기울인다. 부풀려진 밴드가 피가 흐르지 못하게 막는다. 공기가 약간 빠져나오자 요란하게 혈액 흐르는 소리가 들린다. 최고 혈압인 수축기 혈압에서 혈액이 밴드를 통과해 밀려들 수 있게 되는 순간이다. 공기가 더 빠져나오면 다시 소리가 잦아든다. 혈액이 방해받지 않고 흐르기 시작하는 지점, 심장 순환을 통해 밴드의 압력에 저항할 수 있게 되는 지점에 오면 소리가 더는 들리지 않게 된다. 이 두 번째 지점이 혈액의 확장기 혈압이다. 테크니션이 종이에 높은 숫자와 낮은 숫자를 적는다.

그녀는 만더르스 씨의 발목에 더 큰 밴드를 감는다. 발목에는 청진기를 사용할 수 없다. 대신 작은 도플러 탐침을 쓴다. 초음파를 쏘아 보낸 다음 반사되어 오는 것을 다시 받는다. 멀어져 가는 물체에서 반사된 초음파의 파장이 방출했을 때의 초음파 파장보다 더 길다. 역의 경

"정상성"은 외부에서 규칙처럼 부과되는 것이 아니라, 사람들이 내면으로부터 적극적으로 욕망하게 되는 것이다.

푸코는 사회 이론을 구성하면서 파슨스나 다른 시스템 이론가들과 논쟁하지 않았다. 대신 그는 —파슨스처럼, 그러나 그를 언급하지는 않고서— 의학이 사회에 핵심적이라고 강조하려 했다. 의학은 대단히 특수한 종류의 사회적 권력이다. "규범의 힘은 훈육을 통해 나타난다. 규범은 현대 사회의 새로운 법인가? 그보다는 18세기 이후로 규범이 새로운 한계를 부과하는 다른 권력 —법, 말parole, 텍스트, 전통— 과 연합했다고 하는 편이 맞을 것이다"(184). 규범의 권력을 확립하

우도 마찬가지다. 이것이 도플러 효과다. (탐침이 부착된) 도플러 장치는 방출한 초음파와 받아들인 초음파 간의 차이를 소리로 들을 수 있게 만들어 준다. 테크니션은 동맥을 찾을 때까지 탐침을 이리저리 움직인다. 그렇게 하면 우리 모두 소리를 들을 수 있다. 그 순간 혈액의 흐름이 초음파를 반사하기 때문이다. "퓨, 퓨, 퓨" 소리가 들린다. 밴드가 부풀어 오르면 이 소리는 사라진다. 수축 기압이 밴드의 압력에 맞설 수 있게 되면 소리가 다시 돌아온다. 움직임. 흐름. 퓨, 퓨.

발목의 혈압은 팔보다 낮아서, 압력이 손실된다. 진료실에서의 통증 없이 걸을 수 있는 거리와 병리학과에서의 두꺼워진 혈관 벽처럼, 혈관검사실에서 확정된 압력 손실은 환자의 동맥경화증의 심각성을 보여 주는 척도다. Z병원에서 압력 손실은 지수로 표현되는데, 팔의 압력으로 나눈 발목 압력이다. 0.9가 한계점이다. 이보다 더 낮은 숫자는 병적인 것으로 분류된다.

걸을 때의 통증과 압력 강하가 몸 안에서 어떻게 합쳐지는지 설명할 수 있다. 두꺼운 내막도 여기 포함된다. 이야기는 이런 식으로 전개된다. 두꺼운 내막이 혈관 관내강을 잠식하면 혈액 흐름을 방해

는 데 의학은 핵심적인 훈육이었다. 의학 지식은 신체의 질서와 사회의 질서 사이에서 중재하기 때문이다. 의학 지식이 정상적인 사람과 이상 있는 사람을 차별화한다. 이러한 형태를 취하게 된 의학 지식 안에서, "질병"은 더는 유기체에 거주하는 종으로서가 아니라 그 유기체의 이상 상태로 논의되었다.

그 시기 이후로 의학은 현대인이 맞추어 살고자 하는 표준을 세우기 시작했다. 그래서 바로 의학이 사회가 유기체를 모방하도록 한 것이다. 그리고 또한 의학 지식이 사회를 통합한다. 의학 지식은 논리적으로 일관성 있는 **지식체**인 에피스테메를 형성한다.

이 지식체는 고립된 과학 활동에서

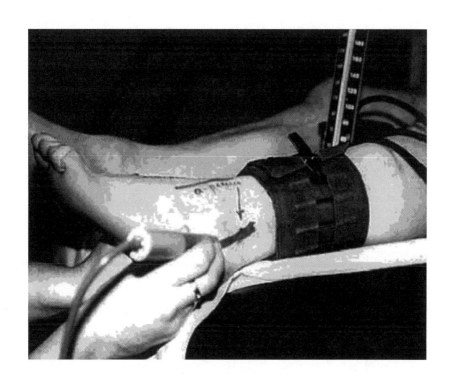

하는 저항이 커진다. 이는 혈압 강하로 이어진다. 하지의 혈압이 낮으면 조직에 많은 피를 공급해 주기 어렵다. 근육이 움직일 때 산소 공급이 부족해진다. 그래서 근육이 산소 없이 당을 태워 젖산을 만들어 낸다. 그러면 통증이 온다. 설득력 있는 이야기다. 하지만 정말로 그런가? 자, 한 명의 환자에게 실행된 다양한 동맥경화증이 어느 정도 비슷하게 심각하다면 그렇다. 아니, 더 정확히 보자. 만더르스 씨의 동맥 단면이 어떤지는 전혀 알 수 없다. 그러나 그의 증상 호소와 혈압 강하 둘 다 조사했다. 이 두 진단 기술의 결과가 일치하면, 공통 대상을 공동으로 실행하게 된다. 바로 만더르스 씨의 동맥경화증이다.

테크니션이 측정을 마치고 양식을 가져간다. 만더르스 씨에게 플라스틱 병원 신분 카드를 요청하고 기기를 갖다 대자 만더르스 씨의 신분이 양식에 기입된다. 그런 다음 테크니션은 자신이 발견한 결과를 양식의 적당한 칸에 채워 넣는다. 실수하지 않도록 주의한다. 그래서 환자에게 확인을 부탁한다. "왼쪽 다리지요, 만더르스 씨?" 만더르스 씨가 고개를 끄덕이며 그렇다고, 왼쪽 다리라고 대답한다. 그가 미소 지으며 덧붙인다. "제가 혈관을 보는 의사였으면 좋았을 텐데요. 그럼

출현하여 사회로 침범하는 것이 아니다. 새로운 지식은 영리한 정신의 산물이 아니다. 그것은 새로운 사회-물질적 배경에서 과학 연구가 이루어질 때 출현한다. 푸코는 19세기 초 프랑스 보건 체계의 새로운 조직화 덕분에 혁신적인 힘이 나왔다고 보았다. 이는 임상 의학의 탄생을 낳았다. 그 시기에 출현한 특정 병원 조직 덕분에 시신 안에서 질병을 찾기 위해 시신을 열어 볼 수 있게 되었다. 새로운 병원 조직에 대해 이야기하면서 푸코는 이렇게 말한다. "의학적 경험 전체가 뒤집혔고, 가장 구체적인 인식, 새로운 차원, 새로운 기초를 위해 정의되는 이 3차 공간화의 기초 위에서 이런 일이 일어났다"(Foucault

제가 그걸 느낄 수 있잖아요. 제 왼쪽 다리니까." 테크니션은 별 반응이 없다. "물론 그러시겠지요. 선생님께서 어떻게 느끼시는지는 제가 측정했어요."

만더르스 씨에게 혈압계 밴드, 청신기, 심장이 뛸 때마다 그에 맞추어 달라지는 이상한 소리를 내는 도플러는 매우 인상적인 기술들이다. 그는 나만큼이나 테크니션의 작업을 주의 깊게 관찰한다. 의사들이 그의 질병에 대해 알아내기 위해 이 모든 작업과 장비의 결과가 필요하다는 것을 생각해 보면, 만더르스 씨는 스스로를 자랑스러워해도 좋다. 그는 그런 농담을 한다. 그는 자기 다리 동맥을 아는 데 아무런 장비도 필요치 않다. 그것들을 느낄 수 있다.

그러나 테크니션은 만더르스 씨가 자신이 측정할 수 있는 것을 느끼는 능력이 특별하다고 보지 않는다. 증상 호소는 몸 안 깊숙이 숨겨진 단일한 질병의 징후이기 때문에 혈압 강화와 상관관계가 있을 뿐이다. 그는 느끼고, 그녀는 측정한다. 신체 안에서 하나가 다른 하나를 유발한다. 그래서 그들의 상관관계는 자명하다. 자명할까? 증상 호소와 혈압 강하는 대개 일치하지만, 늘 그런 것은 아니다. 여기 두

1973, 16). 의학 지식, 의학적 인식 자체는 그 결과에서만큼이나 기원에서도 사회적이다. 그리고 물질적이기도 하다. 건물, 도구, 제스처를 구성하는 **담론**이다. 그것은 정상적인 유기체와 병적인 유기체를 차이화하여 신체의 일관성과 사회의 질서 사이에서 중재한다.

연합과 다중화

의학이 의사와 환자 간의 개인적 일에 머물지 않는다는 생각은 문헌에서 한 번도 사라진 적이 없다. 그 사실은 우리 모두가 아는 것, 자명한 진리가 되었다. 의학이 사회적인 노력이며, 지식과 권력, 과학과 사회가 서로 얽혀 있다는 사실 말이다. 이런 지식은 물질적이다. 그

번째 장면이 있다.

한 주 후 나는 같은 테크니션과 또 하루를 보낸다. 환자의 이름은 소머르스 씨라 부르기로 하자. 한 환자가 진찰대 위에 누워 있다. 다시 혈압계 밴드가 부풀어 올랐다가 서서히 공기가 빠져나간다. 다시 청진기로 팔 동맥에서 나는 요란한 소리를 듣고 도플러 기구를 사용해 발목에서 혈류의 속도를 듣는다. 테크니션은 숫자를 기록한다. 계산한다. 발목/팔 지수가 나온다. 정상 범위 안이다.

"아무것도 못 찾겠는데요. 아무것도 없어요." 테크니션이 환자에게 안심시키려는 투로 말한다. 그러나 환자는 안심하지 못한다. 소머르스 씨가 대답한다. "그거 정말 이상하네요. 전 뭔가 느끼는데. 걸을 때 너무 아파요." 테크니션이 어깨를 으쓱한다. "아무 문제도 없다니까요." 소머르스 씨는 굽히지 않는다. "아, 그러니까 이상하다고요. 진짜인가요? 제 느낌일 뿐이라는 것은 알지만, 하여간 제 느낌은 그렇다니까요." 그의 어조는 불신으로 차 있다. 실망했다. 테크니션은 대화를 이쯤에서 마무리하고 싶은 의도를 분명히 내비치며 조급한 투로 말한다. "저, 그 점은 담당 의사 선생님과 상의해 보시는 게 좋겠어요. 환

러나 푸코는 다른 식으로 버려졌다. 그는 의학이 통합하려는 힘이 있다는 주장에서 버려졌다. 사회가 유기체를 모방하며, 그래서 단 하나의 에피스테메에서 통합된다는 암시에서 버려졌다. 오늘날 우리는 더는 단일한 질서에 부과된 일관성 있는 규범을 믿지 않는다. 그러면 우리는 어떻게 이런 믿음을 잃게 되었는가?

거기에서 나오는 다양한 방식들이 있다. 첫 번째는 **구조**의 일관성과 스스로를 부과하는 구조의 힘에 거리를 둠으로써 푸코를 버린다. "파리에서 우리는 구조들의 충성심을 시험하지 않으려 하기 때문에 여전히 그것들을 믿는다"(Latour 1988, 178). 라투르는 구조

자분이 느끼는 것 모두 다요."

모든 자명함은 사라졌다. 환자의 느낌과 혈압 측정의 결과가 서로 모순될 때, 그것들은 더는 단일한 대상의 징후가 아니다. 통증과 혈압을 연결하는 이야기는 약화된다. 어떡하면 좋을까?

이 지점에서도 여전히 대상은 단일한 것일 수 있지만, 하나의 기표는 버려야 한다. 환자와 테크니션 둘 다 그쪽 방향으로 시도한다. 소머르스 씨는 측정이 잘못된 것은 아닐까 의심한다. 그는 통증의 실재를 확신하기 때문이다. 테크니션은 "자신의" 혈압 편에 선다. 그녀는 소머르스 씨의 느낌을 "환자분이 느끼는 것 모두"로 격하하고 이런 느낌을 다룰 책임을 기꺼이 의사에게로 다시 넘긴다. 의사가 어떡해야 할까? 하나의 대상을 공통 원천으로 두 개의 다른 증후가 갈라져 나올 수는 없다. 그러나 환자가 혈관검사실에서 외래진료실로 다시 가져온 양식에는 환자 파일 위에 인쇄된 것만큼이나 선명하게 "소머르스"라는 이름이 적혀 있다. 그러면 하나의 이름이 일관성 있는 몸과 함께하지 못하는 것일까?

일관성을 얻기 위해서 갈라지는 측정들 사이에 위계질서를 세울

를 진지하게 조사해 본다면 구조가 버티지 못한다고 주장한다. 그리고 아무리 영향력이 있을지라도, (의학) 과학은 자신의 질서를 사회에 부과할 힘은 없다. 라투르가 이를 주장하면서 가져온 예는 프랑스의 **저온살균법**으로, 과학적 훈련이 결국 사회를 변화시키는 것으로 끝난 경우다. 그러나 파스퇴르가 수

동적인 타자들에 하나의 단일한 질서를 부과했기 때문에 이런 일이 일어난 것이 아니다. 라투르는 이 변화에 관련된 것들 하나하나를 활동적인 존재자로 바꾸어 놓는다. 프랑스의 저온살균법 과정을 설명하면서 그가 가장 좋아하는 이론적 용어는 **연합**association이다.

파리의 윔가Rue d'Ulm에 있는 파스퇴

수 있다. 이런 일이 자주 있다. 두 가지 사실이 상충하는 경우, 어느 하나에 더 무게를 두고 다른 하나가 따르게 하는 것이다. 임상적 증상 호소와 혈압 측정의 경우, 실험실을 우위에 두는 위계질서가 이런 식이다. 소머르스 씨가 증상을 호소해도 그의 혈압이 정상 범위 안에 있다면, 그가 문제가 있다 해도 그 문제가 혈관에서 나온 것은 아니다. 통증이 어디에서 오는가의 문제를 다시 따져 봐야 한다. 혈관외과의는 환자에게 이렇게 말할 것이다. "아뇨, 소머르스 씨, 정말로 죄송합니다만 제가 해드릴 수 있는 일이 아무것도 없습니다. 선생님이 통증을 많이 느끼신다는 점은 의심하지 않습니다만, 제가 할 수 있는 일은 혈관에서 장애물을 제거하는 것뿐인데 선생님의 혈관에는 제거할 것이 없습니다." 네덜란드 외과의는 소머르스 씨를 다시 그의 일반의에게로 돌려보낼 것이다.

주관적인 "증상 호소"와 객관화하는 "검사실의 결과" 간의 위계질서는, 임상적으로는 질병이 있는 모든 환자를 더 나아간 치료 조치를 고려해 보기 전에 먼저 검사실로 보내는 바로 그 절차로 제도화된다. 그러나 그것은 견고하지 않다. 일관성을 확립하는 다른 방식들도 있다. 때로는 진료실이 위계질서의 상위에 서기도 한다. 혈압 측정을

르의 검사실에서 기획된 백신 접종은 프랑스 농장들로 빠르게 퍼져 나갔다. 그러나 이는 백신 접종의 힘이나 과학성 때문이 아니었다. 그보다는 파스퇴르가 검사실과 농장 사이를 오가면서 우려하는 이들에게 농부들이 검사실과의 동맹에서 이득을 볼 수 있다는 사실을 분명히 했기 때문이다. 파스퇴르의 백신을 자기 소에게 접종한 농부들은 모두 탄저병에서 소들을 지켰다. 그래서 농부들이 파스퇴르의 검사실과 열성적으로 연합하게 되었던 것이다. 그러나 모두가 농부들처럼 열성적이지는 않았고, 새로운 과학 담론은 열의가 없는 자들에게까지 스스로를 부과할 힘은 없었다. 예를 들어 개인 영업을 하는 의사

반드시 "믿지는" 않는다.

외과의가 혈압 측정에 대해 이렇게 말한다. "혈압 측정을 무조건 믿는 것도 잘못입니다. 온갖 예외가 있어요. 예를 들어 당뇨 환자들의 경우, 가끔 동맥이 너무 석회화되어 밴드로 압박하기 힘들 때가 있어요. 능숙한 테크니션은 이를 알아차리지요. 하지만 물론 그러지 못하고 측정을 계속해서 아무 의미 없는 엉뚱한 숫자를 내놓기도 합니다. 그러면 치료한 외과의사가 그 숫자를 보고 두 번 생각지도 않고 환자에게 혈관 문제가 없다고 잘못된 진단을 내리지요. 그의 혈관이 온통 석회화되어 막혀 있는 것이나 다를 바 없는데도 말입니다."

진료실이 이길 때도 있다. 검사실의 측정이 버려진다. 이런 식이다. 바로 측정에 관련된 실천적인 면들을 괄호에서 꺼내는 것이다. 측정의 실천적인 면들을 더는 숨기지 않고, 신체에 대한 이야기에 신체에 대한 지식을 모으는 활동을 포함시킨다. 그 활동에서 문제가 생길 수도 있다는 것을 보여 준다. 예를 들면 밴드를 부풀릴 때 동맥을 압박하는 측정 방식에 문제가 있었을 수도 있다고 말하는 식이다. 환자

들은 파스퇴르를 따라도 얻을 것이 하나도 없었다. 그래서 그들은 따르지 않았다. 그들은 환자들과의 관계를 비밀스럽게 유지하는 편을 더 선호했고, 국외자들에게 누가 백신을 맞았는지 말해 주기를 거부했다. 첫 번째 혈청이 나왔을 때조차도 의사들은 이를 처방하지 않았다. 그렇게 하려면 자기 환자들을 다른 전문가들에게 넘겨주어야 했기 때문이다. 개인 의사들은 파스퇴르 연구소가 시장에 혈청을 내놓자 비로소 이를 "믿기" 시작했다. 의사들은 그것이 적절하다고 생각될 때만 자기 진료소에서 자유로이 혈청을 이용했다.

그래서 "과학"은 스스로를 강요할 힘이 없다. 과학이 확산한다면, 과학과 연

의 동맥이 너무 석회화되어 제대로 압박할 수가 없다면, 혈압 측정은 가치를 잃게 된다. 기계에서 나온 숫자에 현혹되지 않고 한 걸음 물러서서 해당 숫자들이 어떻게 나왔는지를 따져 본다면 이런 문제를 찾아낼 수 있다.

그래서, 측정의 실천적인 면을 **괄호 안에 넣으면** 신체 안에서 대상이 하나로 합해지는 경향이 있지만, 제대로 되지 않을 때도 있다. 거꾸로 동일한 실천성을 다시 **괄호에서 꺼냄으로써** 불일치를 막을 수 있는 경우도 있다. 이런 경우에는 애써 숨겼던 실천성이 다시 이야기 속으로 들어온다. 그래서 차이를 설명할 수 있다면, 신체와 그 질병의 유일성이 유지된다. 그래서 의사들이 학생들에게 검사를 그대로 믿으면 안 된다고 가르친다. 검사가 속일 수도 있다. 검사가 무엇을 하는지 배워야 한다. 검사의 기술적 특성을 잘 익히고, 언제 그것을 믿고 언제 버려야 할지를 알아야 한다. 이 점은 모든 검사에 적용된다. 어떤 검사 결과라도 버려질 수 있다. 해명될 수 있다.

두 외과 수련의는 어려운 혈관 병례를 토론하는 주간 회의를 위해 일찍 왔다. 그중 한 명이 다른 하나에게 작은 종이를 가리키며 말한다.

합하는 검사실 밖의 행위자들이 있기 때문이다. 그리고 그 행위자들은 무엇이 제공되는지 살펴보고 이런저런 것들을 취한다. 그들은 거대한 구조나 일관된 에피스테메에 압도되지 않는다. 라투르는 대신 **연합의 연쇄**에 대해 말한다. 네트워크를 형성하는 연쇄. 길 수도 있고 짧을 수도 있고, 강할 수도 있고 약할 수도 있다. 연합의 일관성은 논리의 문제가 아니라 물질적이며 실제적인 문제다. 힘은 무엇이 연합을 지탱하는가에 달려 있다. 그것은 연합을 방해하고 분열을 일으키는 데 요구되는 활동들로 정의된다. "동맥의 일관성은 그것을 분리하기 위해 한데 모여야 하는 행위자들의 수로 드러난다"(206).

"이것 좀 봐. 일야즈 씨의 혈압 측정 봤어? 말도 안 돼. 믿을 수가 없어. 이 숫자들을 본다면 그의 발에 피가 거의 없을 수도 있어. 그런데 외래진료실까지 혼자서 오토바이를 타고 왔단 말이지. 통증이 좀 있다고 했어. 믿을 수가 없다니까. 통증이 좀 있다니. 이런 수치만 보면 아예 걷지 못하는 사람이라고 할 텐데. 비명을 지를 거라고."

여기에서 임상 진단은 실험실 수치에 기반하여 의심을 받는다. 물론 진료실에서 일야즈 씨는 다리에 동맥 질병이 있을 가능성이 높다는 진단을 받았다. 그래서 먼저 혈관검사실로 보내졌던 것이다. 그러나 진료실에서는 그리 대단하게 보이지 않았다. 일야즈 씨는 여전히 걸었고 오토바이를 타고 다녔다. 그는 좀 아프지만 심한 정도는 아니라고 했다. 그러나 그의 혈압을 보면 중증의 동맥경화증이었다.

이런 불일치는 설명이 필요하다. 어떻게 이럴 수가 있을까?

다른 이들이 하나씩 회의실로 들어온다. 선배 내과의가 수련의들과 합류했다. "응, 이건 진짜 어렵네. 하지만 전에도 저런 사례를 본 적이 있어. 아마 이런 사람들은 아주 서서히 나빠졌을 거야. 근육 신진대사

라투르는 세계가 하나로 합해지는 한 이것은 어디까지나 실제적인 연합의 문제일 뿐이라고 주장함으로써 논리적인 일관성의 힘을 희석시킨다. 이런 연합이 어디까지 이르는지가 새로운 배치의 탄생과 함께 정해지지는 않는다. 네트워크는 에피스테메와 달리 열려 있다. 네트워크 안의 요소들은 네트워크 바깥의 다른 요소들과 연결될 수 있다. 그러나 이런 외부 연결은 내부 연결과 다르지 않다. 그것들 모두가 연합이다. 새롭고 성공적인 연합 하나하나가 네트워크를 더 크게 만든다. 그러나 네트워크의 일관성과 논리적 일관성의 차이가 아무리 크다 하더라도, "연합"에 대해 말하는 것은 동질화하는 효과가 있다.

가 바뀌는 거지. 진행이 느리기만 하면 아주 오래 적응해 갈 수도 있어. 그러면 저렇게 되는 거지. 이 환자는 어떤지 보자고. 당뇨병이 있나? 그것도 염두에 두어야 해. 신경장애가 있었다면 더는 통증을 전혀 느끼지 못하게 되었을 수도 있지. 그런 경우라면 발에 바늘을 찔러도 눈도 깜박 않거든."

임상 진단을 실행하는 데에는 환자가 통증을 느낄 수 있는 능력이 핵심적이다. 환자의 움직임이 느려지고 근육이 낮은 수준의 산소에 적응하게 되면 통증을 느끼지 못할 수도 있다. 그리고 장기간의 당뇨병으로 환자의 신경계 상태가 나쁘다면 또한 통증을 느끼지 못한다. 임상적 발견과 혈압 측정 간의 편차는 통증을 느끼는 능력이 제한되어 있기 때문이라고 설명할 수 있다. 그러나 그 차이에 대해 더 가능성 있는 설명도 있다. 무엇보다도 임상적 진단은 환자 몸에 의존할 뿐 아니라 임상 면담에도 의지한다. 면담은 잘 해내기가 극히 어렵다.

회의 후 한 학생이 외래진료실에서 근무 중인 수련의에게 질문한다. "일야즈 씨는 네덜란드어를 잘 합니까, 아니면 통역을 쓰셨습니까?"

연합은 만들어지거나 만들어지지 않는다. 한 요소는 네트워크 안에 있거나 밖에 있다. 협동이 이루어지거나 이루어지지 않는다. 협동의 독특한 **형식** 따위는 없다.

푸코를 버리는 두 번째 방법은 정확히 이런 관점에서 첫 번째와 다르다. 그것은 증식시킨다. 단 하나의 일관된 담론을 설명하거나 우발적인 조합의 유일한 큰 네트워크를 추적하는 대신, 많은 것을 구별하는데… **많은 무엇을**? 문헌에는 이 질문에 대해 다른 대답들이 있다. 증식시키는 다른 방법들이 나란히 확립되어 왔다. 그리고 또 다른 문제가 있다. 증식시키는 사람들 중 일부는 여전히 담론이라 부를 법한 것을 증식

수련의가 한숨을 내쉰다. "그래, 그 생각을 하겠지. 환자가 자신의 증상을 제대로 전달하지 못했을 수도 있다고 말이야. 그는 네덜란드어를 잘하지 못했어. 그리고 나는 시간이 별로 없었고. 자네가 옳아. 통역해 줄 사람이 있었다면 이런 사례에 더 잘할 수 있었을 거야. 그를 입원시키게 된다면 제대로 대화해 볼 거야. 누군가 도와줄 가족을 불러야겠지. 아니면 진짜로 통역을 쓰든가."

검사실의 결과와 임상 진단의 결과는 서로 맞아떨어지리라 예상된다. 그러나 그렇지 않을 때도 있다. 그러면 그것들을 맞추기 위해 조정 작업이 필요하다. 질문을 몇 개 던진다. 동맥이 너무 딱딱해서 밴드로 압박할 수가 없었는지? 혈액 부족이 너무 서서히 일어나 근육이 적응했는지? 환자의 신경이 약해진 상태인지? 의사와 환자가 면담에서 쓴 언어가 잘 통했는지 — 혹은 둘 중 한 명만 그 언어에 유창했는지? 질병을 실행하는 실천성들의 특수한 부분들에서 두 가지 진단의 불일치에 대한 설명을 찾아낼 수 있을 것이다. 두 진단 중 한 쪽이 우위를 차지한다. 다른 쪽은 버려진다. 그리하여 한 명의 환자는 결국 하나의 동맥경화증을 얻게 된다.

시킨다는 의미에서 **푸코 이후에** 나왔다 하더라도, 나머지 사람들은 전혀 다른 전통에 의지한다. 지적 역사는 끝없이 가지치기를 해나가는 한 그루의 나무와는 다르다. 대신, 다른 관점에서 서로 아주 이질적인 전통들끼리 겹치거나 반향하고, 공유하는 주제를 놓고 교차한다.

그러면 이렇게 폭넓게 확산되고 동등하게 관련이 있는 논문들을 어떻게 설명하면 좋을까? 목록을 만들 것이다. 증식시키는 자들의 목록을.

1. **사회적 세계들**을 이야기하는 사람들이 있다. 사회적 세계들은 인식과 그것들에 대해 이야기하는 방식을 공유하는 사람들의 집단이다. 그들은 비슷한

합성 그림

환자들이 항상 단 하나의 동맥경화증을 가질까? 개인의 이름이 언제나 일관된 신체들과 부합할까? 그렇지 않다. 더 복잡하다. 다른 검사에서 다른 결과가 나온다 해서 어느 하나를 꼭 버려야 하는 것은 아니다. 또한, 두 개의 다른 기술이 적용되는 대상들을 진짜로 별개의 대상으로 이해할 수도 있다. 이렇게 본다면 **걸을 때의 통증과 혈압 강하**는 둘 다 환자를 괴롭힐 수 있는 문제다. 관계가 있지만, 꼭 하나의 선으로 이어지지는 않는 문제들. 제 나름의 문제들이다.

나는 동맥 질병의 치료 효과에 대한 논문에서 이런 복잡한 사례를 발견했다. 두 가지 치료법의 효과를 비교하는 논문이었다. 첫 번째 치료는 경피적혈관성형술percutaneous transluminal angioplasty로, 혈관에 풍선을 삽입해 부풀려서 관내강을 확장하는 것이다. 두 번째 치료는 운동이다. 다음 장에서 이 두 가지 모두 이야기할 것이다. 지금 중요한 것은 연구에서 이 두 가지 치료가 모두 효과를 보였다는 사실이다. 그러나 각기 다른 효과였다.

"무작위적 실험에서, 크리시 등(1)은 간헐성 파행의 치료에서 경피적

해석을 가지고, 자기들이 마주치는 사건에 비슷한 의미를 부여한다. 외과 의사와 사회복지사들은 다른 사회적 세계에 속해 있을지 모른다. 혹은 보통 사람들과 전문직들이 그렇다. 혹은 과학자와 임상의들도(Strauss 1978).

2. 다른 사람들은 세계의 **버전들**을 구별한다. 사회적 세계들처럼, 버전들은 성격상 관점주의적이고, 해석의 방식들이다. 하지만 사람들의 집단과 딱 맞게 겹치지도 않는다. 한 사람이 물리학자이면서 음악가일 수도 있고, 그래서 물리학과 음악의 세계 만들기의 방식에 교대로 관여할 수도 있다(Goodman 1978).

3. 개인은 또 하나의 증식자multiplier

혈관성형술과 운동의 결과를 비교했다. PTA 치료를 받은 환자의 경우 ABPI(발목/팔 혈압 지수, 혈압 측정 결과를 표현하는 방식)에서 최대 보행거리의 증가 없이 유의미한 상승이 관찰된 반면, 운동 훈련을 처방받은 환자들은 ABPI의 증가 없이 최대 보행거리에서 유의미한 증가를 보였다"(F. H. van der Heijden, B. C. Eikelboom, J. D. Banga and W. P. Mali, "Management of superficial femoral artery occlusive disease", *British Journal of Surgery* 80, 1993, 959~996; 인용된 자료(1)는 T. S. Creasy, P. J. McMillan, E. W. Fletcher, J. Collin and P. J. Morris, "Is percutaneous transluminal angioplasty better than exercise for claudication? Preliminary results from a prospective randomised trial", *European Journal for Vascular Surgery* 4, 1990, 135~140).

PTA는 발목 혈압을 개선했다. 다른 치료인 운동은 환자의 보행거리를 개선했다. 여기 인용한 연구에서는 환자의 혈관 질병이 어느 정도 심각한지를 나타내는 두 가지 지표를 측정했다. 기대와는 반대로, 그것들은 맞아떨어지지 않았다. 어떻게 해야 할까? 어느 하나를 버려야 할까? 또 다른 선택이 있다. 두 가지가 맞지 않는다면 그것들

인 틀과 일치하지 않는다. 사람들은 상황의 특수성에 따라 다양한 틀에 의존할 수 있다. 예를 들어 공중의학에서는 두 개의 틀이 구분될 수 있다. "사람들을 돕는다"는 목표로 구성된 임상적 틀이 있고, "객관적으로 아픈 사람들"과 그렇지 않은 사람들을 구분하는 것을 목표로 하는 관리 틀이 있다. 이것들은 해석하는 두 가지 방식을 의미하지만, 행동하는 두 가지 방식을 뜻하기도 한다. 질문을 하고, 양식을 작성하고, 신체 검사를 하는 것이다(Dodier 1994).

4. 그리고 **질서 짓기의 양식들**이 있다. 배치의 방식들은 주로 ("버전들"처럼) 의미나 ("틀"처럼) 행동을 배열하지는 않는다. 그것들은 생각하는 사람/

은 각자 독자적인 대상일 수도 있다는 것이다. 다른 대상들.

때로는 이런 식으로 진행되기도 한다. 두 진단 기술의 결과는 그것들이 각각 의미를 부여하는 역할에서 나온다. 두 결과는 밑에 깔린 단 하나의 동맥경화증의 증후가 아니라, 혈압이든 증상 호소든 표면에 나타난 그대로 받아들여진다. 그것들이 다르다 해서 어느 하나를 버릴 필요는 없다. 그것들의 차이가 불일치를 의미하지는 않는다. 두 가지 측정 기술은 같은 질병을 평가하는 것이 아니기 때문이다. 그것들은 각각 자기들만의 대상이 있다. 그런 의미에서 한 명의 환자는 이제 걸을 때의 통증과 혈압 강하라는 두 개의 "동맥경화증"을 앓는 것으로 진단받을 수도 있다. 이 두 개의 대상이 꼭 일치할 필요가 없다.

그러나 진단 기술의 결과들을 다른 대상들을 나타내는 것으로 받아들인다면, 이는 다시 하나의 대상을 형성하도록 조정될 수도 있다. 여기에서 작동하기 시작하는 조정 형식은 사물들을 한데 모으는 것이다. 그것들이 **진짜로** 비슷한지 다른지를 놓고 골치를 썩일 필요가 없다. 그것들이 신체 안에서 어떻게 합쳐지는지 설명하려 할 필요도 없다. 신체에 대해서는 잊어도 된다. 그저 결과들을 모아 놓는 것이다. 혈압 강하와 통증의 경우, "러더퍼드에 따른 성공 기준" 덕분에

느끼는 사람도, 행위자도 중심에 두지 않으며, 개인들이 질서 짓기의 방식들을 따라 배열된다. 배치 방식은 조직이나 습관, 건물, 혹은 테크닉, 혹은 몸짓에 퍼져 있다. 그것들은 뭐든지 다 배열할 수 있다. 무엇을 배열하느냐에 따라 어느 정도 이런저런 "방식"으로 바뀐다 (Law 1994).

이 모든 증식자 중에서 "질서 짓기의 양식들"이 푸코의 "담론"과 가장 유사하다. 내가 제시한 목록을 보라. 그것들은 주체의 탈중심화를 따른다. 주체는 중심의 의미 생산자에서 탈중심화된 의미 생산자, 분석에 의해 중심화된 행위자, 다양한 배치 방식으로 수행되는 존재로 이동한다. 하지만 그렇다고

이렇게 할 수 있게 된다. 러더퍼드 계산에서 성공의 지표는 서로 충돌하는 것이 아니라 합치는 것이다. 하나가 긍정적이고 다른 하나가 부정적이라면, 둘 다 버려서는 안 된다. 그들은 서로 대체할 수도 있다.

문헌에서는 "러더퍼드에 따른 성공 기준"이 사주 사용된다. 러더퍼드 본인만이 아니라, 다른 사람들도 많이 쓴다. 이는 치료 결과를 평가하는 다른 연구들을 비교할 수 있게 해준다. "러더퍼드에 따른 성공 기준"에서 개선은 복합적인 방식으로 정의된다. 그것은 임상적 증후들과 발목/팔 지수의 혼합이다. 개선의 다양한 범주들이 차별화된다. 예를 들어 가장 좋은 점수는 +3, 눈에 띄게 개선된 경우다. 이는 (a) 증상이 사라지거나 눈에 띄게 개선된 반면, (b) 발목/팔 지수는 0.9 이상으로 증가했을 때 매겨지는 점수다. 그러나 가장 놀라운 추가 사항은 최소한도로 개선된 경우인 +1 범주다. 이는 (a) 발목/팔 지수는 0.1 이상 증가했는데 (b) 증상은 하나의 증상 범주에서 다른 범주로 도약하지 않았거나 그 반대일 때의 점수다(F. H. van der Heijden, "Semi-closed endarterectomy of the superficial femoral artery", Thesis, Utrecht, 1994).

해서 "배치의 방식들"이 다른 모든 것이 그대로 있을 동안 증식하는 "담론"일 뿐이라는 뜻은 아니다. 존 로는 푸코를 소화한 후 버리면서 여러 단계를 거쳤다고 주장한다. 그리고 자신의 독자도 자신과 함께 그렇게 할 것을 제안한다. "나의 제안은 우리가 담론의 관념을 받아들이고 그것을 과장된 크기에서 본 래 크기로 축소해야 한다는 것이다. 그 것은 이런 의미다. 첫째, 우리는 담론을 사회적인 것의 네트워크에 전가할 수도 있는 일련의 패턴으로 다루어야 한다. 둘째, 담론을 단수형이 아니라 복수형으로 찾아야 한다. 셋째, 담론을 질서가 아니라 질서를 부여하려는 시도로 다루어야 한다. 넷째, 담론들이 다른 물질

두 번째 지표는 변함이 없더라도 한 가지 지표가 좋아지면, 환자의 상황이 개선되었다고 정의한다. 임상적 증상이 나아지지 않고 발목/팔 지수가 증가한다면, 좋은 것이다. 혹은 그 반대도 마찬가지다. 임상적 증상은 덜 심각한데 발목/팔 지수에 변화가 없다면, 그것도 좋다. 어떤 지표도 버리지 않으며, 지표들 간의 격차가 있다고 해서 꼭 해명해야 할 필요도 없다. 혈압이든 보행거리든 개선된다면, 치료는 더 나은 쪽으로 간 것이다.

더하는 것은 단일성을 만들어 내는 강력한 방법이다. 이것은 외과의가 "뭐가 문제인가?"라고 묻기보다는 "무엇을 할 것인가?"라고 질문하는 순간 명확해진다. 증상 호소와 혈압 측정 결과는 Z 병원 혈관외과의들이 "무엇을 해야 할지" 결정하려고 할 때 관심의 대상이 되기 때문이다. 그들은 그뿐만이 아니라 훨씬 더 많은 요소까지도 끌어들이게 된다.

한 남자가 외과의를 앞에 두고 의자에 앉아 있다. 그는 84세다. 자기 집에서 살고 있다. 몹시 지쳐 보인다. 피곤한 얼굴이다. 의사가 말한다. "자, 빈터르 씨, 동맥에 문제가 있습니다. 이번에 받으신 검진, 혈압

들 속에서 어떻게 수행되고, 체현되고, 말해지는지 조사해야 한다. 다섯째, 담론들이 상호작용하고, 변화하거나 정말로 절멸을 맞는 방식들을 고려해야 한다"(95).

그래서 **담론**을 따라 어디로 갈 수 있는가? 문헌에는 따라가야 할 두 개의 큰 길이 있다. 하나는 담론을 전체로 통합시키는 **힘**에 대한 의심의 산물이다. 이 의심을 통해 작은 힘들이 서서히 통합되는 **네트워크**가 발명된다. 분석가가 거기에 존재한다고 가정할 수는 없지만 지목할 수 있어야만 하는 힘들, 즉 **연합**이다. 또 다른 길은 합쳐진 담론의 **범위**에 대한 의심으로 덮여 있다. 이는 단일한 질서를 서로 다른 공존하는 질서들

측정에서 발견된 겁니다. 여기 수치가 있어요. 아주 나쁜 건 아니지만 하여튼 좋지는 않습니다. 뭔가 해볼 수 있을 겁니다. 장담할 수는 없습니다. 그래도 할 수 있다면, 작은 풍선을 쓰든가 수술을 할 겁니다. 무엇이 가능할지 알아내려면 정보가 더 필요합니다. 하지만 치료를 원하신다면 검사를 더 받으셔야 합니다. 원치 않으신다면, 뭐, 그것도 괜찮아요. 위험하거나 그런 상태는 아닙니다. 치료가, 그게 가능하다면요, 치료를 받으시면 걷기가 더 수월해지실 겁니다. 그러니까 생각해 보세요. 치료를 받고 싶으신지에 대해서요."

빈터르 씨가 통증 없이 걸을 수 있는 거리는 120미터 정도다. 그의 오른쪽 다리 발목/팔 지수는 0.7이다. 이런 결과가 "오른쪽 다리의 손상된 혈류" 진단에 추가된다. 환자를 당장 일반의에게 돌려보내도 좋을 정도는 아니고, 치료를 고려해야 한다. 치료는 선택인가? 이는 여러 가지를 더 따져 봐야 할 문제다. 그중 첫 번째는 사회적인 면이다. 환자의 좋지 않은 오른쪽 다리가 일상생활에서 심각하게 방해가 되는가? 그가 집에서 살면서 돌봄을 받고 있고, 외출하고 싶은 마음이 거의 없을 수도 있다. 외과적인 치료는 그의 삶을 개선해 주지 못

로 다중화한다. 아니, **질서들**이라기보다는 상호작용하고, 변화하거나 절멸을 마주하는 프로세스적 관점에서 **배치의 방식**이다.

이 책을 푸코를 기반으로 하지만 또한 푸코로부터 멀어지고자 하는 이 두 가지 방식이 제기하는 질문들 중 일부와 씨름하는 것으로 읽을 수도 있다. 첫

번째 질문은 이것이다. 적어도 각각의 경험적 연구에서는 단일한 네트워크 안에서 만들어진 연합을 따르는 것이 가능하다고 볼 수도 있다. 하지만 네트워크가 둘 이상이라면? 그때는 네트워크 **안**과 네트워크들 **사이**의 차이를 어떻게 표현할 것인가? 더 중요한 것은, 다른 네트워크들이 다른 식으로 합체된다면

할 가능성이 크다. 빈터르 씨의 생각은 어떨까? 수술이 병원에 입원해 수술의 고통을 겪고, 회복 시간을 갖고, 나아지기는커녕 더 나빠질 위험을 감수해도 좋을 만큼 그의 삶을 개선해 줄 거라고 생각할까? **동기 부여가 될까?**

"외과적 치료가 필요한 동맥경화증"은 복합적 대상이다. 동맥경화증과 더불어 산다는 것의 사회적 실재가 이 패치워크에 포함된다. **사회적 동맥경화증**은 질병의 다른 버전들에도 추가된다. 보행거리나 발목/팔 지수가 좋지 않다고 해서 반드시 "일상생활의 어려움"이 있거나 수술할 "동기 부여"가 된다고 볼 수는 없다. 환자의 신체적 질병과 소위 "사회적 질병" 사이에 직접적인 관계가 있어서, 신체적 문제가 꼭 사회적으로도 문제를 일으킬 것이라고 예상하지는 않기 때문이다. 그래서 서로 다른 대상들을 모음으로써 하나가 될 수 있다면, 그것은 신체 안에 단 하나의 대상이 있다고 가정하기 때문이 아니다. 유일성도 의도적으로 추구할 수 있다. 그것은 생산될 수 있다. 더하기의 **결과**로 단일한 대상이 나온다. 그것은 외과적으로 치료되어야 할 동맥경화증이다. 혹은 치료할 필요가 없는 동맥경화증이다.

유일성으로의 조정은 이미 존재하는 대상을 어떻게 지시할 수

다른 **종류**의 연합이 존재할까? 그리고 두 번째 질문은 이렇다. 무엇이 한 방식의 질서 짓기를 질서 짓기의 **양식**으로 바꾸며, 질서 짓기의 양식들을 구분하는 방식에 어떤 용어를 사용할 수 있을까? 이 두 가지 질문은 Z 병원의 동맥경화증의 다른 실행들 간에 이루어지는 **조합**의 형태에 관한 나의 연구에도 영향을 미친다.

패러다임

1962년 토머스 쿤이 『과학혁명의 구조』를 출간했다(Kuhn 1962). "한 연구자가 과학자들이 원자 이론을 어떻게 받아들였는지에 대해 알고 싶어서 저명한 물리학자와 화학자에게 헬륨 원자 한 개

있느냐에 달려 있지 않다. 그보다 유일성으로의 조정은 해야 하는 임무다. 치료를 계획하려면 필요하다. 동맥경화증의 다양한 실재의 균형을 맞추고, 더하고, 빼는 것이다. 어떤 식으로든 그것들이 뒤섞여 하나의 혼합된 전체를 이루게 한다.

의사결정 회의에서 스틴스트라 부인의 검사 결과를 펼쳐 놓았다. 스틴스트라 부인이 들어왔을 때 나는 외래진료실에 있었다. 70대의 붙임성 있는 여성이었다. 살고자 하는, 밖으로 나가고자 하는 의욕이 강하다. 외향적이다. "자, 이건 뭐지?" 외과의가 검사 결과를 손가락으로 짚으며 후배에게 묻는다. "이 환자를 수술하고 싶어? 환자의 혈관이 이런 상태인가? 진심이니? 그다지 상태가 나쁘지 않아, 그렇지? 좀 기다려 보면서 환자에게 계속 움직이라고 권해 보지 그래?" 후배는 대답하지 않는다. "음, 좋아. 네가 옳을 수도 있어. 하지만 문제는 이거야. 이 환자분은 여기저기 다니는 걸 좋아해. 작년까지만 해도 여행을 다녔는데 지금은 할 수가 없어. 여행이 삶의 목적인데. 그러니 시도라도 해보는 게 어떨까?"

는 분자인지 아닌지 물었다. 두 사람 모두 주저 없이 대답했으나 대답이 서로 달랐다. 화학자에게는 헬륨 원자는 가스의 운동 이론에 따라 움직이므로 분자였다. 반면 물리학자에게는 그것이 분자의 스펙트럼을 보이지 않으므로 분자가 아니었다. 두 사람 모두 같은 입자에 대해 이야기하고 있지만, 그들은 자신들의 연구 훈련과 실천을 통해 이를 보고 있었다"(50~51).

이 이야기로 쿤은 **패러다임**의 본질을 보여 준다. 물리학자와 화학자는 서로 다른 세계에 살고 있고, 단순하지만 핵심적인 질문에 다르게 대답한다. 헬륨 원자를 분자로 보는 것은 화학자의 연구 훈련과 실천에 맞는다. 그러나 물

또 다른 실재가 다양한 검사 결과에 덧붙여진다. 사회적 동맥경화증. 중요할 수도 있고, 그렇지 않을 수도 있다. 무게를 가질 수도 있고, 별로 없을 수도 있다. 자기들만의 기술로 이를 조사하는 사회학자들이 병이라고 부르는 것과 좀 놀랄 정도로 유사하다. 진료실에서 사회적 동맥경화증을 실행하는 기술은 무엇인가? 그런 기술들은 다루기 어렵다. 환자들 쪽에서는 적절한 이야기를 해야 하고, 잘 균형 잡힌 감정을 보여 주어야 하고, 정확히 표현해야 하기 때문에 어렵다. 그리고 좋은 질문을 던져야 하고, 잘 들어야 하고, 심지어 표현되지 않은 것까지 이해해야 한다는 점에서 의사들에게도 어렵다. 어떤 환자들은 질병과 더불어 살아가는 상태의 사회적 실재가 너무나 좋지 않아서, 더 치료를 받느니 차라리 죽는 편이 낫다고 할지도 모른다. 그렇게 말할 수도 있지만, 아무 말도 하지 않을 때도 있다.

외과의가 수련의에게 그래, 그 환자의 결과들을 보았어. 그가 다시 찾아올까? 판데르보르트 말이야. 자네 말이 맞아. 그 환자 혈압이 안 좋았어. 맞아. 남은 관내강이 많지 않을 거야. 하지만 우리가 개입해야 하는지는 잘 모르겠어. 환자가 원하지 않는 것 같아. 치료를 원하

리학자의 연구 훈련과 실천 안에서는 그렇지 않다. 그들은 다른 패러다임 속에서 일한다. 쿤은 **패러다임**이라는 용어를 만들어서 처음에 **파편화된** 세계에서 빠져나올 수 있었다. 과학의 구성 요소들을 분리시키는 너무 극단적인 다원주의에서 독립적인 **감각 데이터**sense data로 이동할 수 있었다. 쿤의 시대에

많은 과학철학자들이 **감각 데이터**를 의미가 전혀 없는 것으로 받아들였다. 그것들은 문자 그대로 가장 기본적인 의미에서의 데이터였다. 그러나 쿤은 의미가 없는 것은 없다고 주장했다. 데이터는 동질적인 진공 속을 떠다니는 고립된 존재자가 아니다. 의미는 서로 뜻이 통하는 것만을 감지할 따름이다. 그

는 건 그의 자식들이지. 내내 그런 얘기를 하지. 솔직히 말하면, 어떻게 진행하면 좋을지 정말로 모르겠어. 그 자식들만 아니라면 이런 서커스는 벌써 다 집어치웠을 거야. 하지만 내가 아무것도 하지 않고, 그가 더 악화되면, 아마 그렇게 되겠지만, 자식들이 화를 낼 게 뻔해.

"치료해야 할 질병"은 복합적인 대상이다. 그것을 구성하는 요소들은 혈관검사실에서 나오는 숫자들에서 누군가의 실망한 자식들이 터뜨릴지도 모를 분노까지 뻗어 나갈 수 있다. 이런 다른 요소들이 함께 패치워크를 만든다. 패치워크 유일성은 특정한 환자의 치료해야-할-질병이다. 무엇을 할지에 대한 판단이기도 한 복합적 실재다.

번역

임상적 결과와 혈압 측정으로 보아 외과적 치료를 실행해야 할 것 같으면, Z 병원의 혈관외과의들은 환자에게 그들의 일상생활에 대해 묻고 외과적 치료를 받을 마음이 있는지 알아보려 한다. "외과적 치료를 원하십니까?" 그들이 묻는다. 환자의 사회적 동맥경화증이 좋지 않다면, 치료로 환자의 상황을 개선할 수 있을 것 같다면, 더 많은 사

리고 더 초기의 인식과 그것들에 대한 이론과 맞는 것만이 의미가 통한다고 여긴다. 여기에서 유일한 예외는 주변에 머물다가 어느 날 결국 새로운 패러다임에 맞게 되는 소수의 이상 현상들이다.

그래서 패러다임은 연결성을 가리키는 용어다. 물리학이나 화학 안에서의

연결성. 혹은 아리스토텔레스주의 안에서의 연결성. 그러나 이런 패러다임들 안의 연결성 덕분에 그것들 사이의 차이를 표현할 수 있었다. 그리고 모든 감각 데이터들이 개별적으로 떠다니는 극단적으로 다원적인 세계가 역설적으로 동질적이라는 사실을 분명하게 밝혀 주었다. 과학 이론이 한데 모을 것이라 기

실을 수집할 것이다. 더 많은 사실. 치료 계획은 (a) 혈관 질병의 혈압을 알아내고 (b) 외과적 치료의 필요성을 결정하는 문제만이 아니다. 세 번째로 필요한 요소가 있다. 적절한 외과 치료를 선택하기 위해 환자의 혈관 질병은 (c) **지역화**되고 **수량화**되어야 한다.

다음 장에서는 다양한 외과적 치료와 적응 기준에 더 관심을 기울일 것이다. 이제 이 정도면 치료 계획에서 환자의 혈관 질병의 **위치**와 **크기**가 중요하다는 것은 확실해졌다. Z 병원의 외과의들은 이런 사실을 어떻게 알아낼까? 여러 가지 가능성이 있다. 여기에서는 그중 두 가지, 듀플렉스 도플러와 혈관촬영, 그리고 대상들 간의 유사성과 차이점에 초점을 맞추겠다. 혈관촬영은 이 진단 기술 중 더 오래된 것이다. 그것은 외과적이다.

그들은 환자 주위에 서 있다. 세 명이다. 초록색 옷을 입고 있다. 엑스레이로부터 자신을 보호하기 위해 앞치마를 두르고 환자를 자신들의 미생물로부터 보호하기 위해 장갑을 끼고 있다. 사타구니에서 바늘이 동맥을 찾는 순간은 긴장된다. 됐다. 찾았다. 피가 솟구친다. 동맥에 난 구멍을 카테터로 막는다. 카테터가 밀려 들어간다. 아래쪽으로

대되는 감각 데이터는 의미가 결여된 곳, 정말로, 진공에서 나온다. 어떤 연관성도 없고, 그래서 어떤 차이도 없다. 다른 데이터들 사이에서는 없지만 **어떤** 데이터들 사이에는 있는 연관성에 주목하기 때문에 이런 과학의 동질적인 **전체**에서 틈새를 찾아낼 수 있었다. 물리학과 화학은 서로 매끄럽게 이어지지 않는다. 아리스토텔레스의 패러다임과 뉴턴의 패러다임 사이에 격차가 있듯이, 두 학문 사이에도 격차가 있다. 그것들은 공약불가능하다. 동질적인 과학과 함께 오는 데이터의 원자적 다원성은 더는 존재하지 않는다. 패러다임들 안의 연결성은 그들 사이의 차이와 함께 온다.

움직인다. 모니터에서 카테터의 움직임을 추적할 수 있다. 계속 가. 좋아. 이제 멈춰. 그래. 바로 거기야. 테크니션이 다가가 자동 염색약 주입기를 붙인다. 환자는 진정제에 취해 창백한 얼굴로 수술대 위에 누워 있다. 수련의 중 한 명이 환자의 머리에 대고 말한다. "조용히 누워 계시면 됩니다. 렌시 부인. 다리에 갑자기 따듯한 느낌이 드실 거예요. 괜찮습니다. 원래 그래요. 하지만 아프면 저희를 불러 주세요. 저희가 바로 옆에 있을 테니까요. 아셨죠?" 렌시 부인을 수술대 위에 남겨 두고, 다른 사람들, 즉 방사선 전문의 한 명, 수련의 두 명, 스위스에서 새로운 기법을 배우러 온 방문학자 한 명, 테크니션 한 명, 그리고 나는 옆방으로 물러난다. 인상적인 엑스레이 기계의 버튼들을 여기에서 누를 수 있다. 염색약 주입기가 염색약을 주입한다. 그러자 곧 구멍이 뚫린 카드가 엑스레이 기계 속에 넣어져 사진을 찍는다. 팍, 팍, 팍. 하나씩 계속 찍는다.

혈관촬영 사진은 염색약이 주입된 자리에서 아래쪽으로 흐르는 동맥 관내강을 보여 준다. 골 질량bone mass처럼, 혈관촬영 절차에 사용되는 염색약은 엑스레이가 통과하지 못하기 때문에 엑스레이 판에

패러다임들 간의 차이는 감각 데이터 간의 차이와는 다르다. 공약불가능성이 패러다임들 간의 경계에 교차점이 전혀 없다는 뜻은 아니다. **번역**이 가능할 수 있다. 어떤 경우에는 그렇다. 이런 번역은 언어적 기술만을 요구하지 않는다. 관련된 인간의 감각이 다른 데이터도 인지할 수 있어야 한다. **게슈탈트 전환**을 할 수 있어야 한다. 그리고 데이터가 현대 과학이 흔히 그렇듯이 도구에 의존한다면, 이런 도구들도 마찬가지로 번역을 허용해야 한다. 그렇지 않을 때도 있다. 그것은 의미를 부여하는 문제가 아니라, 실험하는 문제다. 실제적인 문제다. 이언 해킹은 이렇게 썼다. "새 이론과 낡은 이론은 완전

그림자를 남긴다. 그래서 혈관촬영 이미지들은 주입점 아래 혈관 나무의 관내강을 2차원적, 해부학적 방식으로 보여 준다. 협착의 위치를 손가락으로 짚어서 동맥의 부분들이 각각 그 나름의 기술적 이름을 가지고 있는 해부학적 언어로 표현할 수 있다. 그러나 질병의 규모는 따지기가 더 어렵다. 그것은 관내강 손실 비율로 표현된다.

> 의사결정 회의. 라이트박스. 외과의가 혈관촬영도로 걸어간다. "협착이 얼마나 진행됐나요?" 그가 협착 쪽을 손가락으로 가리키면서 방사선 전문의에게 묻는다. "70퍼센트라니, 이봐요, 70퍼센트가 아니에요. 저기 더 이전 부분과 비교해 보면, 저 부분을 정상으로 본다면, 저 협착은 거의 90퍼센트예요. 저 관내강 손실 말이에요."

판독자 간 불일치성(이런 불일치에 대한 공식 명칭)이 크지만, 혈관외과의들은 혈관촬영술의 정확성 때문에 별 어려움을 겪지는 않는다. 그들은 방사선 전문의의 의견을 듣고, 직접 이미지들을 해석한다. 결국 그들은 어떤 결론에 도달한다. 사실을 반복해서 말할 필요는 없다. 그들에게 필요한 것은 결정이다. 혈관촬영술은 결정을 내리도록

히 있는 그대로의 의미에서 공약불가능하다. 하나에 대한 측정을 제공하는 도구는 다른 것에는 맞지 않기 때문에 그 이론들은 공통된 척도가 없다. 이것은 '의미 변화'와, 공약불가능성과 관련되었던 다른 의미론적 관념들과는 아무 관련도 없는 과학적 사실이다"(Hacking 1992, 56~57).

과학은 부분적으로는 "현상들이 근본적으로 다른 테크닉들에 의해 생산되기 때문에" 통합되지 않는다고 해킹은 주장한다(57). 수많은 테크닉이 실재의 다중화를 보충한다. 과학들의 통합은 더는 먼 미래의 약속으로조차 통하지 않는다. "우리는 과학은 결국 통합되어야만 한다고 굳게 믿었다. 과학이 우

도와준다.

그러나 동맥 질환 진단에 새로운 진단 기술이 들어왔다. 혈관촬영술은 환자에게 위험할 수도 있다. 엑스레이 염색약에 알레르기가 있는 사람들도 있고, 심하게 구역질을 느끼거나 드문 경우에는 죽기도 한다. 사타구니에 구멍으로 인한 푸른 멍이 크게 남는 사람들도 있다. 그래서 고전적인 혈관촬영술을 한 다음에는 환자의 상태를 확인해야 한다. 병원에 입원해야 한다는 의미다. 더 최근 기술인 듀플렉스는 이런 문제가 없다. 그것은 비외과적이다.

작은 방. 환자, 프란선 씨가 수술대 위에 누워 있다. 그의 머리 옆에는 버튼이 많고 모니터가 두 개 붙은 큰 장비가 있다. 장비에서 여러 개의 탐침 코드가 나와 있다. 테크니션이 그 탐침들 중 하나를 프란선 씨의 배 위로 움직인다. 그의 다리 위로. 가끔씩 테크니션이 탐침에서 나왔다가 다시 돌아가는 초음파를 쏘기 위해 사타구니와 피부 사이에 젤을 발라 준다. 가벼운 대화를 나눈다. 테크니션은 가끔 자기 오른손을 쳐다본다. 대부분의 시간은 말없이 스크린을 보고 있다. 흰 그림자들이 보인다. 조직에 반사된 초음파의 에코다. 가끔은 혈관도 있

리에게 세계에 대한 진실을 말하려 해주며, 당연히 단 하나의 세계만이 존재하기 때문이다(얼마나 이상한 말인가. 마치 세계를 세어 보기라도 했다는 듯이)"(57). 우리는 굳게 믿었다. 이언 해킹은 과거에 이렇게 말했다. "우리"는 더는 데이터가 그것들을 만드는 기술로부터 독립적이라고 믿지 않는다. 그래서 세계들을 세어 본다는 것이 말이 되지 않는다 해도, 많은 테크닉이 있기 때문에 그만큼 많은 세계가 있다. 이론상으로, 그리고 대개 물리학에서 가져온 예들로, 해킹은 이 책의 주제를 이미 한참 전에 형성한 **대상들**의 기술의존적인 다중성을 개괄했다. 그러나 운 좋게도 아직 할 것이 더 남아 있다. 해킹은 우

다. 그는 혈관 내부로 탐침을 향한다. 붉고 푸른 색이 보인다. 흐르는 피다. 흐르는 피가 방출된 것과는 다른 파장으로 초음파를 반사한다. 스크린의 색들은 피의 속도를 나타낸다. 색이 붉다면 탐침에서 흘러 나가는 것이고, 푸른색이라면 탐침으로 흘러들어 오는 것이다. (그러 나 도구들 덕분에 테크니션은 색을 조정할 수 있다.) 도구는 또한 이런 정보, 즉 속도를 귀로도 들을 수 있게 해준다. 퓨, 퓨. 심장박동에 따라 속도가 변한다. 그리고 그래프로도 표현할 수 있다. 두 개의 작은 스 크린 중 하나에서 보인다. 여러 차례의 심장박동의 평균 그래프가 있 다. 테크니션이 버튼을 누르면 스크린 위의 이미지들이 저장되어 인 쇄된다.

듀플렉스 장비가 방출하고 다시 받는 초음파의 부작용은 아직 알려진 것이 없다. 젤은 물에 씻어 낼 수 있다. 환자가 배의 동맥 검사 전에 음식만 먹지 않는다면 만사가 간단하다. 검사를 하는 두 시간 후 면 환자는 뭐든 다시 하고 싶은 대로 할 수 있다. 음식을 먹고, 오토바 이나 심지어 자전거를 타고 집에 가도 된다.

그래서 새로운 기술은 예전 것보다 더 "환자에게 편리"하다. 그

리가 더는 과학의 통합성을 믿지 않고, 어떻게 다른 지식들이 공존하게 되는 가에 대해서도 믿지 않을 때 어떻게 "과 학"을 분리해 낼지에 대해서는 말하지 않았기 때문이다.

너무나 인기 있는 용어가 되어 버린 **패러다임**이라는 용어를 써서 과학의 분 열을 말한다면 현명한 짓일까? 이 질문 에 답하기 위해 아주 다른 문헌으로 가 보겠다. 쿤이 60년대에 써서 매우 적절 하게 잘 개입했던 문헌이지만, 자신이 개입했던 과학에 대한 논의들로부터 아 주 동떨어져 있다. 과학 문헌과 사회에 대한 문헌들이 그 당시에는 아무리 멀 리 떨어져 있었다 할지라도, "패러다임" 은 연결성을 표현하는 특별한 과학적

러나 그런 이유만으로 진단 장비로 받아들이기에는 부족하다. 혈관 외과의들은 안전한 진단 기술을 원할 뿐 아니라, 신뢰할 수 있는 것을 원한다. 듀플렉스의 결과가 혈관촬영술 못지않게 좋은가? 듀플렉스와 혈관촬영술은 다른 데이터를 제공한다. 혈관촬영 이미지는 혈관 관내강을 보여 주고, 듀플렉스는 혈액 속도를 알려 준다. 이 두 가지 기술의 대상들은 각각 다르다. 그렇다면 어떻게 듀플렉스가 동맥경화증을 평가하는 데 혈관촬영술만큼 효과적일 수 있을까? 어떻게 혈관 관내강의 폭과 혈액 속도를 비교할 수 있을까?

듀플렉스와 혈관촬영술의 결과를 조정하려면, 둘을 비교할 수 있게 해야 했다. 내가 현장연구를 시작했을 때 이런 작업이 진행 중이었다. Z 병원의 내 정보원 중 한 명은 그에 대한 논문을 옹호했다.

> "이 논문의 목표는 동맥경화증이 있는 환자의 대퇴슬와 동맥과 대퇴슬와부 동맥의 협착과 폐색을 정확히 평가하는 듀플렉스 스캐닝의 능력을 연구하고, 혈행동태적으로 의미 있는 동맥성 장애의 듀플렉스 스캐닝에 의한 탐지에 적합한 진단 기준을 설정하는 것이다"(D. A. Legemate, "Duplex scanning of aortoiliac and femoropopliteal arter-

방법을 상기시킨다. 패러다임은 **문화**를 연상시킨다. 쿤이 아무리 뭔가 다른 것을 추구한다고 주장했더라도, 패러다임과 문화라는 두 용어는 어떤 것들을 일관성 있는 전체로 한데 끌어모으고, 그럼으로써 다른 것들과 차별화하는 비슷한 방식을 가지고 있다. 그것들은 고립된 조각들처럼 보일 수도 있었던 것들을 전체로 바꾼다. **그리고** 우리가 단 하나의 동질적인 우주가 아니라 다른 세계들에 살고 있다고 상정한다. "인류학자들이 사용하는 문화 개념은 물론 유럽 이론가들이 인간 다양성의 집단적 표현을 설명하기 위해 고안한 것이다. 문화의 개념은 진화주의와 과도하게 폭넓은 인종과 문명의 존재자들을 거부

ies", Thesis, Utrecht, 1991, 95).

협착과 파행을 정확히 평가하는 듀플렉스의 능력은 혈관촬영술의 결과와 듀플렉스의 결과를 비교함으로써 인정받았다.

"61명의 환자들에 대한 이 연구에서, 대퇴슬와 동맥과 대퇴슬와부 동맥의 동맥경화증성 장애의 평가에서 듀플렉스 스캐닝을 혈관촬영술과 비교했다"(Legemate, "Duplex scanning of aortoiliac and femoro-popliteal arteries", 60).

그러면 듀플렉스 결과를 혈관촬영술의 결과와 어떻게 비교할 수 있을까? 듀플렉스 그래프는 심장박동에 따른 혈액 속도의 변화를 보여 준다. 다양한 파라미터를 여기에서 뽑아낼 수 있을 것이다. 예를 들면 흐름 분포상이나 그래프의 정점의 높이(최고 수축기 속도PSV) 혹은 전체 흐름 같은 것이다. 에코로 혈관 직경을 알아낸다거나, 곡선 아래 영역을 측정하여 전체 혈류를 계산하는 것도 가능할 것이다.

그러나 내 정보원들이 가장 좋아한 듀플렉스 파라미터는 PSV

하고, 지역적이면서 기능적으로 통합된 단위들의 존재를 받아들였다. 하지만 상대주의를 상정한다 하더라도, 기본적으로 구조상 유기적인 총체성 모델 개념은 그것이 대체한 19세기의 개념과 전혀 다르지 않았다. 그것의 복수성만 새로웠다"(Clifford 1988, 273).
문화라는 용어는 복수성을 가리킨

다. 그러나 각각의 문화 안에는 유기체의 연관성을 닮은 관련성이 있었다. 그래서 클리퍼드는 80년대 말에 문화로부터 벗어나려 했던 것이다. 그리고 이것은 그 무렵 시작되었던 한 시대가 끝나고 있음을 나타낸다. 혹은 매릴린 스트래선이 20세기 초에 모건과 함께, 혹은 모건을 따라 우리에게 그렇게 말했

비율이었다. 이것은 협착 내에서의 최고 수축기 속도와, 같은 동맥에서 협착 바로 앞이나 뒤의 정상 부분의 최고 수축기 속도의 비율이다. PSV 비율은 상대적인 값으로, 증가의 문제다. 이것은 절대 속도들을 계산한다. 인용한 연구에서 혈관촬영술의 결과와 상관관계가 있는 것이 바로 이 파라미터다. 일단 파라미터를 찾아내면, 그 값이 혈관촬영술의 결과와 같은지 다른지를 물을 수 있다. 그러나 어떻게 PSV 비율을 관내강 손실과 비교할 수 있을까? 무엇이 둘의 공통 기준이 될 수 있을까? 인용한 연구에서는 관련된 61명의 환자의 혈관촬영도를 세 가지 범주로 나누어 이 문제를 해결했다. 세 가지 범주는 50퍼센트 이하의 관내강 손실 병변, 50에서 99퍼센트 사이의 관내강 손실 병변, 그리고 폐색이었다. 그런 다음 조정 작업을 시작했다. 듀플렉스가 같은 환자 집단을 이 동일한 세 가지 범주와 비슷한 식으로 분류하게 해줄, PSV 비율의 절사점cutoff point을 찾아낼 수 있을까? 그 답은 '그렇다'였다. 2.5퍼센트의 PSV 비율을 절사점으로 잡아 50퍼센트 관내강 손실 이상과 이하의 병변을 구분하면 적절하게 들어맞았다.

"어떤 연구에서는 PSV 비율 2를 이용하여 50퍼센트 이하와 이상의

다. "모건은 인류가 여러 기원 중 하나를 가지고 있는가에 대한 토론이 이제 막 끝난 시대에 속해 있었다. 클리퍼드는 통합성이든 복수성이든 둘 중 하나를 분명하게 보게 된 세계를 위해 말한다. 그것들 사이에 문화와 사회의 복수성의 비전을 품은 모더니즘적 학문의 시기가 있다. 그러한 비전의 비교는 이런저런 지배적 관점의 통합적인 효과에 달려 있었다. 각각의 관점은 인류학 연구의 주제를 다중화하고, 요소들이 서로 잘 맞고 부분들이 완결되었음을 보여 줄 전일적 이해에 대한 전망을 내놓았다"(Strathern 1992b, 111).

스트래선은 통일성과 복수성 둘 다 명료하게 보여 줄 수 있는 것을 개발하

협착을 구분했지만, 우리 결과를 분석해 보면, 이 값이 2.5의 PSV 비율 (ppv 82퍼센트)보다 훨씬 더 낮은 긍정적인 예측값(64퍼센트)을 주었을 수 있다"(Legemate, "Duplex scanning of aortoiliac and femoro-popliteal arteries", 96).

2.5 혹은 그 이상의 PSV 비율은 혈관촬영술을 기반으로 평가한 혈관 직경 50퍼센트 이상 손실과 82퍼센트의 상관관계(정확히 하자면 긍정적인 예측값)가 있다. 그래서 2.5 혹은 그 이상의 PSV 비율이 좋은 파라미터가 된다. 혈관촬영술의 결과와 더 밀접한 상관관계가 있기 때문에, 그것이 PSV 비율 2보다 더 좋다. 듀플렉스 결과는 그것들(예를 들면 2.5보다 큰 PSV 비율)을 혈관촬영술의 결과(50에서 99퍼센트 사이의 협착)로 번역하는 방법들을 설정함으로써 의미를 갖게 된다. 듀플렉스가 동맥 질병을 수량화할 수 있으므로 수량화의 가능성이 생기고, 수량화는 질병을 작은 증감률의 차이를 갖는 등급이 아니라 세 집단으로 분류하기 때문에 단순화할 수 있게 된다. 그리고 이런 식으로 혈관촬영술과 듀플렉스의 대상들은 환자의 협착 심각도라는 하나의 공통의 대상으로 조정된다.

려 한다. 그렇게 함으로써 **파편화**의 이미지를 비판한다. 파편들은 폭발한 전체에 대한 아쉬움을 암시하기 때문이다. 그녀는 또한 **구성요소들**을 원하는 대로 뽑아내 결합하는 것도 비판하는데, 이런 이미지에서 개별적으로 물려받아 자손에게 양쪽 선조의 잡동사니들을 남겨 주는 고립된 유전자들이 연상

되기 때문이다. 그녀는 지역적인 것을 더 큰 것, 포괄적인 세계성의 일부로 보는 전통적인 **규모** 개념에서 벗어나기를 바란다. 그러나 내적으로 일관성이 있으면서 다른 곳의 것과는 다른 문화적 꾸러미가 있을 거라는 생각에서 어떻게 벗어날 수 있을까? 스트래선이 동원하는 반대의 이미지들 중 하나는 **부**

테크니션이 듀플렉스 결과를 기록하는 Z 병원의 방에서, 여기 인용한 논문을 최대한 짧게 요약한 것을 실었다. 상관관계를 갖는 다양한 PSV 비율과 "관내강 손실"이다.

2.5 이하의 PSV 비율: 50퍼센트 이하의 협착. 2.5와 맞먹거나 더 큰 PSV 비율: 50퍼센트 이상의 협착. 징후 없음: 폐색.

이 번역 규칙에서 듀플렉스는 혈관촬영술을 따른다. 일단 둘 다 이용 가능하고 값을 구했다면, 특정 듀플렉스 그래프를 혈관촬영술 이미지에 따르게 하지는 않는다. 대신, 듀플렉스 그래프를 바로 그 방식으로 읽는다. 듀플렉스의 지지자들 중 일부는 여기에 비판적이다.

듀플렉스 연구를 하는 생리학자 그들은 혈관촬영술과 비교함으로써 듀플렉스에서 어떤 정보를 얻을 수 있을지 궁금해합니다. 그러면서 혈관촬영술을 최고의 표준으로 받아들이죠. 하지만 혈관촬영술은 듀플렉스보다 문제가 훨씬 더 많습니다. 혈관촬영술은 딱 두 가지 차원만 보여 주죠. 혈관 직경은 보여 주지만 관내강의 전체 표면을 보여

분적인 연결들이다. 부분적인 연결들은 그 자체로는 아니더라도 비교 행위를 통해서 비슷하면서 동시에 다르게 보일 수 있다. 큰 옷 한 벌을 작은 조각으로 잘라낸 것과는 다르다. 이런 경우라면 상실한 통일성은 추구해야 할 형식일 뿐이다. 또한, 기능적인 단위나 적대적인 반대도 아니다. 그러나 내부이

면서 외부다. 스트래선은 페미니스트이면서 동시에 인류학자인 학자의 예를 든다. 하나가 된다는 것은 다른 것을 형성하고 영향을 미치지만, 그것들은 또한 다른 정체성이다. 그것들은 그 사이를 걷거나 피난처를 찾을 수 있는 다른 장소들이 아니다. 앞면을 서로 바꾸지도 않고, 대화에 참여하는 양측도 아니

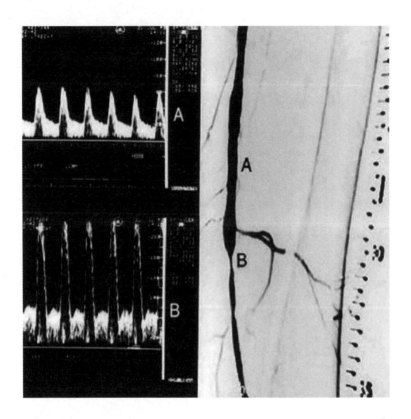

주지는 않습니다. 그리고 협착의 심각도를 지수, 그러니까 손실 비율로 표현하죠. 하지만 50퍼센트로 시작하는 작은 동맥에서는 손실이 더 큰 동맥보다 훨씬 더 나빠요. 그러니까 판독자 간 불일치성이 있습니다. 물론 듀플렉스는 테크니션 의존적이에요. 테크니션이 협착을 놓치면, 그건 절대 다시 되돌릴 수가 없어요. 하지만 좋은 테크니션이 있으면, 듀플렉스 결과는 복사하기가 훨씬 쉽습니다. 혈관촬영술에서는 관찰자들 의견이 각기 다 다르거든요.

하지만 아무리 비판해도 Z 병원에서 듀플렉스 결과는 관내강 손실의 비율로 번역되며, 이는 듀플렉스가 혈관촬영술을 따라야 한다는 의미다. 양쪽의 기술은 이 대상, 즉 환자의 협착을 지역화하고 수량화하는 데 이용될 수 있다. 듀플렉스 또한 바로 이런 식으로 점차 이해할 수 있고 받아들일 수 있는 기술이 되었다. 그러나 번역은 결코 매끄럽지 않다. 인용된 연구는 듀플렉스와 혈관촬영술로 진단받은 환자 범주의 82퍼센트가 서로 겹친다고 말했다. 18퍼센트의 차이가 있지만 안전한 듀플렉스를 진단 도구로 사용할 수 있게 되어 얻는 이득을 감안하여 용인한다. 상관관계 연구들은 그것들 간의 차이를 "타

다. 두 명의 다른 사람도, 둘로 나뉘어진 한 사람도 아니다. 그러나 그들은 부분적으로 연결된 하나 이상, 다수 이하다(Stratern 1991, 35). **하나 이상이면서 다수 이하**. 문헌에 있는 것이 바로 그것이다. 거기 있다! 여기, 이 책에서 내가 동맥경화증의 실재에 대해 말할 때 그리고자(실체를 주고자, 발전시키고자,

색을 입히고자) 하는 것이 바로 그 이미지다.

유기체

문헌을 설명하면 배경에 단어들을 주는 데 도움이 된다. 역사. 대조점. 이 하위텍스트를 여기까지 읽어 왔다면, 위에서 일어난 이중의 움직임의 위치를

당성 있게 적은 비율"로 완화시켜서 검사를 비슷하게 만든다.

논문들에서 듀플렉스 파라미터를 관내강 손실의 비율로 번역하는 규칙이 확정될 수 있다. 그러면 병원에서 이런 규칙들을 이용할 수 있다. Z 병원의 혈관검사실에서는 지역적으로 수행된 연구에서 나온 번역 규칙의 복사본을 가까이에 놓아 둔다. 게다가, 혈관검사실 또한 듀플렉스 결과를 혈관촬영술의 도해로 번역하는 시각적 기법을 가지고 있다.

환자들이 옷을 입을 동안 나는 듀플렉스 테크니션을 따라 또 다른 방으로 간다. 여기에는 라이트박스들이 있어 투명한 플라스틱에 인쇄된 이미지들을 볼 수 있다. 테크니션이 인쇄물을 기계에서 꺼낸다. 거기에는 듀플렉스 그래프와, 그가 버튼을 누를 때마다 인쇄된 붉은색과 푸른색이 섞인 흰색 에코들이 있다. 그는 주의 깊게 그것들을 들여다본다. 그런 다음 양식 하나를 더미에서 꺼낸다. 거기에 동맥의 다양한 부분들의 PSV 비율을 기록할 수 있다. 그리고 한가운데 그림이 있다. 거기에는 도해 형식으로 대동맥과 더 큰 다리 동맥들이 그려져 있다. 테크니션이 여기에 협착을 그린다. 그는 왼쪽 대퇴동맥의 혈관 벽

찾는 데 도움이 될 것이다. 하나의 질병의 복수성, **그리고** 이 다수를 유일무이한 것으로 조합하는 것을 연구할 수 있을 것이다. 또한 내가 의학에 대해 얘기하면서 왜 **시스템, 담론, 패러다임, 문화**에 대해서는 말하지 않는지 이해하는 데에도 도움이 될 것이다. 이런 용어들은 아무리 다를지라도 모두 어느 정도는 통합하려는 것의 모델로 유기체의 이미지를 연상시킨다. 무엇을 통합하려 할까? 더 최근의 문헌에는(그러나 모든 관련된 제목에 어떻게 이름을 붙일 수 있을까, 그렇게 많은데?) 다른 이미지들이 있다. 충돌하지만 서로 묶여 있는 것들의 이미지다. 같은 학회지에 글을 쓰거나, 같은 선조의 집에 축하하러 오

을 파란색 펜으로 확장한다. 관내강 절반이 사라질 때까지 표시를 한다. 혈류에서 인상적인 증가가 발견된 높이쯤이다(그는 무릎 위에 몇 센티미터인지 적는다).

테크니션은 펜으로 속도 증가를 혈관 관내강의 손실로 번역한다. 듀플렉스 검사의 결과 —— 파악하기 힘든 그래프 —— PSV 비율, 아직은 아무 의미도 없는 숫자 —— 는 혈관촬영술에 익숙한 사람이라면 훨씬 읽기 쉬운 그림으로 번역된다. 혈관촬영술의 이미지에서는 흰색의 그림자로 나타나는 것을 푸른색으로 나타낸 연필화다. 이것은 번역이다.

듀플렉스 파라미터는 혈관촬영술을 따름으로써 의미를 얻었다. 재현 도구로서 듀플렉스는 혈관촬영술을 최고의 표준으로 삼아서 조정된다. 이런 조정을 거친 후에야 어느 특정 환자에 대해 듀플렉스와 혈관촬영술이 같은 결과를 내거나 다른 결과를 낸다고 결론지을 수 있다.

첫 회의에서 방사선 전문의가 페허르 부인의 사례를 발표했다. 그는

는 이미지다. 연결성을 **만드는** 실천에 참여하는 이미지다. 한데 모으는 동시에 차이를 확립하는 번역을 만드는 이미지이다. 패치워크, 프랙탈, 풍경, 혼합의 이미지들이 있다. 그리고 공백이 있다. 통합해야 할 것은 열린 질문으로 바뀐다. 대상, 주체, 상황, 사건들을 어떻게 별개의 요소들로 차별화하며, 어떻게 그것들을 함께 조합하는가라는 물음이 연구를 위해 열린다.

그러면 유기체의 이미지는 뒤에 남겨지는가? 어쩌면 뭔가 다른 일이 일어나고 있는지도 모른다. 이 이미지 역시 변하고 있는지도 모른다. 유기체가 어떻게 통합되는가? 생리학은 여전히 이 질문에 대한 답을 갖고 있다 —— 그 답

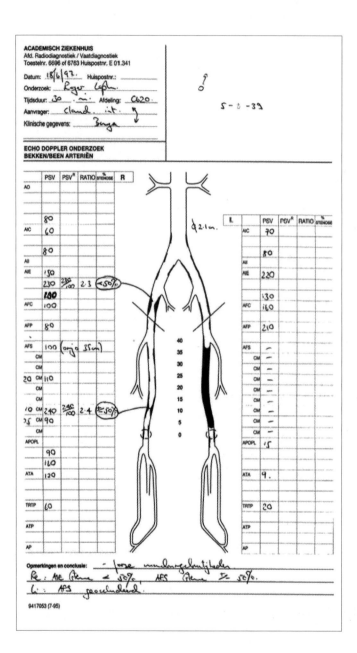

ACADEMISCH ZIEKENHUIS
Afd. Radiodiagnostiek / Vaatdiagnostiek
Toestelnr. 6696 of 6763 Huispostnr. E 01.341

Datum: 18/6/97·   Huispostnr.: _____
Onderzoek: Roger Cph.
Tijdsduur: 30 . m . Afdeling: C620·
Aanvrager: Claud. int. ✓
Klinische gegevens: Burga

**ECHO DOPPLER ONDERZOEK
BEKKEN/BEEN ARTERIËN**

	PSV	PSV^R	RATIO	%STENOSE	R
AO					
AIC	80 60				
AII	80				
AIE	150 230	230/100	2.3	<50%	
AFC	100 100				
AFP	80				
AFS	100 (ong 35cm)				
CM					
CM					
20 CM	110				
CM					
CM					
10 CM	240	240/100	2.4	≥50%	
25 CM	90				
CM					
APOPL	90 160				
ATA	120				
TRTP	60				
ATP					
AP					

d 2.1 m.

L.	PSV	PSV^R	RATIO	%STENOSE
AIC	70			
AII	80			
AIE	220			
AFC	130 160			
AFP	210			
AFS	—			
CM	—			
CM	—			
CM	—			
CM	—			
CM	—			
CM	—			
CM	—			
CM	—			
CM	—			
APOPL	15			
ATA	9.			
TRTP	20			
ATP				
AP				

(central scale: 40 35 30 25 20 15 10 5 0)

Opmerkingen en conclusie: _____
Re: AIE stenose < 50%, AFS stenose ± 50%.
L: AFS geoccludeerd.

9417053 (7-95)

머리 위의 비디오 스크린 쪽으로 애매하게 손을 휘저었다. 스크린에는 듀플렉스 그래프가 있었다. 그가 말한다. "듀플렉스를 보면 환자에게 협착이 있는 것 같습니다." 그런 다음 손을 위에서 여러 장의 혈관 촬영 이미지들을 걸어 놓은 자기 앞의 라이트박스로 옮긴다. 그가 말을 계속한다. "실제로는 이런 혈관계를 갖고 있는 것 같습니다. 이 사진들을 보면 단 하나의 협착이 아니라, 혈관 관내강 폭에서 심각한 이상들이 있습니다."

한 명의 환자, 페허르 부인의 듀플렉스와 혈관촬영술은 다른 것을 말한다. 앞서 보았던 혈압 측정과 증상 호소의 경우와 같다. 그것들이 서로 다르다면, 방사선 전문의는 둘 다 틀릴 수도 있다고 생각한다. 그는 혈관촬영술 편을 들어 준다. 기술이 옳은지, 왜 그런지에 대한 논쟁은 없다. 이 경우에는 위계질서가 더 확실하다. 재현력의 문제다. 듀플렉스는 모든 것에 "그런 것 같다"라고 애매하게 말한다. 반면 혈관촬영 사진들은 "실재"를 보여 준다.

재현 도구들 간의 위계질서는 시간에 따라 바뀔 수 있다. 방금 인용한 방사선 전문의는 새로운 기술에 그다지 익숙하지 않았다. 그러

들을 개선하는 데 투자하고 있다. 그리고 해부학, 유전학, 임상역학, 다른 모든 생명의학의 분야도 마찬가지다. 그러나 또한 이 똑같은 해묵은 질문에 새로운 **종류**의 답을 내놓을 수도 있게 되었다. 바로 인류학적 대답이다. 그것은 병원에서 유기체가 한 과에서 다른 과로 옮겨 가는 패치워크 덕분에 통합된

다고 말한다. 다른 진단 테스트들 결과의 연관성을 보여 주는 상호연관 연구다. 숫자와 다른 데이터를 앞뒤로 번역하는 공식과 그림들. 다른 전공들이 환자의 진단과 처치에 동의하게 되는 회의들. Z 병원(그리고 비슷한 다른 장소들)의 유기체 안에는 격차와 긴장이 있다. 유기체는 하나로 합쳐지지만, 완전

나 듀플렉스가 점점 더 많이 이용될수록, 점차 손을 그쪽으로 흔들며 듀플렉스는 확실치 않다고 말하기가 어려워진다. 방금 인용한 사례를 기록한 바로 그날, 다른 장면에서도 비슷한 사례를 목격했다. 그 사례는 비슷한 사례라 해도 혈관촬영술이 언제나 위계질서의 상위에 있지는 않다는 것을 보여 준다.

10분 후, 같은 회의. 6개월 전 수술을 받은 타컨스 부인의 사례. 그 이후로 그녀의 우회 혈관이 다시 막혔다. 하지만 정확히 어느 정도일까? 혈관촬영술의 사진에서는 한계점을 넘어서는 염색이 보이지 않기 때문에 폐색일 수도 있다. 흰색이 딱 멈춰 있다. 하지만 듀플렉스의 그래프를 보면 여전히 이 지점 아래에 정점이 찍혀 있다. 흐름. 방사선과 수련의 중 한 명이 질문한다. "이런 경우, 혈관촬영술은 '막혔다'고 말하고 듀플렉스는 '열렸다'고 한다면, 어느 쪽을 믿어야 합니까?" 두 외과의가 한목소리로 말한다. "듀플렉스지." 그러고서 그들 중 한 명이 이런 사례 열일곱 건을 연구했다는 이야기를 한다. 혈관촬영술로 보면 폐색이 있지만, 듀플렉스에서는 피가 흐르고 있는 환자들이었다. 열일곱 건의 사례 모두 듀플렉스가 수술에서 발견한 결과

히 **전체**로서는 아니다. 하나 이상이며 다수 이하다. 그래서 유기체를 모방하는 사회로 시작해서, 결국 충돌하면서도 일관된 유기체로 끝나게 된다──마치 사회처럼.

와 일치하는 것으로 입증되었다. "열일곱 건뿐이었어. 그래서 발표를
할 수는 없었어. 하지만 예외는 하나도 없었다고."

여기에서 듀플렉스를 강력하게 지지하는 두 외과의는 그 기술
에 대해 많은 연구를 했다. 듀플렉스의 손을 들어 줄 수 있을 정도의
연구였다. 혈관촬영술은 폐색을 보여 주지만 듀플렉스는 그렇지 않
은 사례들에서도 마찬가지였다. 여기에서 듀플렉스를 이기게 만드는
결정권자가 인용되었다. 그것은 바로 외과수술이라는 탁월한 실재였
다. 일단 환자의 몸을 마취하고 수술에서 메스로 열면, 동맥들의 현실
을 볼 수 있게 된다. 외과의가 몸 안의 혈관들을 맨눈으로 볼 수 있게
되는 것이다. 피가 전혀 흐르지 않는 혈관들을.

조정

우리가 더는 "질병"을 그 신체의 피부 아래 숨겨진 보편적 대상으로
보지 않고, 일상적인 병원 실천에서 실행되고 있을 동안 신체와 질병
을 연구하는 것으로 실천지적 이동을 한다면, 다중화가 뒤이어 일어
난다. 실제로 동맥경화증이라는 질병은 더는 하나가 아니다. 실행될

동안 따라가 보면 동맥경화증은 다중화한다. 실천이 여러 가지이기 때문이다. 그러나 **존재하는 것**과 **이루어지는 것**을 동일시하는 존재론은 다원주의적인 것이 아니다. 실행된 대상이 여러 겹으로 이루어졌다 해서 파편화되어 있다는 뜻은 아니다. 병원에서의 동맥경화증이 다른 버전들로 나온다 해도, 이는 어느 정도는 하나로 합해진다. 한 명의 환자가 하나의 질병을 갖고 있지는 않다 해도, 적어도 치료 결정은 한 가지로 받는다. 임상 결과들, 혈압 측정, 사회적 조사, 듀플렉스 결과, 혈관촬영술 이미지 모두 환자의 파일에 모인다. 그것들은 함께 외과적 수술이 필요하다는 결론을 지지한다 ─ 혹은 수술하지 말 것을 지지한다. 이것이 내가 **다중적**multiple이라는 용어로 전하고자 하는 것이다. 여러 겹으로 접혀져 있지만, 다원적이지는 않다. 병원에서 **신체**(단수)는 **다중적**(다수)이다. 하나의 이름에 따르는 대상의 다양성을 합치려면 다양한 방식의 조정이 필요하다. 이 장에서는 이런 조정 방식들 중 일부를 제시했다. 요약해 보겠다.

긴장-속-일관성이 의존하는 조정의 첫 번째 형식은 검사 결과들을 **더하는** 것이다. 여기에는 두 가지 종류가 있다. 더하기 형식 중 하나는 다양한 검사 결과 뒤에 공통된 대상, "질병"을 투영한다. 투영한 것들이 겹쳐지지 않는다면, 그들 중 하나를 우위에 놓는다. 위계질서가 확립되고 검사들 간의 편차는 해명된다. 더하기의 두 번째 형식은 격차를 신경 쓰지 않는 것이다. 검사가 공통의 대상을 갖는다고 보지는 않는다. 다만 검사를 행동을 위한 제안으로 받아들인다. 나쁜 검사 결과 하나는 치료를 해야 할 이유가 될 수 있다. 나쁜 결과 두세 개는 치료해야 할 더 많은 이유가 된다.

조정의 두 번째 형식은 검사 결과를 조화시키는 것이다. 검사 결과들이 각기 제 할 말만 하는 것처럼 받아들인다면, 그것들은 서로 다른 패러다임 안에서 벗어나지 못할 것이다. 그럴 경우에는 다른 검사들이 같은 말을 하는지 아니면 다른 말을 하는지 답하기 어려울 것이다. 이런 질문을 던지기조차 힘들 것이다. 임상 기록, 혈압 측정 수치, 듀플렉스 그래프, 혈관촬영 이미지는 적극적으로 그것들을 서로 비교할 수 있게 해주는 상관관계 연구에 힘입어 협상할 수 있게 된다. 공통 기준을 설정함으로써 공약불가능성의 위험에 대응한다. 상관관계 연구는 **번역**의 가능성(마찰이 없는 것은 아니지만)을 허용한다.

4장 분배

분리된 지역성들

병원은 굳게 닫힌 문이 있는 동으로 나뉘어 있지 않다. 그러나 여러 동으로 나뉘어 있기는 하다. Z 병원에서 실행된 다양한 동맥경화증은 때로는 조정되어 어느 정도 하나로 합쳐지면서 단일한 질병을 공동으로 형성한다. 그러나 항상 그런 것은 아니다. 동맥경화증을 실행하는 다른 방식들 간의 불일치가 제거되지 않을 때도 있다. 그것들은 함께 살아간다. 하지만 어떻게? 그것이 이 장에서 다루고자 하는 주제다. "대상"인 동맥경화증이 하나로 조정되지 않고 불일치하는 상태로 남아 있는 순간들, 그런 장소들, 방식들에 관한 장이다. 실제로 때로는 격차가 있다. 충돌을 수반할 수도 있지만 꼭 그렇지만은 않은 격차들이다. 그리고 충돌이 일어난다면, 여기에 제시된 불일치들이 논쟁을 일으킨다면, 보통은 지역적이다. 사라져 버리지는 않지만, 확산하는 경우도 드물다. Z 병원에서는 갈라짐이 꼭 갈등이나 합의를 뜻하지는 않는다. 늘 공통의 기반을 찾아야만 하는 것은 아니라는 단순한 이유 때문이다. 또한, 긴장이 평온한 형태로 지속될 수도 있다.

오랫동안 과학 연구에서 **어떻게** 논쟁이 끝나는가와 **무엇이** 논쟁을 끝내는가의 질문을 놓고 많은 고민이 있었다. 새로운 사실들을 찾아내면 종결되는가 아니면 모든 사실은 끝없는 협상에 열려 있는가?

종결은 이론들 간의 논리적 모순을 해결하는 문제인가 아니면 이론을 홍보하는 집단들 간의 사회적 갈등을 해결하는 문제인가? 이러한 논의는 정말로 논쟁들이 차이가 해결되는 결말에서 멈추게 된다고 상정했다. 이는 연구 발표의 종결 수사를 본뜬 것이었다. 이런 발표들은 마치 결국은 모두가 동의할 수 있어야만 하는 단 하나의 실재가 존재한다는 듯이 써진다. 그러나 병원에서는 양립불가능성이 존재하는 상황이 더 쉽게 발견된다. 거기에서는 개입의 기술성technicity이 사실의 일관성보다 더 중요하다. 양립불가능성 때문에 환자들이 진단과 치료를 못 받게 되는 일은 없다. 다른 무리들이 같은 자리를 차지하려 하지 않는 한, 일은 계속될 수 있다. 무리들을 **분배**하여 여러 장소에 분리해 놓기만 하면 된다.

이 장은 분배에 관한 장이다. 비유는 공간적이다. 공간적 비유를 이용해서, 다른 "장소들"이 떨어져 있다면 차이를 꼭 단일성으로 축소할 필요는 없다고 말할 수 있다. 여기저기에 있을 수 있다. Z 병원에서 동맥경화증은 항상 단일한 대상으로 매끄럽게 합쳐지지 않는다. 저기가 아니라 여기에서 질병의 또 다른 버전이 좀 더 멀리까지 실행될 수도 있다. 나는 내 정보원들이 지적한, 서로 불일치하는 이런 여

논쟁들

차이는 조정하려는 시도와 함께 올 수도 있다. 그러나 또한 논쟁과 갈등의 형태를 취할 수도 있다. 다시 문헌을 조사해 보면 차이를 생각하는 방식에 대한 더 나은 통찰을 얻는 데 도움이 된다. 과거로 돌아가는 것도 도움이 된다. 나와 함께하고자 한다면, 오랫동안 논쟁과 갈등이 **과학**에 대한 수많은 이론적 논의에서 핵심이었음을 알게 될 것이다. 이 장의 하위텍스트에서는 그런 논쟁의 개요를 보여 주고자 한다. 목적은 논쟁들에서 가장 흥미로운 부분을 덮으려는 것도 아니고, 지금껏 일어난 일이나 쓰인 것 대부분을 요약하려는 것도 아니다. 다시 한번 요점을 말하자면, 이

러 버전을 따라갈 것이다. 이런 것들이 더 공공연히 드러난다. 또한, 안정되어 있을 때도 있지만 (그리고 거의 눈에 띄지 않을 때가 많아도) 종종 충돌을 일으키는 긴장들에 대해서도 말하겠다. 그리고 미래에는 동맥경화증을 다투지 않고서 진단하고 치료할 수 있게 될 변화의 가능성을 짚어 보겠다. 동맥경화증의 실재가 분배되는 **지역성들**은 병원 건물일 수도 있지만, 또한 질병 도식들의 네모 칸일 수도 있다. 그리고 복잡한 분배에 대해 좀 알게 되면, 실재를 실행하는 더 많은 방식과 동맥경화증의 더 많은 변종도 만나게 될 것이다.

진단과 치료

병리학과에서 동맥경화증의 실행은 신체 조직을 의학적 시선으로 바라보는 데 국한되지 않는다. 그것은 접촉의 문제이기도 하다. 병리학자는 비닐주머니에서 절단된 다리를 꺼낸다. 그는 적절한 칼을 찾아 혈관 조각을 도려낸다. 장갑을 끼고 있지 않으면 손이 더러워질 것이다. 그리고 그는 물리적 물질과 상호작용하는 유일한 사람이 아니다. 테크니션이 용액으로 견본을 물들인다. 빛이 렌즈와 슬라이드를 통과해 그의 눈에 도달한다. 실재를 실행하는 것은 **조작**manipulation과 관

책의 주 텍스트에서 하는 작업의 위치를 찾는 데 도움이 될 이정표들, 그리고 특히 과학적 갈등을 더 잘 다루는 방법들을 만들어 내는 것이다. 병원 실천에서는 이런 것이 상대적으로 드물다.

논쟁은 1960년대와 1970년대 **과학철학**에 중심적이었다(간결하고 잘 논의된 논문들의 모음은 다음을 보라.

Lakatos and Musgrave 1970). 다른 많은 질문이 있었으나, 모두 어느 정도는 이 첫 번째 질문과 관계가 있었다. 두 가지 과학 이론이 서로 모순된다면 어떻게 될까? **데이터**가 어느 쪽이 나은지를 결정하게 될까, 아니면 각각의 이론은 자신의 데이터를 생성하고 다른 것에 맞는 것은 배제해 버리니까 그렇게

련이 있다. 병리학과에서 동맥경화증의 실행은 의사의 눈이 확장된 혈관 벽을 볼 때 정점에 이른다. 질병이 드러나고 지식이 확립될 때.

진료실에서의 동맥경화증 실행은 지식과도 관계가 있다. 혈관외과의는 환자가 다리 통증을 설명하는 것을 들을 때, 혹은 차가운 발이나 약한 맥박을 느껴 볼 때, 동맥경화증을 알게 된다. 그들은 "간헐성 파행"을 기록하고 신체검진의 결과를 환자의 파일에 넣는다. 이런 지식이 필요로 하는 것은 장소에 따라 달라진다. 병리학자들은 다른 의사들의 행동을 판단하기 위해 동맥경화증에 대해 배운다. 그래서 다양한 활동들 속에서 앎은 다양한 방식으로 체현된다. 그러나 그들 모두 중심에는 대상의 재현인 진단을 놓는다. 양식에, 파일에, 논문에 쓸 수 있는 사실을 둔다. 더할 수 있고, 다른 데이터로 번역할 수 있고, 필요하면 이동할 수 있는 **데이터**.

이것은 **개입**intervention에 따라 달라진다. 치료적 개입은 주로 사실을 생산하지는 않는다. 개입은 상호작용하는 대상을 **바꾸리라** 예상된다. 개입은 환자의 상태를 **개선**해야 한다. 상태를 바꿈으로써 대상을 실행한다. 나중에 보고서에 뭔가를 적는 것은 부차적인 문제다. 나아가, 개입 보고서는 개입한 대상의 재현이 아니라 개입 자체에 집중

하기는 불가능할까? 또 다른 질문은 과학자들이 갈등하는 이론을 자신들의 정상적인, 일상적인 실천의 일부로 접하느냐, 아니면 드물게 일어나는 혁명적 상황에서 접하게 되느냐였다. 그리고 어떤 이들은 **이론들**은 과학이 진보함에 따라 서로 비교 검토되는 존재자가 아니라고 말했다. 더 높은 수준인 **연구 프**로그램들 사이에서 선택이 이루어지는 경향이 있다는 것이었다. 개별 이론은 그 프로그램의 일부에 불과하다.

같은 시기에 다양한 **과학사회학자들**은 더는 과학 지식을 위한 사회적 전제조건과 그것의 사회적 효과 연구에 만족할 수 없었다. 그들은 지식 자체에 대해 질문하기 시작했다. 그러면서 자신

한다. 진단을 할 동안, 말하기, 만지기, 자르기, 색 입히기는 지식을 모으는 데 없어서는 안 될 수단들이다. 치료할 동안에는 그것들의 물질적 효과를 적극적으로 추구한다. 진단에서 최소화되는 물질적 효과가 치료의 목적을 형성한다. 그래서 진단 검사 이후 실천성을 괄호 안에 넣고 대상에 집중할 수 있다 하더라도, 치료의 실천성은 그렇게 할 수 없다. 그것이 치료다.

"외과적 치료가 필요한" 동맥경화증을 앓는 환자를 상상해 보자. 혈관외과의들은 수술하기로 결정했다. 환자도 동의했고, 병원에 입원하여 금식하고, 진정제를 처방받고, 수술실로 실려 들어가 마취하고 절개한다. 그 지점에서 외과의들은 맨눈으로 동맥경화증의 동맥을 보게 된다. 동맥을 열어 보면 피가 다리에 흐르지 않고 있다. 동맥 공급을 죔쇠로 막는다. 수술 중에 환자는 아무런 고통도 느끼지 않는다. 그래서 수술실의 동맥경화증은 압력 강하나 임상적 증후를 보여 주지 않는다. 대신, 그것은 신체적인 문제다. 관내강 안에 거기 있어서는 안 될 동맥경화증의 플라크가 있는 동맥. 이 사실을 재현하기 위해 동맥을 드러내는 것이 아니다. 플라크를 벗겨 내기 위해 드러내는 것이다.

들이 과학을 이해할 더 나은 위치에 있다고 주장하며 철학에 등을 돌렸다. 그들은 철학에 등을 돌렸지만, 그러면서도 철학에 의존했다. 동시대 과학철학자들이 연구한 똑같은 원초적인 장면을 가져왔기 때문이다. 바로 두 이론가가 서로 부정하는 장면이다. 이런 모습은 전쟁 은유의 관점에서 논리적 추론에 대해 논쟁을 던지는 철학자의 습관에 따른 것이었을 수도 있다(다음의 고전적 연구에서 예시된 것과 같다. Lakoff and Johnson 1979). 사회학자들은 새로운 식으로 과학적 장면들을 해석하면서 이 은유를 진지하게 받아들였다. 그들은 논쟁은 **갈등**, 사회적 갈등이라고 주장했다. 이론들 중에서 어느 것이 이기

살찐 다리다. 간호사들이 요오드로 넓적다리 안쪽을 노랗게 칠해 놓았다. 외과의가 피부를 열기 위해 날카롭게 직선으로 절개한다. 수련의가 그 밑에서 지방을 주의 깊게 걷어 낸다. 피 때문에 자꾸 잘 보이지 않게 된다. 티슈로 피를 흡수해 닦아 낸다. 작은 혈관들을 뜨거운 핀으로 막는다. 큰 혈관은 파란 실로 묶는다. 피가 응고하지 않도록 헤파린을 투여한다. 간호사들이 외과의들에게 필요한 것을 건네준다. 상황이 나빠지면 도구들이 수련의의 손에서 외과의의 손으로 눈 깜짝할 새 넘어간다. 이것이 신경인가? 그렇다. 죔쇠로 신경을 한쪽으로 고정해 놓는다. 전체 절개 부위를 가위 같은 훨씬 더 큰 죔쇠로 벌려 놓는다. 아, 드디어 동맥이 있다. 오렌지색 플라스틱 실을 동맥에 묶어 표시한다. 그런 다음 무릎 바로 위에서도 비슷한 식으로 동맥을 찾는다. 일단 양쪽에서 동맥에 접근할 수 있게 되면, 또 다른 죔쇠로 사타구니를 막는다. "이제 다리가 없는 거예요." 외과의가 마취과 의사에게 경고한다. 마취과 의사는 환자의 혈압을 계속 체크하고 있다. 나는 외과의 등 뒤의 작은 걸상에 앉아 어깨 너머로 수술 광경을 본다. 다른 사람들처럼 나도 초록색 옷을 입고 마스크를 썼다. 계속해서 손을 닦았지만, 간호사들은 내게 아무것도 손대지 못하게 한다. 따뜻

느냐의 문제는 사회적인 것이었다.

그래서 논쟁은 더는 이론들이 서로 반박하는 순간이 아니었다. 사회학자들은 **사람들**만이 이런 능력을 가지고 있다고 보았다. 생물학에서 논쟁의 사례 연구에 대한 결론에서, 매켄지와 반스는 이렇게 말했다. "(연구한 사례에서) 두 공동체가 분리된 채로 남기로 집단

적으로 '결정할' 수 있듯이, 자기들의 이론들을 양립불가능한 것으로 정의하기로 집단적으로 '결정할' 수도 있을 것이다"(MacKenzie and Barnes 1979). 매켄지와 반스는 "사고의 형식적 방식"이라 부른 것을 따르는 이들에게는 **논리적 모순**처럼 보이는 것을 직접 다른 용어로 설명한다. 그들은 서로 분리된 "두

하다. 외과의가 혈관 벽을 두 군데 절개한다. 하나는 허벅지, 다른 하나는 무릎 위지만 앞의 것보다는 아래쪽이다. 간호사가 비닐봉투를 벌렸고 다른 간호사가 놀랄 만큼 원시적인 도구를 거기에서 꺼낸다. 길고, 얇고, 휘어지지 않는 철사에 45도 각도로 붙인 고리다. 수련의가 동맥을 열어 놓은 두 군데에서 나머지 동맥 벽으로부터 나이프로 동맥경화증의 플라크를 떼어 낸다. 외과의가 확인한다. 좋아. 벗기는 도구를 위쪽으로 움직인다. 천천히. 드디어 사타구니까지 이르자, 동맥경화증 플라크 전체가 나머지 혈관 벽에서 떨어져 나온다. 핀셋으로 외과의가 그것을 잡아당긴다. 작은 통에 넣는다. 두꺼워진 내막이 사라진다. 거기에 달라붙은 많은 잔해와 함께. 내막의 흰색은 다시 닫힌 회색의 동맥과 대조를 이룬다. 동맥이 봉합한 자리에서 협착을 일으키는 것을 예방하기 위해 환자의 혈관 벽으로 만든 패치들을 절개한 부위 속에 넣는다.

여기에서 취하는 조치를 동맥내막절제술이라고 한다. 실행된 질병은 다리 동맥의 잠식이다. 절개하는 나이프, 피가 흐르지 못하도록 막는 죔쇠, 능숙하게 움직이는 손이 있다. 약, 인공심폐기의 호흡하는

공동체"에 대해 이야기한다. 두 공동체는 섞이기로 "결정할" 수도 있고, 아니면 협상에 들어갈 수도 있다. 그러나 그들은 그렇게 하지 않는다. 그들은 자기들의 아이디어를 갈등에 관여하는 방식만큼이나 모순적으로 보여 준다.

과학철학자들은 논리적 모순을 실제로 다루는 방식에 관심을 보였지만, 이 사회학자들은 "논리적" 모순은 그것들이 정의되는 실천 바깥에서는 존재하지 않는다고 말했다. 사회적 갈등이 모순을 **낳는다**. **논쟁**이라는 용어는 논리에서 사회학으로 미묘하게 미끄러지는 움직임을 허용했다(그리고, 필요하다면 다시 돌아갈 수 있게 해주었다). 70년대와 80년대 내내, 수많은 **갈등 연구**가 과학

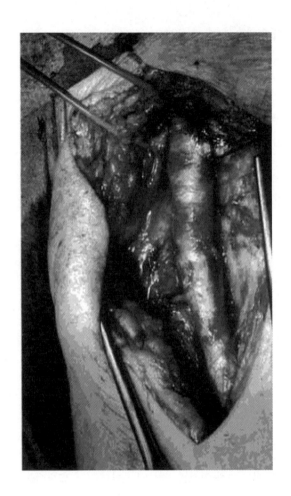

움직임이 있다. 이 행위자들이 모두 동맥을 드러내 놓고 두 개의 구멍을 뚫었다. 하나는 위쪽, 또 하나는 아래쪽에. 그리고 플라크를 벗기는 고리 모양의 도구ring stripper가 있다. 동맥경화증을 고리 모양 도구로 실행하는 것은 그것을 드러내는 문제가 아니라, 벗겨 내는 문제다.

다중성은 복잡하다. 어느 하나의 병원에서 실행된 각기 다른 "동맥경화증"이 있을 뿐 아니라, 이것들을 실행하는 다른 방식들이 있다. 진단이 있고, 진단에서 "뭐가 문제인가?", "무엇을 할 것인가"라는 질문이 엇갈리고 뒤섞인다. 그리고 치료가 있다. 치료에서 행위하는 것은 행위하지 않는 것의 문제다. 질병을 **실행하는 것**은 질병에 **대응하**는 형태를 취한다. 그러나 실재를 다루는 이러한 방식들이 아무리 다르다 해도, 대상인 치료되는 "동맥경화증"은 더 앞서 진단된 "동맥경화증"과 유사할 **수도** 있다.

수술실 한쪽 벽에 라이트박스가 걸려 있다. 막 수술을 하려는 외과의가 수술대 위의 다리에서 눈을 들어 라이트박스에 걸어 놓은 엑스레이 사진들을 바라본다. 여기에는 노란 피부, 저기에는 흑백의 그림자가 있다. "보세요." 의사가 장갑 낀 손가락으로 사진들 중 하나를 가

을 연구하는 사회학자들에 의해 이루어졌다. 그들은 갈등의 종결을 사회적 현상으로 묘사했다. 권력, 힘, 숫자에 달린 것으로 보았다. 뭐가 되었건, 이성은 절대 결정적이지 않으며, 합리적인 것은 결과다. 논쟁의 종결은 하나의 진실이이기면 우위를 점한 논쟁이 과거로 거슬러 올라가 합리적인 것이 된다는 것

을 뜻한다(혹은 사회학자들은 그 사실을 보여 주려고 많은 노력을 기울였다).

그러나 과학에서 논쟁 연구에 참여한 학자들 전부가 "형식적 사고"를 사회적 관계에 종속시켰던 것은 아니다. 많은 이들은 논리성과 사회적 집단들의 충돌하는 이해관계를 분리할 수 있었다. 예를 들어, 트리스트람 엥겔하르

리키며 나에게 말한다. "저게 협착이에요. 보이세요? 잘 보이죠, 여기, 봐요." 그는 같은 장갑 낀 손을 아래의 다리로 옮긴다. "이제 여기 위쪽을 절개할 겁니다. 그 다음에는 저기 아래쪽을요. 그리고 그 두 곳 사이에서 관내강을 깨끗하게 벗겨 낼 거고요." 그의 손이 "여기"와 "저기"를 두 번 가리킨다. 라이트박스와, 다리를. 마치 일치하는 곳들을 가리키고 있다는 듯이. 흑백 사진 속 자리들과 똑같은 살로 된 혈관의 자리들을 가리킨다.

혈관촬영도는 정착액 냄새를 풍기는 2차원의 플라스틱 사진이다. 수술실의 동맥에서 긁어낸 동맥경화증 플라크는 피투성이인 채로 비꼬여 있는 구조다. 그래서 그것들은 똑같지 않다. 그러나 그것들은 혈관 관내강을 막아서 비슷한 식으로 동맥경화증을 실행한다. 둘 사이의 거리는 손가락을 움직여 건너뛸 수 있을 만큼 가깝다.

Z병원의 혈관외과의는 수술 중 혈관촬영 사진들을 지도로 이용한다. 그 이미지들이 어디를 어떻게 절개할지 결정하도록 도와준다. 그래서 혈관촬영도는 진단의 일부다. 수술을 어떻게, 어디를 해야 할지 결정하도록 도와준다. 그러나 치료를 해야 할지 말아야 할지 결정

트와 아서 카플란은 『과학 논쟁』 편서의 서문에서 종결의 원인이 될 수 있는 것들의 **목록**을 제시한다. (1) 관심이 없어져서 종결 (2) 힘으로 종결 (3) 동의로 종결 (4) 건전한 논쟁을 통한 종결 (5) 협상을 통한 종결(Engelhardt and Caplan 1987, 14~15). 마치 이 다섯 가지 가능성이 서로 나란히 존재하기라도 한다는 듯이 작성해 놓은 목록이다. 그들은 이론적 논쟁을 피해 간다. 대신 다양한 경험적 가능성이 있는 것 같다. 극단적인 것들만 이야기하자면, 때로는 성패가 달린 이론들 중 하나에 건전한 논의를 통해 찬성하게 되어 논쟁이 종결된다. 그리고 연관된 사회집단들 중 하나가 가장 강하다고 판명되어 종결되

하는 데 핵심 역할을 하지는 않는다. 이 결정은 이미 그 전에 내려졌다. Z 병원 외과의들은 일단 수술을 하기로 결정하고 나면, 방사선 외과의에게 혈관촬영도를 만들어 달라고 부탁할 뿐이다. Z 병원에서 상태가 나쁜 사진을 치료해야 할 이유로 쓰지는 않는다. 하지만 나쁜 증상 호소, 나쁜 발목 혈압, 나쁜 문제들은 그렇게 쓰인다.

혈관외과의 어떤 병원에서는 엑스레이를 사용해서 수술을 할지 여부를 결정합니다. 남은 관내강의 비율을 보고 결정하는 거지요. 우리는 그러지 않습니다. 우리에게 혈관촬영도는 지도라기보다는 길이에요. 사진이 있으면 혈관에 접근하기가 더 쉬워지지요. 하지만 우리가 상대하는 것은 사진이 아니라 환자입니다. 인근 병원에서 엑스레이를 얻어 올 때도 있지요. 그러면 그쪽에서는 그거 봐요, 엑스레이를 쓰는 것도 나쁘지 않잖아요, 이렇게 말해요. 그러면 우리는 뭐든 해봐야지요, 다르게 보이니까요, 자, 우리를 위해서 좀 해주세요, 이렇게 대꾸하지요. 하지만 우리는 당연히 제일 먼저 환자와 대화합니다. 그리고 환자에게 심각한 증상 호소가 있으면 수술을 합니다. 그리고 우리가 수술하기 전에 환자들 또한 매우 적극적으로 수술을 원해야 합니다.

기도 한다.

그러나 이러한 종결 메커니즘들을 차분하고 중립적인 방식으로 너무나도 많은 가능성으로 나열하기만 한다면 이론적 논쟁에서 중요한 것은 죄다 놓치고 만다. 우선, 그렇게 하면 사회학자들의 정치적 메시지를 놓친다. 과학사회학자들이 사회적 갈등이 논리적 언쟁에

선행하며 이를 만들어 낸다고 주장했을 때, 그들에게는 이것이 다섯 가지 목록에서 단 하나의 선택이 아니라는 점을 강조하는 것이 중요했다. 과학적 논쟁의 종결이 **항상** 사회적 요인들에 달려 있다면, "과학적 논쟁"이 본질적으로 사회적인 사건으로 인식될 수도 있다. 그리고 그때서야 비로소 사회학이 새로운

Z 병원에서 수술할지 말지 여부는 혈관촬영술에 따라 결정되지 않는다. 물론, 협착이 혈관촬영도에서 보이지 않는다면 외과의들은 어디에 개입해야 할지 모를 것이다. 그러나 혈관촬영도가 나오기 전에 우선 환자가 불만이 있어야 하며, 그 불만으로 심각하게 지장을 받고 있고, 위험을 감수하고도 수술에 임할 의지가 있어야 한다. 그래서 진단된 질병은 치료하는 질병과 동일할 수도 있지만, 꼭 그럴 필요는 없다. Z 병원에서는 아니다. 수술적 개입을 하기로 결정하는 과정에서 실행된 동맥경화증은 수술 중 실행된 동맥경화증과 다르다. "보행시 통증"은 개입해야 할 이유인 반면, "혈관 관내강을 잠식하는 플라크"는 수술적 개입의 목표다.

이것이 양립불가능성이다. 진단된 질병과 치료하는 질병은 우리가 앞서 보았듯이 각기 다른 대상들이다. 일치할 수도 있지만 늘 그렇지만도 않다. 이러한 양립불가능성이 방해가 된다고 여긴다면, 꼭 양립불가능성과 더불어 살아가야 할 필요는 없을 것이다. 진단과 개입의 대상들을 서로 맞추는 것도 가능하다. 첫 번째는 "혈관 폐쇄"를 우선시하는 것이다. 이 경우 엑스레이 사진상의 협착은 치료해야 할 이유가 되고, 수술실에서 발견된 차단된 혈관 관내강은 치료 목표가 된

메시지를 갖게 된다. 그 메시지는 최근의 과학 이론들은 가능성 있는 유일한 "이성적인" 이론이 아니기 때문에, 이성으로 본질을 포착하는지가 중요하지 않다는 것이다. 아주 최근까지는 이에 대한 대안들이 있었다. 그것은 존경할 만한 사람들의 집단으로부터 지지를 얻는 것이다. 그래서 이런 대안들의 문제는 그것들이 비합리적이었다는(혹은 지금 그렇다는) 점이 아니라, 그것들이 졌다는 점이 된다.

이런 주장에는 현재의 전문가들이 "이성"을 대표하지 못하며, 경쟁자들을 간신히 누르고 승리한 이전의 전문가들의 아이디어를 어쩌다 물려받았을 뿐이라는 사회적 메시지가 함축되어 있

다. 두 번째 가능성은 "보행 중 통증"을 우선시하는 것이다. 이 경우에는 수술적 치료가 금지될 것이다. 대신 "보행 중 통증"은 치료해야할 이유 못지않게 치료 목표가 될 것이다. "보행 중 통증"에 직접적으로 개입하는 치료 실천이 있다. 이를 보행요법이라 부른다.

혈관전문의 당신이 말씀을 하시니까, 예. 그렇습니다. 보행요법에 대해 압니다. 당연히 알지요. 문헌에 나와 있습니다. 문헌은 대체로 그 요법에 우호적입니다. 인상적인 임상 실험이라고 하지요. 예.

면담자 그렇다면 왜 여기에서는 쓰지 않으시나요?

혈관전문의 우리가 환자들을 보기 전에 일반의들이 환자들에게 되도록 걸어다녀 보라고 권하는 경우가 많다는 사실을 기억하십시오. 그래 봤자 별다른 결과는 나오지 않습니다.

면담자 하지만 그건 다르지 않나요?

혈관전문의 흠, 그럴지도 모르지요. 아닙니다. 그래요, 달라요. 보행요법은 짜임새 있게 만들고 감독을 잘 해야 효과가 있습니다. 맞아요. 이 병원에서는 그 요법을 구성해 본 적이 없습니다. 왜 안 되느냐고요? 제 생각에는 물리치료사들 때문입니다. 예산이 삭감되었어요.

다. 이는 너무 많은 힘을 전문가들에게 넘긴 사회가 문제가 있다는 의미다. 이는 전문가들이 그들이 해결해야 하는 갈등과의 관계에서 반드시 중립적이지는 않다는 점에서 비롯된다. 전문가들은 갈등의 일부인 경우가 더 많다. (가끔은 책 대신 **학술지**를 언급하겠다. 『과학의 사회적 연구』는 모든 전문가를 똑같이 의심하면서 중립적 어조로 논쟁들을 분석하는 연구들을 오랫동안 발표해 왔다.)

또한 전문지식의 편파성에서 끌어낸 더 급진적인 메시지도 있었다. 완전히 다르고, 더 나은, 대안적인 사회를 바라는 이들이 이런 주장을 펼쳤다. 이런 주장들은 그들이 다른 전문가들에 대해

요즘에는 물리치료사들에게 무슨 말을 하든 돌아오는 건 미안하다는 말뿐이에요. 그들도 더 할 수 있는 게 없죠. 활동을 줄여야만 해요. 그래서 새로운 모험에 뛰어들지 않으려 합니다.

보행요법은 환자들에게 긴 구간을 규칙적으로 걷도록 하는 치료 전략이다. 여러 방법 중에는 환자들이 다리가 아프더라도 계속 걷게 하는 것이 있다. 또 다른 방법은 환자들에게 통증이 올 것 같으면 그 식전에 한동안 휴식을 취하게 하는 것이다. 실내 러닝머신을 이용하는 버전도 있다. 또 다른 방법은 사람들에게 야외로 나가라고 권하는 것이다. 그러나 정확히 어떤 형태를 취하건, 모든 보행요법은 걸을 때 아프게 하는 동맥경화증과 싸운다. **걸음으로써.**

그래서 일관성을 찾을 수 있다. 질병의 원칙들, 동맥경화증의 본질을 확립하도록 해보자. 그리고 그에 따라 실천을 구성하자. 예를 들어 동맥경화증은 걸을 때 아픈 다리라고 하자. 그리고 이를 바탕으로 실천을 해보자. 대화로 진료실에서 이 질병을 진단하고, 실외에서 장시간 걷기로 이를 치료하자. 혹은 다른 원칙을 세우고 동맥경화증은 혈관 관내강이 차단되는 것이라고 말해 보자. 이를 바탕으로 실천을

이야기하는 방식 면에서(승자들의 편에 서지 않기 위해) 중립적이지는 않았다. 그러나 정당한 사회에 대한 자신들의 열망과 가장 잘 연결될 수 있는 전문 지식의 형식을 추구했다. 그것들은 대안 과학을 발견하고, 발명하고, 그것에 투자하려 하고 있었다. 그들의 주장은 우리가 사회를 건설하기 위해 이용하는 과학 또한 바뀌어야만 사회가 바뀔 수 있다는 것이었다. 그리고 역으로, 대안 과학은 다른 사회적 관계들의 일부로 출현할 것이다. 사회와 그 사회의 과학적 산물은 상호연관되어 있기 때문에, 하나를 바꾸는 것은 다른 것을 바꾸는 것과도 연관된 과정이 될 것이다. (『급진적 과학 저널』 마지막 호 여러 권에서

하자. 사진들을 통해 질병을 진단하고 외과 수술로 치료하자. 그러나 Z 병원에서는 그런 식으로 하지 않는다. 이런 일관성을 얻어 내지 못한다. 얻어 내려는 노력조차 하지 않는다. 원칙에 입각한 토론이 먼저 있고, 그 다음에 실천이 있다. 각각 그 자체의 원칙들을 담은 다른 실천들이 있다. 논리적 양립불가능성으로 보이는 것이 방해가 되지 않는다는 사실이 분명하다. 그것들은 삶을 더 어렵게 만드는 것이 아니라, 오히려 더 쉽게 만든다. Z 병원의 동맥경화증은 장소에 따라 조금씩 다르다. 그것은 통증이면서 **동시에** 막힌 동맥이지만, 같은 장소에서 두 가지 다 되지는 않는다. 진단에서는 통증이고 치료에서는 막힌 동맥이다. 실재는 **분배된다.**

적응 기준

수술실에서 동맥경화증을 벗겨 내어 치료하는 것이 Z 병원에서 혈관외과의들이 쓸 수 있는 유일한 외과적 치료는 아니다. 다른 것들도 있다. 예를 들면 경피적혈관성형술이 있다. 외과의들이 모든 수술 결정에 책임을 지지만, 이 치료는 직접 하지 않는다. 방사선과의 수술실에서 방사선 전문의들이 시행한다. 이곳은 혈관촬영도가 제작되는 방

이런 주장을 찾을 수 있다.)

전문지식에 대한 경고와 대안 과학에 대한 호소 둘 다 "이성"과 "힘"(혹은 동의와 타협과 같은 다른 사회적 메커니즘)이 논쟁의 종결을 위해 똑같이 타당성 있는 메커니즘으로 나란히 열거될 때 힘을 잃는다. 이러한 열거는 독립적인 자산으로서 "이성"이라고 부르는 현

상, 즉 비사회적 현상이 있으며 이 "이성"이 사회적인 것으로부터 **빠져나가는** 방법임을 뜻한다. 사회적인 것의 혼돈에서 깔끔하게 빠져나오는 좋은 방법, 이것이 그 시대의 철학자들이 이성을 묘사하는 방식이다. "이성"의 수호자로서 그들은 힘을 통한 종결이 경험적 가능성이 아니라고는 결코 말하지 않

이기도 하다.

주황색 셔츠만 입은 환자가 방사선과의 높은 수술대 위에 누워 있다. 커다란 엑스레이 기기가 진정제를 맞은 몸 위에 매달려 있다. 수술대 주변, 우리 머리 위에 모니터들이 있다. 모니터에는 소량의 염색제가 들어간 환자의 동맥들의 엑스레이 그림자가 흐릿하게 보인다. 완전히 불투명한 카테터도 보인다. 방사선과 수련의가 모니터에 시선을 두고 천천히 카테터를 환자의 사타구니 안의 구멍에서 대퇴동맥 속으로 밀어 넣는다. 카테터를 따라, 그리고 카테터 끝 아래쪽에 하나씩, 두 개의 점이 보인다. 두 개 점이 어느 순간 협착의 각 끝에 있게 된다. "봐요, 우리 풍선이 딱 우리가 원하는 자리에 놓였어요." 방사선 전문의가 말한다.

두 번째 수련의가 작은 펌프를 줄에 부착한다. 그가 펌프질 하는 방식을 보니 자전거 타이어에 공기를 넣는 것 같다. 두 점 사이에서 풍선이 부풀어 오른다. 풍선이 혈관 벽을 늘린다. 풍선은 잠시 계속 부풀어 오른다. "아픈가요, 젱아 부인?" 수련의 중 한 명이 조금 전 동료들에게 이야기할 때보다 훨씬 큰 목소리로 묻는다. "아프면 말씀해 주

았다. 그렇게 될 수도 있다. 그러나 좋지는 않다. 강제로 종결된 논쟁에서 나오는 지식은 "과학적"이라 불릴 자격이 없다. 이는 철학자들에게 중요한 것, 엥겔하르트-카플란 목록이 다시 빠뜨린 것을 지적한다 — 사회학자들의 정치적 메시지를 건너뛴 것만큼이나 가볍게. 이것은 힘을 잃은 두 번째 메시지다. "이성"을 옹호하면서 철학자들은 경험주의적 주장을 펼친 것이 아니라 규범적 기준을 설정하고 있었다. 그들은 사회적 권력은 결코 논쟁을 종결시키지 못하며 위험할 뿐이라고 말하지는 않았다. 과학적 논쟁들은 "건전한 토론"을 통해 해결**되어야 한다**. 다른 요인들이 간섭한다면, 과학의 영역은 정치를 위

셔야 해요. 따끔거리는 느낌 정도면 괜찮고요. 하지만 아프면." 진정
제를 맞은 환자는 무방비 상태인 것 같다. 멍한 표정이다. 그녀는 늙
었다. "이 정도면 충분한 것 같은데. 지금 얼마 동안이나 계속했지?"
방사선 전문의가 수련의들에게 묻는다. 공기가 빠져나가게 한다. 누
군가가 말한다. "이 정도면 될 것 같은데요. 이제 조영제를 주입해 보
죠. 이 관내강이 얼마나 큰지 봅시다."

동맥내막절제술처럼, PTA는 동맥경화증을 혈관을 잠식하는 플
라크로 실행한다. 그러나 벗겨 내면 동맥경화증은 몸에서 **떨어져 나
간다**. 용기 안에 버려진다. 반면 풍선으로 옆으로 밀쳐진 플라크는 몸
안에 그대로 남아 있다. 옆으로 **밀쳐져 있을** 뿐이다.

Z 병원에서 이용하는 세 번째 외과적 기술이 남아 있다. 다시 그
것은 수술실에서 메스로 다리를 열어야 한다. 그러나 동맥내막절제
술과 혈관형성술과는 달리, 잠식 위치에서 혈관 관내강을 "뚫지" 않
는다. 대신 혈관에 협착을 우회하여 흘러 나갈 길을 제공한다. 관내강
이 잠식된 곳에서 위쪽으로 우회 혈관을 부착하는 것이다. 또 다른 부
착 지점을 아래쪽으로도 만든다. 그리하여 우회 혈관은 동맥경화증

해 버려지게 된다. 그리고 두 영역을 따
로 분리하는 것이 중요하다. 그렇게 해
야만 과학(그리고 이성의 권리)이 사회
적 권력의 임의성에 맞서 보호받을 수
있다.

이것이 왜 그렇게 중요한가의 예를
리센코 사건이 보여 주었다. 리센코의
라마르크 생물학은 어느 한 지역에서만

우세했던 정치적 이데올로기에 잘 들
어맞았기 때문에 소련에서 지지를 얻었
다. 간단히 말하자면, 식물은 환경에 적
응하여 자손에게 적응된 특징들을 물려
줄 수 있다는 이론이었다. 이 이론에 기
초하여 대규모 농업 프로젝트가 기획되
었다. "거짓" 라마르크적 "사실"을 강제
로 생물학 공동체와 소련의 집단농장에

을 피해 갈 수 있는 어떤 것으로 실행한다.

오른 다리 위쪽에 협착이 있다. 하지만 왼 다리 아래쪽을 먼저 연다. 혈관을 끄집어낸다. 혈관 판막을 조심스럽게 찢는다. 전부 다 뜯어 낸다. 남겨 두면 혈액 흐름을 방해하고 서로 붙어서 새 플라크가 생기기 쉬워지기 때문이다. 외과의가 나에게 말한다. "일이 많죠. 게다가 양 다리를 다 절개하는 건 보통 일이 아니에요. 우리한테나 환자한테나. 하지만 결과는 인공 우회술을 쓰는 것보다 훨씬 좋답니다. 그것들도 쓰기는 해요. 선택의 여지가 없을 때도 있어요. 하지만 그건 더 일찍 막혀요. 혈관이 더 낫죠. 자기 몸이니까." 오른 다리 위쪽이 열리고 동맥이 드러난다. 이제 두 곳이 아니라 우회술이 피해 가야 할 전 범위에 걸쳐서다. 협착된 곳에서 위쪽의 동맥에 작은 구멍을 뚫어서 우회 혈관을 촘촘한 박음질로 동맥에 꿰맨다. 아래쪽으로도 이렇게 한다. 동맥 안의 여분의 혈관 조각들과 함께 다시 다리를 닫는다. 실, 바늘. 바늘을 당기는 핀셋. 피부는 좀 딱딱하다.

세 가지 외과적 치료는 모두 동맥경화증을 동맥의 협착으로 실

강요한 것이다. 그러나 이렇게 생물학적 추론에 따른 정치의 수행은 끔찍한 결과를 가져올 수밖에 없다. 결국 그렇게 되었다. 매 수확마다 실패로 입증되면서 수많은 사람이 기근으로 굶어 죽었다. (이 역사에 대하여 스탈린주의에 모든 책임을 돌림으로써 과학과 마르크스주의를 모두 구하고자 하는 버전은 다음을 보라. Lecourt 1976.)

엥겔하르트와 카플란은 상대적 가치나 관계를 다루지 않고서 논쟁을 종결할 수 있는 다섯 가지 방법의 목록을 만들면서, 경험적 사례에 이론적 선택안을 **배분한다**. (분배는 이론가들의 텍스트 안에서 이론적 긴장을 해결하는, 혹은 해소하는 방법으로는 드물게 쓰인다. 오

행하지만, 조금씩 다른 식으로 한다. 동맥내막절제술은 혈관 잠식을 벗겨 내고, 혈관형성술은 이를 옆으로 밀쳐 놓으며, 우회술은 이를 피해 간다. 환자는 이 세 가지 치료를 다 받을 필요는 없다. 딱 하나만 통할 것이다. 딱 하나만 해야 한다. 하지만 어느 것일까? 이 질문에 대해 논쟁을 예상할 수 있다. "세 가지 치료 전략 중 어느 것이 최선인가"라는 질문을 해결하기 위해 논쟁이 벌어진다. 그 논쟁 후에 동맥경화증은 세 가지 방식 중 하나로 실행하게 된다. 벗겨지든가, 옆으로 밀쳐지든가, 우회된다.

현장연구를 하면서 외과적 치료에 대한 이러한 논쟁의 사례들을 접했다. 각 치료 전략의 대변인은 다른 것들을 완전히 없애 버리리라 예상할 수 있다.

Z 병원과 연결된 의과대학의 큰 강의실에서 PTA와 다른 소위 혈관 내 수술에 대한 소규모 국제학회가 열리고 있다. 마지막 발표자는 혈관 외과의다. 그는 우회혈관을 부착하는 이 전문기술 덕분에 자신이 말미에 발언할 권위를 얻었다고 자신 있게 말한다. "곧 그렇게 될 겁니다. 혈관 내 수술이 대세가 될 겁니다. 아직 몇 가지 해결할 문제가 남

히려 병원과 같은 더 현실적인 배경에서 대개 쓰는 방법이기 때문에, 나는 이를 보자마자 깊은 인상을 받았다. 이것 덕분에 여러분은 Z 병원과 내가 여기에서 언급하는 문헌에서 나온 텍스트 사이에 또 다른 연결고리를 만들 수 있다. 그것은 바로 차이를 다루는 방식들 간의 **유사성**이다.) 그러나 이 평화로운 제스처에 무엇이 숨겨져 있을까? 과학과 정치 간의 관계에 대해 어떻게 생각하고, 이를 어떻게 작업할 것인가의 문제다. 과학을 정치로부터 보호하는 것이 현명할까, **아니면** 과학 전문가들은 정치적으로 중립적이라고 믿는다면 위험한 착각에 불과할까? 당대의 권력이 과학에 개입하지 못하게 막아야 할까, **아니면** 전문가

아 있기는 합니다. 하지만 PAT는 대수술이 필요하지 않으니까, 치료 중에 환자가 사망할 확률이 훨씬 낮습니다. 더 수준 높은 기술이지요. 그러니 어떤 문제가 있건 해결될 겁니다. 그리고 혈관 수술은 사라지게 될 겁니다. 제 말을 믿으세요."

나는 그의 말을 공책에 기록했다. 그리고 그 덕분에 여기에서 내가 몇 달 전 기록했던 전혀 다른 말과 대조해 볼 수 있게 되었다. 그 말은 혈관 내 치료가 아니라 다른 주인공인 혈관 수술의 다가올 승리를 선언했다.

우리는 엘리베이터를 타러 가는 길이다. 의사결정 회의가 막 끝난 직후의, 평소와 다름 없는 월요일 오후다. 혈관외과의들 중 한 명이 혈관 전문의에게 말을 건다. "선생님이 저한테 PTA에 대해 물어보신다면, PTA 전반에 의심이 들기 시작했어요. 문제가 너무 많아요. 동맥이 다시 막히죠. 더 아래쪽에 혈전증 같은 부작용도 생기고요. 그리고 최근 문헌에서 여러 가지 부정적인 보고를 보았지요. 어쩌면 전혀 좋은 기술이 아닐 수도 있어요. 좀 따져 봐야 할 것 같습니다. 그 다음에도, 제

들은 민주적 통제 아래 놓여야 할 새롭고 강력한 사회집단일까? 과학이 그 자체의 자율적인 규칙에 따라 운영되도록 내버려 두어야 할까, 아니면 내부와 외부의 경계에는 항상 새는 틈이 있어서 일부 요소와 이슈들은 분리해 놓을 수 있어도 모든 것들을 그렇게 하지는 못할까?

그리고, 이것들과 더불어 어떤 종류의 정치가 관여하는가의 문제가 있다. 우리가 살고 있는 세계가 통제하기 어렵고 혼란스럽다는 믿음에서, 이를 다루는 더 나은 방법들을 추구하는 이런 저런 기준을 세우는 것이다.

대로 따져 본 이후에도 여전히 그 방법을 쓸지는 잘 모르겠어요."

한 외과의는 가까운 미래에 외과적 치료가 전부 다 사라질 것이라고 선언하지만, 또 다른 사람은 득실을 제대로 따져 본다면 PTA가 없어질 것이라고 말한다. 논쟁이 이보다 더 격렬할 수가 없어 보인다. 그러나 학회와 비공식 대화에서는 이런 논쟁적 발언들이 나오는 반면, 그런 발언을 한 사람들이 일상적인 병원 실천에서는 계속해서 수술 못지않게 PTA도 많이 처방한다. 그래서 논쟁이 충분히 이루어지면 한 가지 기술이 정말로 사라지게 될 수도 있겠지만, 사소한 논쟁들까지 반드시 다 사라지는 것은 아니다. 또한 그것들은 긴장이 오랫동안 이어지리라는 것을 나타낸다. 그동안 기술들은 공존한다. 그것들은 분배된다.

일상적인 병원 실천에서는 환자들에게 치료를 분배하는 데 많은 에너지가 소모된다. "PTA가 **일반적인가**"라는 질문 대신, 보통 매일 던지는 질문은 "이 **특정 환자**에게 PTA가 맞는가"다. 이것이 일상적 협상이 초점을 맞추는 질문이다.

비종결

1984년 프랜시스 맥크레와 제럴드 마클이 에스트로겐 대체요법ERT에 관한 흥미로운 논문을 발표했다. 맥크레와 마클은 미국과 영국에서 80년대 초에 과학자들이 이 요법을 놓고 다른 조언을 한다고 말한다. "대부분의 미국 연구자들은 이 요법이 암의 위험을 증가시킨다고 주장하면서 추천하지 않는다. 반면 영국에서는 대부분의 연구자들이 암과의 관련성을 최소화하고 홍조에서 골다공증까지 질환에 ERT를 옹호한다"(McCrea and Markle 1984, 1). 그래서 차이가 있다. 그러나 논쟁은 없다. 언어 장벽이 없는데도 대서양 양쪽의 연구자들은 서로의 연구 발표들을 애써 선배 외과의가 혈관촬영도가 걸린 라이트박스 앞에서 사진을 가리키며 후배에게 말한다. "뭐, 이 환자에게 PTA를 하자고 제안하고 싶어? 제정신이야? 이봐, 그건 전혀 효과가 없을 거야. 거의 막혔잖아, 여기, 이 부분. 저기로는 절대 카테터 못 넣어."

이 선배 외과의는 막힌 것으로 보이는 동맥에 PAT를 반대하면서 거침없이 대놓고 말한다. 신랄하다. 그러나 언쟁은 지역적이다. 한 명의 환자에 관한 것이다. 그리고 한 명의 환자에 대해서는 의견이 다를 수 있다 해도, 반대의 경우도 아주 흔하다. 충돌하면서 확신을 갖지 못하는 경우가 매우 흔하고, "무엇을 할 것인가?"라는 질문을 직면한 의사들은 자신 없어 한다. 그들은 망설인다.

의사결정 회의. 후배 외과의가 환자, 렛하만 씨의 사례를 제시한다. 그는 심각한 증상 호소가 있다. 그의 발목/팔 지수는 0.6이다. 듀플렉스를 보면 아주 긴 협착이 있다. 10센티미터는 족히 되어 보인다. 왼쪽 표재성 대퇴동맥에 있다. 어떡하는 것이 현명할까? 아니, 완전히 막히지는 않았다. 우회술을 쓸 필요는 없을 것 같다. 하지만 이 병변에 혈

언급하지 않았다. 그들은 싸우지 않았다. 개업한 의사들도 마찬가지였다—그들도 서로에게 동의하지 않았다. 미국에서 의사들은 다량의 에스트로겐을 처방했고 영국에서는 처방하지 않았다. 저자들은 그 이상의 차이를 제시한다. 미국에서 페미니스트와 보건 운동가들은 의사들이 폐경에 에스트로겐을 처방하는 데 반대한 반면, 영국에서는 처방을 꺼리는 의사들에게 이를 요구했다.

맥크레와 마클은 이러한 비논쟁들을 두 나라에서 다양한 집단들이 처하게 되는 상황과 연관 지어 다양한 입장들을 설명하려 했다. 이 분야의 대다수 미국 연구자는 공적 자금 지원을 받고, 대부분의 영국 연구자는 의약산업에서 자

관형성술이 적합할까 아니면 렛하만 씨를 동맥내막절제술 명단에 올리는 편이 나을까? 다양한 사람이 이런저런 의견을 내놓고 치료를 맡은 외과의는 그 의견들 모두에 고개를 끄덕인다. 모두 귀담아들을 점이 있다 ─ 그러면 어떻게 결론을 내야 할까?

렛하만 씨를 어떻게 치료하면 좋을까? 책임을 맡은 외과의가 외과의들, 방사선 전문의들, 혈관전문의로 이루어진 혈관 팀의 동료들에게 이런 질문을 내놓는다. 그는 논쟁에서 방어할 입장을 갖고 있지 않다. 어떡하면 좋을지 전혀 확신이 없기 때문이다. 어떤 치료요법이 환자에게 가장 적합할까?

어느 치료가 특정 환자에게 좋을까라는 질문은 한 가지 치료가 다른 것을 이기게 되는 결정적 논쟁 이후에도 사라지지 않는다. 그러나 거듭해서 다시 완전히 지역적인 문제가 되지도 않는다. 대신, 환자들에게 **적응 기준**indication criteria에 따라 치료의 분배가 실행된다. 적응 기준은 분배 도구다. 이것은 환자의 특성을 이용 가능한 치료 전략들 중 하나와 연결한다. Z 병원에서 적응 기준은 혈관 팀이 내놓는 과학적 산출물의 일부다. 문헌을 소화하고, 표현을 바꾸고, 보완한다. 여기

금 지원을 받는다. 미국 의사들은 에스트로겐 처방으로 돈을 벌지만, 영국 의사들에게는 일이 늘어난다는 의미일 뿐이다. 미국 페미니스트들은 "운명으로서의 생물학"을 오랜 숙적으로 받아들인 반면, 영국 페미니스트들은 여성의 불리한 위치를 구조적 이유에서 기인한 것으로 보고, "무시"도 여기에서 비롯된

다고 본다. 그리하여 모든 입장에 대한 **사회적 설명**이 있다. "다양한 이해관계의 입장들과 서로에 대한 체계적 반대는 정치적, 이데올로기적, 경제적 관계들의 결과로 보인다"(18). 그러나 이 논문이 사회적 설명들을 담고 있다는 점이 내가 여기에서 언급한 이유는 아니다. 80년대 초, 과학 출판물들의 많은

한 예가 있다. "10센티미터 이상 길이의 병변"에서는 PTA를 사용하지 말아야 한다.

> "제이틀러 등과 카픽과 동료들의 연구는 10센티미터 이상의 병변을 치료할 경우 PTA의 실패율이 극적으로 증가한다는 것을 보여 준다. 이런 경우에는 PTA를 이용해서는 안 된다"(Heijden, Eikelboom, Banga and Mali, "The management of superficial femoral artery occlusive disease", *British Journal of Surgery* 80, 959~96).

적응 기준은 확정 짓기 쉬운 질병의 특징들을 동원한다. 예를 들면 협착의 길이가 그렇다. 여기 인용한 것은 종지점까지 10센티미터다. 길이 10센티미터 이상의 병변에서는 PTA가 실패하는 경우가 많아서 쓸모가 없다. 그러나 10센티미터 이하 병변에서도 PTA는 동맥내막절제술보다 실패율이 높다. 그래도 이 수술이 시행된다. 왜일까?

> "동맥내막절제술의 혈관 개통율이 PTA보다 상당히 낮지만, PTA는 상대적으로 이환율이 낮은 비-외과적 기술이다. 게다가 환자들이 병

사회적 연구가 과학과 의학에 대해 이야기하면서 "정치적, 이데올로기적, 경제적 관계들"을 언급했다.

놀라운 점은 맥크레와 마클이 논쟁에 관여한 집단들이 결국은 종결에 이른다고 말하지 않는다는 것이다. 대신, 그들은 다른 알력을 빚으며 나란히 갈 뿐, 해결되는 쪽으로 가지 않는 모습을 제시한다. 맥크레와 마클은 거리를 유지하는 것이 관련 당사자들 중 일부에게는 심지어 도움이 된다고 주장한다. 예를 들어 페미니스트들에게는 정치적 반대가 그들의 전략이다. "그래서 여성들은 양국에서 폐경의 오명을 무효화시키려 했다. 미국에서 페미니스트들은 폐경은 정상적인 것이지 질병이 아

원에 머무는 시간도 짧아진다"(Heijden, Eikelboom, Banga and Mali, "The management of superficial femoral artery occlusive disease", *British Journal of Surgery* 80, 959~96).

동맥을 부풀리는 것보다는 긁어내는 쪽이 더 질 열려 있게 할 수 있다. 그러나 사람들은 혈관성형술보다 수술을 더 고통스러워한다. 또한, 병원에 훨씬 더 오래 있어야 한다. 그리고 죽을 위험도 더 크다. 그래서 환자들에게 치료를 분배해야 한다고 주장하는 계산법은 혼종적이다. 그것은 병변의 길이만이 아니라 병원에 있어야 하는 시간까지 포함한다. 진단 결과만이 아니라 진단과 치료의 실천성까지도 포함한다.

치료 실천에서 동맥경화증이 피할 수 있는 것이나 긁어낼 수 있는 것 또는 밀쳐 낼 수 있는 것 중 단 하나의 실재로 바뀌지는 않는다. 그것은 이 세 가지 실재 모두다. 그러나 동시에 세 가지 다도 아니다. 그것들은 적응 기준에 의해 다른 환자 집단들에 분배된다. 모든 환자 집단에 대해 다른 치료 지침이 내려지고, 그리하여 다른 질병이 표시된다. 적응 기준은 "실재"가 실천을 알려 줄 수도 있지만, 거꾸로 실

니라고 주장함으로써 무효화했다. 영국에서 여성들은 폐경의 문제는 '현실'이지 머릿속에만 있는 것이 아니라고 주장한다"(16). 차이들의 간극을 꼭 메울 필요는 없다. 차이들을 그대로 열어 두어도 좋다. 동의로든 힘으로든, 꼭 극복해야 할 필요도 없고, 그대로 두어도 된다. 그러면 여기에서 결론을 내지 못하

는 긴장들이 남는다. 미국뿐 아니라 영국 페미니스트들도 의사들에게 분개하고 연구자들을 인용한다. 그러나 모든 것이 합쳐지는 단 하나의 장소는 없다. 어떤 단 하나의 "이론"도 승리하지 못한다 ─ 그리고 대립하는 것들은 하나의 절충안으로 뒤섞이지도 않는다.

저자들이 이를 강조하지는 않았고,

용적 고려pragmatics가 실재를 형성하기도 한다는 것을 드러내는 장소다. 효과적으로 질병을 긁어내거나 우회할 수 있다는 **이유로** 수술을 선호한다면, "잠식된 혈관"의 실재에 실용적 조치들이 뒤따른다. 환자는 마취되고, 절개되고, 수술을 받는다. 그러나 PTA가 위험이 덜하고 환자에게 부담이 적다는 **이유로** 선택된다면, 그때는 이런 실용적 고려들이 우선한다. 실재가 그 뒤를 따른다. 즉, 동맥경화증은 풍선으로 밀어낼 수 있는 것으로 실행된다.

단계와 층

혈관외과의들은 상태가 나쁜 사람들을 치료한다. 그들의 질병은 무엇인가? 다리가 아프다. 피부 상태가 좋지 않다. 발목 혈압이 낮다. 혈류 속도가 일부 부위에서 증가한다. 혈관촬영도에서 협착이 보인다. 동맥에 플라크가 있다. 지금까지 나는 이 사례들 각각에서 실행된 동맥경화증들 간에 차이가 있다는 것을 강조했다. 그러나 거기에는 공통점도 있다. 혈관 수술에서 동맥경화증은 **용태**condition로 실행된다. 그것은 지금 여기에서 환자를 괴롭히고 있으며, 외과적으로 치료할 수도 있고 치료하지 못할 수도 있는 문제다. 그러나 Z 병원에는 다른

이는 한참 나중에 **문헌에서** 화제가 되었다. 그러나 돌이켜보면 지금 인용한 논문은 아주 흥미로운 작업을 시작한다. 그것은 철학자와 사회학자들이 다 같이 연구한 원초적 장면, 즉 (이성으로든 힘으로든) 논쟁이 종결에 이르는 일이 드문 사건인 이유를 제시한다. 논쟁이 상황이 서로 들어맞지 않는 "혁명적" 상황에서만 나오기 때문이 아니라, 애초에 상황이 서로 맞은 적이 없기 때문일 것이다. 자신의 시야를 명백히 매끄러운 결과에서 어지러운 세부로, 혹은 작은 위치에서 더 큰 위치로 조금만 옮기면, 상황이 더 복잡해지는 경향이 있다. 미국에서의 연구에만 집중할 것이 아니라 영국의 연구도 포함시킨다면

건물들도 있다. 내과에서 동맥경화증은 **진행 과정이다.**

선배 내과의가 혈액 속의 지질단백질과 동맥경화증의 발생 간의 관계를 조사하는 연구 프로그램을 진행 중이다. 그는 혈관 수술에 비판적이다. 혈관외과의들이 수술을 잘 했다 하더라도 항상 수술이 옳은 것은 아니라고 생각한다. "그들은 위험 요인들을 무시하려 합니다. 그런 것들이 중요하지 않은 척해요. 다시 관$_{pipe}$을 연다고요? 좋습니다, 그러면 환자는 구하겠지요. 그리고 그들은 자기들이 환자를 구해 낸 영웅이라고 할 테고요. 신문에 난 그런 사진들을 잊을 수가 없다니까요. 이제는 오래전 일이지만, 여전히 의미심장합니다. 그 사진은 최초로 심장 이식수술을 받은 남자의 사진이었습니다. 사진에서 그는 수술을 받고 사흘 후 병원 침대에 앉아 있었습니다. 그는 아직도 끔찍한 기분이었을 테지만, 사진사 때문에 미소를 짓고 있었어요. 그리고 사진에는 그가 다시 예전처럼 회복되었다는 설명이 달려 있었지요. 평소처럼 아침 식사를 했거든요. 베이컨과 달걀로요."

베이컨과 달걀은 혈액의 지방 균형에는 좋지 않다. 동맥경화증

다양한 차이가 드러나게 된다. 혹은 연구자들만이 아니라 의사들, 그리고 활동가들까지 고려해야 한다면, 그림은 계속해서 변화한다. 갈등 없이 차이가 있을 수도 있다. 그리고 결코 결론에 도달하지 못하는 갈등이 있을 수도 있다. 정치적 이론에는 오래된 비유가 있는데, 해소되지 않은 갈등은 전혀 놀랄 일이 아니라는 것이다. 어떻게 전쟁을 치르고 어떻게 전쟁을 피할까, 민주주의가 어떻게 차이를 다루는 방식으로 세계의 일부에 출현했는가, 어떻게 차이를 다른 곳에서는 다른 식으로 다루는가, 어떻게 다양한 종류의 반대가 다양한 식으로 함께 살아가는가와 같은 주제들에 대한 책이 가득하다(Moore

을 발생시킬 수 있다. 관을 막는다. 그래서 심장을 이식한 것이 영웅적인 행동이고, 이를 할 수 있는 사람들이 구원자로 보일 수도 있다. 그들은 관을 열었다. 그러나 그들이 자기 환자에게 아침으로 베이컨과 달걀을 먹게 하는 한, 관은 계속 막힌다. 담당 외과의들은 살인자로 정체를 폭로당해야 마땅하다.

"살인자"는 센 표현이다. 내 정보원들 중 누구도 이렇게 심한 단어를 쓴 적은 없다. 그러나 방금 인용한 면담은 이러한 비난을 뒷받침하는 데 필요한 지적 요소들을 모두 담고 있다. 이론상으로 충돌이 절정에 이르렀다. 그러나 실천에서는, 다시 한번, 더 복잡해진다.

누군가 나에게 한 젊은 내과의가 내가 흥미를 가질 만한 연구를 하고 있다고 말해 주었다. 동맥경화증과 관계가 있다는 것이었다. 그래서 복도에서 그를 마주쳤을 때 시간을 좀 내줄 수 있느냐고 묻는다. "물론 같이 얘기를 나누겠습니다. 기꺼이요. 하지만 제 연구에 대해서는 별로 드릴 말씀이 없습니다. 제 말은, 저는 꽤 드문 지질단백질 장애와 동맥경화증 사이의 연관관계를 풀어내려고 합니다. 그러나 지금까지 그 문제에 대해 합리적인 얘기를 해줄 수 있는 환자들이 거의 없었습

1966의 한참 전부터 Benhabib 1996 이후까지). 여기에서 그런 전통의 문헌과 진지한 연결관계를 만들기는 어렵다. 그러나 그것이 가능할 수도 있다는 예시를 보여 주기 위해서, 여기에 작은, 난해한 예를 하나 들겠다. 1968년 정치 이론가 레이파르트는 1917년부터 1967년까지 네덜란드 정치 문화에서 차이를 다룬 방식에 관한 책을 냈다. 차이들은 진정되었다. 수용되었다. 네덜란드 사회 생활(정치적 참여에서 운동을 하는 것까지)은 여러 공존하는, 서로 겹치지 않는 공동체들([다른 교파의] 개신교, 로마 카톨릭, 자유주의, 사회주의자들)로 조직되었다. 네덜란드식 다원주의는 인구를 **기둥**으로 나누는 형태를

니다. 환자가 없어요. 문제는 이겁니다. 지질단백질 장애에서는 징후가 거의 나타나지 않습니다. 주요 징후는 동맥경화증이 일찍 시작되어 빨리 진행된다는 것입니다. 그 말은 환자들이 병원에 오지만, 저한테 오지는 않는다는 뜻이지요. 환자들은 혈관외과의나 신경학자나, 심장병 전문의한테 가지요. 그리고 저는 그들의 지질단백질 수치를 측정했는지 여부조차 알 수가 없어요. 제가 뭘 알 수 있겠습니까? 제가 아는 것이라고는 의사들이 그런 환자들을 저에게 보내지 않는다는 것뿐입니다. 그래서 실은 좀 연구하다 막힌 상태입니다.”

지질단백질 장애를 겪는 환자들을 보지 못한다면, 환자들의 치료에 관해 논쟁을 제기하기가 어렵다. 혈관외과의들이 관련 환자들을 내과로 넘기지 않는다면, 그들과 논쟁을 하기도 어렵다. 그래서 외과의들이 **혈관 잠식**의 진행 과정을 무시하고 **잠식된 혈관**의 이상에 개입한다는 것이 아무리 염려가 되어도, 내과의들은 논쟁을 제기할 입장에 있지 않다.

동맥경화증이 여기에서는 현재의 상태로 실행되고, 저기에서는 역사가 있는 진행 과정으로 실행된다. 질병의 실재를 실행하는 이런

취했다. 기둥 맨 꼭대기에 있는 엘리트층은 의회와 다른 여러 결정적인 장소에서 서로 만났다. 그들은 대화를 나누었다. 우리들 중 나머지는 신경을 쓸 필요가 없었다. 싸우거나 협상할 필요가 없었다. 그리고 레이파르트의 언어를 사용하는 실망한 급진주의자들이 지적했듯이, 기둥 밑바닥에 있는 사람들은 서로 결코 만나지 않으며, 그러므로 세력을 형성하지도 못했다.

내가 이 책을 언급하는 이유는 여러분이 꼭 읽어야 해서가 아니다. 그보다는, 논쟁으로 바뀌는 대신 다른 장소에 “배분되는” 긴장들의 이미지가 네덜란드의 이미지일 수 있다는 점을 알아 두어야 하기 때문이다. 나는 그렇게 많

방식들 간의 긴장이 있지만, 완전히 싸움으로까지 발전하지는 않는다. 대신 동맥경화증의 이상과 동맥경화증적 프로세스 간의 차이들은 분배된다. 이러한 분배를 전문 분야에 따른 것으로 설명할 수도 있을 것이다. 혈관 수술에서는 동맥경화증이 동맥의 잠식으로 실행되고, 내과에서는 잠식 프로세스로 실행된다. 그러나 실은 더 복잡하다. 이 두 전공은 서로의 실재를 분배하는 데 그치지 않는다. 어딘가 바깥으로 밀어내기만 하는 것이 아니라, 그것을 위한 자리도 만들어 낸다. 그들은 자기 분야 안에, 자기 방식대로 다른 실재를 위한 자리를 만들어 낸다. 그리하여 "혈관 잠식" 상태는 잠식 프로세스에서 최종 **단계**가 되는 반면, "잠식 프로세스"는 환자의 상태 밑에 깔린 **층**이 된다.

이런 복잡한 분배가 실제로는 어떻게 보이는가? 내과 외래진료실으로 가 보자. 외래진료실에서 내과의들은 외과의들과 싸우지 않는다. 그들은 동맥경화증과 싸운다. 그들은 위험에 처한 환자들에게서 동맥경화증의 프로세스가 진전되는 것을 늦추려 한다. 그들의 예방적 조치들이 실패한다면 동맥경화증은 점점 발전하고, 결국 환자가 파행과 혈관 잠식을 호소하게 될 수도 있다. 그래서 내과 외래진료실에서 좋지 않은 혈관 상태는 조기 개입이 실패한 결과로 실행된다.

은 차이가 배분되었던 이 나라에서 나온 이미지를 내 분야에도 적용했다. 전통적인 "기둥들"이 더는 그렇게 중요하지 않다 해도, 여전히 차이들은 배분되고 있다. (예를 들어 Duyvendak 1994를 보면 네덜란드의 동성애 운동이 서로 만나지는 않지만 "기둥들"에 배분되는 하위집단들로 어떻게 나뉘어지는지를 설명한다.) 어쩌면 내가 잘못된 정치 이론가들을 읽고 이 이미지를 가져왔을지도 모른다. 그들은 레이파르트처럼 1968년 이후 "기둥화"가 차이를 다루는 **좋은** 방법이라고 분명히 말했을 뿐 아니라, 남아프리카의 **아파르트헤이트**와 연관지었다. 레이파르트는 그 시스템을 열렬히 추천했다. 네덜란드 정치 과학

만약 그렇게 된다면, 그렇게 되기만 하면 혈관 수술이 요구된다.

내과 외래진료실. 나는 당뇨병을 앓는 환자들을 보고 있는 내과의와 함께 앉아 있다. 진료실은 복도 몇 개 떨어진 곳에서 외과의들이 일하는 다른 곳과 비슷하다. 대기실에는 창문이 있다. (건축가들이 목소리를 높인 결과다. 환자들에게도 창문을 내주어야 한다고.) 30대 초반의 여성이 들어온다. "아, 담 부인이시군요. 어서 오세요. 오늘은 손님이 있답니다. 의사들을 연구하는 분이죠. 제가 하는 일을 관찰하세요. 기분은 좀 어떠신가요?" 담 부인은 좋다고 대답한다. 그러나 그녀는 궁금해한다. 지난번에도 기분이 좋았다. 하지만 검사 결과는 좋지 않았다. 지금은 어떨까? 내과의가 고개를 끄덕인다. "여기 결과가 있습니다. 훨씬 좋아졌어요. 이렇게 좋았던 적이 없어요. 어떻게 된 거지요?" 그들은 함께 혈액검사실에서 나온 숫자 목록을 들여다본다. 당 수치. 총 콜레스테롤. 고밀도와 저밀도 지질단백질의 비율. 그리고 그들은 담 부인이 혈액 수치blood level를 유지하기 위해 어떤 시도를 했는지 이야기한다. "이번에는 그게 이유일 수도 있어요. 되도록 규칙적인 생활을 했거든요. 정말로요. 밤에는 일찍 잤어요. 매일 같은 시간에 식

에서 그의 연구가 결코 끝나지 않은 격렬한 논쟁의 대상이 되었음은 자명한 일이다.

비모순

라투르는 그의 철학 논문 「비환원자들」 Irreductions에서 웅변적으로 논리를 사회학에 복속시키려 하는 사회학자들의 편을 든다. "'가장 강한 이성은 항상 가장 강한 자들의 이성을 따른다.' 나는 선善에 덧붙여진 이런 보충 개념을 제거하고자 한다. 가장 강한 자들의 추론은 가장 강한 것일 뿐이다. 우리가 실제로는 존재하지 않는 이 보충을 제거한다면, 이 사소한 덧붙임을 승자들한테서 훔쳐 온다면, '여기 아래의 이 세

사를 했고요. 과하지 않게요. 그리고 인슐린을 주입하는 시간을 바꾸지 않았어요. 많이 힘들었죠. 하지만 이렇게 생각했어요. 해야만 한다고요."

내과에서 동맥경화증은 현재의 불편이 아니라 미래와 관련된다. 내과에서는 현재의 혈액 수치를 측정한다. 당뇨병이 있는 환자들은 동맥경화증이 오기 쉽다. 그러나 혈당과 지질단백질 수치가 좋아질수록, 동맥경화증이 발전할 확률은 낮아진다(혹은 대부분의 최신 임상 실험 결과를 보면 그렇다). 그래서 지금 효율적으로 혈액을 관리하면 미래에 수술을 피할 수 있다. 프로세스를 처음부터 잘 추적 관찰하면, 동맥경화증은 문제를 일으키는 수준까지 절대 가지 않을 수도 있다. 그러나 확실하지는 않다. 상황이 늘 뜻대로 되지는 않는다. 어떤 몸들은 이상한 짓을 한다. 이상한 짓을 하는 환자들도 있다. 그리고 내과의들도 때로는 실패할 때가 있다. 그러면 수술이 필요해진다. 동맥경화증이 프로세스로 실행되면, 그때는 시간상의 문제가 된다. 그리고 언젠가는, 시간 축에서 더 나중에, 상황이 좋아지지 않는다면 나쁜 상태가 더 악화될 수도 있다. 외과적 처지가 요구될 정도로.

계"는 아주 달라질 것이다. 우선, 그 세계는 더는 맨 밑의 세계가 아닐 것이다"(186). 그러나 이 텍스트 다른 곳에서 라투르는 약간 다른 식으로 논리에서 출발한다. 논쟁의 다양한 명제를 "승자"와 "패자"에 연관 짓는 대신, 그것들을 실천의 문제에 끼워 넣는다. 행동하는 방식, 다루는 방식에서 그렇게 한다. 하나를 다른 방향으로 가져가는 **실천**에서 그렇게 한다. "그 자체로 논리적인 것도, 비논리적인 것도 없다. 항상 한 길은 어딘가로 이어진다. 우리가 알아야 할 것은 길이 어디로 이어지는가, 그리고 어떤 교통수단으로 그 길을 가야 하는가다. 고속도로는 '논리적'이고, 도로는 '비논리적'이고, 시골길은 '불합리'

혈관외과에서는 동맥경화증이 나쁜 상태로 실행되므로, 질병으로 발전하는 프로세스에 내과가 개입할 여지를 남겨 둔다. 혈관외과의들은 지질단백질 수치와 혈당 수치 측정과 싸우지 않는다. 싸우기는커녕 자기들이 직접 측정하기도 한다. 예를 들어 젊은 환자들의 경우에 그렇다. 젊은 환자들에게서 동맥경화증이 발병할 경우, 지질단백질 혈액 수치가 정상에서 벗어날 수 있다. 그런 경우라면 외과적으로 치료해야 할 뿐 아니라 내과에서도 다룬다. 근본적인 프로세스에 동시에 개입하지 않고서는 환자는 몇 달만 지나면 다시 원래 상태로 되돌아가고 새로운 증상 호소가 생겨날 가능성이 크다.

혈관외과의 뭐라고 하셨죠? 예너르 씨? 하지만 그런 환자에게서는 혈액 측정을 했습니다. 틀림없습니다. 젊은 사람들의 경우에는 항상 혈액 측정을 해요. 젊다는 게 무슨 의미인지는 경우에 따라 다를 수 있습니다. 하지만 이분 나이는 마흔다섯인가 그렇죠. 그리고 파일에서 아무것도 발견하지 못하셨지요? 정말 이상해요. 뭔가 했어야 했어요. 제가 살펴보지요.

하다고 할 만큼 어리석은 사람이 있겠는가?"(179). 다른 길들은 서로 모순되지 않는다. 다른 방향으로 다른 종류의 교통수단이 다닐 뿐이다. 그리고 "이론들"을 A 아닌 것을 배제하는 A에 대한 진술로 받아들이지 않고 실재를 다루는 다양한 방식으로 받아들인다면, 그들 사이의 차이가 꼭 모순이어야 할 필요는 없다.

이런 식으로 실천들을 환기하는 것은 철학의 더 오래된 전통인 **실용주의**와 공명한다. 의학의 **실천**에 대한 논의에서 실용주의도 자주 동원되었다. 실용주의는 다양한 의학 전공 분야의 질병에 대한 설명들이 이리저리 갈라져 나가다가 과학 논쟁의 단일한 무대에서 동맥경화증은 혈관외과에서도 프로세스로 실행된다. 젊은 환자들에게서 혈중 지질단백질을 측정한다. 혈관전문의는 혈액 측정을 모든 혈관 환자에게 필수 절차인 것으로 바꾸려 하고 있다. 언제 측정을 해야 할까? 사람들이 외래진료실에 오자마자 해야 한다.

> **혈관전문의** 저는 외래진료실에 혈관 문제로 온 환자들은 전부 혈액검사를 필수 절차로 받게 하자고 제안했습니다. 현재 진단 외에도요. 그들 모두한테요. 젊은 사람들한테만 하지 말고요. 혈관외과 교수도 동의합니다. 하지만 쉽지는 않을 겁니다. 외과의들만으로는 안 돼요. 그래서 지금 간호사들과 얘기 중이에요. 외래진료실에서는 간호사들이 서류작업을 하니까요. 간호사들이 양식을 하나 더, 적절한 것을 끼워 넣기만 하면 성공할 수 있을 겁니다.

혈관외과에서 나쁜 지질단백질 수치를 다루는 곳은 외래진료실에 환자들이 오기 전이나 후가 아니다. 오자마자 해야 한다. 이 정도는 예상할 수 있을 것이다. 혈관외과 외래진료실에서 동맥경화증은 시간과는 관계가 없다. 그것은 상태다. 정상 수치를 벗어난 혈액 수치

서로 만나야만 하는 것은 아니라고 말한다. 대신, 그것들은 다른 목적에 부합한다. 엥겔하르트가 카플란과 함께 앞에서 언급한 종결 원인의 목록을 만들기 한참 전에, 그는 비슷하게 결핵에 관해 분기하는 이론들의 목록을 만들었다. 그는 이를 이 질병을 실제적으로 다루는 수많은 방식으로 제시했다. 그것

들은 서로 모순되지 않고, "단지" 다른 목표를 가질 뿐이다. 엥겔하르트는 세균학자들은 벌레와 싸우며, 그들에게 결핵은 결핵을 일으키는 미생물로 특징지어진다고 말한다. 내과의사들은 결핵을 폐의 문제로 기록하고 다룬다. 결핵은 인구의 건강을 돌보는 사회의학에서 일하는 사람들의 일이기도 하기 때

는 상태와 관계가 있다. 바로 거기에 위치한다. 나쁜 지질단백질이 혈관외과에서 실행된다면, 그때는 또 다른 **층**으로서 실행되는 것이다. "근본적인 프로세스"로서다. 그것들은 외과의들이 진단하고 치료할 수 있는 대상 **밑**에 있다.

> **혈관외과의** 물론 우리는 징후를 치료할 뿐입니다. 동맥경화증은 진행됩니다. 이런 사람들이 원상태로 돌아가는 것을 자주 봅니다. 몇 달 후일 수도 있고, 몇 년 후일 수도 있지요. 그 생각을 하면 의기소침해질 수도 있습니다. 하지만 그럼 다시 해야지요. 진짜 나쁜 상태가 되면 사람들을 집으로 되돌려 보낼 수 없어요. 다리를 못 쓰게 될 때까지 놔둘 수는 없지요. 괴저로 죽는 거야말로 정말 끔찍합니다. 그러니 어떡하겠습니까? 이렇게 말하겠지요. 식단에 신경을 쓰세요. 되도록 많이 걸으세요. 금연하세요. 그리고 수술을 계속하겠지요.

이 인용문에서, 한 동맥경화증, 즉 진행 과정은 근본적인 질병으로 바뀐다. 그리고 또 다른 것, 상태는 표면에 드러나는 층, 징후적인 것이다. 이렇게 보면 다리 동맥 수술은 깊이 들어가지 않고 표면만을

문에, 그들은 결핵을 감염성 질병으로 본다(Engelhardt 1975, 125~41).

그러나 결핵에 대한 다양한 **이론**을 이 병에 관련된 서로 다른 의사들의 **일**로 연관 짓는다면 중요한 것을 빠뜨리게 된다. 병을 다루도록 돕는 의학 이론가들과 마찬가지로, 해야 할 일은 미리 주어지지 않는다. 할 일은 문제의 이론들에 따라 각기 다르다. 그리고 서로 충돌을 일으킬 수도 있다. 개입 자체의 목표나 그 목표에 이르는 수단들이 충돌할 수도 있다. 세균학자, 내과의사, 사회의학 관련자들이 성취하고자 하는 것은 서로 보완적일 수도 있고 양립하지 않을 수도 있다 ― 혹은 둘 다 가능할 수도 있다(이 책에서 설명한 다리 혈관의

건드리는 개입이 된다. 그러나 근본적인 질병과의 관계에서는 아무리 징후적이라 해도, 수술은 생명을 구할 수 있다. 혹은 적어도 사람들이 지금, 몇 주 후, 괴저 같은 끔찍한 병이 아니라 몇 년 후 심장마비로 죽을 수 있게 해준다.

다른 질병들은 충돌할 수도 있지만 서로를 위해 자리를 내준다. 이 자리에 주어지는 이름들은 질병의 특수성에 따라 다르다. 이는 동맥경화증의 경우에도 마찬가지다. 내과에서 동맥경화증은 프로세스지만, 증상을 일으키는 잠식된 혈관 관내강의 나쁜 상태는 이 프로세스의 일부다. 그것은 마지막 단계에서 발견될 것이다. 그리고 반대로 혈관외과에서 동맥경화증은 나쁜 상태이지만, 정상을 벗어난 혈액 지질 농도는 외과적으로 치료하는 질병의 징후 밑에 있는 깊은 층일 수도 있다. 이는 전 세계적으로 논쟁을 벌이거나 동의에 이르는 대신, 다른 장소들에 실재를 분배하는 또 다른 예다. 이번에는 동맥경화증의 다른 장소에 실재를 분배하는 것이다.

혈액이 있는 장소

Z 병원은 학술적인 병원이다. 병동 건물과 복도 중에는 환자들이 가

동맥경화증의 치료와 매우 유사한 식으로). 엥겔하르트의 다양한 실용주의 버전이 만든 목록은 의학 이론/실천 간의 관계들의 특징 속으로 파고들어 가지는 않음으로써, 분배 과정을 분석하기보다는 **재생산한다.**

이런 문제가 없는 다른 텍스트들도 있다. 예를 들어 니콜라스 폭스는 목표들 간의 차이를 주어진 것으로 받아들이기보다는 그가 분석하는 차이의 **일부**로 포함시킨다. 그는 수술을 연구했고, 환자들의 전반적인 건강에 관심을 갖는 마취과 의사들과, 특정 질병을 제거하는 것을 목표로 하는 외과의들 사이에 긴장이 존재한다는 것을 보여 준다. 실용주의자들이라면 이 차이를 전문직들

지 않는 곳도 있다. 동맥경화증은 거기에 갈 수 있지만, 환자들은 가지 않는다. 혈액학 연구실은 의사들에게도 낯설다. 주로 생물학자, 생화학자, 테크니션들이 여기에서 연구를 진행한다. Z 병원 혈액학 연구실의 연구 대상은 혈액이다. 혹은 혈액 응고 메커니즘이다. 혈액학 연구실에서 동맥경화증은 혈액 응고 메커니즘과 관련된 이상으로 실행된다. 두꺼워진 동맥 벽 내막이 파열하면서 혈액 응고 과정을 촉발한다. 혈소판이 파열된 곳을 치료하려는 듯이 파열된 자리에 서로 달라붙는다. 그리하여 혈소판이 점점 더 많은 플라크를 형성한다. 그리고 거기에 파편들이 달라붙는다.

Z 병원 혈액학 연구실에서 중요한 장치는 플로우 체임버flow chamber다. 이 체임버의 한가운데에 슬라이드를 삽입한다. 액체가 체임버를 통과해 슬라이드 위로 흐른다. 액체가 플라스틱 관을 통해 들어갔다 나온다. 펌프가 액체를 심장박동이 뛰듯 흐르게 만든다. 이 액체는 마치 피처럼 보이지만, 한 기증자의 세포와 또 다른 기증자의 혈장으로 만들어진다. 또한, 조사를 위해 관을 즉시 막게 될 지방 같은 물질들을 제거했기 때문에 인체 내의 혈액과는 다르다. 그러나 pH는 7.4로 완

의 임무에다가 연관 지음으로써 누그러뜨렸을 테지만 폭스는 오히려 그 긴장을 들춰낸다. 그러나 그가 그 내용에 대해 더 많이 알아내는 식으로 하는 것은 아니다. 예를 들면 임무, 질병 개념, 기술적 도구들의 상호 뒤엉킨 역사 속으로 들어가는 식으로 말이다. 대신, 그는 전문직들의 사회학에 연관 짓는다. 그는 "건강" 대 "질병 제거"의 긴장이 어떻게 관련된 두 전문집단 간의 문제로 가득한 사회적 관계에 참여하는가, 그리고 어떻게 사회적 관계들이 운영 조직에 방해가 되는가를 보여 준다(Fox 1994).

그래서 폭스의 사회학은 앞서 언급한 과학사회학자들 상당수의 사회학과

화되어 있다. 그리고 온도도 인간의 것과 같다. 플로우 체임버는 물을 넣은 그릇 속에서 37도로 유지된다. "신선한" 관상동맥에서 추출한 작은 혈관 벽 조각을 조심스럽게 플로우 체임버 안의 슬라이드 위에 펼친다. 문제는 얼마나 많은 혈소판이 혈관 벽의 다양한 층에 달라붙을 것인가다. 이 문제를 몇 번이고 거듭해서 조사한다. 그리고 연구자는 매번 액체 변수를 바꾼다.

이 연구의 목적은 다리 동맥의 동맥경화증이 아니다. 이런 지역화는 연구실의 논리와는 맞지 않기 때문이다. 인체 내 혈액조차 다리에만 머물지 않고 몸 전체에 흘러 다닌다. 더군다나 연구실에서 조사하는 혈액은 동맥이 아니라 정맥에서 뽑아낸 것이다. 두 사람의 정맥에서 뽑아서 비닐주머니에 담아 연구실로 가져왔다. 혈액의 해부학적 위치는 완전히 사라졌다.

혈액학 연구실에서 동맥경화증은 혈액 구성성분과 혈관 벽 사이의 상호작용으로 실행된다. 실험자들은 혈액 응고와 관련된 다양한 혈액 변수를 조작한다. 한 번에 하나씩 끝없이 실험들이 이어진다. 혈관외과의들이 수술실과 외래진료실에서 하는 일에서부터 꽤 멀리까

비슷하다. 그들은 논쟁을 이해할 때 **사회집단들**(그리고 그들의 이해관계와 사회적 내재성/위치성) 간의 갈등을 본다. 또한, 의사들이 일상적인 실천에서 각기 다른 절차, 형식, 질문하는 방식으로 동원하는 다양한 "지시 틀"을 설명하는 사회학이 존재한다. 이것들은 다른 것들을 배제하는 일부 사회집단의 배타적 특성이 아니라, 모두가(혹은 거의 모두가) 의지할 수 있을 전통, 레퍼토리, 혹은 논리다. 개인들은 그것들 중 하나 이상에 관여할 것이다. 그들은 여러 지시 틀 사이를 옮겨 다닐 수도 있다. 이것이 니콜라 도디에가 직업병 의학연구에서 설명한 것이다. 관련된 차이들은 참여하는 의사들을 통해 빠르게 퍼져 나간

지 왔다.

　　　혈액학 교수　혈관외과의들이 우리가 오늘 설명하는 것과 같은 동맥경화증의 프로세스에서 생화학적 세부사항들을 다 알지 못한다고 해서 뭐라 할 생각은 없습니다. 왜 알아야겠어요? 그들이야 관을 뚫으면 되죠. 그게 그 사람들 전문이잖아요.

　　외과의들은 피는 보지 않는다. 수술하는 동안 많은 피를 **보게** 될 수도 있지만, 가급적 보지 않으려 한다. 그들은 가능한 한 혈관계 안에 많은 피를 머물게 한다. 반면 혈액학자들은 환자를 보지 않는다.

　　면담자가 묻는다. "선생님은 동맥경화증 환자들을 직접 보시나요?" 혈액학 교수가 깜짝 놀란 표정을 짓는다. 나는 바보가 된 기분이다. 그를 만나러 오기 전에 이런 질문에 대한 답 정도는 미리 알아 두고 왔어야 했다. "아뇨, 아뇨. 우리는 혈액 질환을 앓는 사람들을 봅니다. 철혈성 질환, 암 등이요. 그런 병들 말입니다. 아뇨, 동맥경화증 때문에 환자들을 보는 일은 없습니다. 지금까지는 그들에게 해줄 것이 없

다. 하루에, 한 명의 환자와, 한 가지 사례에서는 **임상적** 전문지식과 설명에 의존하는 반면, 다른 경우에는 **관리식** 작업 방식을 취한다. 즉, 여기에서는 특정한 괴벽, 정상 가치, 스타일, 문제들을 가진 개인을 이해해 주는 반면, 저기 다른 예에서는 개인을 가느다란 틈새에 끼워 넣고 관리 기준에 연관 짓는다. 도

디에가 차이를 두는 **지시 틀들**은 어느 하나의 상황에서는 양립불가능할 것이다. 그러나 의사들 개개인은 어떤 상황에서는 한 가지 틀을 이용하고, 다른 곳에서, 조금 더 이르거나 늦게는 다른 틀을 이용하는 데 보통 아무런 문제가 없다(Dodier 1993).

　　그러면, 여기에서 우리는 논리적 **모**

어요."

혈액학자들은 그들이 보지 않는 혈관 환자들에게 줄 것이 없다. 대신, 그들은 주머니에 담겨서 온 혈액을 씻어 내고, 원심분리기에 넣어 돌리고, 실험을 한다. 혈소판 점착을 관찰한다. 응고 메커니즘에서 악역인 칼슘의 역할에 대해 알게 된다.

동맥경화증이 "진짜로" 혈액 응고 메커니즘의 문제인지, 아니면 협착이 있는 동맥들 중 하나의 문제인지, 일상생활에서 지장을 받는 환자들의 문제인지를 놓고 논쟁이 벌어지지는 않는다. 그런 문제는 토론을 통해 해결될 것이 아니다. 그것은 분배된다. Z 병원의 매일의 실천에서 혈액학자들과 혈관외과의들은 거의 만날 일이 없다. 양쪽 교수들은 연구지원서에 공동 서명한다. 혈액학 연구실의 연구자들 대부분은 보통 동맥경화증에 관한 월간 회의에 간다. 외과의들 중 일부는 가끔 한 번씩 간다. 그러나 혈액학 연구자들과 외과의들이 나에게는 서로 다른 이야기를 한다 하더라도, 서로에게 그런 이야기들을 하지 않는다. 혈관외과에서 연구실로 가는 것은 정말로 한 세계에서 다른 세계로 가는 것이나 마찬가지다.

순에 대한 철학적 매혹으로 다시 되돌아가지 않고, **갈등**에 초점을 맞추는 사회학적 전통을 떠났다. 그러면 지금 우리는 결국 어디에 있는가? 답은 이것이다. 긴장들의 자리에. 그 자리는 충돌이 일어날 수도 있는 장소다. 혹은 거기에서 다른 작업 방식들이 다른 장소와 상황, 다른 건물, 방, 시기, 사람들, 질문들에 걸쳐 퍼져 나갈 수도 있다. 어쩌다 보니 지금은 상황이 그렇게 되었지만, 달랐을 수도 있었을 장소다. 과거에는 달랐기 때문만이 아니라, 실은 지금도 다르기 때문에(다른 장소나 상황에서) 그렇다. 샹탈 무페가 정치 이론에서 **차이**를 더 진지하게 고려해야 한다고 경고할 때 환기하는 것과 아주 비슷한

하급 연구원은 외과의가 되고 싶어 하기 때문에 흥미로운 정보원이다. 그는 외과 수련의들과 함께 주말과 밤 근무 일정을 잡는다. 그러나 그의 박사 연구는 인공 우회로에 중간세포를 배양하는 것과 관련이 있다. 그는 혈액학 연구실에서 매일 일한다. 무엇보다도 여기에서는 중간세포 배양 실습을 공통적으로 한다. 페트리 접시, 살균 작업 공간, 증식배지, 스토브, 이 모든 것을 섬세하게 다루며 연구한다. 그러나 그에게 연구비를 수여하는 쪽에서는 그가 몇 년 안에 수술에 적용할 수 있는 결과를 내놓기를 바라고 있고, 연구실 동료들은 그가 자신의 실험 기구로 어느 혈액학 학회지에건 발표할 수 있을 만한 근본적인 통찰을 얻어 낼 수 있을지 의문스러워한다.

"혈액학 연구실과 외과 수술실은 동떨어진 세계예요. 저는 그 사이를 오가지요. 양쪽은 서로에 대해서 아무것도 몰라요. 아무것도. 놀라운 일이죠. 여기 연구실의 제 동료들은 혈관 벽이 조금 필요하더라도 어떻게 해야 하는지 몰라요. 그래서 가끔 제가 전화를 몇 통 걸고 외과의들이 혈관 조각을 잘라 내고 있는 수술실로 가요. 제가 거기 직접 가서 버릴 혈관 조각을 용기에 담아서 연구실로 가지고 와요. 혈액학 연구실 사람들은 제가 충분히 과학적이지 않다고 여길 수도 있지만, 재료

장소이기도 하다(Mouffe 1993). 진지하게라는 의미는, 차이를 고려할 때 사회를 고립된 개인으로 파편화하는 다원주의가 아니라, 어느 정도는 우리가 세계를 **공유해야** 한다는 사실로부터 불가피하게 발생하는 긴장의 관점에서 고려해야 한다는 의미다. 우리의 모든 차이를 매끄럽게 일치하도록 만들지 않는다면,

단 하나의 승자가 있어야 할 필요는 없다. 무페는 차이를 진지하게 말하려면 거리를 두는 것과 함께 뒤섞는 것 사이를 끊임없이 오가야 한다고 주장한다. 타자성을 그대로 두는 것과 그것과 관계 맺는 것 사이에서 계속 움직여야 한다. 여기에서 중요한 것은 알력들이 **전체**에서 핵심적인 요소라는 인식이다.

에 제가 쉽게 접근할 수 있기 때문에 저를 어느 정도는 믿어 주지요. 동료들은 외과의들을 무서워하거든요. 그리고 반대쪽에서도 장벽이 그 못지않게 커요. 다른 외과 수련의들에게 제 연구에 대해 설명할 수가 없어요. 그들은 그중에서 두 마디도 이해하지 못해요."

두 세계는 몇 개 층과 계단으로 분리된 정도가 아니다. 한 세계에서는 혈액을 연구하는 반면 다른 곳에서는 혈관을 수술한다. 그들이 상대하는 인간 개체군도 다르다. 혈액학 연구실에서 일하는 사람들 대부분은 의사들이 충분히 과학적이지 않다고 생각하면서도 진짜 외과의들은 두려워하는 반면, 대부분의 혈관외과의는 혈액학적 언어를 하지 못한다. 두 곳은 건물 구조상으로도 분리되어 있지만, 인간 개체군도 서로 분리되어 있기 때문에 이중으로 분리된다.

그러나 혈관 수술과 혈액학 연구에서 실행되는 동맥경화증 사이의 격차는 사람들과 관점의 차이의 문제가 아니다. 다른 세계들에 다른 사람들이 살고 있을 수도 있지만, 그 사람들이 차이를 만들지는 않는다. 모든 외과의가 동맥경화증을 내일 플라크가 형성되는 점진적인 과정으로 인식한다 하더라도, 그런 식으로 이를 치료할 수는 없을

무페는 다른 정치적 구성요소들 사이 관계의 이미지를 묘사하는데, 이 이미지는 지금 연구에서 묘사되는 것처럼, 실행된 다른 대상들 간의 관계의 이미지에 가깝다. 이는 더 전반적인 변화를 가리킨다. **정치**는 여기에서는 다양한 최근 연구들에서처럼 더는 **과학**의 영역에서 분리할 수 있거나 분리 할 수 없는 **영역**으로 간주되지 않는다 (Haraway 1997). 이는 마찬가지로 둘 사이의 관계를 더는 한 영역에서 다른 영역으로 일어날 수 있는 **침범**의 문제로 상상할 수 없다는 것을 보여 준다. 대신, 예를 들면 관련시키는 **방식들**의 역학 사이의 공명과 유사성이 다루어진다. **다르다는 것은 무엇인가?** 얼마나

것이다. 잘 듣는 약이 없다. 그리고 약이 나올 즈음에는 동맥경화증을 더는 잠식된 혈관을 가진 상태로 보지 않게 될 것이다. 그때쯤에는 막힌 동맥이 드물어질 것이다. 대부분의 환자는 외과적 치료를 고려해야 할 정도로 동맥경화증의 상태가 심각해지는 일이 절대 없을 것이다. 미리 예방될 것이다.

혈관외과의와 혈액학자들 간에 논쟁이 없다면, 이는 양쪽이 동의했다는 뜻이 아니라 그들의 실천 사이에 접점이 없다는 뜻이다. 싸울 거리가 없다. 그러나 혈액학 연구실에서 하는 연구는 언젠가 미래에 혈관 수술을 아예 없애 버릴지도 모른다. 그 연구의 목표는 혈소판 점착에 핵심적이면서 영향을 주기 쉬운 변수를 찾아내는 것이다. (만약 사용된다면) 그런 약은 동맥경화증을 근절하게 될 것이다. 우연히 보게 된 연구 프로젝트의 제안을 요약하면 다음과 같다.

동맥경화증 플라크의 콜라겐과 혈소판 사이 상호작용에서 다른 변수들의 영향을 연구할 것이다. 이 프로젝트는 혈관 질병의 발생 뒤에 숨은 기초적인 메커니즘에 더 많은 통찰을 제공할 것이다. 이런 지식은 신약 개발에 필수적이다.

많은 다른 스타일이 있는가, 얼마나 많은 다른 존재자 혹은 행위자가 충돌하는 동시에 상호독립성을 보여 주는가, 연관된 "편"side들의 특성은 무엇인가, 어떤 종류의 물질들(그리고 사회적인 것들)로 만들어지는가? 이런 질문들은 국가 수준에서 일어나는 사건들을 다룰 때나 몸을 지닌 한 개인의 삶을 다룰 때나 마찬가지로 적절하다. 병동의 건축과 조직 설계를 다룰 때나, 유전자 특허의 국제적인 규칙들을 정할 때나 마찬가지로 긴급하다. 이런 장소들 중 어떤 것은 **정치적**이라 하고 다른 것들은 **과학**이라 부른다면 말이 되지 않는다. 전부 다 인간 삶의 조직과, 이와 함께 오는 세계와 관계가 있다. 그것들 전부에 박사 후 과정생이 연구를 수행하고 있다. 그녀는 생물학자다. 시험관에 용액과 시액을 채운다. 다른 유형의 콜라겐들을 추가한다. 그녀는 혈소판의 수명에 강하게 이끌리지만, 자기 연구의 더 큰 목표를 잘 알고 있다.

> **박사 후 과정생**　인간들이 토끼와 더 비슷하면 좋겠어요. 많은 연구에서 인간들은 토끼를 연구해 왔어요. 토끼를 대상으로 많은 약이 발견되었고요. 하지만 그것들은 인간 모델로 성공적으로 옮겨지지 않았어요. 그래서 여기 Z에서 우리가 인간 조직을 연구하고 있는 거죠. 플로우 체임버가 있어서 좋아요. 그 덕분에 인체 물질들을 직접 연구할 수 있으니까요.

그녀의 지도교수는 의사라고 한다. 그는 토끼를 좋아하지 않는다. 그래서 플로우 체임버 개발에 많은 힘을 쏟았다. 또한 그는 인간의 동맥에서 발생하는 동맥경화증에 일어나는 일은 무엇이든지 추론하는 데 능하다.

서 규칙, 규제, 이상, 사실, 알력, 틀, 긴장들이 다른 무엇보다 중요하다.

이것이 모든 장소와 상황이 다 유사하다거나, 차이화의 패턴들이 장소마다 여전히 다 동일하다는 의미는 아니다. 최전선의 과학 학술지에서 논쟁으로 진술된 사실들 간의 차이를 설정하는 것이야 이해할 수 있는 일이지만, 병원이라는 배경에서는 차이를 다루는 데 보통 조정과 분배가 더 적절한 방식이다. 정부기관의 위원회 회의에서라면 합의에 이르기 위해 잠재된 긴장을 누그러뜨리는 편이 현명하겠지만, 철학적 분석에서는 긴장을 끌어내는 것이 미덕인 경향이 있다. **정치**와 **과학**이 더 이상 별개의 영역이 아니게 된 이후로, 이는 모

면담자 약을 발견할 거라고 생각하시나요?

혈액학 교수 물론 그렇지요. 그래야지요. 제 연구 지원서마다 그 내용을 넣었어요. 하지만 예, 진지하게, 우리가 약을 발견할 거라고 분명히 믿습니다. 얼마나 많은 사람이 이 연구에 참여하고 있는지 보세요. 전 세계에서요. 물론 주로 미국에서지만, 다른 지역도 있어요. 내규모 사업이지요. 제약 산업이 깊이 연관되어 있습니다. 최근 서구 사망률의 절반이 동맥경화증 때문입니다. 일단 우리가 뭔가를 발견하면, 상황이 급변할 겁니다. 혈관 수술은 필요가 없어질 겁니다. 궤양을 보세요. 30년 전에는 위궤양 수술이 많았어요. 지금은 이런 환자들은 다 약을 먹습니다. 이제는 수술을 아예 안 해요.

동맥경화증의 진행을 중지시키는 약은 아직 발견되지 않았다. 그러나 이는 단지 시간문제로 보인다. 플라크 형성에 관련된 변수는 아주 많다. 이를 연구하는 연구실도 많다. 연구를 밀어주는 경제적 배경도 크다. 조만간 어떤 한 변수나 다른 것을 조작할 수 있게 될 것이다. 개입이 가능해질 것이다. 혈관 수술은 위협받고 있다.

두 동질화시켜 버려야 한다는 요청이 아니다. 그보다는 차이들이 다양한 장소와 상황에서 다루어지는 다양한 방식 — 그리고 언제, 어디에서 우리가 더 잘 할 수 있을지를 묻는 방식을 찾자는 호소다.

수련의 그래서 저는 외과의가 될 거예요. 예. 4년 더 있어야겠죠.

면담자 그러면 그 다음에는요? 뭘 하고 싶어요, 일반적인 수술? 아니면 혈관?

수련의 모르겠어요. 저는 혈관 수술이 좋아요. 재미있어요. 그 수술은 손기술과 지식 둘 다 어려워요. 하지만 저도 경고는 들었어요. 신약이 나온다면 어떻게 될지 말이에요. 그리고 약보다도 좋은 것, 그것도 역시 중요한데, 유전자 표지 연구도 진행 중이죠. 동맥경화증에 걸리기 쉬워서 약을 먹어야 하는 사람을 찾아내 주는 유전자 표지요. 그럼 다 끝이죠. 더 할 게 없어요. 혈관 수술은 더는 없을 거예요. 완전히는 아니라도 거의 없어지겠지요.

혈액학은 수술을 사라지게 만들 약을 찾아내려고 노력함으로써 혈관 수술의 미래를 약화시키고 있다. 특히 여기에서 많은 유전학자가 환자가 될 사람들을 찾아내려고 노력 중인데, 이 연구가 성공한다면 더 말할 것도 없다. **위험**에 처해 있다고 지목된 개인들은 환자가 되기 전에 약을 먹어서 미리 예방할 수 있을 것이다. 그러면 혈관 수술과 혈액학 사이에서 몇 년 후면 논쟁이 벌어지게 될까? 그렇지는 않다. 일단 약이 나오면, 동맥경화증은 변화할 것이다. 파행에 대한 불만, 협착성 동맥, 막힌 관내강, 보행 중 통증을 느끼는 환자들. 이것들이 더는 나오지 않을 것이다. 일반의들은 동맥경화증을 앓는 환자들을 더는 혈관외과의들에게 보내지 않을 것이다. 하지만 그렇다고 해서 혈액학자들에게 보내는 일 또한 없을 것이다. 대신 위험한 환자들에게 신약을 처방하고, 먹도록 권유할 것이다. (외과의들이 치료하고 혈액학자들이 예측하는) 현재의 분배는 서서히 사라질 것이다. (알약이 심각한 동맥 잠식의 발생을 예방하거나 적어도 늦추는) 전혀 다른 배치로 대치될 것이다.

다른 편과 다른 위치들

과학 실천에서 공유하는 목표는 널리 퍼질 수 있는, 소위 **보편적인** 지식을 생산하는 것이다. 과학 논문들은 공유하는 하나의 대상의 여러 다른 버전을 조화시키려고 한다. 그러다가 긴장이 고조되면 논쟁이 벌어진다. 연구실마다 사용하는 연구 실천과 실험 도구들이 비슷해져야 과학적 조정이 성공할 가망이 있다. 그러나 병원의 과들 사이에서 더는 이러한 실천상의 유사성을 추구하지 않는다. 무엇보다도 그들은 서로 할 일이 다르다. 그들은 기꺼이 다른 임무에 관여한다. 치료와 예방 실천을 위해 다 함께 공유하는 일관된 존재론을 요구하지 않는다. 실행되는 대상들이 양립불가능하다 해서 의학이 개입하는 데 장애가 되지 않는다. 대상의 양립불가능한 변종들을 분리해 낼 수만 있으면 된다. 이 변종들을 분리하여 다른 장소에 분배하면, 질병의 다른 변종들 간에서 일어날 수 있는 긴장들이 배경 속으로 사라져 버린다. 의학의 비일관성은 더는 고쳐야 할 흠이 아니다. 서글픈 과학성의 결여를 가리키지도 않는다. 의료실천에서 실행된 존재론이 긴장-속-변종의 혼합물이라는 사실은, 의료실천의 풍요롭고 융통성 있으면서도 지속적인 특성에 기여할 것이다.

분배는 분배하지 않는다면 충돌할 수도 있는 것들을 분리해 낸다. 이 장은 여러 형태의 분배를 제시했다. 첫 번째는 환자의 일정에서 진단과 치료의 다른 시간대에 다르게 실행되는 동맥경화증들의 분배였다. 진단과 치료를 받는 "동맥경화증"이 꼭 동일할 필요는 없다. 서로 다르다고 반드시 문제가 되지는 않는다. 이 동맥경화증이 진단을 받고, 다른 동맥경화증이 치료를 받는다면, 각각의 변종은 각자의 자리가 있다. 그러므로 경쟁하는 양편이 어느 하나를 선택하도록 요구하거나 서로 싸우지 않는다. 흐름 속에 있는 것이지, 반드시 파편화되어 존재하는 것도 아니다. 실행된 대상은 일관되지 않지만, 환자는 (양식, 예약, 대화로 묶이는) 일정에 따라 한 장소와 상황에서 다른 장소와 상황으로 옮겨 갈 수 있다.

여기에서 제시한 분배의 두 번째 형태는 환자에 따른 치료의 분배였다. Z 병원에서 이용 가능한 동맥경화증의 외과적 치료들 가운데 딱 하나를 골라 그것이 최선이라고 선언할 수는 없다. 그 치료법이 가장 효과적이라거나 가장 문제가 적다 해도 그렇다. 대신, 세 가지 종류의 외과적 치료가 이를 고려해야 하는 다양한 환자에게 분배된다. 이 분배를 달성하는 데 도움이 되는 특정한 도구들이 있는데, 바로 적응 기준이다. 이것들은 환자 개개인의 특징들을 치료와 연관 짓는다. 다시, 여기에서도 이런 조치가 파편화로 이어지지는 않는다. 다양한 치료는 중심점에서 하나로 합쳐지기 때문이다. 중심점은 적응 기준이 정해지는 바로 그곳이다. 실행된 대상과 중요한 실천성이 상호의존적으로 결정되는 장소다.

여기에서 언급된 분배의 세 번째 형식에서는 **나쁜 현재 상태**로서의 동맥경화증과 **점진적인 악화 과정**으로서의 동맥경화증이 분리되는 한편, 또한 상대의 실재를 인정한다. 이렇게 해서 여기에서 파편화를 피하게 된다. 실행된 동맥경화증의 변종들 각각은 다른 변종들을 고려한다. 질병의 과정에서, 나쁜 상태는 특정 순간에 나타날 위험이 있는 것이다. 보통은 프로세스의 최종 단계에서 나타난다. 질병 상태에서 악화하는 과정은 여러 층으로 이루어진 신체 안에 놓인다. 과정은 환자의 상태 뒤에 놓인 실재다.

그러고 나서 네 번째 분배의 형식을 언급했다. 바로 가능성의 상태에 따른 분배다. 외과적 치료는 동맥경화증을 긁어내거나, 밀쳐놓거나, 피해 가야 할 혈관 잠식으로 실행할 수 있게 만든다. 혈액학 연구실에서 동맥경화증은 혈액 응고 메커니즘의 연쇄와 연관된 프로세스로 실행될 수 있지만, 병원의 다른 곳에서는 그렇게 실행될 수 없다. 아직은 아니다. 혈액 응고 메커니즘에 개입할 안전한 약이 아직 나오지 않았다. 나오리라 예상할 뿐이다. 그러나 이런 약이 일단 시장에 나오기만 하면, 가능성의 조건들이 바뀌게 될 것이다. 동맥경화증이 잠식된 동맥으로 실행되기가 점점 더 어려워질 것이다. 잠식된 동맥들은 희귀해질 가능성이 높다. 파편화는 말할 것도 없고, 단 한순간도 불일치가 존재하지 않는다. 그러나 몇 년 후면 동맥경화증이라는 대상이 완전히 바뀔지도 모른다.

그러면 이것들은 하나의 대상, 동맥경화증의 다른 실행들을 따로 떼어 놓는 분배의 네 가지 형식이다. 그러나 여전히 동맥경화증이라는 단어는 매번 질병이 분배되는 여러 장소 사이를 오간다. 나의 정보원들은 나처럼 이 단어를 지속적으로 사용하지 않는다. 그들에게는 그 단어 대신 이용할 수 있는 다양한 지역적 대안(파행, 협착, 혈관질병, 플라크 형성, 거대 혈관 문제)이 있다. 그러나 "동맥경화증"은 그들이 서로 대화하고 싶을 때 사용하는 단어다. 이 단어는 다양한 분배들과 함께 작업하는 조정 메커니즘이다. 그것은 질병이 분배되는 장소들 사이의 경계를 메워 준다. 그럼으로써 분배로 인하여 질병이 다중화하더라도 별개의 무관한 대상들로 다중화되지 않도록 막아 준다. 분배가 분리한 것들은 조금 더 있으면 다른 어딘가에서 다시 연결될 것이다. 분배는 신체와 질병을 다중화한다 —— 그렇기는 하지만 그것들은 합쳐진다.

5장 포함

하나의 전체로?

질병의 민족지학/실천지에 관여하는 일은 가능하다. 그러려면 질병을 행하는 실천성을 괄호에서 꺼내어 우리 관심의 맨 앞에 두어야 할 것이다. 그리고 이렇게 하면 다른 장소에서는 다른 동맥경화증이 실행된다는 것을 알게 된다. 하지만 그렇다고 해서 병원이 특이한 파편들로 넘쳐 난다는 뜻은 아니다. 흔히 대상들의 유일성singularity이라고 추정되는 것은 사실 의도적으로 성취해 낸 것이다. 그것은 조정 작업의 결과다. 일상적 실천에서 그렇게나 많은 서로 다른 대상이 하나의 이름 아래 있으면서도 상대적으로 논쟁이 드문 것 또한 마찬가지로 주목할 만한 성취다. 그것은 분배의 결과다. 분기하는 대상들을 합치려 했다가는 너무 많은 마찰이 발생하게 될 수 있다면, 그것들을 따로 떼어 두면 된다. 양립할 수 없는 동맥경화증들은 서로 만나지 않는한, 서로를 대면할 일이 없다.

이에 뒤따라 나오는 다중신체는 유클리드적 공간 안에 맞지 않는다. 교과서의 신체는 동맥경화증의 다양한 변종을 쉽게 투사할 수 있는 단 하나의 가상 신체로, 거기에서는 더 작은 부분들이 합쳐져 더 큰 전체를 이룬다. 세포는 조직의 일부고, 조직은 기관을 구성하며, 기관들이 신체를 만들고, 신체는 인구집단을 형성하고, 인구집단은 생태계의 일부다. 부분과 부분들을 포괄하는 것 사이 관계의 정확한 특징에 관해서는 논쟁이 있지만, 토론이 아무리 격렬하다 해도 공유하는 신념을 바탕에 깔고 있다. 바로 실재는 단 하나뿐이라는 것이다. 친구든 적이든, 의학이 흩어진 발견물들을 더하고 환자를 하나의 전체로 다루어야 한다는 데 동의한다. 의학은 환자 한 명씩이 가족(가족이 줄 수 있는 사회적 지원이나 가족이 품을 수 있는 생물학적 유사성에 적합한)이나 인구집단 등, 더 큰 전체의 일부임을 고려해야 한다는 점에는 더 강하게 동의한다. 이런 원은 점점 더 커진다. 그리고 가장 큰 원은 다른 모든 것을 아우른다.

그러나 실재를 실행하는 실천성을 전면에 내세우면, 이런 식으로 각 대상의 크기를 다르게 설정하려는 노력이 무너진다. 재현 도구를 다루는 방법에서 이런 사실이 잘 드러난다. 과학 학술지에 염색체 사진이 은하수 사진과 같은 크기로 실린다. 다른 예로, 동맥경화증에 관한 책에서 그래프 두 개를 찾을 수 있다. 하나는 혈관 벽의 혈소판 점착과 실험용 액체의 칼슘 농도 사이의 관계를 보여 준다. 두 번째는 전 세계에서 지난 10년간 동맥경화증으로 사망한 사람들의 숫자를 보여 준다. 어느 대상이 다른 것보다 더 큰지를 어떻게 결정할 수 있을

정상과 병리

논쟁에 초점을 맞추는 곳에서는 논쟁이 논리적 모순으로 제시되는가 혹은 사회적 갈등으로 제시되는가에 따라 반대되는 **차이**의 이미지가 환기된다. 논리학에서 A는 A 아닌 것을 배제한다. 사회학에서는 다른 것의 외부에 있으면서 그것과 긴장 관계에 있는 사회집단들에 대해 말한다. 그러나 반대편에 있어야만 꼭 달라질 수 있는 것은 아니다. 반드시 **반대**일 필요는 없는 **차이들**을 구성하는 방법이 많이 있다. 이런 것들 중 의료실천의 분석에서 대단히 중요한 것 하나가 있다. 장기간에 걸쳐 의학 자체가 이를 둘러싸고 조직되어 왔다. 바로 **정상적인 것**과 **병리적인 것** 사이의 차

까? 그래프들은 같은 폰트로, 비슷한 종류의 직선과 곡선을 이용하여 인쇄될 수 있다.

일단 대상들을 그것들을 실행하는 실천의 일부로 생각해 본다면, 크기로 위계적 질서를 정하기가 쉽지는 않다. 어느 것이 더 큰가 — 걸을 때 성가신 통증 때문에 마음껏 놀아다닐 수 없다고 너무 슬퍼하는 환자의 "심각한 곤란"인가, 아니면 다음 환자의 발목/팔 지수가 0.7로 나온 것인가? 어느 쪽이 더 작은가 — 수술실에서 표재성 대퇴동맥에서 추출한 동맥경화증 플라크인가, 아니면 수술을 받은 환자의 높은 혈중 지질단백질 수치인가? 이런 질문들은 간단히 답할 수가 없다. 어느 쪽이 더 큰가 — 100명의 성인 남성 콜레스테롤 섭취량이 10퍼센트 감소한 것인가, 아니면 그들 중 한 명의 우회술 수술이 성공한 것인가? 이런 대상들은 한쪽에서 다른 쪽으로 이행하는 관계가 아니다.

이 장은 비이행성intransitivity을 다룬다. 비이행성은 실천에서 의학 존재론이 작은 것에서 큰 것으로 정렬한 대상들의 집합이 아니라는 사실을 보여 준다. 환자를 다른 모든 것을 포함하여 "전체"를 형성할 만큼 큰 존재로 구성할 수는 없다. 물론 실천에서 대상들은 서로의

이다.

이 책에서는 동맥경화증을 실행하면서 정상적인 것과 병리적인 것 사이의 차이가 만들어지는 방식을 여러 장에 걸쳐 분석해 나갔다. 그래서 이 주제의 문헌에 대한 고찰을 어디에 넣으면 가장 좋을지를 놓고 고심했다. **어딘가에** 반드시 그것들을 넣어야 한다는 의무감이 있었지만 제기된 문제들이 책 전반에 널리 퍼져 있어서 쉽지 않았다. 그러나 그 자리는 바로 여기다. 기록된 텍스트들은 선형성을 다루기 어려울 수도 있지만, 이를 실천하는 것은 피할 수 없다. 정상적인 것/병리적인 것의 구분에 관한 주를 바로 여기에 삽입함으로써 차이를 개념화하는 방식과 모델에 관한

일부가 될 수 있다. 하나의 대상이 실행될 때, 또 다른 대상이 그 속에 포함될 수 있다. 그러나 대상들이 서로를 포함할 수도 있기 때문에, 이것은 규모의 문제가 아니다. 두 개의 대상이 서로를 포함할 때도 있다. 규모가 고정되어 있고 본질적으로 위계적인 이행적 세계에서라면 이것은 절대 불가능하다. 그런 세계에서는 A는 B를 포함하고, B는 A 안에 있다. 그러나 우리가 살고 있는 실행된 대상들의 세계에서는 다른 일이 벌어진다. 대상들이 서로를 포함하면서 동시에 여러 가지 방식으로 양립불가능한 경우조차 있을 수 있다.

이 책에서 추적하고 파헤치는 A들과 B들은 동맥경화증의 변종들이다. 그러나 동맥경화증이 실행될 때, 다른 많은 주체와 대상이 현장에 존재한다는 점을 꼭 기억해야 한다. 그들은 또한 자기들의 사실성actuality, 형태를 가지고 있다. 또한, 그것들은 동맥경화증의 일부 변종을 존재하게 만드는 바로 그 활동 속에서, 그 활동으로 두꺼워진다. 특정 장소에서 합쳐지고 거기에서 서로 "행하는" 다양한 대상 또한 서로에게 의존한다. 그 때문에 실천지적 분석이 너무나 복잡해진다. 그래서 어떤 존재자도 이야기 내내, 다양한 장소 사이에서 변하지 않고 똑같은 모습으로 무구하게 남아 있을 수가 없다. 변하지 않는 변종

유사한 토론을 담고 있는 이 장을 풍성하게 만들 수 있을 것이다.

"질병"의 개념에 대해 쓰인 글이 많이 있다(다양한 고전 텍스트를 찾을 수 있다. Caplan, Engelhardt and McCartney 1981). 그러나 간결함을 유지하면서 문헌을 되도록 적게 언급하고자 한다면, 살펴봐야 할 핵심 텍스트는 조르주 캉길렘의 『정상적인 것과 병리적인 것』(1966[1943])이다. 이 책은 정상과 병리 간의 차이를 양적인 것으로 보았던 19세기 의학연구에 관해 말한다. 당시 병리적 상태는 정상이 과장되거나 축소된 형태였기 때문에, 정상적인 사람들에 대해 알아내는 것을 목표로 병리적 상태를 연구할 수 있었다. 다

은 없다. 상호독립성이 있고, 두세 가지 질서 짓기 방식이 있고, 특정한 대상을 실행하는 두세 가지 방식이 만나는 곳이 있다. 간섭interference도 있다. 실천들이 서로 간섭할 때 대상은 어떻게 되는가?

신체의 껍질을 벗기기

질병을 실행하는 것은 규범과 기준을 실행하는 것이기도 하다. 질병으로 고통받는 존재자가 정상성으로부터 일탈하기 때문이다. 정상성에 대해 할 말이 많을지도 모르겠다. 하지만 여기에서 나의 주요 관심사는 어디에서 일탈이 시작되는지를 알리는 규범이나, 개선 정도를 측정하는 기준이 아니다. 내가 다루는 (비)이행성은 "고통받는 존재자"와 관련이 있다. 질병의 기질基質, substrate이 무엇인가. 다시 말해서 누가, 혹은 무엇이 동맥경화증을 않는가? 이런 사례를 보자. 혈관촬영 사진을 라이트박스에 걸어 놓으면 이를 둘러싸고 여러 사람이 이런저런 특정 혈관의 질병을 지적한다. 사진 한 장에서조차 거기에 보이는 다양한 동맥의 상태는 제각기 다르다. 한 동맥은 80퍼센트까지 협착이 있는 반면, 다른 동맥은 60퍼센트, 또 다른 동맥은 협착이 전혀 없을 수도 있다. 치료에 대한 토론이 이어진다. 누군가가 작은 협착은

른 곳에서는 다른 방향으로 향했다. 기관의 정상적 기능을 연구하여, 기관이 병리적이 되었을 때 무엇을 하지 못하게 되는지를 알 수 있었다. 그러나 캉길렘은 기능에서 수량적인 차이뿐이라면 좋은 삶과 양립할 수 있다고 주장한다 (그가 논의하는 20세기 초반의 몇몇 사상가도 그렇다). 예를 들어 다른 누구보다도 더 빨리 뛸 수 있다는 것은 일탈이지만 질병은 아니다. 만약 우리가 어떤 사람을 성가시게 하고 괴롭히는 조건들을 병리적이라고 부르고자 한다면, 정상과 병리의 차이는 양적인 종류라는 것을 인식해야 한다. 그것은 단계적 차이의 문제가 아니다. 연속체를 따라 이동하는 것이 아니다. 도약, 격차, 단절

외과적 치료가 필요 없지만, 더 큰 것을 치료하려면 어쨌거나 동맥 시스템에 카테터를 삽입해야 하니 더 작은 것에도 시도해 볼 가치가 있을 거라고 제안한다. 그 지점에서 다른 혈관들이 하나의 신체 일부라는 사실이 의미 있어진다. 그러나 그렇다고 해서 모든 혈관을 개별적으로 평가할 수 없다는 뜻은 아니다.

모든 동맥경화증이 특정 동맥의 질병으로 실행되지는 않는다. 라이트박스의 협착들이 그렇다. 그러나 동맥경화증이 점진적인 혈관 잠식의 과정으로 실행되는 경우라면, 정확하게 하나의 동맥으로 위치를 좁히려는 시도는 그다지 적절하지 않다. 환자들이 다리가 아파서 의사를 보러 왔더라도, 심장혈관도 막히는 과정에 있다고 의심해볼 수 있다는 뜻이다. 그리고 환자들이 혈관외과의 외래진료실에 다리 문제로 두 차례 방문하는 사이에, 뇌혈관 장애나 신장에도 혈액공급 문제가 생겼을 수도 있다.

외과적으로 수술을 할지 여부를 결정하는 데까지 오면, 동맥경화증은 동맥이나 관계가 아니라 다른 어딘가에 위치해 있다. 이렇게 고민하는 와중에 **환자**는 "고통받는 존재자"다. Z 병원의 외과의들은 아주 분명하게 말한다. "우리는 여기에서 혈관을 치료하는 것이 아닙

이다.

그래서 이미 여기에 정상과 병리 간의 차이에 대한 두 개의 이미지가 있다. 하나는 연속체 여기저기에 위치해 있는 **정도**의 차이다. 또 하나는 경계선 한쪽에서 다른 쪽으로 넘어가면서 중요한 도약이 이루어졌음을, 격차를 넘었음을 의미하는, **종류**의 차이다. 캉길렘의 연구에서 **검사실**에 맞서 **임상**을 지키려면, 이 차이를 강조하는 것이 중요하다. 검사실의 측정, 영상기술, 나머지 모든 것 덕분에 무엇이 이상한지, 일탈했는지 알아낼 수 있다. 그러나 캉길렘은 그렇게 탐지된 조건들이 환자를 괴롭히는가의 여부는 환자들이 자기들의 유일무이한 이야기를 설명하는 진료실에서만

니다. 우리는 환자를 치료합니다." 그리고 그들은 이 점에 자부심을 느낀다. 그렇다면 동맥과 환자 간의 관계는 무엇일까? 동맥은 작고 환자는 크니까 후자가 전자를 포함하는가? 그 답은 '아니오'다. 보통은 그렇지 않다. 환자의 상태는 동맥 상태에 좌우되지 않는다. 환자들은 동맥 혈관촬영도를 보고 예상한 상태보다 더 좋을 수도 있고 더 나쁠 수도 있다. 임상적 동맥경화증, "환자"의 질병에 대한 의학의 평가는 동맥의 혈관촬영 이미지에서 볼 수 있는 것에 기반하지 않는다. 임상적 질병은 문제를 둘러싸고 있는 더 큰 원이 아니라, 그 자체로 하나의 실재다.

일상적인 병원 실천에서, 동맥과 환자는 이행하는 관계가 아니라 다른 장소에 분배된다. 환자가 외래진료실에서 말할 동안, 동맥은 방사선과에서 이상이 있는 존재자로 실행된다. 혹은 환자가 먼저 말하고, 나중에 동맥을 치료한다. 그래서 이상이 있는 동맥의 실재는 아픈 환자의 실재 **내부**에 있는 것이 아니라 그 실재와 **나란히** 있다. 즉, 혈관에 대한 개입이 환자를 혈관으로 "축소"하지 않는다. 더 복잡한 것이 진행된다. 수술실로 가 보자. 환자는 마취 상태에 있다. 외과의들이 피부, 근막, 근육을 절개하고 동맥에 접근한다. 그들은 동맥을 절

나타난다고 주장한다. 중요한 정상성은 임상적이다. 검사실이 확립할 수 있는 것은 사실이지 규범이 아니다. 캉길렘은 역사적으로도 진료실이 먼저 나왔다고 덧붙인다. 환자들이 의사를 보러 와서 불평을 늘어놓고 도움을 청하는 진료실의 존재가 없었더라면, 검사실은 절대 생기지 못했을 것이다.

캉길렘은 연구에서 규범적인 식으로 진료실에 주목해야 한다고 주장한다. 진료실이 검사실에 지배당해서는 **안 되고**, 검사실을 주도해야 한다. 여기에서 나는 이 문제를 경험주의적인 방식으로 다루었다. 나는 병원 안을 돌아다니면서 질문을 던졌다. 다리 혈관의 동맥경화증의 경우, 임상적 진단과 검사

개하고 꿰맨다. 여기가 의사들이 집중하는 부분이다. 그러나 이것은 일부에 특권을 부여하여 전체를 넓은 관점에서 보지 못하게 하는 환원주의가 아니다. 수술 중에는 외과의와 스태프들이 다른 대상인 환자보다는 하나의 대상인 동맥에 집중한다. 그러나 가끔은 둘 사이에 급격한 전환이 일어나기도 한다.

우리는 수술실에 있다. 커피를 마시느라 나는 30분 정도 다른 곳에 가 있었다. 피와 살을 보는 데 질렸다. 아주 조심스럽지만 아주 무자비하게 신체 조직들을 헤집는 데 질렸다. 엄청난 양의 지방을 떼어 내는 데 질렸다. 섬세한 손길과 부릅뜬 눈으로 목표 동맥을 찾는 데 질렸다. 작은 미세혈관을 지져서 봉합하는 냄새에 질렸다. 절개에 질렸다. 그러나 이제 거의 다 끝났다. 수련의가 마지막 봉합을 하고 있다. 근막. 피부. 움직이는 손을 보면서 그는 후배 외과의와 계속 대화한다. 둘 다 아는 친구인 간호사인지 누군지에 대한 뒷얘기인 것 같다. "그 사람은 깔끔한 사람이야. 난 그녀가 마음에 들어. 같이 있으면 재미있거든." 그가 환자에 대해 말하고 있다는 것을 잠시 후 깨닫는다.

실의 진단이 어떻게 연관되는가? 나는 병원, 다시 말해서 이렇게 중요한 부분을 이루는 의료 네트워크를 떠나지 않았다. 다른 사람들은 병원을 떠났다. 그들은 **병리**를 개인을 부정적인 방식으로 나타내는 판단으로 이용하는/이용했던 다양한 방식을 분석하기 위해 먼저 환자의 개인적 고통을 대조점으로 놓아야

한다는 캉길렘의 호소를 받아들였다. 이런 판단은 어떤 이들을 일탈자로, 기준으로 여겨지는 다른 이들과 차별화한다. 19세기에 많은 문헌이 이러한 작동 방식을 다루었다. 19세기는 여성이 표준적인 남성과 대조적으로 병든 일탈자로 분류되던 시기였다. 흑인들은 백인들에 의한 표준 아래로 떨어지는 부적

동맥을 다루는 것과 환자를 다루는 것 사이의 전환이 수술 중 아무 때나 일어나지는 않는다. 상황이 어렵고 모두가 집중해야 할 때에는 그런 전환이 일어나지 않는다. 그러나 마지막 봉합을 하는 차분한 순간에는 가능하다. "환자 아내분에게 전화할 거야?" 수술에서 그 지점에 이르면 한 외과의가 다른 사람에게 묻기도 한다. 그러면 환자는 거의 자연스럽게 수술대 위의 물리적 존재에서 사회적 존재로 바뀐다. 그를 걱정해 줄 아내가 있는 사람이 되는 것이다.

이러한 전환은 혈관을 환자의 작은 일부로 바꾸는 것이 아니라, 정말로 **전환**을 일으킨다. 전환은 수술을 하나 이상의 동맥에 개입하는 것에서 하나 이상의 삶에 대한 개입으로 바꾸어 놓는다. 전환은 피부 밑의 세부에서 전체로서의 환자로 초점을 확대하는 것이 아니라, 카메라를 옆으로 돌려 다른 대상에 초점을 맞추는 것이다. 동맥들이 중앙에 있는 장면에서 사람들이 주역을 맡는 다른 장면으로 넘어간다. 추론과 필요한 기술의 방식들도 이에 따라 전환된다. 수술실에서 외과의들은 흔들리지 않는, 솜씨 좋은 손을 가지고 있어야 한다. 외래 진료실에서는 환자에게 존중심을 갖고 주의를 기울여야 한다 — 혹은 그렇게 해야 한다고 학생들을 가르친다.

격 인간 전형의 지위를 얻었다. 동성애자의 범주가 발명되어 발전단계상의 문제로 인해 이성애자의 성숙함을 충족하지 못한다고 표시되는 사람들을 포괄했다. **정상**과 **병리** 간의 차이를 먹고 사는 이런 다양한 양극은 함께 연결되었다. 그것들은 서로 영향을 주고받고 색을 부여했다(Gilman 1985, Stepan 1987,

Showalter 1985). 이런 비유에 관해 쓰는 일은 비유가 현재 개념적 도구들에 미치는 영향으로부터 벗어나고자 하는 시도의 일부다.

다른 종류의 타자성을 병리학적인 것으로 보는 현상을 **분석해 내려는** 시도에서 핵심 단계는 앞서 몇 차례 언급했던 미셸 푸코의 연구다(특히 Foucault

수련의 수술에서 그 점이 마음에 들어요. 이런 다른 일들을 해야 하는 거요. 사람들과 이야기하는 게 좋아요. 그건 놓치고 싶지 않아요. 방사선 전문의나 마취과 의사는 되고 싶지 않아요. 환자들과 만나는 게 좋거든요. 사람들하고요. 하지만 정확성, 수술의 기술적인 면들도 좋아요. 정교하게 손을 써야 하는 거 말이죠.

외과의들은 수술 중에 불친절하거나 실수를 할 수도 있다. 대화 능력이나 손기술 면에서 뛰어날 수도 있고 실력이 부족할 수도 있다. 그러나 모든 외과의는 잘하건 못하건 레퍼토리 사이에서 전환하는 데 익숙하다. 잠시 스쳐 가는 민족지학자에게는 쉽지 않다. 많은 외부인처럼 나도 수술실에서 눈앞에 드러난 피부가 벗겨진 살의 실재를 대면하는 데 어려움을 겪었다. 거기에서 익숙하지 않은 이런 피투성이 실재의 실행에 부딪치기 위해 노력해야 했다. 수련의가 자신이 꿰매고 있는 바로 그 환자의 깔끔함과 유머 감각에 대해 이야기하고 있다는 것을 알아차리는 데에는 물론 시간이 걸렸다.

외과의들은 대개 자신이 수술하는 환자를 진료실과 병동 회진에서 알게 된다. 그러나 신체 기관에서 환자로 전환하는 기술은 이것과

1973). 푸코는 "정상"과 "병리" 사이의 양극적 구분이 19세기에 아무리 널리 퍼져 있었다 해도, 그리 오래된 것이 아님을 보여 주었다. 정말로 19세기 이전으로 올라가지는 않는다. 그 시기 이전에는 **질병**이 다른 상태, 즉 건강과 대조되는 신체의 **상태**로 받아들여지지 않았다. **질병**이 있고, 질병은 몸에 **자리하**게 되었다. 핵심적인 차이는 하나의 신체(정상)와 또 다른 신체(병리) 사이의 차이가 아니라, 한 질병과 또 다른 질병 사이의 차이였다. 차이를 만든다는 것은 분류의 문제였다. 린네가 식물들을 목록으로 만들듯이 질병들을 질병분류표에 목록으로 만드는 분류였다. 질병들은 종과 같고, 의사들은 투명하지만

는 무관하다. 자신이 절개하고 있는 환자에 대해 하나도 모르는 병리학자들조차 이렇게 전환하는 능력을 가지고 있다. 환자의 실재, 혹은 적어도 그 실재의 어떤 버전은 치료가 실패하고 시신만 남은 이후조차도 지속된다.

시신이 높은 철제 수술대 위에 누워 있다. 수술대에는 작은 구멍이 뚫려 있어서 그 구멍으로 액체가 빠진다. 수련의가 해부를 한다. 테크니션 한 명이 돕고 있다. 그는 필요하면 톱을 다루고 작은 기계로 피를 뽑아낸다. 수련의가 대동맥을 자르려고 가위를 가져오면서 나에게 경고한다. "들어 봐요! 예! 저 소리 들려요? 당신의 동맥경화증이 있어요." 나는 그 소리를 듣는다. 뭔가 갈라지는 소리다. 석회화. 기록하고 싶다. 해부 중에 동맥경화증은 석회화된 혈관 벽에서 소리를 낸다. 이를 기록하기 전에 또 다른 병리학자가 지나간다. 일이 어떻게 진행될까? 수련의는 자기는 괜찮다고 말한다. 그러나 그녀의 동료가 환자의 눈을 아무렇지 않게 들여다볼 수 있을까? 그 주변에 기묘한 푸른 빛이 감돈다. 동료가 고개를 끄덕이고 머리를 덮은 천을 벗긴다. 그는 눈을 살펴본 다음 다시 천을 덮는다.

가끔은 그들을 호도하는 신체를 통해 질병을 인식하도록 노력해야 했다. 신체의 투명성은 질병이 신체 조직의 병리적 상태로 다루어지게 된 19세기 초에 끝났다. 살아 있는 자에게서는 불투명하고, 어떤 몸을 열어 보아야만 드러날 상태.

푸코는 자연적이라고 여겨지는 특성의 정상과 병리 사이 구별을 빼앗으려는 의도에서 이러한 역사를 제시했다. 이러한 구별은 **임상**에서 발전해 온 것일 뿐이고 이때 임상은 병원과 젊은 의사들의 교육을 조직하는 특정한 방식을 뜻한다. 그것은 신체로부터 저절로 말이 나오는 것이 아니라, 신체가 말을 하도록 실천적이고 물질적으로 조직화된 해부실에서 레퍼토리를 전환하는 데 사용되는 기술적 도구는 폭 50센티미터, 길이 50센티미터 정도 황백색 면으로 된 천이다. 그게 전부다. 동맥에서 갈라지는 소리가 나는 시신은 전체-로서의-환자보다 작지 않다. 시신은 사람을 이루는 구성요소 하나가 아니다(사람이 되게 하려면 시신에 생명을 약간 더하기만 하면 된다). 구성요소 하나가 아니라 두 개의 생물이 있다. 하나는 뱃속이 다 비워지고 기관들이 얇게 절개되고 있다. 또 하나는 인간의 존엄을 부여받고 경건하게 다루어진다. 그녀는 자신의 해부 광경을 보지 않아도 된다. 그녀의 얼굴 안에 있는 페르소나는 병리학자의 영구적인 가시범위 바깥에 있다.

병리학 테크니션은 나에게 자신의 숨겨진 일에 대해 기쁘게 말해 준다. "그래서 해부를 하고 나서 제가 다시 시신들을 꿰매야 해요. 피부에서 피를 씻어 내요. 힘들지요. 피는 조심해야 해요. 끈적거려서 씻어 내기 어렵거든요. 그리고 배와 흉곽 속을 채우고 시신에 옷을 입힌 다음 가족들이 알아차리지 못할 정도로 정돈해 놓는답니다. 그들이 어머니, 누이, 아내에게 작별인사를 해야 하니까요. 정말 힘든 일이죠. 우리가 시신에 무슨 짓을 했을지 가족들이 너무 걱정하게 하면 안 되

특정한 방식이다. 이는 언젠가는 그 권위를 상실할 수도 있다는 의미다. 어쩌면 이미 그렇게 되었을지도 모른다 — 아니면 그런 일이 벌어지고 있는 중일 수도 있다. 푸코는 정상과 병리 간의 구분이 일시적임을 보여 줌으로써 이런 부식에 기여한다 — 그리고 그것의 실천적 기반도 일시적이다. 그리하여 푸코는 비정상으로 분류된 모든 것이 정상의 범주에 가기 위해서가 아니라 이런 정체성 어디에도 속하지 않은 어딘가로 가기 위해서 어떻게 그 범주에서 빠져나가는지를 보여 준다.

그리고 그 문헌은 이 책의 배경에 어떤 식으로 등장하는가? 한 가지 답은, 그것이 현재 일어나는 일을 임상과 실

니까요."

어쩌면 천은 상징적인 장치가 아니라 실용적인 장치일 것이다. 의사에게 환자를 존중하도록 강제하는 대신, 천은 거친 해부의 순간에 행여나 피가 튀어 얼룩지지 않도록 머리를 보호한다. 아니면 둘 다일 수도 있다. 어떤 식으로건, 해부한 시신을 다시 매장될 수 있는 한 사람으로 되돌려 놓는 테크니션은 천 한 장을 들추는 것보다 훨씬 많은 일을 한다. 그는 기관들을 제거한 빈 곳을 메워야 하고, 피부를 꿰매고, 씻고, 벌거벗은 몸에 옷을 입혀야 한다. 좋은 냄새가 나지 않는 차디찬 시신을 돌보는 일은 힘들다 — 하지만 중요하다. 테크니션이 이를 잘 해낸다면, 가족들은 레퍼토리를 전환하는 임무를 하지 않아도 된다(잘 훈련된 전문가들보다 가족들에게 훨씬 더 어려운 일이다). 대동맥은 고인의 사회적 삶에서 가위로 절단되었지만, 테크니션 덕분에 한편으로는 유지된다.

긴장과 루프

어떤 레퍼토리에서는 동맥경화증은 동맥의 질병이다. 다른 레퍼토리

험실 사이의 긴장 속에서 (내가 위에서 했듯이) 포착해야 할지 묻게 만든다는 것이다 — 이 긴장 속에서 임상은 비-정상성을 확립하는 임상적 방식으로 간주된다. 최근 진료실에서는 살짝, 그러나 핵심적으로 다른 것이 확립되고 있다. "어디가 아프십니까?"와 같이 푸코가 주목했던 질문은 더 이상 탁월한 의

학적 질문이 아니다. 대신 이런 다른 질문이 되었다. "문제가 뭡니까?" 이것은 당신이, 환자가 여전히 잘 살 수 있는가, 혹은 사는 데 문제가 있는가에 대한 질문이다. 대면한 질문은 신체의 상태가 아니다. 신체와 관련되어 있으나 다른 어딘가에 위치해 있다. 바로 환자의 삶 속이다. 이와 함께 또 다른 전환이

에서는 환자가 그 병으로 고통받는다. 그리고 이 질병으로 고통받게 되는 세 번째 존재자가 있다. 바로 인구집단이다. 개인의 동맥경화증과 인구집단의 것 사이의 관계를 더 자세히 살펴보자. 예상한 대로 아주 복잡하다. 개별 환자의 삶에서 동맥경화증은 보통 여러 문제 중 하나일 뿐이다. 동맥경화증이 아무리 심하다 해도 환자가 더불어 살아가는 유일한 실재는 아니다.

외과의 '동맥경화증'에 대해 이야기할 때는 주의하셔야 합니다. 어쩌다가 선생님이 거기에 흥미를 갖게 되었으니까요. 이 환자들은 대부분 많은 병을 가지고 있어요. 당뇨병을 앓는 사람도 있죠. 아마 이미 보셨겠지요. 진짜로 상태가 나쁜 사람들, 특히 절단을 한 사람들은 대개 당뇨가 있습니다. 혹은 지질단백질 장애가 있는 경우도 있지요. 그리고 어떤 사람은 폐가 안 좋다거나, 천식 같은 게 있기도 하고요. 동맥경화증과 관계는 없지만 어쨌든 환자가 가지고 살아가야 하는 병이지요. 그리고 일을 그만두어야 해서 큰 곤란을 겪는 환자들도 있습니다. 그리고 세 번째로 신경학적 문제가 있어요. 발에 성가신 큼직한 사마귀가 자꾸 생겨서 오래 걸을 수가 없게 되는 거지요.

일어나는데, 정상성의 주체의 변화다. 전문가, 혹은 전문지식은 더는 한 사람의 삶에서 문제인 것과 문제가 아닌 것을 구별할 수 있는 확실한 권위가 아니다. **이게 문제인가요, 상어르스 부인?** 이것은 새로운 비유다. 환자들은 스스로에 대해 자기 힘으로 규범을 만들어내도록 부추김을 받는다.

이런 변화는 앞서 문헌에서 설명했다. (핵심 인용문은 다음을 포함한다. Armstrong 1983, Arney and Bergen 1984. 네덜란드 문헌을 읽고 싶다면 Mol and Van Lieshout 1989도 보라.) 그러나 이 책에서 전반적으로 강조하는 것은 다르다. 이 책은 어떤 일은 과거에 일어나고 또 다른 일은 현재에 일어나고 있

환자를 괴롭히는 동맥경화증은 환자의 삶에서 수많은 요소 중 하나일 뿐이다. 그 외에도 다른 것들이 있다. 다른 질병들이 있다. 그러나 또한 직업, 손주, 정원 등 다른 종류의 현상들이기도 하다. 환자 파일에는 이런 삶이 요약되어 있지 않다. 소위 의학적 문제들만 하나씩 나열되어 있을 뿐이다.

린더르 부인. 여성. 생년월일: 1937년 3월 15일. 환자는 오른쪽 다리에 심각한 파행이 있음. 쉴 때도 좀 통증이 있음. 피부상태 나쁨. 발목/팔 지수 0.8. 듀플렉스: 오른쪽 슬와동맥에 협착. 다른 문제: 과체중, 반복적인 탈장, 녹내장.

린더르 부인에게는 다양한 문제가 있다. 부인이 혈관촬영을 하기 위해 입원할 때 수련의가 질문한 것과, 질병과 관련이 있다고 본 것을 파일에 기록한다. 그리하여 파일에 문제들이 모두 모인다. 입원 자체는 또 다른 관리 체계, 즉 병원의 체계로 들어가는 것이기도 하다. 병원 당국은 입원 환자들을 집계한다. 청구서를 보험사에 보내려면 그렇게 해야 한다. 그리고 하여간 입원 환자들을 집계했으니 이것

다는 식으로 역사를 이야기하지 않기 때문이다. 여기에는 어떤 **변화**도 없다. 이 책에서는 언급된 다양한 차별화의 패턴이 서로 간섭하고 있음을 보여 준다. 정상과 병리 간 차별화는 끝나지 않았다. 그것은 환자에게 기분이 어떤지, 무엇을 문제로 경험하는지 혹은 그렇지 않은지 묻는 것과 **공존한다**. 그런 복잡

한 간섭들은 더 주목할 가치가 있다.

자아와 타자
내가 **차이**를 연구하면서 그간 직접 모았던 문헌들 중 하나는 결국 **자아**로 끝나는 것과, **타자**로 이것과 차별화되는 것 사이에서 경계가 만들어지는 방식을 다루는 텍스트들로 이루어져 있

들을 **역학** 연구 센터에 보낼 수 있다. 거기에서 다리 혈관의 동맥 질환으로 인한 입원 사례를 전부 한데 모으면, 동맥경화증은 Z 병원이 위치한 나라인 네덜란드 인구집단과 같은 한 인구집단을 괴롭히는 병으로 실행된다.

1992년 네덜란드에서는 10만 명당 170명의 남성 주민과 10만 명당 70명의 여성 주민이 말초동맥질환으로 병원에 입원했다. (이 수치에 대한 자료는 여성과 심장과 동맥질환에 대한 네덜란드 심장재단의 보고서다. "Vrouwen en Hart-en VaatZiekten, Nederalndse Hartstichting", Den Haag, 1994.)

린더르 부인의 입원은 저 숫자들 속 어딘가에 있을 것이다. 그것도 집계에 포함된다. 린더르 부인의 다른 문제들은 그 과정에서 삭제된다. 그래서 린더르 부인의 병원 입원 기간과 다른 환자, 이를테면 본더르 부인의 기간 사이의 차이가 아무리 크더라도, 두 사람 모두 1992년 네덜란드의 거주자 10만 명당 입원한 70명의 여성들 속에 있게 된다. 그리하여 역학을 통해 알려진 인구집단은 그것을 구성하는

다. 이런 차별화를 만드는 것은 20세기의 다양한 분과학문에서 핵심적이었다. (이 중에서 생물학적이고 생의학적인 분야의 개괄은 다음을 보라. Barreu et al. 1986.) 이 중에서 눈에 띄는 것은 **유기체**가 어떻게 자신의 일부인 것과 아닌 것을 인식하는가를 연구한 과학 분야인 면역학이다. 유기체가 어디에서 시작되고 끝나는가의 문제가 명확하지 않다는 것은 이미 루드비크 플레츠크가 더 오래되었지만 여전히 중요한 의학 지식 연구에서 다루었다(1980[1935]). 플레츠크는 유기체가 독자 생존 가능한 전체라면 인간의 장 속에서 평화롭게 살고 있는 박테리아는 더 큰 인간 유기체의 일부인지 아닌지 궁금할 것이라고

개별 환자들보다 "크지" 않다. 역학자들은 신체 기관이 아니라 삶을 얇게 절단한다. 그들은 입원환자 수를 더하고, 다른 것은 연관된 개인들의 삶에서 관련이 있을 만한 것이라도 다 뺀다. 환자들의 삶에서만이 아니라, 질병에서도 그런 식으로 한다.

역학 표epidemiology table는 사람들의 다양한 다른 문제를 삭제할 뿐 아니라, 동맥경화증을 실행할 가능성이 있는 다양한 방법 중 단 하나만을 포함시킨다. "병원 입원" 표는 입원한 환자들을 고려 대상으로 한다. 걸을 때 통증이 있거나 심각한 혈압 저하가 있지만 입원하지 않은 환자들은 집계되지 않는다. 듀플렉스는 병원에 입원할 필요가 없지만 혈관촬영은 입원해야 하기 때문에, 듀플렉스에서 이상이 나타난 환자들은 위의 숫자들에 포함되지 않지만, 혈관촬영을 한 환자들은 포함된다. 이는 "병원 입원"을 집계하는 역학 표가 진단 기술의 현재 상황에 좌우된다는 것을 보여 준다. 혈관촬영 절차 하나하나가 듀플렉스 스캐닝으로 대체될 때마다 그만큼 입원이 줄어든다. 즉, 이 특정 역학 표에 집계된 질병의 사례도 하나가 줄어든다.

이런 복잡성들은 역학자들이 계속 관심을 갖는 문제다. 그들의 숫자들 중 어떤 것이 무엇을 말해 줄까? "지표"들이 무엇을 가리킬

말한다. 그러나 박테리아의 자아가 그들이 속에 살고 있는 인간의 자아와 융합된다면, 인간이 일부를 형성하는 전체 생태계는 독자 생존 가능한 전체 — 유기체 — 라고 해야 할 것이다. 자명한 전체인 듯한 것, 유기체 주위의 경계를 열어젖히는 것은 플레츠크의 텍스트에서 **과학**의 경계를 열어젖히는 작업과 동시에 이루어진다. 또한, 그는 과학이 물 샐 틈 없이 닫힌 자아가 아님을 보여 준다. 그것의 경계는 틈이 있다. 아이디어들이 어딘가에서 흘러들어 와 과학 분과학문들 안에서 합쳐지고, 그 과정에서 그것들은 점차 적응한다. 외부로부터 방어하고 자기 자신이 될 닫힌 경계가 필요치 않다. 혹은 좋은 의학 지식

까? 예를 들어, 남성과 여성 중 어느 인구집단이 동맥경화증으로 더 심한 타격을 입을까? 내가 현장연구를 할 때, 이 질문이 네덜란드에서 논쟁거리가 되었다. 쉽지 않다. 역학자들이 (주민 10만 명당 이 질병으로 사망한 사람들의 숫자를 집계함으로써) 다리 혈관의 동맥경화증을 집계한다면, 남자가 여자보다 이 병을 더 많이 앓는다. 심장혈관도 남자가 더 많이 막힌다. 그러나 이런 숫자는 70세 이하 남녀 인구집단만을 고려대상으로 하는 경우가 많아서 편향될 수 있다 — 여성은 더 늦은 나이에 동맥경화증으로 사망한다. 그리고 뇌혈관 질환도 여성에게서 비교적 높게 발병한다. 그래서 누가 동맥경화증을 가장 많이 앓는가에 대한 그림은 모든 혈관과 모든 연령을 고려한다면 달라지게 되며, 다시 죽음이 지표가 된다.

네덜란드와 거의 모든 서구 국가에서 남성만이 아니라 여성의 경우에도 심장과 혈관 질병이 첫째 가는 사망 원인이다. 1992년 [네덜란드에서] 26,725명의 여성과 25,478명의 남성이 심장과 혈관 질병으로 사망했다. 총 사망률에서 여성은 42퍼센트, 남성은 38퍼센트가 심장과 혈관 질병으로 사망한 것이다. (이 수치에 대한 자료는 여성과 심장

을 습득할 필요가 없다.

하지만 플레츠크가 글을 쓰던 바로 그때에는 유기체는 모든 침입자가 들어오지 못하도록 자신을 막거나 방어해야만 건강을 유지할 수 있다는 생각이 지배적이었다. 오염을 피해야 했다. 손을 닦고, 결핵에 걸렸다면 키스하거나 침을 뱉으면 안 된다. 이런 생각은 **모든**

사람의 건강을 유지하고자 하는 위생프로그램으로 이어졌다. 그뿐 아니라 마치 **모든** 사람 그 자체로 유기체인 것처럼, 인구집단에도 적용되었다. 인구집단—혹은 인종, 그 단어들은 서로 바꾸어 쓸 수 있었다—은 외국인의 피로 더럽혀져서는 안 되었다. 육체적 위생과 유사하게, 인종적 위생이 의미 있는

과 동맥질환에 관한 네덜란드 심장재단의 같은 보고서에서 가져왔다.)

역학이 인구집단의 질병을 어떻게 이해하는가는, 고려대상으로 삼는 질병이 개별적으로 어떻게 실행되는가에 따라 달라진다. 우리가 예상할 수 있는 것은 그 정도까지다. 각 사례마다 동맥경화증이 다르게 실행된다면, 그리고 통계표들이 사례들의 총합이라면, 질병 표들이 집계된 사례들에 따라 달라지는 것이 당연하다. 그러므로, 한 인구집단의 동맥경화증은 그 집단에 **포함된** 개인의 동맥경화증의 변수에 좌우된다. 그러나 더 놀라운 일이 있다. 이런 현상이 반대로도 일어난다. 그렇다, 거꾸로다. 개인에게 일어난 사건들은 그것들이 **포함되는** "인구집단"에 좌우되며, 그에 따라 달라진다. 개별 질병이 실행되는 방식은 역학에 달려 있다.

일반의 그들이 저에게 계속 가르쳐 줍니다. 질병을 위한 검사를 해봤자 그 질병이 드문 인구집단에는 별로 도움이 되지 못한다고요. 젊은 남자인 이 환자를 봅시다. 그는 파행에 대해 들은 적이 있어요 ― 아버지, 삼촌, 이웃한테서요. 그리고 자기도 파행이 있다고 확신해요.

개념이 되었다. 폴란드계 유대인이었던 플레츠크는 직설적인 반유대 나치즘 형태에서 인종적 위생과 직접적으로 대면하게 되었다. 전 세계에서 이 개념은 여러 가지 다른 형태를 취했다. 여기에는 소위 인종 간 결혼을 금지한 남아프리카의 법도 포함되는데, 이 법은 1980년대까지도 여전히 시행되었다. (이 모든 것의 개념적인 면에 대해서는 다음을 보라. Stocking 1968.)

개인과 인구집단의 두 차원에서, **자아**와 **타자** 사이에 단 하나의 안정된 경계가 있다는, 혹은 있어야 한다는 생각은 지난 수십 년간 약화되어 왔다. 내가 서점에서 주제는 다리 혈관의 동맥경화증과 거리가 있어 보이지만 제목과 목하지만 제가 같이 얘기해 보니 이런 생각이 들었어요. 아, 아닌데, 이건 뭔가 다른 거야. 그래서 어떻게 되었게요? 저는 혈압 측정을 할 수 있어요. 작은 도플러 기계를 사 놓아서 그걸 쓸 수 있답니다. 하지만 그는 35살이고 밤에 침대에 누워 있을 때 다리가 아프답니다. 그런 경우라면 제 혈압 측정이 진짜 질병을 찾아내기보다는 거짓된 긍정적 결과를 내놓을 확률이 훨씬 더 높죠. 그러니 제가 어쩌겠습니까? 그런 경우라면 발목 혈압은 재지 않습니다. 그건 안 하는 편이 나아요.

진단 결과는 많은 질병을 포함하는 인구집단에서 이용될 경우 다른 검사 결과와 더 잘 부합하는 경향이 있다. 질병이 거의 없는 인구집단에서는 검사의 신뢰성이 떨어진다. 그래서 개인을 진단하는 기술적인 것들은 인구집단의 질병의 심각도에 따라 달라진다. 그리고 개별사례들은 다른 식으로도 역학적으로 종합한 결과를 포함한다. 예를 들어 검사 결과를 판단하기 위해 이용되는 바로 그 기준이 인구집단 연구에서 나올 때가 종종 있다.

내과의 한때는 인구집단의 평균 콜레스테롤이 표준이었어요.

차 때문에 흥미로운 책 한 권을 골랐는데, 그 책에 이 두 움직임이 같이 나온다. 그 책은 **차이**를 이해하는 데 중요해 보였고, 과연 그랬다. 『메티스 로직』에서 장-루 암셀은 정체성, 특히 서아프리카에서 민족 정체성의 구성에 대한 역사적 분석을 한다. 그는 식민 지배 시대 이전에는 자신의 이름뿐 아니라 자신이 속한 "민족" 집단도 바꿀 수 있었다고 말한다. "그래서 '사람'이나 '정체성' 관념은 불변의 형이상학의 일부가 아니었다. … '사람' 관념을 놓고 정치적 통합체만이 아니라 이웃의 정치적 통합체들에 참여하는 집단들 가운데 지속적으로 협상과 경쟁이 벌어진다. 시민국가가 출현하고 그 결과로 정체성

6.3mmol/L이 어떤 인구집단에서 남성 평균이라면, 연구실에서 이를 정상값으로 양식에 인쇄했지요. 그러면 어떤 사람이 6.2 콜레스테롤이라면 모두가 만족합니다. 표준 이하니까요. 표준 이상인 남성의 경우만 치료를 고려했습니다. 말하자면 어떤 사람의 콜레스테롤이 6.7mmol/L인 경우겠지요. 어떤 곳에서는 아직도 그런 식으로 해요. 콜레스테롤 수치가 6.9나 7.3이 될 때까지 환자들에게 말해 주기를 미루는 일반의들도 있습니다. 아직은 괜찮다고 보는 거지요.

이것이 통상적인 절차다. 인구집단 평균이 개인의 목표가 된다. 모든 개인의 사례, 진료실에서의 모든 만남이 역학적으로 확립된 인구집단 평균에 좌우되는 것이다. 바로 이 평균이, 이상이 있으니 치료해야 한다고 진단할지 여부를 결정한다. 그러나 인용한 내과의는 이런 식으로 인구집단 평균을 이용하는 데 동의하지 않는다. 그는 표준을 세우는 다른 방법을 지지한다.

같은 내과의 하지만 평균을 표준으로 받아들이는 것은 좋지 않은 생각이에요. 평균 서구 남성 인구집단의 경우라면, 이 남자들은 모두 콜

을 문서로 등록하게 되면서, 정체성은 더 큰 안정성을 얻었다. 정체성을 바꾸는 것은 물론이고 자기 이름 철자를 바꾸는 것조차 훨씬 어려워졌다"(Amselle 1990, 203).
프랑스인들은 개별 민족이 파일에 기록할 수 있는 이름과 민족 정체성을 진술하게 되기를 바랐다. 그들의 정치

체제는 고정된 정체성들 중 하나였다. 근대 관료제가 서아프리카에 확립되기 이전에는 개인은 경계를 넘어서 약간 다른 자아, 또 다른 민족 정체성을 가진 자아가 될 수 있었다. 그러나 그 이후에는 달라졌다. 그리하여 프랑스 기록부는 실제로 민족 집단들 주위의 엄격한 **경계를 구성하는** 데 도움이 되었고, 이

레스테롤이 너무 높아요. 전부 다는 아니라도 거의 다요. 사람들이 더 건강히 사는 곳에서는 수치가 내려가죠. 그래서 이제는 목표를 다르게 잡습니다. 콜레스테롤 수치와 동맥경화증의 발생 간의 관계를 조사하는 것이지요. 동맥경화증으로 사망할 위험을 보는 거에요. 진짜로 위험이 낮아지는 콜레스테롤 수치를 찾아내려 했습니다. 지금은 그게 5.5mmol/L 이하라고 봅니다. 어쩌면 훨씬 더 낮을지도 몰라요.

이 정보원은 인구집단의 평균 콜레스테롤을 믿지 못한다고 해서 우리가 개인을 한 명씩 다루어야 한다고 제안하지는 않는다. 대신 또 다른 인구집단 연구를 포함시키자고 제안한다. 그는 남성을 위한 표준을 세우는 데 전체 남성 인구집단이 아니라, 그 집단에서 동맥경화증으로 죽지 않을 사람들만 고려하고자 한다. 그리하여 동맥경화증이 절대 심각해지지 않을 정도로 낮은 콜레스테롤 수치를 양호하고 건강한 수준으로 제시한다. 이 콜레스테롤 수치를 표준으로 받아들인다면, 개인들을 다르게 평가할 수 있을 것이고, 다른 치료를 제안하게 될 것이다. 개인을 진단하고 치료하는 방식은 표준을 세울 때 포함되는 인구집단의 실재에 좌우된다.

것은 나중에는 문화적으로 고정된 것으로 나타낼 수 있게 되었다.

자아와 **타자** 사이의 분리는 그것이 존재하도록 **만들어졌기** 때문에 존재한다. 일본의 작업장에서 **자아**를 연구하는 도린 콘도는 이런 산물에 동조하기보다는 이를 드러내고자 한다(Kondo 1990). 버틀러를 따라서 콘도는 이렇게

쓴다. "관습적 비유는 경계가 있는, '진짜 감정'과 정체성으로 채워진 본질로서의 '자아'를 자아와 공간적으로, 존재론적으로 구별되는 '세계'나 '사회'와 대립시킨다. 노동의 학문적 구분은 '심리학'과 '사회학'을 구분하면서 학문 분야의 분리에서 이런 구분을 다시 요약한다"(33~34). 학술적 연구의 실천은 심리

작은 개인이 더 큰 인구집단에 포함되는 이행적 관계 대신, 우리가 여기에서 찾아낸 것은 **상호포함**이다. 인구집단은 개인에게 일어난 사건들의 총합이다. 그러나 개인들에게 일어난 사건은 거꾸로 그들이 속한 인구집단을 구성함으로써 알려진다. 소위 전체가 개인적 요소들의 일부이듯이, 개인적 요소들은 전체의 일부를 형성한다. 때때로 이것이 순환성으로 이어지기도 한다.

Z 병원과 연계된 대학의 역학 교수는 남성과 여성의 동맥경화증 간의 유사성과 차이점에 흥미를 갖고 있다. 그녀는 심각도에 대한 다양한 역학적 통계 사이의 격차가 무엇을 의미하는지 궁금해한다. 진짜로 여성이 남성보다 다리에 동맥경화증이 발병하는 경우가 더 적다는 것, 나중에, 너무 늙어서 치료하기 어려울 때에야 병이 생긴다는 것, 다른 식으로 증상을 표현한다는 것, 무슨 이유에서건 의사들이 여성에게서 이 질병이 널리 퍼지는 현상을 과소평가한다는 것이 무슨 의미일까? 면담에서 그녀는 이런 질문들을 적절히 다루고자 할 때 역학자들이 직면하는 어려움들에 대해 설명한다.

"자, 항상 그게 문제예요. 데이터를 만드는 문제요. 사망률 통계를 보

학적 현상이나 사회학적 현상 중 하나에 초점을 맞춤으로써, 자아와 타자가 서로 다르며 별개의 대상들이라고 재확인한다. 콘도는 우리가 "어떻게 **복수형** 자아가 다양한 상황에서 다양하게 구성되는가, 이런 구성물들이 어떻게 다중성과 모호성에 의해 복잡해지고 생기를 얻을 수 있는가, 어떻게 그것들이 권력 관계를 형성하고 그것에 의해 형성되는가와 같은 질문을 던짐으로써"(43) 이 경계를 되풀이해 말하고 강화하려는 움직임에서 빠져나올 수 있다고 제안한다. 어쩌면 많은 관계 속에 함축된 많은 자아가 있을지도 모른다. 그 자아들은 그것들이 속해 있는 동시에 외부자인, 유일한 바깥 세계의 반대편에 서 있지

세요. 그것들은 전 인구집단을 포괄해요. 그래서 제 동료들 사이에서 인기가 있는 거예요. 하지만 다른 무엇보다도 취약해요. 어떤 일이 일어나는지 상상해 보세요. 역학은 남자가 여자보다 심장마비를 많이 겪는다고 말하지요. 그렇다고 쳐요, 모든 임상의가 그렇게 배워요. 그리고 급사가 있지요. 늙은 사람들의 경우죠. 그것도 뭐 좋아요, 일반의가 환자의 집에 가요. 늦은 밤이에요. 빨리 퇴근하고 싶어요. 하지만 양식을 작성해야 한단 말이에요. 사인에 대해서요. 환자가 남자라고 가정해 보세요. 일반의는 잽싸게 검진을 하고, 가족에게 몇 가지 질문을 해요. 그리고 '심장마비'가 통계적으로 그럴듯한 사인이고 들어보니 어느 정도는 '심장마비' 같으니까 '심장마비'라고 기록해요. 아무도 놀라지 않을 거예요. 아무도 자세히 들여다보지 않을 테니까요. 하지만 여자라면, 심장마비 확률이 더 낮다는 점을 고려하겠지요. 무엇보다도 역학에서 그렇다고 배웠으니까요. 그래서 좀 더 자세히 살펴보고, 몇 가지 질문을 더 해요. 그러고 나서 '사인'은 뭔가 다른 것이 되겠지요. 뭔지는 모르겠어요. 아무래도 상관없지요. 뇌혈관 질환이라든가, 천식 발작이라든가, 식중독일 수도 있죠. 뭐든지. 그러니까 루프가 있어요. 사인에 대한 두 가지 형식이 컴퓨터에 입력되고 그런 식

않다. 대신, 그것들은 다른 실천에 내포되어 있다.

많은 자아와 다양한 타자. 여기에서 지금까지 읽었던 내용과 다소 비슷하게 들린다. 동맥경화증이라고 불리는 다른 존재자들이 개인을 생성하고 인구집단을 만들어 내며, 그것이 또 다양한 방식으로 더해져서 다른 동맥경화증을 형성하고 다른 인구집단을 만들어 낸다. 이러한 관점에서 콘도의 일본 작업장에서의 자아에 대한 연구는 Z 병원에서 아무리 멀리 떨어져 있다고 해도 이 연구와 비슷하다. 또한, 콘도의 연구는 다중화가 복잡하게 얽힌 관계이기도 한 이 이분법적 대립으로부터 한 가지를 끌어낼 수 있다고 주장한다. 그것은 바로 **자아**

으로 계속돼요. 남자는 심장마비로 죽는 경우가 여자보다 더 많다!"

인구집단과 환자의 질병은 상호의존적이다. 공동구성은 상호적이다. 요소들이 종합을 만들어 내고 종합은 요소들에 영향을 미치는데, 이렇게 해서 개인의 동맥경화증과 그것이 포함된 인구집단의 동맥경화증이 순환성의 덫에 갇힐 수도 있다. 그들은 돌고 돌 수도 있다. 그리고 나선을 그린다.

통합된 마찰들

인구집단의 동맥경화증과 개인의 동맥경화증은 서로를 상호적으로 포함한다. 그러나 또한 그들 사이에는 마찰도 있다. 의료서비스의 목표를 개인 환자의 상태 개선에 두느냐, 인구집단의 건강 개선으로 보느냐 사이의 마찰이다. 그러나 이런 마찰이 개인 지향 의료서비스와 인구집단 지향 의료서비스의 상호포함을 방해하지는 않는다. 이 문제를 풀려면, 먼저 "개선"이 전혀 간단한 문제가 아니라는 데 주목할 필요가 있다. 조카 부인의 사례를 보자. 그녀는 지금까지 여러 차례 혈관외과에 입원한 적이 있다. 며칠 전 PTA를 받았다. 그녀는 개선되

대 **타자**다.

경계들

문헌을 설명하다 보면 네덜란드 병원에서의 동맥경화증 연구를 서아프리카의 더 큰 지역에 대한 역사적 인류학이나 일본의 대도시 인근에서 행한 민족지학과 연결 지을 수 있다. 그래서 **경계**를 넘게 된다. 대상 영역들 간의 경계다. 여기에 특이한 것은 전혀 없다. 그것은 경계를 넘는 관습적인 학술적 방법이다. 이론(즉 세계를 이해하는 데 동원한 개념들) 덕분에 연구 분야들 사이를 이동할 수 있게 된다. 그런 의미에서 **이론**은 역시 경계를 넘는 **네트워크**와 유사하다. 이것을 어떻게 놓을까? 무엇

었을까? 이 질문에 답하려면 비교할 등급이 필요하다. "더 나은"과 "더 나쁜"을 타당하게 정의할 수 있는 등급이 있어야 한다. 비교를 위해 다양한 등급이나 기준이 있을 수 있다.

조카 부인 다시 따듯해졌어요, 제 다리요. 다시 따듯해진 것을 느낄 수 있어요. 정말 느낌이 좋아요. 예, 봉합한 곳이 아직도 아파요. 하지만 그래도 걷기 시작했어요. 놀랍지요. 거의 포기할 뻔했는데. 정말 여러 가지 치료를 받았거든요. 하지만 해보길 정말 잘했어요.

조카 부인은 자신의 상태를 지난주와 비교해 보면 개선되었다고 말한다. 그러나 비교의 축을 바꾸면, 이런 평가가 반드시 지속되지는 않는다. 조카 부인의 병력을 보자.

나의 정보원인 외과 수련의가 나를 위해 조카 부인의 파일을 찾아본다. 두껍지만 파일 선반에서 제일 두꺼운 것은 아니다. 겉장에 핵심 사항들이 적혀 있다. 이름: 조카. 성별: 여성. 생년월일: 28. 5. 7. 수련의가 책상에서 파일을 연다. 조카 부인의 병력이 있다. 1948년 맹장

이 속하고 무엇은 속하지 않는지, 무엇이 비슷하고 무엇이 다른 범주에 속하는지를 정하는 서구의 지배적인 방식들은 특성상 **지역적**이다. 그것들은 비슷한 종류의 것들을 뭉뚱그려 놓고 그 주변에 경계를 상상하거나 만들어 낸다. 다른 것도 어딘가에 있다. 유럽 근대국가의 형성 과정에서 이런 예를 찾을 수 있다. 이 형성 과정에서 국민국가는 지역적으로 한계 지어진 영토와 일치하게 되었다. 그들의 한계는 국경, 울타리, 검문소로 표시되었다. (여기에 언급된 고전적 텍스트는 Poulantzas 1978이다.) 사회이론에서 이러한 분리 연구는 오랫동안 암묵적으로 받아들여졌다. **사회를** 언급할 때에는 그것이 어떤 국가의 경

수술을 받았다고 기록되어 있다. 1967년에는 자궁 절제술. 1975년에는 당뇨가 발견되었다. 인슐린을 주입했다. 1982년 이후로 고혈압 치료도 받고 있다. 첫 번째 혈관 수술은 1986년이었다. 오른쪽 다리에 대퇴슬와부 우회로 수술을 받았다. 두 번째 수술은 1988년이었다. 이번에는 왼쪽 다리에 대퇴슬와부 우회로 수술을 또 했다. 1989년 가벼운 심장마비가 있었다. 1990년 오른쪽 다리의 협착을 PTA로 확장했다. 1991년 새로운 수술이 있었다. 이번에는 조카 부인의 외과의가 대퇴경골 우회로를 왼쪽 다리에 삽입했다. 예전에 한 우회술이 막혔던 것이다. 우리가 그녀의 파일을 조사하고 있는 지금, 조카 부인은 다시 병원에 와 있다. 1992년에 수술을 했다. 지난주 그녀의 우회로 중 하나를 PTA로 열었다.

조카 부인의 병력은 문제투성이다. 일부는 잊히지 않았다 해도 과거의 일이고, 아직 그대로인 것도 있으나, 어떤 것들은 악화하고 있다. 자궁 절제술의 표시인 심한 통증과 지속적인 실혈은 사라졌다. 당뇨는 완치되지 않을 것이다. 그리고 조카 부인의 동맥은 점점 더 나빠지고 있다. 그러니 그녀의 다리에 계속해서 개입이 이어진다. 첫 번째

계 속에 있다고 보았다.

지난 수십 년간 이러한 제한은 여러 방식으로 깨졌다. **경계**는 논란 많은 주제가 되었다. 우선, 경계 **넘기**가 널리 공유하는 이상이 되었다. 비슷한 것과 다른 것을 가르는 선이 문제시되었다. 도나 해러웨이가 이러한 위반의 열정을 대변하는 사람 중 한 명이다. 그녀

가 여기에서 중심에 놓는 경계에 대해서는 매우 흥미로운 연구가 있지만, 내가 깊이 다루는 주제는 아니다. 이것은 신체, 유기체, 기계 사이의 경계. "서구 과학과 정치학의 전통 —— 인종주의적, 남성지배적 자본주의의 전통, 진보의 전통, 자아를 타자의 반영에서 재생산하는 전통에서, 유기체와 기계 간의

심장마비는 관상동맥 혈관도 관련이 있음을 시사한다. 그리고 조카 부인이 곧 두 번째 심장마비를 일으킨다 해도 어떤 의사도 놀라지 않을 것이다. 혹은 뇌혈관 질환이든가.

그래서 그녀는 지난주보다 나아졌다. 하지만 5년 전보다는 나빠졌다. 점점 더 많은 혈관이 점차 막히고 있다. 그리고 여기 세 번째 평가가 있다.

조카 부인의 외과의는 5년 전보다 나아지고 있다고 생각한다. 그 당시에는 파일에 기침으로 내원했다고 기록했다. 불면. 혈당을 조절하기 어려워 당뇨병약을 조절했다. 고혈압 문제가 있었다. 그녀가 오랫동안 돌본 아픈 남편을 걱정했다. 마지막에 남편은 정신이 이상해졌고 공격적인 모습도 자주 보였다. 그녀를 아무 데도 가지 못하게 했다. 의사에게 오는 것이 집 밖으로 나갈 수 있는 유일한 기회였다. 조카 부인의 일반의는 남편이 죽은 후로 그녀가 나아지고 있다고 생각한다. 그녀는 남편이 그립다고 말하지만, 최근 들어 증상 호소가 줄었다. 이제 증상 호소의 원인은 그녀의 동맥뿐이다.

관계는 경계 전쟁이었다. 경계 전쟁에서 핵심은 생산, 재생산, 상상의 영역들이었다. 이 텍스트는 경계의 혼돈에서 느끼는 쾌감과 경계를 재구성할 **책임**을 주장한다"(Haraway 1991, 150). 해러웨이는 책임과 쾌감을 주장하면서, 경계를 혼란시키는 이미지를 **사이보그**의 이미지로 제시한다. 사이보그는 두 개의 나라, 기계의 나라와 유기체의 나라에서 산다. "20세기 후반, 우리 시대, 신화적 시대에 우리는 모두 키메라, 기계와 유기체의 이론화되고 제작된 혼종이다. 다시 말해서 우리는 사이보그다"(150).

사이보그는 많이 사용되는 단어이자 이미지가 되었다. 문화에 정통한 어떤 학술지든 펼쳐 보면 어디에서나 사

환자 병력이 파일에서 형태를 갖춘다. 파일마다 다른 병력을 형성한다. 일반의의 파일에 "혈관계"는 환자가 진료를 받으러 올 법한 많은 이유 중 하나다. 그래서 혈관이 자꾸 막히고 당뇨병이 그대로라 해도 조카 부인의 일반의는 개선으로 볼 수도 있다. 다른 문제들의 총합에 비교하면 개선이다. 이것들은 감소하고 있으니까.

치료로 인한 개선. 많은 치료에도 불구하고 악화. 혈관 질병의 치료와 별 관계가 없는 개선. 조카 부인의 병력은 어느 모로 보나 한쪽 방향으로 일관되게 가고 있지는 않다. 전체적으로 평가하기가 어렵다. 여러 가지 다른 평가가 나올 수 있다. 그래서 개인 수준의 "개선"은 간단하지가 않다. 그리고 전체 집단에 대한 의료적 개입의 평가를 집계해 보면, 개인 차원에서 어떤 등급과 기준을 이용했는가에 따라 분명 달라질 것이다. 하지만 개인에 대한 치료를 긍정적으로 평가했다 해서 인구집단의 건강이 개선되었다는 의미도 아니다. 지난주 조카 부인의 PTA를 보자. 조카 부인의 상태가 개선되었는지 묻는다면, 혈관외과의와 조카 부인 본인은 이 질문에 대해 "그렇다"고 대답한다. 그리고 그들은 두 번째로 결정해야 할 때가 온다면 역시 또 이 PTA를 받기를 원할 것이다. PTA가 어떻게든 조카 부인이 가까운 시

이보그를 발견할 수 있을 것이다. 경계 **지우기**에서 비슷한(그러면서도 다른) 역할을 하는 또 하나의 용어가 **경계물** boundary object이다. 이 용어가 나온 온건한 논문은 이 근사한 단어 때문에 온갖 데에서 인용되었다(Star and Giesemer 1989). 경계물의 개념은 다른 사회적 세계들이 존재한다는 착상에서 나온다.

이 다른 사회적 세계들은 저마다의 코드, 습관, 도구, 이해 방식을 가지고 있다. 그러나 그들은 뭔가를, 즉 경계물을 **공유한다**. 그 세계들이 각각 이 대상에 부여하는 특정한 의미는 서로 다르다. 그러나 아무도 이 차이를 강조하지 않는 한, 경계물은 두세 가지의 다른 대상인 것 같지는 않다. 그것은 가능한 긴장

일 내에 동맥경화증으로 사망할 위험을 줄여 주지는 못한다 해도, 지금은 차이를 만들어 준다. 그러나 조카 부인에게는 이렇게 효과 좋은 PTA라도, 네덜란드 인구집단의 전반적 건강을 개선해 주지는 않는다. 여기에 긴장이 존재한다.

> "일대일 접근법은 환자와 가족, 친구들에게는 가치가 있을지 몰라도, 인구집단의 질병 분포를 바꾸는 데는 거의 도움이 되지 않는다"(S. L. Syme and J. M. Guralinik, "Epidemiology and health policy: Coronary disease", *Epidemiology and Helath polity*, eds. S. Levine and A. Lilienfeld, New York, Tavistock, 1987, 106).

"인구집단의 질병 분포"를 예를 들어 전체 사망률 관점에서 평가한다면, 조카 부인의 PTA는 긍정적 효과가 없다. 다른 노력들도 그럴 수 있다. 공공 보건 홍보담당자들은 같은 돈이면 동맥경화증으로 인한 전체 사망률을 크게 줄일 수 있다고 거듭 지적한다. 이 돈을 다른 개입에 쓰기만 한다면. 그 모든 전문가가 다리 위로 허리를 구부리고 동맥에 카테터를 삽입하는 수고를 다른 쪽을 돌리기만 한다면.

들을 흡수할 수 있을 만큼 흐릿하다. 그것은 다양한 사회집단이 공유하는 공통의 대상이다. 그리하여 경계를 넘어 공동작업을 실행하고, 이 경계들을 덜 절대적인 것으로 만든다. 그것은 경계들을 지운다.

경계 지우기는 경계들과 다투는 방법이다. 그러나 여기에서는 다른 지역들이 있다는 생각을 주장한다. 서로 인접한 지역들이 있다. 그것들 사이는 매우 흐릿하지만, 그래도 여전히 분리할 수 있고, 분리되어 있다. 이 대목에서 **지리**에서의 공간성에 대한 또 다른 문헌을 설명하고자 한다. 이미 한참 전에 공간적 형성에 대해 생각하기 위한 **지역** 모델을 **네트워크** 모델이 보완했다.

"개인의 복지에 대한 관심은 특정 개인에게는 좋을지도 모르지만, 우리는 전체적으로 공공의 건강에 대한 관심을 갖고 다른 방향으로 향하고자 한다. 우리는 많은 사람이 작은 위험을 갖고 있는 상황에 함축된 의미를 고려할 필요가 있다. 고위험을 중시하는 전략에서 이런 사람들은 정상으로 분류될 것이다. 눈에 확 띄는 위험에 처한 사람은 없어도, 인구집단에서 발병 사례는 더 적게 나올 수 있다"(G. Rose, *The strategy of preventive medicine*, Oxford, Oxford Medical Publications, 1992, 14).

어떻게 해야 할까. 질병을 앓는 사람들을 치료할 수도 있다. 위험에 처한 사람들이 악화되지 않도록 예방할 수도 있다. 혹은 전체 사망률을 낮추는 가장 좋은 방법은 거의 정상에 가까운 사람들의 대규모 집단의 건강을 개선하는 것이다. 이런 개입들은 원칙적으로 충돌하지 않는다. 원칙상 동시에 나란히 다 진행될 수 있다. 그러나 실제로는 의료서비스 자금은 한 번만 쓸 수 있고, 의료서비스 전문직들의 노력은 제한적일 수밖에 없기 때문에, 이를 개인의 치료에 들이면 인구집단에는 개입할 수 없다.

(여기에 대해 초기에 나온 예리한 글로는 Lacoste 1976을, 더 나중에 나온 것으로는 Harvey 1990을 보라.) 사람들의 일상적 움직임을 추적해 보면, 제한된 하나의 지역이 아니라 다양한 네트워크에서 산다. 사람들이 전화로 접촉하는 네트워크는 빵을 사는 몇 군데 가게보다 훨씬 더 크다. 가족을 방문할 때 가는 장소들은 공부하러 가거나, 운동하러 가거나, 휴일을 보내러 가는 곳과는 다른 네트워크를 형성한다. 그리고 네트워크를 통해 움직일 때, 넘어야 할 지역적 경계가 있는가 여부는 대부분의 경우 무관하다.

또한, "네트워크"는 과학이 지리적으로 어떻게 위치 지어질 수 있는가를 인구집단에서 동맥경화증으로 인한 사망률을 줄이려면, 모두가 금연하고, 운동하고, 식이요법을 해야 한다. 이런 대답은 인구집단 연구에서 나온다. 그러면 인구집단 연구가 의학에서 주도권을 쥐고 방향을 이끌어야 하는가? 그러자면 문제가 있다. 인구집단의 건강 개선이 환자건 환자 아닌 사람들이건, 개인에게도 반드시 중요한 이점을 갖지는 않는다는 것이 문제다. 콜레스테롤을 보자. 오랫동안 서구 인구집단은 콜레스테롤 섭취를 줄이기 위해 식단을 조절하도록 독려했다. 나아가 더 최근에는 혈중 콜레스테롤 수치를 낮춰 주는 약도 개발되었다. 하지만 인구집단의 콜레스테롤 수치 감소가 개인에게도 이로울까?

Z 병원 내과 교수들 중 한 명은 우리 모두 콜레스테롤 수치를 낮추어야 한다고 주장한다. 그는 인터뷰에서도 이렇게 말한다. 뉴스 인터뷰다. 그는 네덜란드 일반의들을 공격한다. 일반의들이 프로토콜에 콜레스테롤 목표치를 너무 높게 잡아 놓은 탓에 해마다 수천 명의 죽음에 책임이 있다고 말한다. 기자가 관심을 보인다. 그는 프로토콜을 짜는 위원회에서 일반의를 만난 적이 있다. 일반의는 인구집단의 사망

이해하기 위해 80년대 초반에 동원되었던 용어다. 과학의 실천은 하나의 장소에 국한되지 않으며, 과학이 보편적이라는 낡은 생각 또한 지속되지 않는다. 우리가 **실천**을 다루고 있다는 사실을 건너뛰기 때문이다. 실천들은 어디에나 있는 것이 아니라, 어딘가에 있다. 어디에? 브뤼노 라투르는 이 논쟁에 대해 우리에게 과학의 실천을 이해하려면 다른 네트워크를 보라고 요구한다. 예를 들어 카망베르 네트워크를 보자. 캘리포니아 슈퍼마켓의 카망베르 치즈는 파리의 슈퍼마켓에 있는 것과 멀리 떨어져 있지만 다르지 않다. 그것들은 국경을 넘을 수 있는 운송과 상업 네트워크 덕분에 똑같은 노르망디 공장에서

률 위험을 낮추는 것이 관련된 개인에게 어떤 의미인지 설명한다. 그는 최근 연구를 인용한다. 중년 남성의 높은 콜레스테롤 수치를 낮춘 효과를 조사한 것이다. 약물치료를 받은 환자 3302명 중 143명만이 한 차례의 심장마비를 겪었다. 3293명에서는 심장마비가 더 많이 있었다. 31퍼센트의 감소였다. 인구집단에서 31퍼센트 심장마비가 줄었다면 좋은 결과다.

그러나 연구에 참여한 개인들에게 이 "좋은 결과"가 어떤 의미일까? 먼저, 그들 중 3159명은 어떤 개인적 이득도 없이 약물치료를 받고 의사에게 가서 검진을 받았다. 둘째로, 약물치료를 받은 각 개인이 연구를 한 5년 안에 심장마비로 죽지 않을 확률은 93.5퍼센트에서 95.4퍼센트로 증가했을 뿐이다. 개인에게는 의미 있는 향상이라 보기 어렵다. 그리고 세 번째 단계가 있다. 이 특정 연구에서 아이러니한 것은 5년의 연구 기간 내내 생존할 확률은 콜레스테롤 치료를 받은 집단은 95.9퍼센트, 대조 표준 집단에서는 96.8퍼센트다. 이것이 어떤 의미인지 보자. 약물치료를 받은 사람들은 심장마비가 더 적게 오더라도, 죽을 위험은 작아지는 것이 아니라 더 커진다! 이렇게 더 높은 사망률이 콜레스테롤 수치와 어떤 관계가 있는지는 아무도 모른다. 하

나온다. 마찬가지로, 과학적 실험들은 런던에서나 가나에서나 같은 결과를 낸다. 그러나 이것은 어디까지나 가나의 실험실에 런던과 똑같은 도구들이 갖춰져 있고, 똑같이 잘 훈련된 직원들이 있을 때에만 그렇다. 어느 한 장소에서 정전이 일어나는 순간(그리고 이런 일은 가나에서 더 자주 일어난다) 네트워크

는 더는 동일하게 유지될 수 없다. 뉴턴의 법칙이 가나에서도 진짜인가의 문제는 런던과의 거리가 아니라, 전력과 다른 핵심적인 네트워크 노드가 안정적으로 계속 존재하는가의 문제에 달려 있다(Latour 1988).

그러면, 여기에서 차이와 유사성을 확립하기 위한 또 다른 장르가 있다. 네

지만 어쨌든 관계가 있다("Drie ton om een hartinfarct te vermijden",
Volkskrant, 25 November 1995, 17).

31퍼센트의 심장마비 감소는 좋은 결과다. 인구집단에 대해서는
그렇다. 그러나 면담한 일반의는 이 결과를 위해서 자신의 중년 남성
환자가 콜레스테롤 약물치료를 받고, 정기검진을 오고, 건강 걱정을
하는 것이 맞는지는 확신하지 못한다. 그들의 삶은 개선되지 않을 것
이다. 아이러니하게도, 전반적인 사망률은 심지어 증가할 수도 있다.

개인에게 좋은 것이 개인을 포함하는 인구집단에는 거의 혹은
전혀 도움이 안 될 수도 있는 한편, 인구집단에는 좋은 것이 개인들에
게는 거의 혹은 전혀 가치가 없을 수도 있다. 동맥경화증을 앓는 개인
의 상태를 개선하는 개입들이 꼭 인구집단의 상태를 향상시키는 것
은 아니며, 그 역도 마찬가지다. 이는 경제적 우선순위의 관점에서 구
성되거나, 희소한 기술과 에너지를 어떻게 쓸지의 문제로 제기되는
현실적 충돌에 불과할 수도 있다. 그러나 때로 이 충돌은 원칙의 문제
로 나오기도 한다. 위에 인용한 일반의는 "너무 비싸다", 혹은 "너무
일이 많다"는 이유로, 모든 중년 남성에게 콜레스테롤 치료를 처방하

트워크가 유지될 때에는 유사성이 존재
한다. 네트워크가 실패하면(노드들 사
이의 연합 중 하나가 혼란에 빠지거나,
노드 중 하나가 무너질 때) 그때는 차이
가 있게 된다. 그래서 여기에서 유사성
에서 차이로의 핵심적인 이행은 경계가
아니라, 네트워크 요소의 안정성과 그
에 따르는 기능성이다. 이런 암시는 나

중에 가면 또 흐려지기 시작한다. 빈혈
진단을 보라. 네덜란드에서는 헤모글
로빈 수치 측정에 의존한다. 임상적 징
후(어지럼증, 피로, 창백한 눈꺼풀 같은)
가 검사실을 이용할 이유가 될 수는 있
어도, 대체하지는 못한다. 아프리카에
서는 연구소 네트워크가 유지되지 못한
다. 피곤하고 어지러워하는 사람의 눈

지는 않는다. 그의 환자에게 좋지 않다.

그러나 개인과 연구집단의 개선은 서로를 포함하기도 한다. 그것들은 충돌하는 **동시에** 서로를 포함한다. PTA가 환자의 상태를 개선하는지에 대한 질문을 보자. 개별 환자가 받은 PTA를 평가해 보면(다시 조카 부인), 그녀는 상태가 어떠냐는 질문을 받는다. 혹은 검사로 몸의 여러 가지 지표를 측정한다. 그러나 PTA가 개인을 위해 사용을 고려해 볼 만큼 좋은 치료인가의 문제에 답하려면, 인구집단 조사가 필요하다.

임상역학자는 병원에 방을 하나 가지고 있다. 동료, 세 명의 후배 연구자와 함께 쓴다. 비서가 입장을 제한한다. 그녀가 나를 위해 예약을 잡아 주었다. 임상역학자에게 오는 연구자의 상황은 평범하다. 연구에 참여하는 사람들이 종종 조언을 구하러 온다. 그리고 조언을 얻는다. "어떤 의사들은 아직 어떻게 적절한 계획을 세울지를 모릅니다. 하지만 우리가 도와주기 위해 여기 있는 거죠. 그리고 재미있을 때도 있답니다. 계획이 아주 좋지 않을 때도 있어요. 그러면 다 없애 버리는 데 시간이 좀 걸리죠. 생각해 봐야 하는 경우예요."

꺼풀을 보는 것이 빈혈을 진단하는 데 이용할 수 있는 유일한 실천이다. 이것이 "빈혈"로 진단된 두 사례를 다른 것으로 만드는가? 아니면 임상적 진단의 실천이 의사의 신체에 통합되어 있기 때문에 이동할 수 있다면, 이것은 다른 장소에서도 유사성을 유지하는 지속적인 방식인가? 검사실이 작동하지 않아도 여전히 진단할 수 있는 "빈혈"의 유사성을 유지하는가? 이러한 이행적 상황에서는 차이**와** 유사성이 **모두** 존재하고, 유사성이 차이로 바뀌는 정확한 순간을 잡아낼 수 없으며, 이행이 명확하지 않다. 이런 경우에 대해 말하기 위해 **유동체**fluid라는 용어가 제안되었다. 문헌에서 유동적인 공간은 지역적인 것

치료는 특정 "사례"에 잘 맞을 수도 있고 그렇지 않을 수도 있다. 그러나 치료가 어디에 잘 맞거나 맞지 않는가는 다른 문제가 된다. 더는 (흥미롭거나 전형적인) 개별 사례를 가리킴으로써 답할 수 없다. 치료는 목표 인구집단을 어느 정도 비율 이상 개선했다고 판명되어야 인정받는다. 그래서 인구집단 연구가 개별 치료 결정에 포함된다.

그러나 어떤 인구집단 연구인가? 인구집단의 건강과 개인의 건강 개선 간의 잠재적 마찰을 고려하면, 이는 어려운 질문이다. 임상역학자는 실험을 "적절히 계획해야" 한다고 강조한다. 충분한 규모의 인구집단을 통제하고 포함해야 한다. 이번에는 전체 인구집단이 아니라 잘 기술한 **목표** 인구집단이다. 또한, 어떤 "지표", "종지점", "목표"를 써야 (임상의들이 자기 환자들에게서 볼 수 있는) 개인의 개선이 인구집단(역학적 판단)에서도 나타날 것인가의 문제가 중요하다.

내과의 이건 흥미로운 내용입니다. 선생님께서도 흥미롭다고 여기실지 모르겠네요. 우리는 무엇을 실험에서 지표로 사용할지의 문제에 직면해 있습니다. 당뇨 환자에게서 동맥경화증이 발병할 위험은 혈당 수치만이 아니라 지질단백질 수치하고도 관계가 있습니다. 어

과는 전혀 다르다. 유동적 공간 안에서의 차이는 반드시 경계로 표시될 필요가 없다. 그것은 항상 명확하지는 않다. 차이는 움직인다. 그리고 유동적 공간은 네트워크와도 전혀 다르다. 유동체 안에서 요소들은 서로에게 영향을 준다. 그러나 요소들이 서로 영향을 주는 방식은 끊임없이 바뀐다. 유동적 공

간 안의 유대는 안정적이지 않다. 어떤 단 하나의 구성요소도 — 하나를 뽑아낼 수 있다면 말이지만 — 절대적으로 필요한 것이 아니다. 그러나 그 요소들이 **모두** 제대로 작동하지 않는다면, 더는 존재할 수도 없다. (여기에서 문헌을 설명하는 또 하나의 방식을 전개할 수도 있다. 소위 '나의 ~도 보라'… 그러나 "우

쩌면 그 정도가 아닐지도 몰라요. 그래서 다양한 지질단백질 수치를 추적 관찰하려고 합니다. 하지만 이것이 진짜로 위험을 줄여 주는지 어떻게 알 수 있을까요? 당뇨 환자의 동맥경화증 예방에 대한 연구는 대부분 심장마비로 인한 사망률에 의거해 판단합니다. 지금까지 오랫동안 그렇게 해왔어요. 하지만 상황이 바뀌었습니다. 예방은 성공적이었어요. 정기적으로 의사에게 오는 사람들의 인구집단, 그러니까 우리가 연구할 수 있는 사람들의 경우에는 위험이 줄었습니다. 특정 시기에 20퍼센트, 같은 시기에 5퍼센트까지 감소했습니다. 하지만 우리가 이 환자들의 전반적인 동맥 상태를 호전시켰을 수도 있습니다. 우리 생각이 옳다면, CVAS(뇌혈관 질환), 파행, 신부전증도 줄어들 겁니다. 하지만 사망률 통계에 그 정도까지 영향은 없는 것 같아요. 동일한 시간 범위에서 심장마비로 인한 사망은 5퍼센트에서 4퍼센트로 줄어들 수도 있습니다. 하지만 그 정도 작은 변화로는 통계상 의미 있는 데이터를 얻기는 거의 불가능합니다. 아주 많은 환자가 필요합니다. 그래서 다른 것, 우리가 가진 환자 인구집단으로 여기 병원에서 다룰 수 있는 것을 찾고 있습니다. 아마 혈액 속의 생의학적 지표 같은 것이 되겠지요. 인구집단 수준에서 우리 환자들에게 어떤 일이 일어

리의"다! 어느 쪽이건, 유동체의 이 관념에 대한 더 자세한 설명은 Mol and Law 1994, De Laet and Mol 2000을 보라.)

포함

이 장의 하위텍스트에서는 유사성과 차이에 관한 방대한 문헌 중 몇 개의 텍스트를 설명하겠다. 지금까지 차이를 표시하는 구분들이 어떻게 서로 다툴 수 있는가를 말해 주는 문헌을 설명했다. 정상과 병리의 구분은 "문제"의 관념으로 흐려졌다 — 절대 완벽한 해결책이 없고, 최선의 경우라도 그것들을 다루는 방식 몇 가지를 제안하는 것이 고작인 문제들이다. 자아와 타자 간의 격차도 마찬가지로 흐려진다. 더는 자아

나는지를 보여 줄 수 있을 만큼 민감한 지표들 말입니다.

당뇨 환자의 지질단백질 수치를 정상화한 효과는 너무 미미해서 사망률 통계에 잡히지 않을 수도 있다. 그래서 사망률 집계는 개인과 인구집단 간의 좋은 **매개체**가 되지 못한다. 대신, 동맥경화증을 실행하는 다른 방식을 인구집단 연구에 포함시키는 편이 더 나을 것이다. 사망률 감소 대신, 개선의 다른 기준을 이용해야 한다. 협심증이나 뇌질환, 파행을 앓는 사람들의 숫자 감소 같은 것이 될 수 있다. 혹은 생의학적 지표도 가능하다. 확실한 근거를 가지려면 개인의 지질단백질 수치 모니터링을 적절한 인구집단 연구로 뒷받침해야 한다. 그러나 이 인구집단 연구가 진짜로 치료가 개인에게 가져온 개선을 보여 주기 위해서는, 적절한 지표를 발견해야 한다. 그것들은 개인의 치료와 인구집단 연구, 서로를 포함한다. 그래서(원활히 실천이 진행되려면), 각각을 서로에게 세심하게 맞추어야 한다.

간섭

이 책에서는 지금까지 단 하나의 다중적 대상인 **동맥경화증**을 추적했

가 뚜렷이 구별되어 존재하는 것이 아니라, 다양한 방식으로 타자로 흘러넘친다. 경계들은 흐릿한 지대로 바뀌었다. 그리고 네트워크는 유동체로 용해된다. 그러나 이 장에서 펼치려 하는 중요한 주장들 중 하나는 흐려지는 구분들에 관한 것이 아니라, 확실히 다른 것의 공존에 관해서다. 여기에 공존의 특정한 형태 하나를 제시하겠다. 바로 통합incorporation으로, 다른 것의 일부로 살거나, 자아 안에 다른 것을 가지고 있는 형식이다. **포함**. 지금까지 설명한 문헌들은 이에 대한 배경으로 적절하다. "포함"을 표현하려는 탐색을 다른 실천을 다루는 방식들 속에 놓았기 때문이다. 그러나 지금까지 빠진 것이 있다. 포함

다. 여기에는 여러 버전이 있다. 동맥에 발생하여 혈관 벽이 두꺼워지는 것이면서 인구집단을 위협하는 사망 원인. 긁어내야 할 협착이면서 조기에 치료한다면 속도를 느리게 하거나 예방할 수도 있는 진행 과정 등등. 그러나 여러 동맥경화증은 서로를 설명하는 데 그치지 않는다. 의료실천에서 질병은 관심의 중심 대상이 될 수 있지만, 그것만이 유일한 관심의 대상은 아니다. 질병은 보건에 핵심적이지만, 외부의 다른 것들이 대신 그 역할을 맡곤 했기 때문에 여기에서 질병을 파헤치는 것이다. 그러나 실천지학자는 실행되고 있는 다른 대상들을 추적할 수도 있다. 외과의들을 보자. 수술실에서 녹색 살균복을 차려입고, 손을 깨끗이 씻고, 정교한 도구들을 가지고, 외과의는 마치 그것이 폭력이 아니라 기술적인 문제라는 듯이 다른 사람의 몸을 절개하도록 허용된 사람이다. 다른 곳에서는 얘기가 다르다. 의사결정 회의에서 칼을 든 외과의는 심각한 위반을 저지른 것이다. 그래서 외과의가 하나가 아니듯이, 동맥경화증도 마찬가지다. 여기(수술실)에서는 다른 사람의 피부 속으로 들어가는 것이 금기가 아니지만, 다른 곳에서 (사실 수술실을 제외한 모든 곳에서) 이 금기는 우리들과 마찬가지로 외과의에게도 적용된다.

에 관한 문헌이다.

포함은 존재한다. 그러나 **대립하는** 것들끼리도 서로 **의존할** 수 있다는 이런 이미지는 드물게 그려지는 것이다. 이는 다른 것이란 무엇인가에 대한 일반적인 직관과 직접적으로 반대되기 때문에 그렇다. 일반적인 직관은 아리스토텔레스적 논리와, 입장을 취할 수 있는 공간에 대한 유클리드적 개념 위에 세워져 있다. 이런 직관을 무너뜨리는 문헌은 아리스토텔레스적 논리와 유클리드주의를 탐색하기 위해 우회해 왔다. 두 가지 예를 들겠다. 첫 번째는 미셸 세르(Serres 1980, 1994)의 연구다. 세르는 자신을 수학에 정통한 철학자로 내세우면서 아리스토텔레스와 유클리 이런 예를 보면, **실행한다**라는 용어로 왜 행위자가 **누구** 혹은 **무엇**인지의 문제를 미결정 상태로 두는 것이 문제가 아니라 오히려 이점인지를 밝혀낼 수 있다. 동맥경화증이 실행될 때 행동이 어디에서 기원하는가? 메스, 질문, 전화, 양식, 파일, 사진, 바지, 테크니션 등등 많은 존재자가 관련되어 있다. 그러나 이 중 어느 것도 단단히 굳어 있지 않다. 조금만 더 조사해 보면, 모두가 외과의처럼 **다중적**으로 보인다. 동맥경화증을 "보행 중의 통증"으로 실행하는 외과의는 "동맥의 두꺼운 내막을 긁어내는" 외과의와 같은 얼굴, 목소리, 이름표를 갖고 있을 수도 있다. 하지만 다르다. 전자는 말하는 사람이고, 후자는 자르는 사람이다. 한 사람이 하나의 레퍼토리(말하기)에서 다른 것(절개하기)으로 옮겨 갈 수도 있다. 레퍼토리들은 관련된 모든 물질성과 함께 외과의의 지역적으로 실행된 정체성을 바꿀 수 있다.

일단 실천-속의-존재론을 풀어내기 시작하면, 더는 안정적인 변수가 존재하지 않는다. 모든 변수는 장소에 따라 변화한다. 그렇다고 해도 어떻게 실천들이 하나로 합쳐지는가의 문제야말로 설명해야 할 기적 같은 일이다. 실천들이 다양한 방식으로 관련되는 경우에는 더 그렇다. 외과의의 실행(말하는 사람 혹은 절개하는 사람으로써)과

드로부터 벗어나려 한다. 그는 그렇게 하는 이야기들을 만들어 낸다. 그의 문체는 논쟁적이지 않고 상상을 북돋우려 한다. 무엇보다도 논쟁은 형식상 아리스토텔레스적이다. 논쟁은 A와 A 아닌 것의 대립에 기초한다. 그러나 두 명의 권투선수가 싸우는 곳에서 승자는 누구일까? 답은 표를 파는 사람이다.

가장 소리가 요란한 것에 관심을 쏟을 것이 아니라, 조금만 관심을 돌리고 범위를 넓혀서 이 모든 소음이 나오는 곳을 보려고 해야 한다. 예를 들어, A와 A 아닌 것의 대립은 A와 A 아닌 것이 서로 관련되어 있으며 의미 있는 표현임을 암시한다. 그것은 둘 다 말이 되는 인식론 분야를 받아들인다. 그것은

동맥경화증의 실행(통증 혹은 협착으로)은 서로 관련이 있다. 그것들은 서로 완전히 의존하지는 않는다. 외과의가 "협착"에 대해 말할 수도 있고, 절개하는 중에 환자의 통증이 사라졌으면 좋겠다는 소망을 표현할 수도 있다. 하지만 그렇다고 해도 하나의 실행과 다른 실행 간에 중요한 **간섭들**이 있다. 동맥경화증이 동맥의 협착성 장애로 물질적으로 실행되는 것은 수술 도중이지만, 통증을 어떤 사람을 괴롭히는 문제에서 의학적으로 타당성 있는 사실로 바꾸려면 진료실에서의 대화가 필요하다. 간섭에 대해서는 더 연구해 볼 가치가 있다. 이런 연구가 우리를 어디로 데려갈지 먼저 대강 보여 주기 위해 작은 예를 하나 들겠다.

그것은 동맥경화증과 **성차**의 실행 간에 일어나는 간섭의 사례다. 지금까지 이 텍스트에서 나는 내 이야기 속에 등장한 사람들에게 젠더를 부여했다. 그들은 아무개 씨 혹은 **부인**이었다. 그이거나 그녀였다. 그러나 동맥경화증의 실재에 이런 특성을 부여하는 것이 타당한지를 깊이 파고들지는 않았다 — 그 역도 마찬가지다. 이렇게 젠더를 생략한 것은 젠더 표시가 부적절해서라기보다는, 그 주제가 지나칠 정도로 복잡하기 때문이다. 병원에서 성차는 동맥경화증보다 훨

전적으로 다른 존재자들로 이루어진 세계로 탈출하지 못하게 막는다. (예: 5센티미터 이상 10센티미터 이하 길이의 병소가 있는 동맥에 PTA 수술을 할지에 대한 토론은 아주 격해질 수도 있다. A냐 A가 아니냐. 그러나 수술과 PTA는 좋은 개입으로 제시되며, 보행요법을 써 볼 수도 있을지 묻는 사람은 아무도 없다.) 대

립하는 것이 또한 협력할 수도 있다. 그러나 이것은 아직 상호포함의 이미지는 아니다. 거기까지 닿으려면 가방 이야기가 도움이 될 것이다.

세르는 우리의 생각 속에 내포된 **사물들**, 단순한 대상들을 암시하기를 좋아한다. 언급된 대상으로서가 아니라, 우리가 가지고 생각하는 개념적 도구들

씬 더 많은 변종으로 출현한다. 성차는 거의 어디에나 있기 때문이다. 직업, 업무 스타일, 전문적인 역할, 보관 기술, 색채 구도, 벤치 높이, 역학 표, 연구 질문, 예약 시간 등등. 이 모든 것이 **남성**, 혹은 **여성**인 것의 실재와 간섭한다. 그리하여 그 결과로 나온 것에서 성차와 동맥경화증 사이의 예시적인 간섭을 한두 가지 고른다면, 총 복잡도 감소gross complexity reduction 다.

Z 병원 진료실에서 성차 연구에서 표현되었던 온갖 클리셰의 흔적을 쉽게 찾을 수 있다(더하여 몇 가지 예외도). 질병이 일상생활에서 어느 정도까지 사람들을 괴롭히는지를 알고 싶은 외과의들은 여러 가지 질문을 할 수 있다. 그러나 경제활동이 가능한 연령의 남자들은 변함없이 직업에 대한 질문을 받고, 여자들은 연령대를 불문하고 가사에 대해 질문받는다. 연로한 외과의는 젊은 노동계급 남자와 거친 농담을 한다. 옷을 잘 입고 자기 의견을 조리 있게 말하는 노부인과 마주한 젊은 외과의는 어머니의 친구분에게 이야기하듯 공손하면서도 친절하게 설명한다. 부모와 함께 온 딸들은 아들들보다 약에 대해 더 상세히 질문한다(그래서 더 많이 안다). 이런 식이다. 이런 차별화들은 사회과학자들이 **젠더**라고 부르는 것과 관련이 있다. 그것들은

을 알려 주는 모델로 암시하는 것이다. 그가 언급하는 대상들 중 하나는 상자다. 대상을 서로 **이행적인** 방식으로 관련되는 단단한 상자처럼 여길 수도 있다. 상자는 다른 상자보다 더 크거나 작거나 둘 중 하나다. 그리고 더 크다면 더 작은 상자를 담을 수 있다 — 작다면 더 큰 상자 속에 넣을 수 있다. 그러나

세르는 우리가 견고함에 집착하지 않는다면 재질에 대해, 천에 대해 생각해 볼 수도 있다고 말한다. 상자가 아니라 가방에 대해서 말이다. 파란색 가방을 접으면 노란색 가방 속에 들어간다. 그것을 꺼내면, 노란색 가방을 접어 파란색 가방 속에 넣을 수도 있다. 어느 것이든 다른 것을 담을 수 있다. 그 역도 가능

신체의 성별에 직접적으로 의존하지 않는 남녀 간의 사회적 차이를 실행한다. 그러나 질병의 실천지의 가능성 외에도, 성별의 실천지의 가능성이 있다. 남녀의 신체에 따라 실행되는 차이를 연구하는 것이다. 의학은 신체를 어느 하나의 성을 갖는 것으로 실행한다. 정말 그런가? 이 점을 조사해 보겠다.

병리학 수련의가 부검을 마치고 큰 책상이 놓인 작은 방으로 들어간다. 그녀는 호주머니에서 메모해 놓은 작은 종이를 몇 장 꺼내어 부검 양식을 작성하려 한다. 부검 양식에는 그녀가 판단을 내려야 하는 해부학적 구조들이 미리 인쇄된 긴 목록이 있다. 피부: … 간: … 폐: … 등등. "보세요." 그녀가 나에게 말한다. 그녀는 내가 자기처럼 분개할 거라 생각하지만, 오늘 나에게 자신의 일을 자부심을 가지고 소개했기 때문에 당혹스러워하며 말한다. "여기, 생식기라고 인쇄되어 있어요. 귀두며 뭐며 온갖 자세한 것들과 함께 페니스라고 쓰여 있어요. 그리고 여기 자궁도 있어요. 하지만 음순이나 클리토리스는 없어요. 그래서 여성을 부검할 때마다 펜으로 덧붙여 적어요. 이 양식은 오랫동안 이런 식으로 사용되었어요."

하다. 진짜로 그것들은 서로를 포함한다. **비이행적인** 방식으로 관계 맺는다.

상호포함을 상상하는 데 도움이 되는 또 다른 예가 있다. 두 가지 색, 빨간색과 초록색을 분리해 놓은 프랙탈 유형이다. 그러나 빨간 쪽을 확대해 보면 그 안에 초록색 점들이 보이고, 초록색 쪽에도 빨간색 점들이 있다. 이것이 딕

빌럼스가 환자와 의사의 관계에 대해 쓸 때 (세르의 텍스트에서) 가져온 이미지다. 그는 천식 환자와 일반의의 예를 든다. 모든 일반인을 첫 번째, 모든 전문가를 두 번째로 놓는 대신, 그는 그들 사이에 더 복잡한 경계를 긋는다. 의사와 환자는 다르다. 하지만 어떻게? 의사는 질병의 심각한 정도에 따라 어느

여성의 신체에서 상세한 부분들을 지워 버린 의학 교과서를 최초의 페미니즘 비평이 비판한 지 30년이 지났건만, 이게 사실이라기엔 좀 심한 것 같다. 이런 결과로 무엇을 할 수 있을까, 무슨 말을 할 수 있을까? 이미 다 한 이야기인데.

여기, 적어도 더 나아가 분석해 볼 만한 또 다른 짧은 이야기가 있다.

어느 날 Q 병원을 방문한다. Q 병원에는 내가 Z 병원에서 보았던 것과 다른 것이 너무 많아서 두세 병원으로 분야를 확장하려던 예전 생각을 접는다. 한 병원만으로도 실천-속-존재론 연구에 프레임을 부여하겠다는 나의 철학자로서의 목표에는 벅차도록 복잡하다. 복잡성이 많아지면 내 이야기가 혼란스러워질 뿐이다. 하지만 그날 하루 꼭 들려주고 싶은 작은 발견이 하나 내 노트에 기록되어 있다. 회의. 라이트박스에 걸린 혈관촬영 사진. 방사선 전문의들이 손가락으로 세부를 가리킨다. "여기, 나쁜 협착이 있어요, 여기, 90퍼센트는 될 겁니다." 등등. 그들은 계속해서 "그"라고 말한다. 사진을 하나씩 차례로 본다. 다 '그'다. 대화가 끝나고 나서 나는 파일로 가서 확인해 본다.

정도 양의 약을 먹어야 하는지를 안다. 환자는 그에 대한 최신 의학 문헌 내용은 알지 못한다. 하지만 환자는 자신의 질병이 얼마나 심각한지 알아내기 위해 호흡측정기를 사용하는 데에는 전문가인 반면, 의사는 이런 진단 도구를 조작하고 적절히 거기에 숨을 불어넣는 데 필수적인 기술을 갖고 있지 않다. 그래서 전문가 안에도 문외한인 부분이 있고, 어떤 면에서는 일반인이 적합한 전문지식을 갖고 있기도 하다(Willems 1992).

아리스토텔레스적 논리와 유클리드적 공간성 바깥에서 생각할 수 있는 자원을 발견할 문헌의 두 번째 위치는 매릴린 스트래선의 연구다. 스트래선은 그중 일부는 F, 여성으로 표시되어 있다.

여기에서 성차는 남성성으로 중화된다. 이를 여성에게 더 무관심하다는 신호로 받아들일 수도 있다. 그러나 이런 경우에 더 많은, 혹은 뭔가 다른 것이 진행 중이다. Z 병원의 의사결정 회의에서 방사선 전문의들은 "그"와 "그녀" 사진에 차이를 둔다. 그러나 혈관촬영 사진을 평가하는 경우에는 이런 특성이 차이를 만들지 않는다. 혈관촬영 사진에서 보이는 관내강에 대해 따져 보아야 할 것은 협착의 위치가 어디인가, 같은 동맥 위쪽이나 아래쪽의 관내강보다 70퍼센트 혹은 90퍼센트 더 작은가 여부다. 동맥 협착은 그 동맥하고만 관계가 있다. 동맥이 속한 환자의 성별은 외부적인 것일 뿐이다. 이 사실은 동맥과 협착(그것들은 성별이 없다)에 의미가 있을 뿐 아니라 성별에도 그렇다. 성차는 동맥의 혈관촬영 사진으로 채워지지 않는다. 살이 붙여지지 않는다.

(내가 훨씬 더 자주 관찰했던) Z 병원에서 토론 중 누군가가 환자의 성을 관련된 사실로 언급할 수도 있다. 이렇게 말할 수도 있다. 이 동맥은 **여자로서는** 꽤 좋지 않다. 이 '여자로서는'은 혈관촬영술에서 갖

멜라네시아에서 현장연구를 했다. 현재의 문맥에서 보면 그녀의 연구에서 가장 흥미로운 부분은 거기에서 무엇을 배웠는지에 **대한 이야기**가 아니다. 그녀가 자신의 사고에 이를 적극적으로 동원할 때다. 그렇게 함으로써 스트래선은 포함을 **실행한다**. 그녀가 상정한 대상인 멜라네시아 문화는 그녀의 인류학적 자아 **안에** 위치하게 된다. 그것의 개념은 스트래선의 지적 도구의 일부가 된다. **포함**을 상상하고 분석하는 것은 그 도구의 중요한 부분이다. 스트래선은 배타적이지 않은 차이들에 대해 이야기한다. 그녀는 포함된 아들이 또한 어떻게 아버지를 포함할 수 있는가의 이미지를 상상한다. 상대를 안에 품

는 것과 같은 의미는 아니다. 그것은 여성 인구집단이 남성 인구집단보다 동맥경화증이 발병할 확률이 낮다는 역학적 지혜와 관련이 있다. 그래서 **협착**은 성별이 없을 수 있어도 협착의 **발생 정도**에는 성별이 있다. 이는 동맥경화증을 성별화된 현상(여자보다 남자에게서 더 자주 발생하는 질병)으로 바꾸어 놓으며, 또한 특히 성별의 실재(남성이란 무엇인가? 여성보다 동맥경화증에 걸리기 쉬운 존재다)를 실행한다. 그러나 성별의 실행은 도전받고 있다. 내가 전에 말했듯이, Z 병원과 연계된 의과대학의 역학 교수는 성별 외에도 **연령**을 또 하나의 변수로 도입하는 연구집단에 속해 있었다. 그 집단은 60세 이하 인구집단에서는 여성보다 남성에게 동맥경화증이 더 많이 생긴다고 주장했다. 하지만 전체 수명을 고려하면, 동맥경화증으로 사망하는 사람들의 비율은 남성보다 여성이 더 높다고 했다.

역학적 성차는 논쟁의 대상이 될 수 있다. 그리고 그런 경우 **인구집단**에 대한 역학적 성차를 개인들 전 계층에 적용할 때에도 논쟁이 발생할 수 있다.

오른쪽 다리를 아이오딘으로 노랗게 물들였다. 생식기는 녹색 천으

은 남성과 여성의 형태의 이미지다. 그녀는 상대가 꼭 어딘가 다른 곳에 있을 필요는 없다고 설명한다. 그것은 자아 **안에 통합**되어 있다고 해야 할 것이다. 그러나 통합되어 있다고 해도 동화되지는 않는다. 그것은 여기와 저편에 동시에 존재한다. 안에 있으면서 다르다. 그녀의 이미지를 사용하자면, 상대는 '같

은 옷의 천이 아닐 때조차도 그 일부'다 (Strathern 1992a).

또한, 스트래선의 텍스트에는 프랙탈이 나온다. 그녀는 또 다른 프랙탈 이미지를 제시하는데, 전체에서 부분들을 만드는 것과 관련이 있다. 두꺼운 선을 두 개의 검은색 줄무늬와 흰색 줄 하나로 나눈다. 그러면 시작할 때 가지

로 보이지 않게 가려 놓았다. 오늘 아침의 오른쪽 다리는 뚱뚱하다. 다리는 외과의들에게 문제가 된다. 외과의들은 그들이 찾는 동맥을 발견하기 위해 지방을 걷어 내야 한다. 그들이 삽입하고 있는 우회로 전 범위를 따라 내내 이 작업을 해야 한다. 이 고된 작업 중, 선배 수련의가 (다른 남성 의사에게) 큰 소리로 외친다. "흠, 난 여자들을 수술하는 게 싫어. 이 지방 좀 봐. 비위에 거슬려. 그리고 신경이나 뭔가 예상 못 한 것에 부딪힐까 봐 겁이 나." 여성 간호사들은 아무 말도 하지 않는다. 그러나 나는 그들 중 한 명이 눈썹을 치켜뜨고 다른 이들을 화난 표정으로 보는 것을 눈치챘다.

논쟁은 치켜뜬 눈썹과 성난 표정 정도로 온건한 수준에 그친다. 그러나 충분히 진짜다. 외과의는 인구집단으로서 여성이 인구집단으로서 남성보다 다리에 피하지방이 더 많다는 역학적 사실로부터 여성 전체에 대한 언급으로 옮겨 간다. 그는 여자들을 수술하기 싫어한다. 분명히 수술대에 오른 여성들 중에는 마른 여성도 있고, 남성인데 뚱뚱한 경우도 있다. 그러나 위의 외과의는 뚱뚱한 사람을 수술하기 어렵다고 말하지 않았다. 그는 지방 때문에 예민해진다고 말하지 않았다.

고 있던 것 중 3분의 2는 검정이고, 3분의 1은 흰색이다. 이제 종이 위(혹은 스크린)의 줄 각각을 나누어 보라. 검은색을 검은색 두 줄과 흰색 한 줄로 나누고, 흰색은 흰색 두 줄과 검은색 한 줄로 나눈다. 이 과정을 거듭 반복한다. 검은색과 흰색 줄은 점점 더 가늘어진다. 하지만 아무리 계속해도 검은색과 흰색의 양은 똑같이 남아 있다. 점점 더 바짝 서로 포함하게 될 뿐이다. 그래서 여기에서 우리는 점점 더 깊이 배어드는 상호포함의 이미지를 얻게 된다 (Strathern 1991).

어떤 면에서는 서로 관련된 학술적 텍스트들이 만드는 움직임도 그렇다. 한 문헌을 이루는 텍스트들은 다 다르

여성들이라서 예민해진다고 했다. 그는 성차를 피하지방 양의 차이로 실행한다. 그러한 실행의 가능성은 역학적 표만이 아니라, 동맥경화증의 지역적 실재에도 달려 있다. 동맥경화증이 우회로에 일어난 협착으로 실행되지 않는다면, 피하지방 때문에 의사가 애를 먹을 일이 적어질 것이다. 그래서 증상 호소도 덜할 것이다. 그리고 오늘 수술의 어려움을 여성 탓으로 돌리는 일도 줄었을 것이다.

동맥경화증을 동맥의 협착으로 실행할 경우, 혈관촬영 사진은 성을 갖지 않으며, 혈관촬영도는 남성과 여성 사이의 차이를 나타내는 사진에 포함되지 않는다. 하지만 역학 표에서 동맥경화증은 성별을 갖는다. 적어도 60대 이하 사람들에게 동맥경화증은 여자보다 남자들한테서 더 자주 나타난다. 동시에 남성이라는 것의 실재는 60대 이전에는 동맥경화증이 생길 더 큰 확률로 표시된다. 수술의 기술적 측면과 관련되면, 동맥경화증은 다시 성별을 갖는다. 이번에는 다른 식이다. 여성 인구집단에는 남성 인구집단보다 피하지방이 많은 사람이 더 많다. 이는 "여성"을 수술하기 싫다는 마음으로 지나치게 성급하게 요약될 수 있다. 그래서 여자들은 피하지방이 많은 다리를 가진 것으로 표시된다. 이런 소수의 사례들은 동맥경화증의 실재와 성별

면서도 상호의존적이다. 그것들은 서로를 포함한다. 그래서 스트래선도 내가 여기에서 앞서 인용했던 해러웨이의 바로 그 텍스트를 인용한다. "나의 희망은 사이보그들이 적대적 대립, 기능적 규제, 혹은 신비주의적 작용보다는 부분적 연결로 차이에 대해 이야기하는 것이다"(Haraway, Strathern 1991, 37에

서 인용). 그러나 텍스트들은 통합되면서 바뀌게 된다. 다른 데 포함되면, 단어들은 여전히 같은 것으로 있을지라도 다른 취지를 얻게 된다. 스트래선은 이렇게 표현한다. "나는 해러웨이의 정치적 사이보그에 관심이 있다"(38). 해러웨이가 자신의 사이보그에 불어넣은 여러 겹의 의미들 중에서 일부, 변형된 것

의 실재가 **간섭한다는** 것이 어떤 의미인지를 보여 준다. 그것들의 버전 각각이 상대방의 버전에 특정한 형태를 부여할 수 있다는 것이다.

존재론들

대상들을 다양한 관점의 중심에 놓고 고려한다면, 대상 세계는 마치 하나로 합쳐지는 존재자들의 집합인 것처럼 다루어지기 쉽다. 그것은 서로의 일부다. 일관성이 있다. 그러나 실재가 실행되는 방식에 관한 실천지적 연구에 참여해 보면, 대상들 간의 관계의 이런 이행적 이미지는 호소력을 잃는다. 실천-속-대상들은 복잡한 관계를 갖는다. 수술하는 동맥이 꼭 수술받는 환자보다 더 작을 필요도 없고, 동맥이 꼭 환자 안에 있어야 할 필요도 없다. 동맥이 수술 중에 더 관심을 받는다는 점에서 환자보다 더 클 수도 있다. 그리고 환자 몸속에 동맥이 있지도 않다. 환자는 가외의 것(정신, 혹은 사회적 삶)에 더한 수술대 위의 신체가 아니다. 대신, 환자는 다른 어떤 순간에는 외과의사와 농담을 주고받을 수도 있는 사람이다. 다른 어딘가에서는 전화를 기다리는 아내가 있는 사람일 수도 있다. 동맥과 환자, 두 개의 실재는 서로를 포괄한다기보다는 **나란히** 위치한다.

들만이 스트래선의 작품 속에 등장한다. 마찬가지로, 내가 문헌들과 맺는 관계는 이 (새로운) 것 속에 다른 텍스트들의 일부를 색다르게 통합하는 것이다. 그것들 덕분에 이 텍스트는 기생적이 되는 **동시에** 다른 어딘가에 쓰인 것들을 기생물로 포함한다.

벌거벗고 뻣뻣해진 채 병리학과의 금속 테이블 위에 누워 절개되어 열리기를 기다리는 시신은 더는 숨 쉬지 않는다. 생명이 없다. 그러나 한 사람으로서 실행되기 위해 생명이 꼭 더해져야 할 필요는 없다. 벗겨 냈다가 다시 덮을 수 있는, 머리 위 작은 천으로 충분하다. 그리고 모든 기관을 시신의 복강에서 들어낸 후에도 망자의 사회적 삶은 여전히 복구할 수 있다. 병리학 조수의 세심한 손길이 빈 곳을 채우고, 다시 갈비뼈를 꿰매고, 피부를 깨끗이 닦고, 중요한 조치로 옷을 입혀 줌으로써 시신을 다시 개인으로 되돌려 놓을 수 있다. 옷은 사회성과 사람들 앞에서 인간성을 실행하는 데 필수적인 일부다.

실천지적 전환을 넘어서, 대상들 간의 관계는 사물의 질서 안에 숨겨지는 것이 아니라 복잡한 실천들 속에서 실행된다. 그러므로 그것은 꼭 이행적인 것이 되어야 할 필요가 없다. 동맥과 사람은 전체 안에 포함된 일부이기보다는, 서로 **나란히** 놓인다. 시신은 거기에 생명을 **더함**으로써 사람이 되는 것이 아니라, 천을 조심스레 **벗겼다가** 다시 덮어 줌으로써 사람이 된다. 또한, 대상이 다른 것의 일부로 실행될 수도 있으나, 그런 포괄적인 관계가 역으로 작용할 수도 있다. 인구집단에서 질병의 심각성을 평가하기 위해 개인의 사례를 집계한다. 그러나 개인의 질병을 평가하기 위해 의사들은 질병의 빈도에 대한 역학적 지식을 고려한다. 인구집단은 개인을 **포함한다** —— 그러나 개인은 또한 인구집단을 **포함한다**. 때로 이 상호적인 포함은 루프로 이어질 수도 있다.

상호포함이 전혀 마찰을 남기지 않는다는 뜻은 아니다. 의료실천의 존재론은 **유일한** 실천의 존재론이 아니다. 실행이 일어나는 실천들 간에 마찰이 있듯이, 실행되는 대상들 간에도 마찰이 있다. 인구집단의 건강을 개선하는 것이나 개인의 건강을 개선하는 목표는 종종 상충하는 목표들이다. 그러나 개인의 상황이 전혀 변하지 않았다면, 규모를 막론하고 어떤 인구집단도 진보하지 않는다. 그리고 치료는 목표 인구집단에서 충분히 많은 수의 사람에게서 측정 가능한 변화를 일으켜야 좋은 치료로 확립된다.

그리고 그 다음에 개입이 있다. 이 책은 한 장소에서 하나의 질병의 실행을 파헤친다. 바로 Z 병원의 동맥경화증이다. 그러나 이 목표는 분명 홀로 존재하지 않는다. 그것은 외과의, 테이블, 보도, 엑스레이, 간호사 등 다른 많은 것의 실재와 간섭한다. 동맥경화증의 실재와 성차의 실재 간의 간섭 몇 가지를 여기에서 예로 들었다. 공존, 상호포함, 긴장 속의 포함, 간섭, 실행된 대상들 간의 관계는 복잡하다. 실천-속-존재론은 일관되지 않더라도 한데 모인 대상들과 함께 간다.

6장 이론을 행하기

그렇게 할 수 있다. 질병의 민족지학에 대해 쓰는 것은 가능하며, 이 책은 바로 그런 사례를 보여 준다. 이 책은 다리 동맥의 동맥경화증의 패치워크 이미지를 제시했다. 하나의 질병이지만 실천에서는 하나 이상으로 보이는 —— 그러나 여러 개로 분열되지는 않는 이미지다. 그리하여 하나의 신체는 다원성으로 옮겨 가지 않으면서도 다중적일 수 있다. 그래서 패러다임의 격차를 추적하는 대신, 이 질병의-민족지학은 같은 이름 아래 복수의 존재자들의 공존을 연구하게 되었다. 공존은 다양하게 나와서 서로 다른 형태를 취한다. 여기에서 우리는 추가, 번역, (병원의 다른 장소, 신체의 다른 층위, 시간상의 다른 순간들에 걸친) 분배, 포함을 탐색했다. 그리고 두세 가지 다중적 대상(동맥경화증과 성차 같은)의 실행 간에 일어나는 간섭을 연구하기 시작하면, 복잡성은 기하급수적으로 증가한다. 이 복잡성들이 다른 곳에서 연구된다 해도 그렇다. 여기에서 이 연구가 끝나지는 않기 때문이다. 연구는 착수한 작업을 끝냈다. 단일한/다중적 질병은 그것을 실행하는 실천들의 일부로 묘사되었다.

하지만 이렇게 한다는 것이 무엇인가? 이것과 함께 무엇이 이루어지는가? 이 책에서 이야기들은 의료실천에 관한 진실을 최종적으로 드러내 주지 않는다. 존재론이 **정말로** 무엇에 관한 것인지를 최종적으로 아는 소수의 전위적 이론가들 속에 낄 생각도 없다. 전혀 아니다. 이 책에 모인 이야기들은 진짜고, 진짜가 아니라면 바로잡아야 한다는 점을 기억해 주기 바란다. 그리고 내가 여기에서 동원한/혹은 발전시킨 이론적 도구들은 그럴 가치가 있는 것들이라고 생각한다. 그러나 진실성이 핵심은 아니다. 핵심은 간섭이다. 다른 모든 재현과 마찬가지로, 이 책은 실천, 혹은 실천들 모음의 일부다. 신체의 다중성과 신체의 질병을 다룰 수도 있고, 손대지 않고 놓아둘 수도 있다. 그것은 하나의 행위다. 그래서 이 마지막 장에서는 어떤 최종 결론도 내리지 않을 것이다. 대신 이 책이 참여한 행위(들)를 짧게 살펴보고, 손대지 않고 남겨 둔 것들 중 일부를 보겠다.

과학은 어떻게 관계 맺는가

예전에는 대상을 다양한 관점이 모이는 초점으로 이해했지만, 이제는 다양한 실천에서 실행되는 대로 대상을 따라간다. 이러한 변화는

방법

방법에 대한 문헌은 많다. 적어도 세 가지는 있다.

이 중 첫 번째는 입법적인 종류다. 그것은 지식이 **타당하려면** 어떤 식으로 방법이 만들어져야 하는가를 논한다. 유효한 지식은 앎에 관여하는 주체나 지식이 표현되는 상황의 흔적들을 담고 있어서는 안 된다. 그것은 **순수**해야 한다. 어떤 편견도, 어떤 잡음도 과학의 대상에 대한 깨끗한 거울 이미지를 망쳐서는 안 된다. 이런 입법적 전통에서 과학 지식은 진짜로 대상의 거울 이미지가 되어야 한다. 어떻게 그렇게 할 수 있는가의 문제에 대한 답은 여러 가지 다른 방식으로 나온다. 방법에 관한 입법적 텍스트는 아주 많이 있다. 대상 의존적인, 오염되지 않은 지식을 생성할 수 있는 **좋은** 방법을 찾아내려는 노력은 이 문헌들에 공통적이다. (그러나 무엇을 언급해야 할까? 너무 많다. 어떤 단일한 제목도 대표적이라 할 수 없다. 하지만 예를 들어 다음을 보라. Suppe 1977.)

과학이 어떻게 재현하는가의 질문에서 어떻게 간섭하는가를 묻는 것으로 옮겨 간다는 의미다. 과거 수십 년간 많은 철학자는 지식을 습득하는 근대적인 주요 방식으로 개입의 중요성을 강조해 왔다. 인식론은 이미 오래전 성찰에 대한 숭배심을 잃었다. 그러나 개입이 중요하다 해도, 개입하는 것이 요점은 아니었다. 대상과 관계 맺는 데 핵심적 이슈는 대상들을 아는 것이었다. 이 책은 탈체화된 성찰로부터 한 걸음 더 나아간 최근 연구에 속한다. 이는 연구가 이제 대상을 보는 시선을 따라가기보다는, 실천에서 실행될 동안 대상들을 따라간다는 의미다. 그래서 강조점이 이동한다. 관찰자의 눈 대신, 실천하는 사람의 손이 이론화의 초점이 된다.

그래서 이 책은 지식을 지시적인 것, 다시 말해 실재에 대한 진술로 다루는 것이 아니라, 다른 실천들과 간섭하는 실천으로 다루는 철학적 변화에 기여한다. 그리하여 실재에 참여한다. 그리고 여기에서 다른 다양한 변화가 나온다. 그중 하나는 과학들 간의 관계의 특성을

문헌의 두 번째 장르는 비판적이다. 그것은 첫 번째를 약화시킨다. 두 번째 방법은 건전한 방법을 찾는 탐색에 합류한 사람들이 아직까지 그것을 찾아내지 못했다고 말한다. 입법에서 그들의 시도가 낳은 주된 효과는 다른 종류의 지식들로부터 나온 과학의 경계를 정하는 것이었다. 이렇게 경계를 설정함으로써 일부 공동체들, 외부인에 맞서 스스로를 "과학적"이라 주장하는 데 성공한 곳들을 보호할 수 있었다. 다양한 예가 제시된다 — 방법이 아니라, **이방인**들을 막는 데 사회적으로 효율적이라 해도 **편견**을 막아 내지는 못하는 방식들의 예다. 그리하여 우리는 20세기 의학 교과서에 포함된 명백한 성차별주의에 대해 알게 된다(Dreifus 1978). 그리고 미묘한 성차별주의에 대해서도 그렇다(Jacobus, Keller and Shuttleworth 1990). 그리고 19세기에 산파와 다른 이들이 주변화된 방식에 대해서도 많은 이야기가 전해진다. 그들의 기술과 지식을 대학에서 가르치지 않게 되고, 그래서 단정적으로 "과학적"이라고 승인

고려해야 한다는 것이다. 19세기 이후로 다양한 과학 분파(물리학, 화학, 생물학, 심리학, 사회학)는 주로 방법 면에서(더 이전에 그러했듯이)가 아니라 연구 대상 면에서 다른 것으로 이해되었다. 본질적으로 그러했다. 그 분파들은 실재에서 하나로 합쳐졌고, 존재론은 이러한 통합을 명시적으로 만드는 과학 분파였다. 존재론은 종종 피라미드 이미지를 이용했다. 각각의 대상 영역은 작고 상대적으로 단순한 것에서 가장 크고 가장 복잡한 것까지 배열된 대상들의 피라미드 속 한 층과 같았다. 그리고 각각의 과학은 이런 한 층에서 존재자들을 연구할 임무를 가졌다. 그리하여 피라미드 맨 밑바닥의 가장 작은 입자들과 그것들 사이 힘의 장은 물리학의 대상 영역을 형성했고, 맨 꼭대기에서는 사회학이 사람들의 집단 간의 복잡한 사회적 관계를 연구했다. 이 존재론적 일원론은 결국에는 가장 작은 입자들의 움직임에 대해서까지도 전부 다 알게 되어 모든 것을 설명해 주리라는 꿈을 꾸었다. 물리학은 화학 법칙을 설명해 줄 것이고, 화학은 살아 있는 몸 안

받지 못했다(Böhme 1980).

문헌에서 세 번째 장르는 건전한 방식에 대한 탐색뿐 아니라, 그에 맞서는 비판적 캠페인도 포기한다. 대신 "방법"이 연구 대상으로 바뀐다. 그에 대해 경험적 방식으로 다양한 질문이 제기된다. 여전히 우리가 사용하는 실험적 방법들이 어떻게 형성되었으며, 어떻게 해서 그런 방법들이 그토록 많은 신뢰를 받게 되었는지의 문제를 조사하는 역사적 연구들이 있다(Shapin and Schaffer 1985). 다른 이들은 왜 그것이

과학적인 것과 가짜의 경계를 긋는 **방식**으로 유독 두각을 나타내게 되었는지 알고 싶어 한다(Dehue 1995). 그러나 다른 연구들은 오늘날의 실험실, 사무실, 과학 관련 회의에서 찾아볼 수 있는 표본 추출 습관이라던가 라벨링, 회계 방식, 글쓰기 스타일 등에서 발견되는 과학적 방식을 민족지학적으로 연구한다. 이러한 작업 방식들의 결과로 나온 지식은 그 대상을 반영하지 않는다. 반영에 실패한 것일까? 그렇지는 않다. 반영은 잘못된 용어일 뿐이다. 대상을

에서 어떤 일이 일어날지 예측할 것이며, 생물학은 심리학적 구성과 사회적 관계들을 설명할 수 있게 될 것이다. 모두가 다 이런 그림에 동의하지는 않았다. 20세기에 존재론적 피라미드에 문턱을 세우려는 상당한 노력이 있었다. 죽은 물질과, 죽은 물질과는 달리 병들고 죽을 수 있는 살아 있는 유기체 간의 문턱. 또한 성차, 피부색, 질병과 같은 생물학적 사실과, 이런 사실들로부터 나오지 **않으므로** 특정한 사회적 용어로 말해야 하는 사회적 사건들 간의 문턱. 젠더, 문화, 병.

이런 사물의 질서에서 **질병**에 대해 알고 말하는 것은 생의학의 임무이자 특권이다. 화학자들은 세포를 구성하는 분자들에 대해 모든 것을 안다 해도 유기체와 질병을 설명하기는 어렵다. **생의학**이 필요하다. 생의학은 병리생리학을 포함해야 한다. 의료실천은 더 많은 것을 추가해야 한다. 환자를 **전체**로 다루려면 질병에 대한 생의학적 지식으로는 충분치 않다. 사람들이 질병과 함께 살아가는 방식을 다루어야 한다. 이런 사고방식에서 "질병과 더불어 살기"는 **병**이라 불

수동적으로 만드는 것은 과학의 체계적인 작업 방식이 **하는 일**이 아니다. 대신, 그 방식들은 적극적으로 연구 대상과 그것에 대하여 순환하게 되는 표현들 사이에 추적 가능한 연결을 만든다. 대상에서 논문으로 이동할 때, 우리는 이론과 사상의 영역에 들어가기 위해 물질적 영역을 떠나는 것이 아니라, 하나의 사회물질적 실천(관찰, 실험)에서 다른 것(그리기, 글쓰기)으로 이동하는 것이다(Lynch and Woolgar 1990).

나는 여기에서 방법을 설명하는 방식 세 가지를 뽑아 보았다. 이 방식들이 이 주제에 대해 쓰인 책을 전부 다 포함하지는 않는다. 다른 질문을 던지거나 다른 주제를 다루는 일부는 제외시킨다. 그리고 여기 세 가지 방법은 분리되어 있지 않으며, 깔끔하게 도서관이나 학회, 대학 학과로 구분되지 않는다. 그래서 융합, 회색지대, 간섭들이 있다. 그중 하나로, 현재 방법론적 합법화에 대한 비판(스타일 2)들이 새로운 방법들의 계획에 반영되어 **더 나은** 방법(스타일 1)으로 바꾼다. 그러면 예를 들

리는 심리사회적 현상으로 받아들여지게 되었다. 병을 다루어야 한다는 요청은 종종 비판적 언어로 표현되었다. 의학이 질병의 물리성을 우선시하고 심리사회적 측면은 무시한다는 비난이 쏟아졌다. 그러나 이러한 비판은 아무리 날카롭다 해도 지식과 과학 간의 관계에 대해 의학과 공유하는 이해를 기반으로 이루어졌다. 이는 지식은 무엇을 대상으로 하는가에 따라서 분류되어야 하며, 이러한 대상들은 지식에 선행한다는 것이었다. 신체냐 정신이냐. 질병이냐 병이냐. 혈관이냐 움직일 때의 불편이냐. 생물학이냐 사회학이냐.

그러나 지식이 실재에 참여하는 것과 크게 관련되어 있음을 알게 되면, 과학들 간의 관계에 대한 우리의 이해 또한 바뀌기 시작한다. 동맥경화증 플라크, 최고 혈류 속도, 증가하는 콜레스테롤 수치 등 신체 안에 숨겨진 대상들 간의 관계가 무엇이건, 이런 대상들이 존재하는 실천은 비싸거나 싼 도구들, 혈액이나 살, 양식이나 대화, 작업 시간, 자긍심, 보험 계획과 훨씬 더 밀접한 관계가 있다. 치료 결정은

면 백인 남성의 시선이 여성과 유색인종의 대안적 시선과 만나고, 편견 없는 지식이 가능해지고, 무엇보다도 객관성을 얻게 되리라는 희망이 따라온다(Harding 1986을 보라). 유사한 식으로 과학을 실천하는 방식에 대한 경험적 조사(스타일 3)가 방법론적 주장들을 비판하는 글(스타일 2)에 자원으로 동원된다. "방법"이 국지적, 실천적 성취일 뿐이라면, 거기에서 나온 지식이 진짜라는 보증을 제공해 줄 수 없다. 그러나 이는 다시 과학의 경험적 연구를 반영한다. 과학 그 자체의 방법들 또한 어떤 보증도 해주지 않는다. 그렇다면 무엇이 **과학학**science studies을 과학자의 자기-해석, 혹은 일반인의 의견보다 더 나은 것으로 만드는가? 그것(과학학)의 전문성에 대한 주장은 어떤 근거가 있는가(Ashmore 1989)?

중요한 질문이지만 이렇게 꼼짝 못하게 하는 식으로 던져야 할 질문은 아니다. 방법을 경험적 조사의 대상으로 바꾸는 것이 우리에게 가르쳐 준 교훈은, 어떤 지식도 비판을 벗어나 있지 않

협착의 길이와 입원 기간을 고려하여 내려진다. 실제로, 이런 다양한 현상은 다른 질서에 속하지 않는다. 그것들을 별개의 실재의 층에 따로따로 보낸다는 것은 말이 되지 않는다. 그것들은 모두 연관되어 있으며, 어떻게든 함께 고려해야 한다. 각기 다른 과학들은 실천을 제공할 다른 지렛대, 다른 개입 기술, 그리고 정말로 다른 방법들을 가지고 있다. 한 전공은 염색을 하고, 다른 전공은 메스를 쓰고, 또 다른 전공은 웅얼웅얼 이야기하는 기술을 가지고 있을 수 있다. 그러나 병원 실천에서는 이 전공들은 자기들의 대상을 어떻게든 정렬하고 조정해야 한다.

개입이 아무리 물리적이라 해도, 소위 사회적인 것에 속하는 실천성이 항상, 반드시 그 안에 내포되어 있다. 실천성이 잘 다루어진다는 말은 아니다. 질병/병을 다루는 것의 특징과 병원 실천의 나머지 세계가 이 연구의 명시적 관심사는 아니었다. 그러나 비평가가 환자의 경험을 제대로 다루지 못하는 의사들을 비판하고자 한다면, 이 분

다는 것이다. 방법이 달랐더라면 다른 결론이 나왔을 수도 있다. 그러므로 더는 방법이 아무리 건전하다 해도 이런저런, 혹은 다른 과학의 산물을 고수해야 할 공식적 이유는 없다. 그러나 이는 또 다른 변화를 동반하는데, 지식을 언급되기만 기다리고 있는 대상들의 거울 이미지로 이해해서는 안 된다는 점이다. 방법들은 세계로 창을 열어 주는 방식이 아니라 세상과 간섭하는 방식이다. 방법들은 행동한다. 그것들은 대상과 대상의 재현 사이를 **중재한다.** 이런

저런 방식으로. 불가피하게. 신뢰할 만한 재현들을 만들어 낼 방법을 찾으려면 시간이 아주 오래 걸리고, 항상 어떤 비판은 결과의 객관성에 간섭을 일으킨 편견들을 찾아낼 수 있다고 해도 놀랄 일이 아니다.

경험적으로 방법들을 연구하면, 실제 방법들에 대한 또 다른 이해를 얻을 수 있다. 어떤 공식적인 보증이 아니라 특정 매개자인 간섭들이다. 이제 해야 할 질문은 **어떻게** 방법들이 매개하고 간섭하는가다. 도나 해러웨이는 그것을

석은 이런 비판을 구성할 다른 방식을 제안한다. 비판의 요점은 이런 경우 어떤 대상이 의료적 관심 바깥에 있다는 것이 아니다. 의료 활동을 평가할 때, 어떤 개입은 관심을 충분히 받지 못한다는 사실이다. Z 병원에서 간헐성 파행을 앓는 사람들의 경우, 일상생활에 심각한 지장이 있다고 말하면 수술을 고려하게 된다. 이 시점에서 수술은 주로 **사회적** 개입으로 평가된다는 뜻이다. 하지만 수술을 평가하는 연구에서는 그렇지 않다. 전형적인 임상 실험을 다리 동맥의 동맥경화증에 대한 수술과 보행요법과 비교해 보자. 평가하는 지표의 목록에는 "통증 없이 걸을 수 있는 거리"는 포함되지만 환자 자신의 관점에서 본 "실제 주간 보행 양", "일상생활의 변화", "개입에 대한 평가" 등은 포함되지 않을 확률이 높다.

각각의 의료 활동이 수반하는 복잡한 개입의 목록을 어떻게 하면 잘 다룰 수 있을까? 여기에서 이 질문에는 답하지 않았다. 그러나 당연히 첫 단계는 모든 행동에 많은 것이 얽혀 있음을 계속 잊지 않는

과장해서 보여 주는 예를 설명했다. 원숭이들의 부성애를 연구하기 위해 계획된 우리 ── 핵가족 장치 ── 다. 그 우리는 매디슨 위스콘신대학 해리 할로 실험실에서 60년대와 70년대에 개발되었다. 할로는 먼저 "천 엄마"와 "병 엄마" 중에서 어느 것이 아기 원숭이에게 더 큰 모성애를 주는지 시험하기 위해 이것들을 만들었다(이런 기묘한 선택을 하게 된 아기 원숭이들은 음식 병보다는 따뜻한 천을 더 선호했다). 이제 아빠의 차례였다. "디즈니 월드에 어울리

는 계획된 사회적 환경인 핵가족 장치의 아기들은 아빠를 포함하여 전체 환경neighborhood을 이용할 수 있었다. '그러나 그들의 부모는 항상 함께 집에 남아 있었다'"(Haraway 1989, 240).

핵가족 장치는 "부성애" 변수를 수컷 원숭이의 특정 행동으로 분리할 수 있게 만들었다. 그 장치 이전에는 이 현상을 연구에 이용할 수 없었다. 대상이 거기 누워 끈기 있게 기다리지 않았다. 장치가 대상을 묘사했다. 그러나 원숭이들이 그렇게 잘 반응하지 않았다면,

것이다. 실천성을 괄호 속에 넣지 않는 것이다. 의학의 모든 것을 실천으로 받아들이는 것이다. 실천지에 관여하는 것이다. 실천지적 이야기들은 복합적 대상을 갖는다. 질병은 병원 입원이나 일상생활과 다르지 않다. 각각은 서로에게로 흘러들어 간다. 이 책의 이야기들은 질병 자체에 관한 것이면서 질병을 지료하고, 완화하고, 예방하거나 연구하고자 하는 Z 병원의 실천에 관한 것이기도 하다. 질병은 거기 개입하는 의료실천과 **맞먹는다**. 둘은 함께 간다. 병원에서 실질적으로 의미가 있으려면 플라크를 잘 보이게 하기 위해 현미경이 (그리고 해부, 절개, 염색 기술도) 필요하고 현미경은 플라크를 보기 위해 사용된다. 마찬가지로 (의사와 환자 양측의) 대화 기술과 "보행 시 통증" 증상 호소는 서로에게 의존한다. 혈류 속도와 이를 측정하는 듀플렉스 기계도 마찬가지다. 그리고 적은 표본에서 데이터를 추론하기 위한 통계적 계산이 없으면, 위험 상태에 있는 전국 규모의 인구집단도 있을 수 없을 것이다.

연구자들은 장치의 이용을 곧 포기했을 것이다. 원숭이들이 잘 반응했을까? "아버지들은 아기들과 아주 잘 지냈고, 가족 생활에서 한몫을 한다는 것을 보여 주었다. 외부의 적(할로는 항상 솔직한 농담으로 대개는 실험자들이었다고 인정했다)을 위협했다"(241). 핵가족 우리는 다른 관찰자들("실험자들")이 비교할 수 있는 보고서들을 만드는 데 도움이 되었다. 그것이 이 장치가 의도했던 바였으나, 그 이상의 일을 했다. 그것은 문자 그대로 원숭이 버전의 1950년대 미국 교외 핵가족을 구성했다.

이를 강조하는 목적은 관찰자들이 간섭하지 말아야 한다는 얘기가 **아니다**. 그들은 항상 개입한다. 같은 책에서 해러웨이는 아프리카의 유인원을 연구하러 갔던 생태학자들이 어떻게 간섭하기도 했는지를 멋지게 보여 준다. 그들은 우리를 짓지 않음으로써 "그들의" 유인원의 실재를 건드리지 않고 놔두는 온건한 외부 관찰자들인 척했다. 그러나 그들은 동물들을 **자기들의 것으로** 만들었다. 캠프를 세우고, 유인원을 식

그래서 질병에 대한 민족지학적 연구가 발언할 여지가 생긴다. 전통적인 분과학문 체계에서 질병에 대해 말하는 민족지학자는 대상들의 피라미드에서 실재의 층들을 분리해 놓은 문턱을 넘어간다. 그러나 여기에서는 다른 식으로 움직인다. 자연과학이 사회 현상을 설명하는 대신 분자, 세포, 신체에 대한 사회적 설명을 제시하게 하는 것이 아니라, 또 다른 축을 도입한다. 다른 방식의 접근을 취한다. 바로 실천의 축이다. 후자는 분자와 돈, 세포와 걱정, 신체, 수술칼, 미소를 아우르고 이 모든 것을 한번에 이야기한다. 그리하여 실천의 축은 설명적 지식, 그리고 그것이 지시하는 대상들의 정적인 피라미드와 비스듬한 관계에 있다. 실천은 지식과 대상을 삶의 일부, 역사의 요소들, 상호연관된 일련의 사건들에서 일어나는 일들로 접근한다. 하지만 그렇지 않다. **비스듬한** 관계에 대해 말한다는 것은 다른 식으로 접근한 존재론적 피라미드를 있는 모습 그대로 남겨 둔다는 의미일 수도 있기 때문에 옳지 않다. 실천이 우리가 세계로 들어가는 입구가 된

별하고 그들에 대해 소통하기 위해 이름을 붙여 전유하고, 관찰하는 생태학자들의 존재에 익숙해지게 훈련시키는 식이었다. 이 모든 것이 간섭이기 때문에 **나쁘다**는 것은 아니다. 그러나 간섭은 간섭이다. 그리고 이를 어떻게 평가할지의 질문은 내용에 대한 질문으로 옮겨 간다. **어떻게** 간섭하는가 — 그리고 이를 어떻게 생각해야 할까?

이 질문을 던지면 방법을 다룰 네 번째의, 비교적 새로운 방법이 열린다. 다시 규범적이면서 선_good_에 관심을 갖는

방식이다. 연구를 하는, 재료를 모으고 다루는 좋은 방법은 무엇일까? 그러나 이번에는 **선**이 일어나는 영역_register_이 바뀌었다. 지식이 어떤 대상을 **있는 그대로** 충실하게 재현하는 한, 더는 선이 아니다. 대상은 말없이, 건드려지지 않은 채로 실재에서 텍스트 속으로 미끄러져 들어가지 않는다. 대신, 우리나 의자, 접촉, 질문 던지기, 연속성들을 절단하기, 구성요소들을 전체에서 솎아 내기, 조금 더 존재자들을 뒤섞기가 있다. 그러므로 새로운 규범적 질문은 이 간

다면, 존재론은 더는 일원론적 전체가 아니다. 실천-속-존재론은 다중적이다. 실행된 대상들은 작은 것에서 큰 것까지, 단순한 것에서 복잡한 것까지 정렬할 수 없다. 대상들의 관계는 실천들 사이에서 발견되는 복잡한 것이다. 대상들은 피라미드로 쌓이는 대신, 스케치북의 페이지들처럼 연결된다. 각각의 새로운 페이지가 다른 기법으로 만들어진 다른 이미지들을 내놓을 수 있다. 축적을 인식할 수 있는 한 매번 다시, 다른 것이 될 수 있다. 어떤 고정된 비교 지점도 없다.

실천지적 접근은 세계를 이해하고자 할 때 모든 종류의 대상과 사건을 고려할 수 있게 해주며, 그렇게 할 것을 요구한다. 어떤 현상도 다른 분과학문에 속해 있다는 이유로 무시할 수 없다. 실천지적 접근으로 설명이 더 쉬워지지는 않는다. 그리고 모든 것을 한두 페이지에 합할 수는 없기 때문에 세계를 기술하는 다른 방법들을 찾아내야 한다. 물론 후보로 삼을 만한 전통이 많이 있다. 이 책에서는 주로 관찰과 집필의 민족지학적 기술에 기반을 두었다. 그러나 다양한 집필

섭들 중 어떤 것이 좋은 것이냐가 된다. 그리고 언제, 어디에서, 어떤 맥락에서, 누구에게 좋은 것인지다. 좋은 지식은 실재에 **부응하는 데**에서 가치를 끌어내지 않는다. 대신 실재와 **더불어 살아가는** 가치 있는 방식을 추구해야 할 필요가 있다.

우리의(누구의?) 지식의 기초에 대해 더는 우리 스스로를 돌아보고 절망에 빠질 필요는 없다. 우리는 더 현명해져서 학술 지식을 만들어 낼 때 우리가 무엇을 하고 있는지 이해하는 데 우

리의 힘을 쓸 수 있게 될 것이다—우리가 현장에 들어가고, 관찰하고, 기록하고, 계산하고, 다시 계산하고, 자르고, 붙이고, 색을 입히고, 측정하고, 절단하고, 범주화하는 등등의 일을 할 때. 재료를 길들일 때, 출판할 때, 이야기할 때, 다양한 청중을 위해 이야기를 무대에 올릴 때 우리가 무엇을 하고 있는지 알게 될 것이다. 이런 질문을 던지는 것은 도서관의 방법에 관한 책이 꽂힌 서가를 버리고 학술적 연구의 정치학에 대해 말하는 서가로 이동해야 한다는

역사의 전통에서 사건들은 모든 사회물질적 얽힘과 더불어 기술되어 왔다. 존재론적 피라미드의 한 조각에 책임이 있는 과학의 질서정연한 목록에 역사가 잘 들어맞지 않는 것은 우연이 아니다. 역사는 항상 실재로 들어가는 또 다른 문이었다. 실천지의 전혀 다르지만 역시 흥미로운 또 한 가지 자원은 과학 논문들의 **재료와 방법** 부분에서 찾을 수 있다. 이론에서 이 부분들은 연구 실천에 대해 되도록 많은 것을 명시한다. 그것들은 대상을 말하게 하는 실천이 있어야만 대상에 대해 말할 수 있다는 인식을 예로 보여 준다. 이러한 인식은 문서화된 형태로 존재할 뿐 아니라, 의학 전문가들이 매일 하는 자기성찰과도 흥미롭게 어울린다. 실천지의 한층 더 나아간 자원이라 할 수 있다. Z 병원에서 환자의 죽음에는 항상 직원 회의에서 토론이 뒤따랐다. 책임이 있는 의사는 환자의 죽음으로 이어진 일련의 사건들의 전개를 설명해야 했다. 이 이야기에서 어떤 특정한 "실재의 층위"도 다른 것보다 우선시되지 않았다. 이상 세포는 제대로 흐르지 않는 액체

의미다. 여기에서 나는 문헌을 전체로 설명하기보다는 단 하나의 서가에 있는 것에 한정하여 말하고 싶다. 바로 집필 스타일의 효과를 성찰하는 책들이 꽂힌 서가다. (선반에 많은 것이 있다! 하지만 예를 들면 이것들을 보라. Bazerman 1988, Trinh Minh-ha 1989, Clifford and Marcus 1986.) 이 세 권의 책은 다른 방식으로 학술 텍스트를 쓸 때 우리가 하고 있는 일은 데이터를 어떻게 모으느냐에만 좌우되지 않는다는 것을 말해 준다. 진행되고, 만들어지고, 동원되는 방식들도 그만큼 중요하다. 쓰이는 방식들이 중요하다.

자연이 말하게 만들 것인가, 아니면 **자료와 방법** 부분을 어딘가 눈에 띄게 둘 것인가? "문화"가 저기 바깥에, 문화를 연구하기로 한 민족지학자와는 동떨어져 존재한다는 듯이 제시되는가, 아니면 관찰자로서만이라 해도 저자가 그 장면의 일부가 되어 이야기를 만들어 나간다는 것이 글을 통해 분명히 드러나는가? 글쓰기의 **주체**는 그가 "자료"가 되는 장면에 관찰하는 외부자로

와 마찬가지로 중요한 부분이었다. 예상치 못한 알레르기는 그것들을 확인하지 못한 실수와 똑같이 놓였다. 심장 문제는 처방한 약의 이름과 용량과 함께 한 번에 말해졌다. 이러한 이야기 가장 중심에 행위자가 있다면, 그것은 병든 신체가 아니라 말하는 전문가였다. 가장 중요한 질문은 변함없이 의사와 동료들이 취할 수 있었을 더 나은 조치가 있었을까였다.

의학에서 (질병에 대해) 아는 것과 의학에 대해(의학의 실천에 관해) 아는 것 사이의 구분은 이 책과 같은 실천지적 연구에서만이 아니라, 역사적 연구, 재료와 방법 부분, 병원 자체에서도 모호하다. 실행된 대상과 진단과 개입의 실천들은 함께 속해 있다. 그것들은 상호적으로 얽혀 있다. 그것들은 다른 대상/실천의 무리와는 다르다. 과학들의 차이를 만드는 데 유의미한 축은 더는 사회과학과 자연과학 사이, 혹은 더 구체적으로 말하자면 **대상들의 등급**과 대상을 지시하는 과학 사이에 있지 않다. 대신, 더 탐구해 보아야 할 차이의 축은 **대상들**

등장하는가, 아니면 방법론적으로 그의 존재를 배제하려 하더라도 배제하기보다는 주목해야 할 매혹, 열정, 이론적 부담을 지니고 현장에 접근하는 사람인가? (인류학 연구 일반에서 이 주제는 예를 들어 다음에서 다루어진다. Okely and Callaway 1992. 과학기술학에서 이것이 무엇을 의미하는지에 대한 좋은 예는 다음을 보라. Law 2000.) 그리고 "발견"과 "단서 찾기"와 같은 은유를 사용할 뿐 아니라 더 정교하게, 내러티브 플롯을 전면에 놓고 활용함으로써 자신

의 연구를 탐정 이야기처럼 제시한다면 무엇이 달라질까? (다음 글에서처럼. Latour 1996.)

텍스트는 활동적이다. 그리고 그만큼의 일을 한다. 어느 한 텍스트에서 이런 활동 전부를 명쾌하고 또렷하게, 상세히 다룰 수는 없다. 텍스트가 핵심 주제로 뭔가 다른 것을 다룬다면 더욱 그렇다. 그러므로 여기에서 나는 다루어야 할 스타일상의 특징을 하나만 골랐다. 모든 학술적 텍스트는 문헌을 언급한다. 내가 스스로에게, 그리고 독자에

의 버전들과 대상들이 실행되는 (과학-관련) 실천 사이에 있다. 동맥경화증 같은 질병이 하나 이상이라면, "그 동맥경화증"이 어느 것으로 이루어졌는가를 물어야 한다. 그 질병의 다양한 버전 중 어떤 것이 어느 특정한 위치나 특정한 상황에서 실행되는가? 엑스레이 사진과 동맥 관내강을 잠식한 동맥경화증인가, 아니면 보행 중 통증을 느끼게 하는 환자의 병력과 동맥경화증인가? 막힌 혈관을 수술하는 외과 의인가, 물리치료사에게 보행요법을 해보라고 권고받는 환자인가? 이것은 존재론이 다중적이라고 보는 세계에서는 핵심적인 질문이다. 무엇이 행해지는 중이며, 그럴 때 실천 속의 실재는 무엇으로 만들어지는가?

의심

내 논문 초고나 이 책의 많은 초고 중 몇 장을 내 정보원들에게 보여주었을 때, 그들은 내 이야기 속에서 자신이나 서로를 찾아내고 즐거

게 이 책 내내 던진 질문은 어떻게 그 일을 할 것인가다. **어떻게 문헌을 언급할 것인가?** 몇 가지 방법이 있다. 제목을 삽입하는 식으로 인용문을 제시하는 방식. 이야기하는 방식. 누군가의 텍스트를 다른 것 사이에 놓는 방식.

합리성

유효한 지식을 결과로 내놓기 위해 필요한 **방법**이 연구라면, 실천에 대해 이와 유사한 권고는 더 **합리적으로** 되어야 한다는 것이다. 여러 다양한 방식으

로 지난 수십 년간 이런 주장이 퍼져 나갔다. 의료실천은 너무 번잡스러워서 순수하게 만들 필요가 있으며, 비합리적인 것을 다 씻어 내야 한다는 주장이다. 이를 **어떻게** 할지를 다룬 문헌이 많이 있다. 합리화를 위한 탐색은 과학적 질서가 실천을 지배하게 되리라는 희망과 함께 온다. 하지만 합리화를 추구해서는 안 된다고 주장하는 두 번째 문헌이 있다. 실천에는 과학과는 다른 그 나름의 특수성이 있기 때문에 깔끔한 질서 짓기는 불가능하다. 세 번째 문헌은

위했다. 때로는 내가 기술에 대해 제대로 이해하지 못한 사소한 실수를 바로잡아 주기도 했다. 좋다며 고개를 끄덕여 줄 때도 있었고, 그런 식으로 진행되었다. 그러나 그들은 소외감을 느낀다는 말도 했다. 가끔은 내가 그들에게 익숙한 소리를 너무 익숙지 **않게** 만들었다. 너무 이상하게. 그러나 Z 병원은 내가 자료를 모은 곳일 뿐 아니라, 여기에 제시한 이론적 통찰들에 대해 많은 것을 배운 곳이라고 말할 수 있다. 예를 들어 실행된 대상들은 실천성에 좌우된다는 생각을 가장 간결하게 표현할 방식을 내 정보원이었던 병리학과의 수련의가 제안해 주었다. "여기, 이것이 동맥경화증이에요"라며 **현미경** 아래에서 자신의 것에 핵심적인 중요성을 부여해 준 사람은 내가 아니라 그였다.

Z 병원에서는 동맥경화증의 특정 버전을 실행하는 실천성들이 강조되는 일이 계속해서 일어난다. 예를 들어 논문들 중 **자료와 방법** 부분의 기술성은 연구 모임에도 많은 관심을 둔다. "하지만 몇 명의 환자들에게서 그것을 발견했는가?" 혹은 "왜 운동 후가 아니라 휴식

합리화 전략을 적극적으로 실행할 때 **정확히 무엇이 바뀌는가**를 조사한다. 그런 문헌은 "과학"을 "실천들"과 마찬가지로 실천들의 조합으로 받아들이고, 서로 다른 연구 스타일 간 간섭에서 어떤 일이 일어나는가에 관심을 갖는다.

나의 연구는 세 번째 종류의 문헌과 **상호**연관되어 있거나, 혹은 그 일부로 읽을 수 있다. 그것은 다른 둘의 추정들을 약화하는 데 도움을 주는데, 이 두 가지는 한편에는 과학적 질서, 다른 한편에는 일상의 실천을 놓고 둘을 차별화한다. 이런 문제에 관한 논쟁에 착수하는 실천지적 방법은 일반적인 관점에서 합리화 전략을 펼치는 것도, 역시 똑같이 일반적인 관점에서 그 전략들에 맞서 경고하는 것도 아니다. 대신, 이런 전략들이 수반하는 결과를 조사하는 것이다. 합리화 전략이 무엇을 하는지, 합리화 전략이 자기들이 간섭하는 것을 **어떻게** 바꾸는지의 문제를 열어놓는 것이다. 이 문제를 다룰 방법은 많이 있다. 여기에서는 이 세 번째 접근의 몇 가지 예만 제시하겠다. 그것들은 다

할 때만 혈압을 측정했는가?" 혹은 "칼슘길항제로 무엇을 사용했는가?" 연구 모임 참여자들에게는 조사 프로젝트의 결과가 이런 세부적인 것에서 나온다는 것이 너무나 당연한 말이다. 그것들이 사실을 형성한다. 의심할 이유나 그런 사례가 있는 한, 조사의 기술성에 초점을 맞춘다. 일단 결과가 사실로 받아들여져야만 목표에 이르기 위해 썼던 방법들을 적어도 당분간은 축약하고, 희미해지게 하고, 잊을 수 있다. 사실의 통합과 사실의 생산 수단을 괄호로 묶기. 두 가지 움직임이 함께 가는 것 같다.

진단 과정에서도 비슷한 일이 일어난다. 의사가 동료의 진단을 의심하면, 기술성에 대한 질문이 제기된다. "하지만 이 통증이 일어날 때 **어떻게** 질문했습니까?" 혹은 "혈압이 이상하군요. 동맥이 석회화되지 않았다고 확신합니까?" 혹은 "대체 누가 이 환자의 혈관촬영도를 만들자고 결정했습니까?" 그러나 일단 치료를 위한 지시가 기록되면, 환자와 치료에 대해 대화를 하고 나면, 치료 일정이 잡히면,

른 장소에서 나오며, 각각은 나름의 관심사를 동반하지만 모두 보건의료 개선 improvement of health care 문제를 다룬다.

내 작은 목록에서 첫 번째 책은 『건강과 효율: 보건경제학의 사회학』이다 (Ashmore, Mulkay and Pinch 1989). 이 책은 **보건경제학**이 어떻게 먼저 스스로를 합리적인 것으로 제시하는가의 문제에 많은 관심을 기울인다. 보건경제학은 보건상의 결정을 내리는 방식을 개선하는 능력을 어떻게 부각하는가? 어떻게 (시장) 품질을 증가시키고 보건의

(재정적) 비용은 줄일 수 있다고 주장하는가 — 이것들을 한꺼번에 실행하는가? 저자들은 전문지식을 갖추었다는 경제학의 주장이 두 가지 버전 사이를 옮겨 다니면서 강화된다고 말한다. 그 두 가지 버전은 강한 것(큰 약속을 하고 자신의 경제적 합리성에 따른다면 상황이 나아질 것이라고 암시하는)과 약한 것(저항할 경우 후퇴할 수 있다. 우리도 고려해야 할 다른 문제들이 있다는 것을 알고 있다)이다. 저자들은 경제학자들의 전문성 내용도 분석한다. 그들은 대

이런 의심들은 증발해 버리는 경향이 있다. 다음 임무로 넘어가는 것이다. 중요한 분기점은 지나가고, 과거는 닫히고, 진단의 실천성은 삭제된다. 그중에서 남은 것은 결과와 치료 계획뿐이다. "폐쇄. 여성. 동맥. 왼쪽, 무릎까지 우회 혈관" 같은 식이다. 그러나 예기치 않게 마지막 단계에서 뭔가 급격히 문제가 생긴다면, 거의 항상 시간을 거슬러 되돌아갈 수 있다. 사진을 꺼내 다시 한번 본다. 앞서 놓친 작은 흔적이라도 찾아 파일을 뒤진다. 누군가가 죽은 후 치료 병력을 추적하는 치료 담당의는 이런 식으로 과거로 거슬러 올라가곤 한다. 우리가 뭔가를 확신했지만, 조금 더 의심해 봐야 했던 순간이 있었을까?

또한, 실천성을 다루는 일은 치료를 의심할 때 일어난다. 그것은 다른 가능성들을 위한 자리를 만들어 주는 데 도움이 된다. 다리 동맥 수술에 비판적인 내과의가 면담에서 나에게 이렇게 말했다. "그들(외과의)은 이런 혈관촬영 사진을 보고 자기들이 동맥경화증을 볼 수 있다고 생각하게 돼요. 바로 저거야. 막힌 혈관이고, 자기들이 뚫어야

안평가의 특수성, 임상 예산, 그리고 개입의 성과 평가 등이 사람들의 삶의 질에 미친 (긍정적 혹은 부정적) 효과를 평가함으로써 그것들을 분석한다.

그러면서 저자들은 자기성찰적으로 전문성에 대한 자신들의 주장을 다룬다. 자신의 이야기를 보건경제**에 대한 지식**으로 제시한다는 것이 어떤 것인가? 경제적 전문성과 자신들의 사회학적 전문성을 진지하게 대칭적으로 다루고 싶은 마음에, 애시모어, 멀케이, 핀치는 조소로 가득한 책을 썼다. (이 대목에서 한마디 해야겠다. 잡설이다. "글쓰기"가 아무리 많이 이론적으로 논의되는 주제가 되었다 해도, 여전히 학술적인 글쓰기 실천들을 풍요롭게 **하고**, 복잡하게 **하고**, 바꾸는 일을 **하는** 책들은 많지 않다. 글쓰기 방법들은 여전히 자료를 모으고 분석하는 방법만큼 진지하게 취급되지 않는다. 『건강과 효율』은 몇 안 되는 예외 중 하나다. 그 책은 대화, 장면 전환, 자료에 대한 대안적 재현, 자기성찰적 발언, 농담으로 가득하다. 이것을 어떻게 설명하면 좋을까? 경외심에 차서

한다는 거죠." 그러고는 이렇게 덧붙인다. "하지만 혈관촬영 사진을 아무리 뚫어져라 본다고 보행요법을 고안해 내지는 못할 거예요." 뚫어야 하는 관 사진은 동맥경화증을 보행요법으로 호전시키기 어려운 것으로 바꾸어 놓는다. 하지만 걷기는 혈관촬영 사진에서 너무 협착되어 보이는 관을 뚫지 못한다. 내과의는 수술의 필요성에 의구심을 제기하려고 혈관촬영 사진의 실제 효과를 약화시키려 한다. 당신이 거기에서 보는 것이 **동맥경화증**이라고 생각해서는 안 된다. 영상화 기술의 특성을 잊지 말아야 한다.

이 책에서 나는 연구, 진단, 치료의 서로 다른 실천성들이 각각 살짝 다른 "동맥경화증"을 다룬다고 주장했다. 이런 생각은 병원에서는 새로운 것이 아니다. 나도 거기에서 배웠을 수도 있다. 하지만 차이가 있다. Z 병원에는 다른 레퍼토리도 존재한다. 실천성을 괄호에 넣는 것이다. 현미경, 면담 기술, 혈관촬영술, 혹은 다른 어떤 질병을 실행하는 양상도 언급하지 않고 동맥경화증을 **간단히 말해 버리는**

할까 아니면 그저 감탄하는 마음으로?) 그렇게 그들은 전문성 주장의 토대를 빼앗는다.

문제는 보건경제학이 이제부터 더 나은 토대를 찾아야 한다는 것이 아니다. "아니, 우리의 관심을 끄는 것은 추상적인 의미의 응용 경제학의 인식론적 위상이 아니라, 그 밑에 깔린 가정들의 특정한 도덕적, 정치적 함의들이다"(187). 저자들이 보건경제학에 문제가 있다고 보더라도, 합리성의 부족은 거기에 해당되지 않는다. 요점은 다양

한 경우에 개입이 다른 식으로 이루어질 수도 있었을 테지만, 어떤 특정 방식으로 이루어진다는 것이다. 만약 다른 방식이었다면 다른 결과들이 따라왔을 것이다. 이런 것은 **내용상**의 문제다. 예를 들어 보자. QALYQuality Adjusted Life Year는 **질보정수명**이다. 그것은 생존을 기준으로 삼았던 이전의 역학적 평가에 추가되었다. 추가된 내용은 환자가 개입 이후 생존한 세월의 질을 고려한다는 것이다. 하지만 어떻게? QALY는 분명 특정한 방식으로 그 일을 한다. 계산

것이다. 동맥경화증만 따로 떼어 놓는 것이다. 이런 순간에 가상의 공동 목표로 생각할 수 있는 것이 신체, 즉 피부 밑에 숨겨진 대상에 투사된다. 다양한 식으로 접근할 수 있는 대상, 다양한 측면을 보여 줄 수 있으나 결국 하나인 대상이다. 바로 저거야. 그리고 갑자기 대상은 더는 실천의 일부가 아니라 기존 실재의 지시대상이 되는 것 같다. 지나칠 정도로 실재적이다. 이런 순간에는 의심은 억눌리고 확실성이 꾸며 내어진다. "하지만 물론 우리가 같은 질병과 싸우고 있는 거죠? 우리가 한 목표를 공유하고 있는 게 맞지요? 분명히 우리는 우리 환자들의 건강과 생명을 개선하려고 합니다." 이런 순간에 누군가 이렇게 말할 수도 있다. (예를 들면 이 텍스트에 대한 반응으로, 나에게) "하지만 들어 봐요, 사람들이 죽어 가요. 사람들이 고통받는다고요. 저기 **진짜** 질병이 있어요." 마치 죽음과 고통이 확실하듯, 실재적인 것은 반드시 유일하다는 듯이.

그래서 병원에는 적어도 이 두 가지 레퍼토리가 있다. 일어나는

을 가능하게 하는 방식으로 한다. 수량적 연구 형식에 맞는 방식이다. "선호도에 대한 총 자료가 그 바탕이 된 개별 평가를 정확하게 재현한다고 가정하는 방식"(192)이라고도 할 수 있다. 애시모어, 멀케이, 핀치는 사람들의 삶에 대한 평가를 조사하는 사회학적 연구 또한 다르게 진행될 수도 있을 것이라고 지적한다.

그러나 애시모어, 멀케이, 핀치는 대안적인 보건경제학을 발전시키지는 않는다. 그들의 주 관심사는 경제학 전문

성을 의심의 여지가 없는 것이라 주장하는 오만이기 때문에, 의심을 품는다. 과학성의 속성은 토론을 막아 버리는 데 이용된다. 경제학자들은 자기들의 위치를 그들이 향상시키고자 하는 실천 **위에** 놓는다. 여기에서 애시모어, 멀케이, 핀치를 광범위하게 인용한 이유는, 그런 식으로밖에는 할 수가 없어서다. (문헌을 설명하면서 이런 스타일상의 특징과 마주치게 된다. 어떤 텍스트들은 **인용할 수 있는** 반면, 잘 썼는데도 인용할 수가 없는 것들도 있다.) "개혁과 변화의

일을 의심할 수 있도록 질병을 실행하는 실천성을 눈에 보이게 드러내는 것, 그리고 확신을 갖고 일하면서 실천성은 일단 괄호 안에 넣어 두는 것. 실재의 다른 실행, 다시 말해 진단하고 치료하는 질병의 다른 버전을 위한 자리를 남겨 두는 것, 혹은 정해진 길을 계속 가기 위해 다른 대안들을 막아 놓는 것. 의심과 확신, 병원에서는 이 둘이 교차한다. 나의 정보원들은 이 사이를 오가는 법을 알고 있다. 나는 그렇게 하지 않으려고 자제한다. 이 책이 낯선 이유는, 새롭기 때문이 아니라 결코 확실하고 유일한 필멸의 신체에 도달하지 않고, 집요할 정도로 살아 있음의 실천성을 향하기 때문이다.

이 책은 존재론적 다중성을 강조하면서, 언제나 대안적 배치들이 존재할 가능성을 드러낸다. 사람들이 항상 의심을 실천으로 옮기지는 않지만, 그렇게 **될 수도 있다**. 의료실천은 확실하지 않기에 다르지 않을지 모른다. 실재는 견고하지 않기에 단일하지 않다. 항상 대안들이 있다. 신체에서 독립되어 있어 절대 의심할 수 없는 것은 존재

노력은 계속되어야만 하며, 계속될 것이다. 모든 종류의 응용 사회과학자들은 계속해서 이런 노력에 크게 힘을 보탤 것이다. 그리고 그렇게 하면서, 그들은 보건경제학자들처럼 그들이 바꾸고자 하는 바로 그 실천이 그들의 노력을 좌절시키는 경향이 있다는 근본적 문제와 직면하게 될 것이다. 우리가 강조하고자 하는 요점은 이 '문제'를 이 책에서 제시한 식으로 이해한다면, 더 나은 실천으로 가려면 우선 그것을 직시해야 한다는 것이다(이런 노골적인 평가를 해도 좋다면). 그 첫 단계는 적용의 영역에 있는 행위자들에게 맞서기보다는 함께하려는 의지로 이루어진다. 그것은 고압적이기보다는 협력적이다. 과도한 권력욕에 사로잡히기보다는 겸손한 자세를 취하는 것이다. 가르치고 싶어 안달하기보다는 배우고자 하는 것이다"(195).

이런 문헌과의 연결고리는 강력하다. 이 책은 전혀 다른 연구를 제시하지만, 같은 결론을 향한다(혹은 이것이 이 연구에 내내 영향을 미친 확신, 원동

하지 않는다. 이는 "신체 자체가 우리에게 어떤 대안도 남겨 주지 않기 때문에" 동맥경화증의 모든 버전이 다 실천되어야 할 필요는 없다는 뜻이다. 실행된 신체들은 행해지는 중이다. 그것은 신체들이 우리가 '무엇을 해야 하는가'라는 질문에는 답할 수 없다는 의미다. 아무리 불편하다 해도, 어떻게 할 것인가는 **우리가** 직면해야만 하는 문제다. 뭐든 다 가능한 형편은 아니지만 그래도. 여전히 그렇다. 실재는 한때 맞추어 살아야 할 기준이었지만, 기술과학의 확산으로 이제는 "어떤 실재와 함께 살아야 하는가"라는 질문을 던져야 하게 되었다. 그것은 실재가 움직인다는 뜻이다. 더는 철학이 수 세기 전 맡았던 역할, 연결을 취하는 것의 역할을 할 수 없다. 파악하는 것의 역할. 의지하는 것. 확신하는 것. 실재와 관계된 핵심적인 철학적 질문은 이것이었다. **우리는 어떻게 확신할 수 있는가?** 실천으로 전환이 일어난 후, 지금 우리는 또 다른 질문에 직면하고 있다. **어떻게 의심과 더불어 살아갈 것인가?** 그것은 쉽지 않다. 그러나 우리는 완전히 결정되지 않는, 항상 의심이

력 중 하나가 아니었을까?). 실천에, 서로 융합하고 간섭하는 복수의 것들 속에 너무 많은 **합리성**이 있다면, 왜 자신을 단 하나의 질서 짓기 방식으로 모든 것을 바꿀 수 있는 국외자로 제시하겠는가? 왜 종류가 뭐건 합리주의자, 급진주의자, 혁명주의자, 우파로 자신을 제시하겠는가? 실천에서 합리주의적 계획들이 특정한 장소나 상황에 도입될 때 그것들로 인해 어떤 일이 일어나는지를 본다면, 이런 소망들의 집요한 성격은 훨씬 더 놀랍다. 모든 것이 가장 새로운 제목 밑으로 포함되는 일은 절대 일어나지 않는다. 대신, 이미 있던 다른 많은 것에 질서 짓기 방식이 하나 더 추가된다. 내 목록의 다음 책인 『의학을 합리화하기: 결정 지원 테크닉과 의료실천』(Berg 1997)에서 이런 사실을 알 수 있다. 이 책은 몇 가지 이야기를 전해 준다. 첫 번째는 합리화 전략이 의료실천을 개선한다고 주장할지 모르지만, 좋고 나쁜 것, 그리하여 "개선"을 평가하는 기준은 의료실천에 선행하는 것이 아니라 합리화 전략을 개발하고 도

일어날 수 있는 세계에서 살고 있다는 사실을 받아들여야 한다. 이런 가능성에도 불구하고 여전히 행동할 수 있다는 것이 어떤 것인지를 이해하도록 배워야 한다.

의심과 더불어 살아가는 법, 완전히 결정되지 않는 세계에서 사는 법은 이 책이 답하지 않고 남겨 두는 또 하나의 질문이다. 그러나 그 질문에 일부 답하자면, 행동을 고려할 때 레퍼토리를 바꾸어야 한다. 무엇을 할 것인가라는 질문이 더는 무엇이 진짜인가에 달려 있지 않다면, 나른 무엇과 연관될 수 있는가? 이 말은 더는 "저 대상에 대해 이 지식이 진짜인가?"라고 질문해도 확신을 얻을 수 없다면, "이 실천은 주체들(인간이든 다른 것이든)을 저기에 관여시키기에 적절한가?"라고 묻는 것이 훨씬 더 가치 있게 되었다는 뜻이다. 충실한 재현이 더는 우리를 땅에 발붙이게 할 힘을 갖고 있지 않다 해도, 우리는 여전히 긍정적인 개입들을 찾을 수 있다. 그리하여 진실 대신 선good이 무대 중심에 온다. 혹은, 선이 단 하나의 버전이 아니라는 듯이, 선

입하는 과정에서 구성되며, 그 전략으로 뗄 수 없이 연결된다. 두 번째 이야기는 엉망진창인 실천과 그것을 구하러 오는 단일한 합리성 사이의 대립은 관련된 다양한 합리성 간의 심각한 부조화 때문에 유지되지 않는다는 것이다. 컴퓨터-기반 진단 도구들은 임상 결정 분석과는 전혀 다른 합리성을 통합한다. 여기에서의 프로토콜은 다르며, 전문가 시스템도 마찬가지다.

그래서 이 책에서 세 번째 이야기는 질서 짓기 장치가 실천에 도입되면 혼란을 일소하는 것이 아니라 다른 데로 옮겨 놓는다고 말한다. 옆으로 밀어 놓을 뿐이다. 예를 들어 전문가 시스템은 어떤 문제를 해결할 수 있을지 몰라도 또 다른 문제들을 만들어 낸다. 시스템이 공급받은 자료와 진단 간의 유용한 간섭을 암시할 수도 있지만, 그것을 가지고 일하는 사람들은 시스템에 자료를 넣고 자료가 맞지 않는 곳에서는 시스템에 적응하도록 강요한다. 예를 들어 시스템이 앞이나 뒤쪽에서 통증의 위치를 찾고자 하지만 환자는 통증이 이

이 아니라 선들이다. 존재론이 다중적이고 실재가 우리를 의심 속에 남겨 둔다는 사실을 일단 받아들이고 나면, 많은 겉모습 중에서 이것, 저것, 혹은 다른 것으로 선을 추구하고, 무시하고, 찬양하고, 싸우고, 혹은 살아가는 양식과 방식들을 다루는 일이 훨씬 더 긴급해진다.

누구의 정치학

의학이 선과 얽혀 있다는 인식은 때때로 "환자 자율"에 대한 요청으로 이어졌다. 전문가들보다는 "사람들 자신", "환자들"이 자기들에게 무엇이 좋은지 결정해야 한다는 것이다. 환자들의 규범을 중요하게 받아들여야 한다. 그들이 판단을 내리고, 전문가들의 역할은 환자에게 선택안을 제시하는 데 그쳐야 한다. 환자들이 선택한다. (문헌, 학회, 위원회의) 대규모 산업은 이런 요구조건을 실행하는 법을 명시하도록 했다. 사람들을 이롭게 한다는 의학의 이상이 그들에게 자율권을 부여해야 한다는 이상과 충돌하면 어떻게 될까? 어느 순간에는 전

곳저곳으로 옮겨 다닌다고 말한다면 어떡할까? 불연속적 정보를 받기를 원하는 시스템을 가지고 일하는 의사들은 연속적인 결과들과 끊임없이 협상해야 한다. 그리고 결국 결정-지원 도구들이 실천을 단순화한다고 주장하지만, 실은 그렇지 않다고 말하는 네 번째 이야기가 있다. 그 도구들은 이미 존재하는 것에 더 나아간 논리를 도입하고 **추가한다**. 실천을 훨씬 더 복잡하게 만드는 경향이 있는 것이다. 이는 결정 지원 도구에 반대하는 주장이 아니다. 망치도 건

물을 짓는 실천을 복잡하게 만들 수 있지만 그래도 환영받는 도구다. 그러나 도구를 설계하는 데 그것이 어떤 의미인가라는 질문은 던질 필요가 있다. 베르흐는 복잡성을 없애겠다는 환상을 품지 않고서 실천을 개선하는 데 도움을 주는 도구를 어떻게 만들 수 있을지를 묻는다. 다시, 내가 여기에서 했던 이야기들을 상기시키는 질문이다. 개선과 합리화는 같은 것이 아니다.

내 목록의 세 번째 책은 사회역사적 사례 연구다. 미국에서 인간 면역결핍

문가가 들어와 환자를 위해 결정해야 할까? 자기 의지를 명료하게 표현할 수 없는 환자들은 어떡하면 좋을까? 이런 문제들의 복잡성은 접어 두고, 나는 의학의 규범성에 대한 관심이 커지면서 대개 '누구'의 문제에만 초점을 맞추어 왔다는 점을 강조하고 싶다. 무엇이 선으로 간주되는지를 결정할 위치에 누가 있는지, 혹은 누구를 놓아야 하는지의 문제다.

요약해서 말하자면, "환자들"을 핵심적인 규범적 결정을 내리는 위치에 놓는 데에는 누 가지 방법이 있다. 선택할 권리를 실행하는 두 가지 방법이다. 첫 번째는 시장의 방법이다. 이 경우, 의료적 개입들을 마치 카운터에 늘어놓듯이 전시한다. 전문가들은 환자-고객들이 제공된 제품들 가운데 선택할 수 있도록 정보와 함께 제품을 공급하는 판매자로 바뀐다. 환자는 마치 어느 정도는 시장에 제공된 것이 전부 일단은 선인 것처럼 가치 판단을 한다. 시장에서 전혀 가치가 없는 상품은 사라질 것이다. 그 상품들에 대한 수요가 없다. 그렇기는 하

증 바이러스를 치료하는 약의 가치를 산정하기 위해 구성된 **임상시험**을 연구했다. 그 책은 『불순한 과학: 에이즈, 행동주의, 지식의 정치학』(Epstein 1996)이다. 그 책은 임상시험이 많은 것의 협동에 달려 있다는 사실을 강조한다—그중에 환자는 없다. HIV 약물 시험에서, 선한 보편적 과학에 대한 국지적 정의들 속의 요구사항 중 일부는 대부분의 환자가 자신의 이익을 인식하는 방식과 일치하지 않았다. 미국에서 시험에 등록하면 공짜 치료를 제공받기 때문에 환자에게 직접적으로 이익이 될 수 있었다. 더구나 시험에 등록하는 것이 항바이러스 치료를 받을 수 있는 유일한 기회일 때도 많았다. 하지만 환자들은 시험에서 사용된 약 이외의 다른 약은 사용하면 안 되었다. 기회 감염이 된 에이즈 환자들에게는 비합리적인 요구다. 엡스타인은 환자 지지운동인 액트 업ACT UP이 어떻게 이것과 비슷한 이슈에 목소리를 냈는지 설명한다. 첫째, 그들은 시험이 계획된 방식에 맞서 성난 항의로 자신들의 목소리를 들리게

지만, 의료서비스 시장은 심하게 통제받는다. 전문가들은 면허를 갖추어야 하고 자신과 서로의 제품 질을 체크해야 한다. 실제 시장에서는 돈이 핵심이라 해도, 의학의 맥락에서 시장 은유의 핵심 요소는 의료서비스의 소비자인 개인 환자가 "돌봄 행위" 혹은 고립된 "개입"을 찬성하거나 거부하는 개별화된 선택을 할 수 있는 행위자라는 것이다. 이상적인 환자-소비자는 자신의 특정한 필요와 상황에 맞는 상품을 찾아낼 수 있다.

선택을 다루는 두 번째 장르는 공민적인civic 것이다. 여기에서는 의료적 개입들이 시장의 상품으로서가 아니라, 정책 방안으로 통한다. 그것들은 살아가는 방식에 대한 개입이다 ── 전문가들을 행상보다는 왕으로 본다. 공민 은유는 환자를 자신의 신체와 삶에 개입할 권한을 가질 자격이 있는 시민으로 바꾸어 놓는 경향이 있다. 결정이 선택되어야 하며, 그러면 환자는 하나의 과정이나 행동, 또 다른 것을 놓고 주장할 수 있어야 한다. 그러나 공민 은유가 꼭 개인의 선택

만들었다. 다음 단계로, 시험을 계획한 위원회에 참석하도록 초청받았다.

계획들은 수정되었다. 다양한 지점에서 서로 다투는 요소들이 있었던 것 같다. 우선 누가 포함되느냐의 문제가 있었다. 처음부터 참여자는 동성애로 감염된 (주로 백인) 남성들로 제한되었다. 이에 대한 액트 업 항의운동이 있은 후에야 처음으로 여성과 (유색인종인 경우가 더 많은) 약물중독자들이 포함되었다. 다른 약 복용에 관한 규칙도 바뀌었다. 이용된 통계를 수정하여 다른

약도 먹을 수 있게 되었다. 또 다른 복잡한 문제가 있었다. 무엇을 치료가 성공했음을 나타내는 지표로 볼 것인가? 역학자들의 선택은 치료받은 사람들과 관리 집단에서 사망자 숫자를 집계하는 것이었다. 그러나 수명이 조금 더 연장되었을 때에는 이것이 너무 느리다는 주장이 나왔다. 그래서 다음으로 중간 파라미터인 T-세포 집계가 선택되었지만, 이것도 나중에 다시 폐기되었다. 적절한 지표를 찾기가 어려웠다. 이 책에 비추어 봤을 때 흥미로운 사실은,

을 옹호하지는 않는다. 무엇보다도 누군가의 삶에 개입한다는 것은 다른 사람들에게 영향을 미치는 일이기도 하다. 여기에는 개인의 결정이 다른 사람들에게 해를 입히지 말아야 한다는 요구조건이 따른다. 그러나 어디에서부터가 피해일까? 한 사람이 시험관으로 자식을 낳기로 한다면, 다른 사람들에게도 자식 없이 산다는 것의 의미가 바뀌게 된다. 부모가 되려는 사람들이 다운증후군을 가진 태아를 낙태하기로 선택한다면, 이는 다른 사람들에게도 다운증후군 아이의 부모가 된다는 것에 영향을 미친다. 공민 은유는 한 환자의 상황이 다른 이들의 상황에 효과를 미치게 하는 정책 방안을 설명하기 위해 더 발전해 왔다. 개입은 개인의 삶뿐만 아니라 전체 폴리스의 삶, 즉 **신체 정치**를 조직하는 방법으로 이해된다. 그것들은 환자-시민으로서 우리 모두에게 영향을 미친다. 개입은 **누구의 정치학**의 공민 버전에서 "환자들"이 (보건 조직, 자금 분배, 연구 노력 등등에 대한) 결정을 내릴 때마다 스스로를 대표해야 한다는 의미다.

이 특정 사례에서 지표를 적절하게 만드는 것이 복잡한 문제라는 사실을 모든 관련자들이 분명히 인식했다는 것이다. 통계적 이슈, 면역체계의 행동, 환자의 희망과 기대, 보건 재정, 제약산업의 연구 양식, 정부 규제—이 모든 것들이 서로 얽혀 있다. 다양한 요소가 내는 요란한 소음은 상황의 특수성에 따라 다를 수 있다. 그리고 이 경우, 과학의 세부에 기꺼이 관여하고자 하고 관여할 수 있는 환자-지지운동이 핵심적이었다.

이런 참여에 대해 아직도 배울 것이 많다. 예를 들어 이런 참여는 관련 전문가들이 다른 사람들이 해야 하는 이야기에 귀를 기울이고 이를 고려해야 할 주장으로 받아들이라고 요구한다. 또한, 이렇게 참여하려면 문제의 "다른 사람들"이 이런 "고심"에 관여해야 할 논쟁들을 이용할 수 있어야 한다. 엡스타인은 액트 업 사람들이 서로 다른 분야에서라 해도 교육을 많이 받은 사람들이었음을 강조한다. 게다가 그들은 오래지 않아 임상역학에 대해서도 직접 시장 장르와 공민 장르는 **누가** 결정하는가의 문제에 공통적으로 관심을 갖는다. 두 장르 모두 우리에게 무엇이 좋은지를 잘난 척하며 결정하는 전문가들에게 똑같이 의혹을 품는다. 윤리학자들은 의료서비스를 연구하는 사회과학자들과 함께 이 의혹을 드러내는 데 크게 기여했고, 의학에서 누가 결정하는가의 문제의 중요성을 강조해 왔다. 그들은 누구의 정치학에 기여했다. 그러나 이러한 누구의 정치학에는 문제가 있다. 첫째로, 고객과 시민이 공급자의 독점이나 국가 권력과 같은 것으로부터 보호받을 수 있다 해도, 이 정치학은 그들의 의지와 욕구가 이미 정해져 있으며 명확하다고 가정한다. 분석가들은 환자의 침묵당한 목소리를 살려 주고자 하는 환자 운동을 옹호하는 변호사의 입장을 취한다. 그러나 변호사의 입장만이 그들이 유일하게 취할 수 있는 것은 아니다. 분석가가 환자 자신의 입장을 취한다면 어떻게 될까? 그러면 다른 문제들이 중요해질 것이다. 예를 들어, "우리가 어떻게 결정할 권리를 얻을 수 있을까"는 "무엇을 해야 하는가"

배웠다. 이것은 자신의 사례에 대해서만 좀 많이 알 뿐인 일반인 개인들을, 집단으로 모인 전문가들이 상대한 이야기가 아니다. 액트 업 운동가들은 관련된 많은 사람들로부터 자기들의 통찰력을 끌어냈다. 그들은 자기들의 전문지식을 가져왔다. 우선 환자의 일상생활에 대한 전문지식이었다. 이것 덕분에 그들은 환자의 일상생활과 임상역학 연구를 해야 할 긴급성이 서로 간섭하도록 도울 수 있었다.

그래서, 엡스타인의 이야기는 일반인들이 과학 **내부**에 대해 어떻게 이야기하게 되는지에 대한 사회학적 호기심에서 출발했지만, 차이의 선들은 일반인/전문가의 구분을 넘어 점점 더 복잡해진다. 예를 들어 암 연구에 참여한 역학자들은 지금까지 급성 전염성 질병을 다룬 사람들보다 액트 업을 더 익숙하게 느꼈다. 시험을 계획한 위원회들은 액트 업이 가져온 환자의 관심사와 일상생활에 대한 전문지식을 환영했다. 이것이 없으면 그들은 자신들이 준비한 연구에 아무도 참여하려 하지 않을 위와 같은, 적어도 똑같이 긴급한 질문으로 대체될 수 있다. 어떡하는 것이 좋을까? 지금 여기에서, 이런 경우 혹은 다른 경우에 무엇이 선이 될 수 있을까? 문제는 누구-의-정치학은 "환자"에게 발언권을 주려 하면서도 환자라면 결정적인 순간에 실제로 무슨 말을 할 수 있을지에 대해서는 입을 다문다는 점이다.

누구-의-정치학의 두 번째 문제는 선택을 하는 순간을 따로 떼어 놓는다는 점이다. 이 정치학은 의사결정의 순간을 거기 오기까지 서로 뒤얽힌 여러 층의 오랜 역사들로부터 분리한다. 마치 규범적인 문제들을 따로 분리하여 그런 중심점들 안에 넣을 수 있다는 듯이. 진짜로 그것들이 중심점들이라는 듯이. 수술이 도움을 청하러 온 환자에게 좋을지 결정하는 진료실의 상황을 생각해 보라. 점잖은 의사라면 조용히 환자의 동맥에 어떤 문제가 있는지와 수술의 장단점을 설명할 것이다. 그러나 이 상황에 집중하면 다른 많은 것이 숨겨진다. 예를 들어, 적어도 네덜란드에서는 다양한 진단과 치료의 비용에 대

험이 있다는 것을 알고 있었다. 그리고 액트 업 사람들은 결국 임상역학에 깊이 관여하여 일상생활의 이름으로 목소리를 내는 운동에서 외부인들과 만나게 되었다. 그래서 엡스타인의 사회역사적 설명에서 '**누구**'의 문제는 매우 중요하게 다루어진다. 그는 누가 말하고 누가 말하지 않는가에 대해 끈질기게 질문을 던진다. 그러나 엡스타인이 또 분명히 하는 것은 일단 그들의 목소리를 듣고 나면, 전문가든 일반인이든 관련된 모든 이가 또 다른 문제, 즉 '**무엇**'의 문제에 관심을 갖게 된다는 사실이다. 무엇이 중요한가, 무엇을 해야 하는가? 말할 권리를 얻은 행위자들은 더는 자기 목소리가 들릴까 걱정하지 않지만, 무슨 말을 해야 할지 생각한다. 어쩌면 시간문제일 수도 있다. 한 질문은 다른 질문과 긴장 관계에 있는 것이 아니라 잇따라 나온다. 그렇다면, 나는 엡스타인의 책을 여기에서 한 주장을 뒷받침하는 것으로 활용하고 싶다. 보건에서 **무엇**의 정치학을 위해 필요한 이론적 레퍼토리들을 모으고 발전시키는 것은 시

해 생각하지 않아도 되는 환자는 없다는 점이다. 혹은 체계적인 보행 요법이 전혀 제공되지 않으며, 엄청난 투자에도 불구하고 아직까지 약의 효과가 충분치 않다는 점도 그렇다(어쩌면 약을 개발할 지원금 신청서가 거부당해서일지도 모른다. 그러면 **지원금을 거부한** 결정은 어떤가?). 혹은 다른 숨겨진 요인이 환자의 동맥경화증 진행을 촉진해서 보행에 영향을 주게 되었다면 왜 그 과정에 개입하지 않았는가? 혹은 환자가 어째서 이런 통증을 단순한 노화의 일부로 보지 않았던 것인가(다른 사람들은 그랬을 수도 있는데)? 모든 순간 하나하나가 항상 끝없는 우연을 숨기고 있다. 우리가 주의 깊게 살펴본다면 단순한 우연이 아닐 수도 있는 것들이다. 이는 결정을 내리는 데 있어서 **삶의 좋은 것들**을 만들거나 파괴할 수 있는 요소 대부분이 그런 결정의 순간을 빠져나간다는 의미다.

누구-의-정치학의 세 번째 문제점은 그것이 환자-고객 혹은 환자-시민을 위해 점점 더 많은 선택을 요구하면서, 전문가들의 힘을

간이라는 주장이다.

지역성

텍스트들은 어디에서 나와 어디로 가는가? 텍스트들은 어떤 장소 혹은 장소들을 함께 혹은 그 안에 가져가는가? 이 책을 생각한다면, 이 질문은 다양한 형식으로 나온다. 하나는 여기에서 동원되는 자료가 격렬한 토론에도 불구하고 **인류학**에서 여전히 문화라 불리는 것으로부터 나온다고 볼 수 있다는 점이다. 예를 들어 여기에서 설명한 전문가와

환자들이 차분히 대화를 나누며 행동하는 방식은 **네덜란드식**이라 할 수 있을 것이다. 그리고 내가 의학의 성격에 대해 말할 때 대단히 중요한, "나의" 혈관외과의들이 주로 임상적인 성향을 띠는 것도 네덜란드식이라 할 수 있다. 둘째로, 내가 조사한 자료 출처의 **사회학적** 유형화는 전혀 다를 것이다. 많은 사회학자는 내가 설명하는 대상을 미시적이라고 할 것이다. 그것은 어딘가 작은 곳에서 나온다는 의미에서 지역적이다. 큰 그림을 그리지 않는다. 보건의 사회

밀어내려 한다는 것이다. 그러나 이 동일한 누구의 정치학은 전문성을 잘 이해하지 못한다. 무엇보다도 그것은 전문가들이 사실을 가지고 있다고 인정한다. 그들이 정보를 주어야 한다고 요구한다. 마치 처음부터 테이블 위에 펼쳐 놓을 중립적인 데이터가 있다는 것처럼. 그러나 그런 것은 없다. Z병원의 내 정보원들은 그들이 아무리 "중립적인 정보"를 주려고 노력해도, 항상 자신들이 정보를 제공하는 방식에 따라 이 사실들이 다르게 평가된다는 사실을 알았다. 그러나 거기서 끝이 아니다. 어떤 사실이 제시되어야 하는가? 어떤 사실이 동맥경화증의 실재와 관련이 있는가, 생리학의 실재인가 아니면 임상학의 실재인가, 혈액학적 사실인가 아니면 역학적 사실인가, 듀플렉스 그래프인가 혈관촬영 사진인가? 이는 어떤 교과서 페이지를 삽화로 잘 꾸미고 교훈적인 내용으로 바꿀지의 문제만이 아니다. 실제적인 문제이기도 하다. 어떤 기계를 이용할 것인가, 어떤 돈으로 그 값을 치를 것인가? 어떤 아픔을 환기하고, 어떤 피해자가 생길 위험을 무릅쓸

적 조직, 생의학의 장기 발전, 권력 배분, 자본의 흐름, 이러한 모든 거시 현상은 이 책의 미시사회적 분석 틀을 빠져나간다. 그러면 세 번째 가능성이 있다. **철학적** 전통은 다시 텍스트들의 위치를 다르게 한다. 그 전통은 텍스트들을 기원의 자리에 연결시키는 것이 아니라 종착지에 연결시킨다. 지배적 전통이 암시하듯이 진정한 철학은 **보편적으로** 유효한 이론을 제시한다. 이는 어느 하나의 위치가 갖는 특수성을 뛰어넘어 이동 비용 없이 어디로든 움직인

다. 그리고 이 책은 어떤 보편성도 만들어 내지 않았기 때문에 철학으로는 실패했다고 말할 수도 있을 것이다. 이 책이 진지하게 받아들여질 자격이 있다면, **단순한** 사회과학으로서다.

그래서 우리에게는 지역화하는 서로 다른 양식 세 가지가 있다. 좀 더 자세히 보도록 하자. 첫째로 문화다. Z병원에서 일어나는 사건들의 소위 문화적 특수성의 문제가 있다. 그 사건들은 분명히, 그리고 지역적으로 네덜란드적인가? 이 책의 서평자 중 한 명인 북아

것인가? 실재의 한 버전을 제시하는 정보는 실천 후에 나오지 않는다. 실천에 선행하지도 않는다. 상호 얽힌다.

이 책은 **사회적인 것**이 우리가 생각한 것보다 큰 반면, **기술적인 것**은 더 작다는 것을 보여 주려는 것이 아니다. 대신, 기술적인 것들 자체가 가장 깊숙한 세부에서 기술적으로 완전히 결정되지 않은 상대임을 뜻한다. 기술적인 것은 실천성, 우연, 권력게임, 전통과 같은 사회적 문제들에 좌우된다. 그래서 기술적인 것을 전문가들에게만 맡겨 두어서는 안 된다. 기술적인 것은 우리 모두에게 영향을 미친다. 우리의 생활 방식과 연관되어 있기 때문이다. 하지만 그렇다고 해서 기술적인 것이 기술적인 것도 아니라는 뜻은 아니다. 그래서 이 책이 가치가 사실을 따라 존재하기 때문에 일반인이 결정을 내려야만 하는 그런 부분들을 드러냄으로써 의료전문가의 역할이나 힘을 좀 더 억누르려고 하지 않는 것이다. 가치들이 사실 안에 있다면 어떡할까? 그러면 전문가와 환자의 영역 간의 경계를 옮기기보다는, 영역을 함

메리카인이 계속 이런 주장을 폈다. 우리는 바다를 사이에 두고 있어서, 그는 **네덜란드적인 것**이 페이지마다 실처럼 관통하고 있다고 보았다 — 그리고 나에게도 이를 인정하라고 요구했다. 그렇다면 이것에 대해 무슨 말을 해야 할까? 첫째로, 그렇다, 여기에 주제가 있다. 그러나 두 번째로, 그 나름대로 조사할 가치가 있는 것이다. **네덜란드적이라는 것**이 무엇일까? 동네 서점에서 그 주제에 대한 책을 발견했다. 네덜란드에서 한 많은 인류학적 현장연구를

모은 책이었다. 우연의 일치는 아니겠지만, 네덜란드어로 쓰였다(van Ginkel 1997).

그 책은 네덜란드 인류학의 시작을 (보라: **홀란트**Holland는 이 나라의 한 지방일 뿐이다!) 미국 텍스트에서 찾았다. 워싱턴 전시정보국에서 네덜란드 인류학자들이 수십 년간 네덜란드 식민지들에서 활동하며 자바의 마을, 발리의 관개법, 뉴기니의 의식 등을 연구하고 있던 시절에 1944년 루스 베네딕트가 쓴 책이었다. 목표는 이런 장소들을 행정

께 관리할 새로운 방법들을 찾아보는 편이 나을 수도 있다. 그러나 이는 의학의 민족학자, 철학자, 사회학자들이 환자들처럼 전문성을 탐구하고 다루어야 한다는 뜻이다. 일단 병원 안에 들어가면 **누구**의 문제는 **무엇**의 문제와 연결되거나, 심지어는 그것에 가려진다. 거기에서 다시, 공유해야 할 질문은 '**무엇을 할 것인가**'다. 무엇을 해야 하는가, 이것이 우리가 직면하는 질문이다. 나는 "우리"를 가능한 한 폭넓게 받아들여야 한다고 주장하고 싶다. 그러나 "우리"가 이 질문을 대면하고자 한다면 어떤 종류의 자원이 필요할까? "무엇을 해야 하는가"라는 질문을 다룰 언어를 구성하고 실천을 형성하는 것은 **무엇의 정치학**의 일부다.

무엇의 정치학

의학 전문가들에게 **무엇을 할 것인가**는 항상 규범적 차원을 갖는 것으로 인식되는 중요한 문제였다. 그러나 관련된 규범들은 순화되었다.

가, 상인, 대농장주들에게 더 가깝게 만들어 주는 것이었다. 네덜란드 **자체**를 더 가깝게 만들어 줄 필요는 없었다 — 네덜란드는 누구의 식민지도 아니었으니까. 그러나 2차 대전 때 많은 미국 군인이 네덜란드에 주둔해야 했다. 군인과 네덜란드 국민과의 마찰을 줄이기 위해서, 각 집단은 서로에 대해 배워야 했다. 그래서 베네딕트가 손 닿는 대로 그 나라에 대한 문서 자료는 뭐든지 다 모으고 학생들을 보내 네덜란드 이민자들과 인터뷰를 하게 했던 것이다. 이 자료로 그녀는 **네덜란드적 특성**을 밝혀낸 글을 썼고, 깨끗한 집(여행자들이 수 세기 동안 말했던 것)에 대한 강박보다는 네덜란드인들의 자신감을 강조했다. 특히 베네딕트는 칼뱅 다수파들이 자기들 편에 권리가 있다고 확신한다고 썼다. "전형적인 네덜란드인은 자신에 대한 확신이 너무나 강해서 독재에 굴복하지 않는다. 그는 자신의 권리를 지지한다. '당신이 해야 할 일은 ~'으로 시작하는 문장을 혐오한다. 소위 진짜 이야기는 네덜란드적 태도를 보여 준다. 우생명을 구하고, 건강을 향상시키는 것 —— 그것이 의학이 해야 할 일이었다. 삶과 죽음의 가치는 우리의 신체적 존재와 함께 주어지고, 논쟁의 범위를 넘어선다고 생각되었다. 환자들이 치료하지 않으면 폐렴으로 죽고 항생제를 처방받으면 살 수도 있었던 시절에는 이러한 치료의 규범성에 대해 더 이상 질문할 필요가 없어 보였다. 그리고 인슐린이 당뇨 환자의 임박한 죽음을 수십 년간 연기시켜 준다면, 인슐린의 **선함**은 당연하게 받아들여진다. 금연을 하면 인구집단 전체 건강이 호전되는 것이 분명하다면, 포장에 경고문을 인쇄하고 의사들은 담배를 피우지 말라고 말한다. 의학은 규범적인 성격을 절대 숨기지 않았다. 그러나 의학의 자기성찰은 죽음을 지연시키고 건강을 향상시킨다는 중심 목표를 향하지는 않았다. 그것은 전문가들의 핵심 관심사가 되었다. 대신, 의학의 개입이 진짜로 이런 목표를 성취했는지를 보자. 대략 1950년대부터 점점 더 어떤 의학적 개입이 성공하고 다른 것들은 향상을 가져오는 데 실패하는가를 평가하기 위해 **임상**

체국장이 우체국 창구에서 소년에게 물었다. '네가 뭘 해야 한다고?' 소년이 대답했다. '아무것도 안 할 거예요. 하지만 2센트짜리 우표 한 장 주셔야 해요'"(Benedict 1997, 226).

그래서 서평자가 내 텍스트의 네덜란드적인 성격을 인정하라고 요구했을 때 내가 거부했다고 해도 놀랍지 않을 것이다. 내가 네덜란드적 성격에 대해 써야 한다고? 천만에! 안 하겠다! (나의 네덜란드적 성격은 그런 거부를 뒷받침해 줄 논거를 가지고 있다. 무엇보다도

이국적인 것에만 문화적으로 스스로를 지역화하라고 요구한다. 그리고, 어떤 종류의 제국주의적 권력[자비롭건 아니건]이 관심 뒤에 숨겠는가?) 그러나 여기서는 거기에서 멈추지 않는다. **네덜란드적인 것**을 **어떻게** 설명할 것인가, 어떻게 전형화할 것인가? 그 나라 주민들에게 외국 군인들에 대해 알려 주기 위해 비행기에서 뿌릴 팸플릿을 쓰는 저자에게는 "전형적인 네덜란드 사람"에게 성격을 부여하는 것이 유용했을지 모른다. 자기들이 원주민들과는 다르다는

시험이 수행되었다. 임상시험은 전문가들이 개입의 가치를 판단하는 지배적 방식이 되었다.

도구들이 아무리 근사하다 해도, **무엇의 정치학**에 관여한다면 시험으로는 충분치 않다. 시험은 신체의 자연적 특징들과 더불어 의학적 개입의 목표를 고려하던 때에 계획되었다. 그것은 바로 생존과 건강이었다. 그러나 이 목표들은 충분히 구체적이지 않은 것으로 드러났다. 첫 번째 어려움은 암 연구에서 나왔다. "생존"을 목표로 받아들이는 한, 암 치료는 치료를 받은 사람들이 받지 않은 사람들보다 평균 6개월 이상 생존하면 성공적이라고 했다. 그러나 매일의 간호에 참여한 환자와 의사와 간호사들은 이런 "생존"이 개선을 가져온다고 항상 확신하지는 못했다. 망가져 가는 몸으로 질병과 치료 양쪽에서 오는 고통에 시달리며 6개월을 병원에 들락거려야 한다면, 환자에게는 안식보다 고통이 더 크다고 봐야 할 것이다. 뒤이어 벌어진 토론에서 "생존"의 목표는 자명함을 상실했다. 어쩌면 그것이 자연스러운 선

사실을 알아야 하는 군인들에게는 교훈적인 전단지가 되었을 수도 있다. (핵심은 분별 있는 네덜란드 소녀들이 그들과 섹스해 줄 거라 기대하지 말아야 한다는 것이다.) 그러나 대부분의 맥락에서는 이런 시도는 그다지 적절하지 않다. 반 세기가 지나서 인류학자들은 더는 국가의 문화적 특성을 설명하지 않게 되었다. 인류학은 여기에서 공유하는 의미의 패턴에 대한 연구로, 그 다음에는 다시 유사성과 차이를 표현하는 다른 방식들에 대한 연구로 옮겨 갔다.

『네덜란드인들에게 알림』은 네덜란드에서 이루어진 다양한 민족지학적 연구를 나열한다. 어떤 것들은 어부의 일을 다루고, 어떤 것들은 정통파 개신교 마을에서 한 현장연구에서 나왔다. 그러나 위트레흐트의 마약쟁이들이나 암스테르담의 소년 매춘부들을 추적한 것도 있다. 전부 다 이런 서로 다른 위치와 상황의 특수성을 연구한다. 그러나 우리가 그런 연구들을 하나로 합쳐서 생각한다면, 그것들 덕분에 **네덜란드적인 것**에 대한 질문에 답을 주기가 더 쉬

이 아니었을지도 모른다. 삶을 연장하는 치료는 그 삶을 잘 살아야만, 연장된 시간이 살 가치가 있는 것이어야만 좋은 것일지도 모른다. 생존에 대한 많은 이의 실망이 남긴 격차를 메우기 위해 **삶의 질**이라는 용어가 만들어졌다.

그래서 최근 실천에서는 임상시험이 의료 행위를 신체적 지표로 평가할 뿐 아니라, 사람들의 삶의 질에 치료가 미치는 영향도 비교한다. 아마도 무엇의 정치학을 향해 한 단계 더 나아간 것이겠지만, 아직도 갈 길이 멀다. 예를 들면 시험의 양적 조사 전통에서 무엇이 삶의 질을 올려 주고 무엇이 그러지 못하는가에 대한 질문은 여전히 의사-자연화의 방식으로 계속되고 있다. 사회학적인 방법이라고도 말할 수 있을 것이다. **좋은 삶**에 무엇이 수반되는가의 문제는 본질적으로 논쟁적이어서 정치적인 이슈로 인식되지는 않는다. 그 대신, 이 선_善을 객관화하는 식으로 연구가 시작된다. 조사로 개인의 의견을 기록하고, 이런 의견에 무게를 두고, 이를 통계적으로 정교화한 장부

워지는 것이 아니라 도리어 더 어려워진다. 이런 장소와 상황들의 공통점이 무엇인가? Z 병원과는 무엇을 공유하는가? 돌봄 실천에 관한 보고서에서 나온 연구들도 있는데, 인류학자들이 네덜란드에 거주하는 인도 출신 고령자들을 연구한 것이다. 그들은 시설에서 고립되어 지내며 가족들과도 멀리 떨어져 있고, 심지어 딸들조차 그들을 돌보려 하지 않는다. 확실히 매우 네덜란드적이다. 그러나 다시, 이 특정한 배경은 독일, 스웨덴, 덴마크 등 다른 유럽 국가들의 상황과도 별로 다르지 않다.

네덜란드 국가 주변의 국경선이 문화적 영역을 긋지는 않는다. 이는 문화적 영역이 더 크다는, **유럽**이라는 뜻이 아니다. 다른 유럽 국가들 간에는 엄청난 차이가 있다. 예를 들어 마들렌 아크리히와 베르니커 파스베이르는 프랑스와 네덜란드의 출산 관습을 비교했다. 차나 기차로 불과 몇 시간 거리에 있는 나라들이지만, 또한 전혀 다른 세계이기도 하다(Akrich and Pasveer 2001). 프랑스에서는 출산에서 통증을 최대한

에 집어넣는다. 이런 식으로 질은 수량이 된다. 가치는 사실, 즉 사회적 사실들로 바뀐다. 무엇이 **좋은 삶**인가의 문제를 둘러싼 논쟁은 전부 억눌린다. 사람들이 삶에 다른 식으로 투자한다는 사실, 선을 추구할 때 우리가 충돌한다는 사실은 단순한 산술적 문제로 바뀐다. 우리는 각각 의견 하나당 한 명씩이 된다. 여기에서 양식을 채우면, 물론 내 의견이 고려될 것이다. 그러나 정치적 행동으로서가 아니라 사회적 기정사실로서다. 차이들은 불화의 무대 위에 올려지는 대신, 스프레드시트로 평평해진다.

여기에서 내가 무엇-의-정치학을 옹호한다 해도, 국가가 법을 확산하여 병원에서 일어나는 일에 속속들이 전부 다 관여해야 한다는 뜻은 아니다. 대신, 이 모든 세부가 "좋은 삶"에 관련되어 있음을 강조하려는 것이다. 이를 임상시험에 연관시켜 보자면, 이제 우리의 **삶의 질**에 관련된 것으로 범주화된 이슈들이 "자연스러운 것 이상"일 뿐 아니라, 시험에서 환기되는 모든 것이라고 말해도 좋을 것이다. 의

줄이려 하는 반면, 네덜란드 여성들은 **통증 속으로 뛰어들어** 이를 견디고 적응해야 한다고 배운다. 자신에게 일어나는 일에 수동적으로 적응하는 것이 아니라 적극적으로 임해야 한다는 것이다. 프랑스에서는 여성들이 신체 상태를 측정하는 도구에 묶여 있는 반면, 네덜란드에서는 이리저리 움직이고 몸에 가장 잘 맞는 자세를 찾으라는 조언을 받는다. 프랑스 아버지는 출산 중에만 함께 있을 수 있지만, 네덜란드 파트너는 배우자가 수축을 통제하기 위해 호흡을 제대로 하도록 도와주어야 한다. 그래서 차이, 대조들이 있다. 결국은 국가별 문화가 있다는 것인가? 아니, 아크리히와 파스베이르는 자신들의 결과를 프랑스 대 네덜란드라는 두 개의 깔끔한 제목으로 요약하기를 피한다. 이것들은 어떤 종류의 존재자들인가? 둘 간의 경계선은 어디에 있는가? 그리고 자기 이웃에서 일어나는 일보다는 네덜란드에서 일어나는 일에 더 공감하는 프랑스 여성들이 하는 이야기라면 어떨까—그 역은?

학적 개입의 목표를 놓고 필연적으로 경쟁이 벌어진다. 그 목표들은 엇갈리는 다른 삶의 방식들과 상호 얽혀 있다. 목표들이 정치적이라고 말한다면, 이런 의미에서다. 다리 동맥에 동맥경화증이 있는 환자에게 우회술과 보행요법을 어떻게 비교할지의 문제를 보자. 이 치료 이후 어떤 지표가 개선되어야 하는가? 두 가지 치료를 평가하는 데 혈관촬영 사진이 이용된다면, 보행요법은 결코 성공적인 개입으로 평가받을 기회를 얻지 못할 것이다. 보행요법은 협착성 관내강의 폭을 바꾸지 못한다. 협착 부위의 혈압이 내려갔다고 측정되면, 수술이 다시 더 성공적인 치료로 보일 것이다. "3주 후 환자가 통증 없이 걸을 수 있는 거리"가 성공의 지표로 바뀐다면 또 얘기가 달라진다. 보행요법은 다른 지표들을 개선한다. 다른 강점이 있다. 환자의 전반적인 보행 능력을 6개월 후 평가한다면 성공적인 개입으로 보일 확률이 더 높다. 혹은 환자가 얻은 자신감을 고려대상에 넣는다면 그렇게 될 것이다.

그래서 차이를 **국가적인 것으로** 만들기는 쉽지 않다 해도, 차이들은 클 수 있다. 반면, 국경 너머에서 일어나는 일들이 유사성은 적어도 인상적일 때가 있다. 그러나 이는 우리를 "문화적 공통성"으로 이끌어 가기보다는 더 많은 질문을 불러일으킨다. 데이비드 암스트롱의 『신체의 정치적 해부』(1983)를 보자. 나에게 이 책을 읽는 것은 놀라운 경험이었다. 그 당시 나는 20세기(후반부)의 네덜란드 의학 지식에 대한 공동 연구 프로젝트에 참여하고 있었다. 우리 자료는 전부 네덜란드어였다. 네덜란드 저자가 네덜란드어로 쓴 의학 전문 학회지들이었다. 그러나 암스트롱의 책에도 거의 문자 그대로 똑같은 인용문들이 있었다. 암스트롱은 "환자"에 대한 전문적 투자에 일어난 미묘한 변동을 다루었고, 이 수치의 특징은 환자의 말에 어떻게 귀를 기울여야 하는가를 암시했다. 이것도 우리의 주제 중 하나였다. 그리고 그것은 나에게는 영국과 네덜란드, 두 나라에 새로운 배치가 나타났던 날짜들을 비교하는 게임이 되

무엇-의-정치학은 시험의 종점, 추구해야 할 목표가 특성상 정치적이라고 가정한다. 그러나 실은 그 이상이다. 개입은 다른 효과도 있다. 개입은 얻고자 한 것 이상을 가져온다. 최근의 실천에서, 실험은 그중 몇 가지, 소위 부작용을 다룬다. 보통 시험은 개입으로 죽을 위험과 같은, 한두 가지 나쁜 결과를 고려에 넣는다(살다 보면 어디에서나 그렇듯이 확률은 있지만, 보행요법보다는 우회술 수술에서 죽을 확률이 더 높다). 그리고 부작용과 함께 경제적 가치도 평가에 들어온다. 낮은 비용은 중요한 장점으로 받아들여진다. 그러나 어떤 식으로든 질병을 실행하게 되는 **삶의 양식** 대부분을 임상적으로 고찰할 수는 있지만, 평가 연구에서 재현하기는 쉽지 않다. 매일 두 번 제대로 산책을 하려면 상당한 자기 훈련이 필요하다. 이것이 좋을까 나쁠까? 헌신적인 수술팀의 돌봄을 받는 것은 좋을 수도 있고 아닐 수도 있다. 그리고 피부 밑의 조직 색을 절실히 의식하게 되는 것은 풍요로운 경험일까 아니면 지독히 소외시키는 경험일까?

였다. 이것들은 정확히 평행을 이루지는 않았지만, 한 나라가 항상 다른 나라를 앞서 나가지도 않았다. 때로는 영국인들이 1~2년 앞서 있는 듯 보였다. 다른 때에는 네덜란드인들이 앞섰다. (직접 비교해 보고 싶으면 다음을 보라. Mol and Van Lieshout 1989.)

그러나 이 놀라운 유사성을 어떻게 생각하면 좋을까? 이런저런 식으로 **문화**를 환기하는 대신, **돈**의 흐름을 보는 것이 더 가망이 있어 보인다. 1940년대부터 보건에 자금을 지원한 방식 때문

에 일반의들은 네덜란드에서만이 아니라 영국에서도 비교적 강세였다. 이런 상황을 공고히 하기 위해, 일반의들은 늘어나는 의학 전문가들과 대조적으로 자기들만의 강점을 강조하게 되었다. 그들은 일반의가 환자 한 명이 아니라 장기간에 걸쳐 가족 전체를 계속 기록하기 때문에 강점이 있다고 주장했다. 병든 신체만이 아니라 문제가 있는 생활 환경을 다루는 것이다. 결국 그들의 강점은 환자의 관점에 관심을 기울이게 만드는 대화 테크닉에 있었다. (그들이

무엇-의-정치학은 의사와 환자들 간이 아니라, 특정한 질병의 다양한 실행 간의 차이를 탐색한다. 이 책은 질병의 다른 실행들이 다른 존재론을 수반한다고 주장하고자 했다. 그것들 각각이 신체를 다르게 **만든다**. 그러나 또한 선을 **행하는** 다른 방식들도 함께 온다. 동맥경화증의 각각 다른 변종들에서, 이 질-병dis-ease의 질dis은 실쩍 다르다. 도달할 수 없는 "건강"을 목표로 치료를 지향하는 이상들 또한 서로 다르다. 이런 이상들과 의학이 확립하고자 하는 다른 **선들**은 더 연구할 필요가 있다. 여기에서 제시한 의료실천의 존재론 연구는 분기하면서 공존하는 선의 실행에 대해 더 조사해 볼 만하다. 어떤 선을 추구해야 하며, 어떤 악과 싸우는가? 그리고 어떤 식으로 이러한 선함들이 선한 것으로 설정되는가 — 왜냐하면 대화를 통한 설득, 과학적 실험, 윤리적 논쟁, 경제적 권력게임 사이에는 엄청난 차이가 있기 때문이다. 이런 연구의 또 다른 차원은 이런 것이다. 우리가 어떻게 결핍과 나쁨과 더불어 살아가는가, 그리고 우리는 어떻게 실제로 선

기본적인 돌봄을 제공할 때 협력했던 사회복지사들로부터 얻은 테크닉으로, 사회복지사들은 이를 미국 사회사업과 인본주의 심리학에서 얻었다.) 그리고 일반의들이 의과대학에 거점을 굳히게 되자, 자신들의 대화 테크닉을 모든 미래의 의사에게 교육하기 시작했다. 바로 **이 때문에** 독일 의사를 찾아가는 것은 크게 다르지만, 네덜란드 의사를 찾아가나 영국 의사를 찾아가나 비슷한 것이다. 네덜란드와 독일 "문화" 간의 차이가 일흔다섯 가지의 다른 방식에서는

훨씬 더 작게 나타난다 해도 그렇다.

그래서 텍스트가 어디에서 나오는가, 텍스트의 지역적 기원을 어떻게 명시할 것인가는 당연하게 받아들일 수 없는 주제다. 이는 최근 인류학 문헌에서 많이 논의되는 주제인데, 어느 정도는 장소를 묘사하면 "문화"가 어떻게 만들어지는가를 상술하는 데 도움이 되기 때문이다. (예를 들어, 다양한 텍스트를 보려면 다음을 보라. Fog Olwin and Hastrup 1997.) 이 책에서 자료의 특수성이 **네덜란드적**인가? 그것은 대체로

의 한계를 다루는가?

　이러한 질문들에 대해 여기에서 답하지는 않겠다. 다만 **다중신체**를 연구하는 일은 그 질문들을 열어 두는 데 도움이 될 것이다. 그러나 이 질문들을 제기하면서, (우리가 누구이건 간에) "우리" 모두가 (사실에 의해 확신하게 되어서든 공개적이고 솔직한 토론 덕분이건) 동의할 수 있는 선의 구성요소가 단 하나만 존재하지는 않는다는 사실을 강력히 암시하고(그렇게 느낀다고 해야 할까?) 싶다. 존재론처럼, 선은 불가피하게 다중적이다. 하나 이상이 있다. 오랫동안, 그리고 여러 장소에서, 과학은 진상조사를 통하여 종결하리라는 약속을 내세웠다(혹은 계속해서 내세워 왔다). 윤리학에서는 추론을 통한 종결, 혹은 적어도 잠정적인 합의의 약속이 널리 공유되었다. 이런 약속에 훼방 놓으려 한다는 점에서, "무엇을 할 것인가?"를 정치적 질문이라 해도 좋을 것이다. **정치적**이라는 용어는 개방성, 미결정성을 상기시킨다. "무엇을 할 것인가"라는 질문이 사실이나 논쟁으로 종결될 수

잘 교육받은 인구집단을 가진 나라의 특성인가? 아니면 일반의들이 비교적 강세인 보건 조직과 관련이 있는가? 아니면 대부분의 환자가 보건 비용을 전액 돌려받는 장소와 관계가 있는가? 아니면 이 이야기는 네덜란드 남부 가톨릭 지역이나 독실한 개신교 북부에서가 아닌 중급 규모 도시의 학술적 병원에서 나온 것으로만 이해할 수 있는가? 가능성은 무궁무진하다. 가능성이 쌓이고 쌓여 여기에서 분석한 자료들이 Z병원에서 나왔다고 말할 수 있는 정도가

될 수도 있다.

　이제 사회학으로 눈길을 돌려 보자. Z병원, 오직 Z병원에서만 이 연구를 위한 현장 작업을 했기 때문에, 많은 사회학자는 이를 **미시 연구**로 볼 것이다. 작은 것에 대한 연구. 하지만 정말 그럴까? 에드워드 소자는 『포스트모던 지리』에서 로스앤젤레스에 관해 이야기한다(Soja 1989). Z병원과는 전혀 다른 곳. 똑같이 작은가? 음, 평방킬로미터로 따지면 조금 더 크지만, **미시**와 **거시**를 서로 대척점에 놓는 사람들은 여전히

없음을 강조하는 데 도움을 준다. 영원히 긴장 —— 혹은 의심 —— 이 따른다는 사실을 강조한다. 정치적 우주론에서 "무엇을 할 것인가"는 사물의 질서에 주어진 것이 아니라, 확립해야 하는 것이다. 선을 행하는 것은 선에 대해 알아낸 대로 따르는 것이 아니라, 진짜로, 행동의 문제다. 시도하고, 이리저리 손보고, 씨름하고, 실패하고, 다시 시도하는 것이다.

선택을 넘어서

어느 한 질병의 다른 버전들 속에 각인된 선함은 불가피하게 서로 싸운다. 하지만 그렇다고 해서 무엇의 정치학이 지식과 추론의 전통적 타자인 선택에 의존할 수 있다는 뜻은 아니다. 무엇보다도 다중성은 다원주의가 아니다. 질병은 다른 장소에서 다르게 실행될 수도 있지만, 문제의 **장소들**은 각기 **어느 한 편**을 이루지 않는다. 대신, 한 질병의 다른 실행들은 상호의존적이다. 그것들은 추가될 수 있고, 환자들은

아주 작다고 말할지도 모른다. 그러나 소자는 규모를 측정하려는 이런 시도를 벗어난다. 그는 자신이 연구하기로 선택한 도시가 어떻게 "모든 것"을 포함하는지를 적절히 보여 준다. **로스앤젤레스에는 모든 것이 다 있다** —— 그의 장 제목 중 하나다. 한 가지 이유는 문자 그대로 전 세계에서 사람들이 모여들었기 때문이다. 그리고 그들은 자기들의 옷, 결혼 풍습, 언어 —— 모든 것을 가지고 왔다. 그러나 로스앤젤레스는 또 다른 이유로 커다란 컨테이너다. 소

자가 포스트모던 시대에 핵심적으로 중요하다고 본 모든 것이 이 단 하나의 도시에 있을 수 있다. 도시들과 관계 있는 모든 변화와 이동, 도시들의 기획(의 부재), 도시들의 거리, 무역 패턴, 교통 체계 —— 지리학자들이 중요하다고 보는 모든 것이 로스앤젤레스에 있다. 그리고 모든 것이 거기 다 있기 때문에, 분석가가 사방을 다 돌아다닐 필요가 없다. **큰 목표를 찾을 필요가 없다.** 이 단 하나의 도시로 충분하다. 모든 것을 담고 있다.

그 사이에 분배될 수 있다. 그들은 서로를 포함할 수 있다. 의학 안에 셀 수 없이 많은 긴장이 있지만, 완전히 발달한 패러다임들이 충돌하는 일은 드물다. 외과의들이 동맥경화증의 진행은 다루지 않고 막힌 관내강에만 관심을 갖는다고 비난하는 내과의조차 궤양이 생긴 상처를 산소 부족 탓에 더는 치료할 수 없게 된 환자가 오면 달리 선택의 여지가 없다. 환자를 수술을 받게 보낸다.

어느 한 질병의 다른 버전들이 상호의존하기 때문에, "선택"은 누군가의 정치학의 정수를 표현하기에 부적합한 용어다. 그리고 질병(들)의 실행과 다른 실재들의 실행 간의 간섭도 마찬가지다. 무엇보다도 질병들은 병원에서 실행되는 현상만이 아니다. 성차, 연령, 노화, 네덜란드적인 것과 외국적인 것, 전문성, 감정적 지혜와 불안정함 등등 그보다 더 많은 것이 있다. 그래서 질병의 두 가지 변종을 서로의 대안으로 분리해 놓으면, 훨씬 더 많은 것이 이 변종들보다 더 중요해진다. 예를 들어 "성별"의 실재를 보자. 성별은 동맥경화증을 실행하

Z 병원도 마찬가지다. 이 병원은 작다고 말하는 것은 물론이고 규모를 말하는 것이 의미가 없다. 다시, 이는 건물에 있는 실제 물리적 존재자들이 많은 장소에서 나오기 때문만이 아니다. 미국 학회지, 독일 측정 기계, 일본 텔레비전, 필리핀에서 만든 컴퓨터가 있다. 남아프리카산 커피가 있다. 모든 현대적 병원이 그렇듯이 없는 것이 없다. Z에서 일하는 사람들은 여러 장소를 순환했다. 그중에는 다른 곳에서 온 사람들도 있지만(중국, 포르투갈, 스위스, 영국), 네덜란드에서 태어나 파리, 시애틀, 토론토에서 몇 년간 연구를 하거나, 작은 아프리카 마을에서 일을 한 사람들도 있다고 앞서 말했다. 그러나 그 정도가 아니다. 혈관촬영을 공부하고 싶다면, 어떤 종류의 큰 장소를 찾아 봐야 할까? 물론 Z보다 조금 더 큰 병원도 있지만, 어딘가 "거시적"인 곳에서 엑스레이 기구의 작동과 사용을 배울 수는 없다. 그것은 항상 특정한 장소에서는 "미시적"이다. 그리고 수술도 마찬가지다. 한 번에 하나의 신체에 이루어진다. 혹

는 데 연관된다. 외과의들이 수술을 더 많이 할수록, 인간 피부 밑의 지방층은 여성이라는 것이 무엇이고 무엇은 아닌가에 더 중요해진다. 그러나 그 점이 수술에 유리할까 불리할까? 매번 생산되는 보건 통계에서 성별 간의 차이는 풀어내기가 더 어려워진다. 사전에 인쇄된 양식에서 묻는 것은 남녀 구분이고 이미 쌓인 더미에 또 하나의 남녀 차이를 더하는 경향이 있다. 각 개인에 대한 정상치를 정하는 것은 이와는 반대로 두 성별화된 인구집단을 차별화하는 관련성을 지운다. 그런 식으로 계속된다. "동맥경화증"과 "성차" 사이에는 너무나 많은 간섭이 있다. 그러나 어떻게 간섭들이 무엇의 정치학의 일부로 만들어지는 "선택"에 영향을 주는가? 실행되는 모든 실재는 고사하고, 이단 하나의 관련성만을 고려에 넣을 방법도 찾기가 어렵다. 개괄하는 것은 불가능하다. 그리고 어느 한 대상의 실행에 대한 평가는 다른 대상에 대한 평가와 모순될 수도 있다.

"선택"이라는 용어에 따르는 세 번째 어려움이 있다. 실천들이

은 환자에게 이야기하는 것도 그렇다. 어떻게 치료할지 생각하는 것도. 열 개혹은 백 개의 병원에서 나온 수치를 더한다고 **더 큰** 그림이 나오지 않는다 — 그저 뭔가 다른 것을 묘사할 뿐이다. 그것은 개별적 사실들보다는 역학적 사실을 전달한다. 내러티브 실재보다는 숫자적 실재를, 사건보다는 집합을 전달한다. (어째서 여전히 큰 그림과 같은 것이 존재한다는 생각에 맞서 싸워야 할까? 아주 오래전 **문헌에** 그런 주장이 있었다. 브뤼노 라투르는 1984년 프랑스어로 책상 위의 문서들을 뒤적이는 과학자는 들판에서 화살로 무장한 사냥꾼보다 **더 많은** 변수를 다루는 것이 아니라, 보통 훨씬 **더 적게** 다룬다고 설명했다. 과학자의 숫자는 넓은 영역에서 솜씨 좋게 합쳐 단순화한 것일 뿐이다. 그리고 과학자들은 어떤 **거시적** 장소에 거주하는 것이 아니라, 책상 앞에 있다. 이 논쟁에 대한 영어 버전은 다음을 보라. *Latour 1988*.)

사건들은 필연적으로 지역적이다. 어딘가에 있다. 위치한다. 그리고 이 책

하나의 존재자만을 실행하는 것이 아니라 한 세계를 불러낸다면, 질병만이 아니라 사람들도 다양하게 나온다. 사람들, 아니 우리는 전문가, 환자, 다른 무엇으로 등장하건 이 속에 포섭된다. 우리는 저기 어딘가에 실행된 실재들을 지배하는 것이 아니라, 그것들과 연관된다. 그러므로 실재 바깥에 있으면서 실재를 선택하거나 거부할 수 있는 독립적인 행위자는 없다. 동맥경화증이 우발적으로, 우연히 일어나는 이상 상태로 실행된다면, 외과의는 불행한 환자의 구원자로 실행된다. 그러나 동맥경화증이 조기에 막아야 하는 느린 프로세스로 실행된다면, 외과의는 항상 너무 늦는 사람, 증상을 완화해 줄 뿐이지 진짜 질병에는 닿을 수 없는 사람이다. 동맥경화증의 양식들 중에서 "선택"하고 싶어 하는 외과의들의 정체성은 이루어지는 "선택들"과 간섭한다.

환자 정체성도 마찬가지로 중요하다. 환자란 무엇인가는 최종적으로 정해져 있지 않다. 병원 바깥에 너무나 강력히 확립되어 있어서

이 사건들에 대해 말하는 한, 책의 대상 역시 반드시 지역적이다. 그러나 이 책의 주요 목표는 사건조차도 아니고, 다시 다른 것이다. **공존**. 이론적으로 말하자면, 이 책은 "단일한" 대상의 다른 버전들이 공존하도록 허용하는 조합, 분배, 포함의 양식들을 다룬다. 그러나 어디에서, 어느 장소에서 공존을 연구할 수 있을까? 하나의 이름 아래 공존하는 존재자들 사이에는 먼 거리가 있다. 맥도널드의 예를 보자. 맥도널드는 전세계적으로 다양한 매장 사이에 끝없는

유사성과 차이가 있는 매혹적인 다중물이다. (맥도널드와 같이 단 하나 유일하게 성공적으로 세계화한 것이 있다는 생각은 Watson 1997에서 끝났다.) 그러나 다시, 공존의 양식에 관심을 갖는다면, Z 병원이 **그 모든 것을 포함하고 있다**고 말할 수 있을 것이다. 조합, 분배, 포함, 적어도 이 세 가지를 Z에서 다 발견할 수 있다. 이를 얻으려고 건물 전체를 돌아다닐 필요도 없다 —Z 병원에는 이 책에서 언급하지 않은 위치와 상황이 많이 있다. 다리 혈관의 동맥경화증

진료실, 병동, 수술실, 연구실로 가져올 수 있는 것도 아니다. 동맥경화증의 실행에 따라 다른 환자가 나온다. 이런 예가 있다. 동맥경화증이 유전적 기반의 이상으로 실행된다면, 그 환자의 문제는 잘못된 유전자를 타고났다는 것뿐이다. 그러나 병의 발생이 생활 방식의 문제로 실행된다면, 동맥경화증을 앓는 사람은 좋지 못한, 불건전한 생활을 영위했다는 비난을 받을 수 있다. 이런 맥락에서 환자는 무책임한 사람으로 찍힌다. 이는 선택권이 있다면 선택할 수 있는 이상한 자격일 뿐 아니라, 선택권을 다룰 능력을 박탈하는 것이다.

그래서 이 책에서 설명한 실재의 다른 버전들 간의 공존과 간섭들과, 선택의 관념에 내포된 것 사이에는 불일치가 있다. 무엇보다도 "선택"은 의학 전문가, 민족지학자, 사회학자, 철학자로서, 그리고, 그렇다, 환자로서 **우리**가 관여하거나 관여하지 않는 무엇의 정치학에서 해야 할 일과 진행 중인 일을 포착하는 데 최상의 용어는 아닐지 모른다. 우리에게는 불화, 긴장, 대조, 다중성, 상호의존, 공존, 분배, 포

과 관련된 몇 가지 실천을 분석하는 것만으로도, 책 한 권을 채울 수 **있을 만큼** 많은 공존의 패턴을 담은 분야를 구성할 수 있을 것이다.

이 모든 것은 한 분야의 지도를 그리려는 것이 아니라 그 속의 패턴들, 즉 공존의 양식과 양상을 식별해 내려는 이론가에게는 정확한 규모가 중요하지 않다는 이야기다(그러나 또한 다른 것일 수도 있다). 그러나 분야의 규모가 무관하다 해서 — 진짜로 측정할 수 없다 해도 — 분야 따위는 전혀 중요하지 않

다는 의미는 아니다. 여기에서 설명한 공존의 패턴들은 **어딘가에** 존재한다. 그 장소를 Z 병원, 동맥경화증의 실행들, 의료서비스, 네덜란드, 20세기 마지막 10년, 보험이 잘 되어 있는 환경, 의료실천, 뭐라고 부르건 간에 그렇다. 명명하는, 지역화하는 이런 방식들에 대해서는 할 말이 훨씬 더 많다. 그러나 내가 지금 강조하고 싶은 것은 바로 이것이다. 나의 이론적 조사는 다중체의 다양한 버전의 공존에 대한 것이며, 진짜로 **지역화되어 있었다**. 존재론에 대

함, 실행, 실천, 조사 등 다른 용어들도 있다. 이보다 더 많을 수도 있다. 어느 것이 좋을까? 이 책은 이 질문에도 답을 주기보다는 열어 놓는다. 지금 요점은 이것이다. 학술적 철학 전통에 맴도는 보편주의의 꿈과는 대조적으로, 우리가 사는 세계는 하나가 아니다. 살아가는 방법은 여러 가지가 있다. 그것들은 다른 존재론과, 선을 평가하는 다른 방법들과 함께 나온다. 그 방법들은 그것들 사이의 차이가 환원할 수 없는 것이라는 점에서 정치적이다. 그러나 배타적이지는 않다. 그리고 그것들 바깥에, 혹은 위에 서서, 그것들을 지배하거나 선택할 우리도 없다. 우리는 내포되어 있다. 다른 모든 것들과 마찬가지로, 행동도 실행된다.

임상의학

특정 실천 각각에 대안이 있다고 해서 병원이나 의료서비스가 영구적인 혼란 상태에 빠지지는 않는다. 긴장은 서서히 해소되는 경향이

한 철학적 관심은 여기에서 현장에 대한 경험적 연구와 연결되었다. 이는 철학의 지배적 전통에 배치된다. 오랫동안 **철학**의 깃발 아래 뭉쳤던 노력들은 장소와 특별한 관계를 갖는 것으로 제시되었다. 그것들은 **보편적**이었다. 어디에서나 타당했다—특정한 곳에 박혀 있지 않았다. 철학적 개념들은 보편적 가치를 가져야 했다. 규범들은 보편적 타당성의 주장으로 정당화되어야 했다. 그러나 지금 여기에서 그 모든 일을 다 할 수 있기도 하다. 이론에서 옳은

것은 어디로든 옮길 수 있어야 했다—그래서 "올바름"을 옮긴다는 것이 어떤 의미인지에 대해서는 관심을 갖지 않았다. 보편성은 착륙 활주로, 전화선, 심지어 위성조차도 필요하지 않다. 보편성의 수송 문제는 제기되지도 않는다. (철학과 **장소** 간의 관계에 대해 조금 더 복잡한 역사는 다음을 보라. Casey 1997.)

어떤 철학자들은 보편성의 꿈으로부터 앞으로 나아갈 방법들을 열어 놓았다. 발터 벤야민은 급진적인 예를 홀

있는 공존 상태가 된다. 확실한 것은 아무것도 없지만, 의심의 영속적인 가능성이 똑같이 영속적인 혼돈의 위협으로 이어지지는 않는다. 안정성에 결코 이르지 못한다 해도 긴장은 순화된다. 어느 한 질병의 다른 실행들 간에 공존의 패턴들이 되풀이하여 생긴다. 추가, 번역, 분배, 포힘, 이것들은 신체와 질병을 모이 주는 것과 같은 식으로 병원을 하나로 모아 준다.

이런 식으로 의료서비스를 설명하는 것은 하나의 행위다. 이 행위가 어디까지 갈지, 텍스트가 실제로 차이를 만들어 낼지, 만들어 낸다면 어떻게 할지는 아직 더 봐야 할 문제다. 그것은 이 책이 어디로 갈지, 누가 받아들여 줄지, 팔린 부수, 책의 관심사들과 독자가 가질 법한 관심사 간의 (비)우연적 겹침에 달려 있다. 내가 한 말들로 독자는 무엇을 할까? 그것은 내 능력 밖의 일이다. 독자에게 달려 있다. 그러나 이 텍스트가 지적으로 행한 작업에 대해 표현하려는 시도는 해 볼 수 있고, 시도했다. 말하자면 이론적으로 그렇다. 이 책은 비판에

류하게 제공한다. 그의 『아케이드 프로젝트』(1999)는 철학과 특정한 **지상의** 한 장소에 **동시에** 위치해 있다. 그 장소는 바로 파리다. 현대적 도시. 파리의 건축. 아케이드. 이방인들 간의 마주침. 그 책은 생각하기의 **위치성**(그것의 대상, 가능성, 실행, 수행적 노력)에 주목하며, 이 책의 배경이 되고 존경하는 선조들을 형성한 철학적 문헌을 표식하는 것은 바로 이러한 생각하기의 위치성에 대한 명시적인 주목이다. 마지막으로 미셸 푸코로 마무리

하겠다. 그의 저작에서 위치성에 대한 날카로운 감각은 철학을 첫째로 가치 있는 무엇, 영원히 이동하고 변화하는 무엇으로 만든다. 지금-여기와, **우리 자신**과 연결되었음을 천명하는 철학에 참여하는 방식은 **보편적일** 수가 없으며, 보편적이 되기를 바라지도 않는다. 그것은 지역화된다. 푸코는 주로 경험적 문제들을 역사적인 방식으로 탐구한다. 그러나 민족지학적, 혹은 다소 실천지적 방식으로 쉽게 확장 가능하다. 그러므로 다음 인용에 나오

관여하지는 않는다. 나는 여기에서 의학 전반의 잘못된 점이나, 특히 Z 병원의 동맥경화증 치료에서 문제점을 지적하지는 **않았다**. 다 괜찮다고 확언하려는 것이 아니라, 옳고 그름을 가르는 것은 기준이 있어야만 가능하다고 주장했다. 이런 기준을 여기에서 펼치지는 않았다. 다만 실재의 다른 실행들의 공존을 분석하고, 너무 많은 기준, 선을 매기는 다른 방법들이 함께 나온다고 주장했다.

그러나 이 책이 중립적인 책은 아니다. 전혀 그렇지는 않다. 의학을 다른 실재와 선을 평가하는 다른 방식들을 실행하는 것으로 분석한다는 것은, 의학에 관해 이야기하는 방법일 뿐 아니라 그 안에서 이야기하는 방법이다. 의학계 안에서 이 책은 합리화가 의료서비스의 질을 개선할 궁극적인 방법이라는 생각에 반대하는 수많은 목소리 중 하나다. 합리화라는 이상은 실천이 너무 복잡해서 의료서비스의 질에 문제가 생긴다는 생각으로부터 시작한다. 그러나 아무리 엉망진창일지라도 실천은 그런 것이 아니다. 실천은 복잡하다. 일을 하

는 "역사적" 위치성에 "지형학적"인 것을 덧붙여야 한다. 그러면 문헌에 관련된 이 하위텍스트는 문헌**에서 가져온** 말들로만 적합하게 끝날 수 있을 것이다. "우리 자신의 비판적 존재론을 이론, 신조로는 물론이고 축적 중인 영속적인 지식으로도 간주해서는 안 된다. 이 존재론은 태도, 에토스, 철학적 삶으로 생각해야 한다. 철학적 삶에서 우리가 어떤 존재인가에 대한 비판은 우리에게 부과된 한계에 대한 역사적 분석이면서, 동시에 그 한계 너머로 나아갈 가능성에 대한 실험이다"(Foucault 1984, 50).

는 서로 다른 방식들이 병치되면서 합리화가 없앨 수 없는 복잡성이 생겨난다. 합리화가 복잡성을 없앨 수 있다면, 이는 개선이 아닐 수도 있다. 어떤 장소와 상황에서 소위 과학적 근거(병리학, 병리심리학, 또는 임상역학)를 실천으로 가져오게 된다면, 이는 충분히 노력하여 이미 작동 중인 다른 양식들을 지배하게 될 것이 당연하다. 그러나 합리화는 의학을 개선하기보다는 빈곤하게 한다. 그리고 그 상실은 임상이 떠맡게 된다.

다중성을 강조하면서, 이 책은 임상의학에 지지를 보낸다. 임상의학은 환자 병력에서 출발한 전통으로, 연구실과 같은 환경에 고립된 물리성보다는 증후들을 제시한다. 또한, 그 전통은 객관화된 수치를 요구하기보다는 융통성 있는 주관적인 평가와 더불어 살아간다. 집계보다는 병력의 전통이다. 이 책은 임상의학이 어디에서 기반을 상실했는가, 혹은 상실하고 있는가를 비판적으로 짚는 식으로 임상 전통을 지지하지 않는다. 대신, 임상의학이 현재 잘 인정받지 못하는 중요성을 강조한다. 무엇보다도 Z 병원 외과의들은 환자의 일상생활에 결과적으로 이득이 크다면 동맥을 연다. 임상적 고려사항들은 치료 결정에 핵심적이다. 그리고 증상을 호소하는 환자들만이 병원에 온다.

의료 기술의 확산은 연구실이 장악한다는 두려움의 근거가 될 수도 있지만, 전혀 다른 가능성도 있다. 각각의 진단 결과가 다른 것들로부터 갈라져 나오기 때문에, **좋은 기준**이라는 생각이 강화되기보다는 약화될 수 있다. 그리고 각각의 치료적 개입이 다른 결과를 얻는다면, 무엇을 개선으로 볼 수 있을지도 똑같이 덜 명확해질 수 있다. "개입이 효과적인가"라는 질문은 또 다른 질문, "어떤 효과가 있는가"로 넘어간다. 임상적 고려사항들은 아무리 모호하다 해도, 아무리 형식과 회계 시스템에 잘 들어맞지 않는다 해도, 완고하고 지속적이다. 무엇보다도, 그것들은 일상생활과 관련이 있다. 그리고 사람들에게 가장 중요한 것은 일상생활이다. 환자가, **우리**가 우리의 의심과 질병과 더불어 살아가야 할 곳이다. 아니, 임상의학의 모든 것이 다 좋지는 않다. 그러나 합리화가 임상 전통을 훨씬 더 많은 통계학, 회계 시스템, 수치, 다른 과학성으로 지배할 위험이 있는 곳에서, 이 책은 자신의 관점에서 임상을 개선하고자 하는 목소리들의 편에 선다. 어떤 관점에서인가? 어떻게 임상적인 것을 더 나아지게 할 것인가? 이 것들이 내가 여기에서 답하지 않은 채로 남겨 두는 질문들이다.

그래서 이 책은 비판적이지는 않더라도 중립적 연구는 아니다. 판단을 내리는 것과는 다른 편파성의 양식들이 있다. 과학들 간의 전통적 위계질서를 약화시킴으로써 위계질서에서 낮은 자리를 차지하는 분과학문들을 강화할 수 있다. 의심의 지속적인 가능성을 지적함으로써 자기들이 결국 과학을 혼란스러운 실천에서 구해 낼 수 있다고 주장하는 기술들의 자신감(그리고 확신시키는 힘)을 무너뜨리는 것이다. 특정한 차원 안에서 다른 개입들을 비교하기보다는 비교 가능성의 다양한 차원을 열어 놓음으로써, 최근 가장 관심을 덜 받는 차원들에 틈을 내주고 이것들이 눈에 보이도록 만들어 준다. **누구의 정치학**과 주로 가기보다는, **무엇의 정치학**의 필요성을 강조하는 것이 전문 영역을 열어 놓는 데 도움이 된다. 그리고 선택이 무엇의 정치학(존재론을 상정하기보다 포괄하는 정치학)에서 사용할 수 있는 최상의 용어인가에 대한 의심은 선을 추구한다는 것이 무엇인가에 대한 합리주의적 환상에 맞선다. **다중신체**를 우리가 더불어 살아가는 실재로 제시하는 것은 문제에 대한 해결책이 아니라 수많은 지적 반사작용을 변화시키는 방법이다. 이 연구는 의심을 몰아내려 하기보다는 일으키려 한다. 최종 결론 없이 여전히 불완전할 수도 있다. 열린 결말은 부동자세를 뜻하지 않는다.

옮긴이 해제

우리는 모두 하나의 몸을 가지고 있다. 몸이 나라는 주체의 소유물이 아니라 나 자체라고 해도 내가 하나인 이상 몸은 하나다. 그렇다면 몸이 하나가 아니라는 것, 몸이 다중적인 존재라는 것은 무슨 말일까? 오랫동안 의료와 과학기술, 지식의 실천을 연구해 온 아네마리 몰은 정신 대 몸, 나아가 우리가 가지고 있는 몸과 우리 자신인 몸 사이의 이분법을 넘어 일상적 의료실천 속에서 실행되는 몸에 주목한다.

이 책에서 '실행하다'라는 용어는 enact를 번역한 것이다. 고심 끝에 선택한 단어다. 몰의 enact는 '무대 위에서 상연하다'stage와 '존재하게 하다'cause to exist, 그리고 '행동하다, 연기하다, 작용하다'act 등의 의미를 모두 포함한다. 몰은 자신이 Enactment를 통해서 뜻하는 바가 주디스 버틀러의 '수행'performance과 크게 다르지 않다고 밝힌 바 있다. 버틀러의 수행 개념은 실재가 수행되는 무대 뒤편에 진짜 실재가 있을 것 같은 인상을 주기 때문에 이에 대한 논쟁이 있어 왔고, 몰은 이러한 인상을 피하고 싶어 Enactment를 사용하기로 했다고 한

---

* 본 내용의 전반부 일부는 남미 지역의 오픈 액세스 학술지 프로그램인 SciELO(Scientific Electronic Library Online)에 실린 아네마리 몰 인터뷰 기사를 참조하여 작성했음을 밝힌 다. https://www.scielo.br/j/icse/a/kXPhNhb6npZwhSDgB6YPR9f/?lang=en.

다. 주의할 것은, 실천을 통해 존재가 실행됨으로써 존재하게 된다는 말은 실천이 실재의 원인이라거나 실천이 실재를 창조한다는 말과는 다르다는 점이다. 원인이나 창조라는 표현이 전제하듯 과거에 일어난 일이 현재를 규정한다는 의미가 아니다. 실천을 통해 실재가 실행됨으로써 존재한다는 표현에서 실천은 과거에 주어진 패턴이나 루틴으로서가 아니라 불안정적인 현재로 존재한다.

그렇다면 실행하는 몸을 어떻게 연구할까? 몰은 동맥경화증이라는 혈관질환의 진단 및 치료에 얼마나 다양한 사람과 장치가 개입하는지 보여 주기 위해 병원 구석구석을 관찰하고 기록한다. 진료실에서 환자는 의사와 서로 질문과 답을 주고받으며 때로 의사가 동맥의 맥박과 피부 상태를 확인할 수 있게 바지나 양말을 벗기도 한다. 따라서 진료실에서 동맥경화증은 '걸을 때의 통증', '약한 맥박' 혹은 '영양 상태가 나쁜 피부' 등으로 존재한다. 검사실에서는 환자의 말보다 테크니션의 측정이 주가 된다. 테크니션이 측정하는 것은 발목과 팔에서의 혈압 차이 혹은 다리 동맥의 혈류 속도 등으로 이러한 실천은 각각 동맥경화증을 혈압 강하나 혈류 속도의 국소적 증가 등으로 실행한다. 두 경우 모두 진료실에서 실행되는 동맥경화증과는 다르다. 몰은 이 모든 것을 실제로 일어나는 실천을 지켜보며 기술한다. 이것이 '실천지'라고 부르는 방법론이다.

이 책은 몸에 대한 것이기 전에 아픔에 대한 것이다. 그런 의미에서 '바디 멀티플'보다 '디지즈 멀티플'이 이 책에 대한 더 정확한 제목일지도 모른다. 해부학적으로 동맥경화증은 특정한 폭의 동맥 특히 '협착'이라고 불리는 플라크에 의해서 좁아진 동맥을 가진 몸을 의미한다. 반대로 생리학적으로 동맥경화증은 해부학적 구조가 아니라 시간에 따라 플라크가 형성되며 변화하는 과정으로서의 몸이다. 일상에서 동맥경화증은 매일의 삶 속에서 드러나는 걸을 때의 고통이다. 서로 다른 동맥경화증에는 서로 다른 치료가 필요하다. 일상에서 걸을 때의 통증이 문제라면 보행요법이 통증 완화에 도움이 될 수 있으나 동맥의 협착을 해결하지는 못한다. 따라서 보행요법의 효과가 혈관의 폭으로 측정된다면 이것은 실패한 치료법인 셈이다. 서로 다른 몸, 서로 다른 동맥경화증 사이에는 긴장과 충돌이 있다.

흥미로운 것은 의료 현장의 실천을 기술한 이 책에서 흔히 기대되는 의사와 환자 사이의 차이와 위계보다 협력이 눈에 띈다는 점이다. 지금까지 많은 의료 관련 인문사회학에서 환자와 의사가 같은 사건과 같은 몸, 같은 아픔에 얼마나 다른 의미를 부여하는지 보여 주었음을 상기한다면 이는 두드러지는 시도다. 그러나 질병의 실재를 염두에 둔다면 이는 매우 당연한 것이기도 하다. 하나의 질병이 실재하기 위해서 환자와 의사가 서로를 필요로 하기 때문이다. 환자가 의사에게 증상과 고통을 말하지 않는다면, 그리고 의사가 의학적 설명과 진단 도구 그리고 치료를 제공하지 않는다면 동맥경화증은 존재할수 없다. 이로써 의료 현장은 하나의 몸, 하나의 질병에 대해 의사와 환자 그리고 테크니션 등이 서로 다른 해석을 하는 인식론적 경합의 장이 아니라, 그들이 함께 실행한 여러 개의 몸, 여러 개의 질병이 긴장 속에 공존하고 때로 충돌하지만 연결되는 존재론적 정치의 장으로 변모한다.

무엇보다 이 책이 인류학과 과학기술학에 '존재론적 전회'를 이끈 대표적인 연구들 중 하나라는 점을 강조하고 싶다. 인류학과 과학기술학을 대표하는 핵심어를 각각 '문화'와 '지식'으로 본다면 그 반대편에는 '자연'이 존재한다. 20세기의 인류학에서 자연은 하나이지만 문화는 다양했으며, 자연은 고정되어 있지만 문화는 변화 가능했다. 20세기의 과학기술학, 특히 과학지식사회학에서 경합하고 논쟁하며 합의되는 것은 자연에 대한 지식이지 자연이 아니었다. 이 근본적인 전제를 완전히 뒤집은 것이 몰이 보여 주는 '몸의 존재론'이다. 인식론이 인간이 존재를 어떻게 아는가에 대한 사유라면 존재론은 존재 그 자체에 대한 사유다. 즉 몸의 존재론은 몸 그 자체에 대한 사유다. 몰은 병원 현장에서 말과 앎이 아닌 실천과 함doing을 기록하여 존재가 단일하고 고정된 실재로 주어진 것이 아니라 실천을 통해서 다르게 실행됨을 생생하게 보인다. 그런데 이는 자연이 복수로 존재할 수 있다는 다원주의가 아니다. 몰은 다중성을 "여러 겹으로 접혀 있지만, 다원적이지는 않다"고 표현한다. 잘 알려져 있는 "하나는 너무 적고 둘은 너무 많다"라는 과학기술학자 도나 해러웨이의 말도 이와 상통한다. 이 다중성 개념은 존재론적 전회가 구성주의적 전회 이전 경직된 실재론이나 생물학적 결정론 혹은 과학주의로의 회귀도 아니고 문화상대주의의 거울상으로 자연상대주의도 아님을 분명히 보여 준다.

특히 과학기술학계에서 이 연구가 갖는 의미는 매우 특별하다. 사실 과학기술학자들에게 '실천'은 너무나 익숙한 단어다. 일찍이 과학기술학자 브뤼노 라투르의 『실험실 생활』(1979)에서부터 물리학자이면서 과학기술학자인 앤드류 피커링의 『실천의 맹글』(1995)까지 실험실에서 과학자들이 실제로 어떤 일을 하면서 지식을 생산하는지 보여 주는 실험실 연구의 계보가 있었다. '실천으로서의 과학'은 과학기술학자들을 한데 묶는 주문 같은 구절이다. 과학철학자 이

언 해킹 역시 『표상하기와 개입하기』(1983)에서 과학지식의 생산에서 실험과 '하기'를 중심에 두었으며 '그것을 조작할 수 있으면 그것은 실재한다'라는 과학적 실재론을 주장한 바 있다. 최근 물리학자이자 과학철학자인 캐런 버라드가 『우주의 중간에서 만나기』(2007)에서 제안한 행위적 실재론이 이 계보를 잇고 있다. 『바디 멀티플』이 돋보이는 지점은 몰이 동맥경화증이라는 지극히 평범한 연구 대상을 택했다는 점이다. 갑상선자극호르몬 방출인자나 전자와 같이 일상에서 접하기 어려운 존재나 이제 실험실에서 막 창조된 실재가 아니라 임상과 연구 모두에서 상당히 안정화된 지식이 수행되는 동맥경화증의 실행을 병원 구석구석에서 일어나는 실천을 통해서 보여 줌으로써, 첨단 과학기술의 현장이 아닌 우리 주변의 일상에 있는 존재들조차도 겹겹이 살아나는 듯한 경험을 하게 된다.

2003년에 출판된 책이 우리말로 번역되어 나오기까지 거의 20년이 걸렸다. 그러나 이보다 더 좋은 시기는 없다고 생각한다. 국내 학계에서 최근 몇 년 사이 비인간, 물질, 사물, 자연, 몸 등 존재 그 자체에 대한 관심이 어느 때보다 높아졌다. 신유물론이라고 불리는 새로운 패러다임 덕분이다. 많은 이들이 신유물론의 현란한 용어와 낯선 개념들을 나름의 방식으로 소화하며 새로운 패러다임의 사유를 환영하고 있다. 그러나 더 많은 이들이 신유물론을 더 구체적으로 이해하고 싶어 하고 특히 연구자의 경우 신유물론으로 어떻게 경험 연구를 할 것인가를 고민하는 것으로 알고 있다. 그들에게 이 책이 흔치 않은, 그리고 더할 나위 없는 사례이자 본보기가 되어 줄 것이라고 확신한다.

Akrich, M. and D. Pasveer. 2001. "Obstetrical Trajectories. On Training Women/ Bodies for (Home) Birth", *Birth by Design*, eds. R. DeVries, C. Benoit, E. van Teijlingen and S. Wrede, London: Routledge.

Andersen, T. F. and G. Mooney eds. 1990. *The Challenges of Medical Practice Variations*, Houndmills, UK: Macmillan.

Amselle, J.-L. 1990. *Logiques métisses: Anthropologie de l'identité en Afrique et ailleurs*, Paris: Payot.

Armstrong, D. 1983. *Political Anatomy of the Body: Medical Knowledge in Britain in the Twentieth Century*, Cambridge: Cambridge University Press.

_____. 1988. "Space and Time in British General Practice", *Biomedicine Examined*, eds. M. Lock and D. Gordon, Dordrecht: Kluwer.

Arney, W. and B. Bergen. 1984. *Medicine and the Management of Living: Taming the Last Great Beast*, Chicago: University of Chicago Press.

Ashmore, M. 1989. *The Reflexive Thesis: Wrighting Sociology of Scientific Knowledge*, Chicago: University of Chicago Press.

Ashmore, M., M. Mulkay and T. Pinch. 1989. *Health and Efficiency: A Sociology of Health Economics*, Milton Keynes: Open University Press.

Barker, M. 1982. *The New Racism*, London: Junction Books.

Barreau, H. ed. 1986. *Le même et l'autre: Recherches sur l'individualité dans les sciences de la vie*, Paris: Éditions du CNRS.

Bazerman, C. 1988. *Shaping Written Knowledge*, Madison: University of Wisconsin Press.

Benedict, R. 1997. "A Note on Dutch Behaviour", *Notifies over Nederlanders*, ed. R.

van Ginkel, Amsterdam: Boom.

Benhabib, S. ed. 1996. *Democracy and Difference: Contesting the Boundaries of the Political*, Princeton: Princeton University Press.

Benjamin, W. 1999. *The Aracdes Project*, trans. H. Eiland and K. McLaughlin, Cambridge: Harvard University Press.

Berg, M. 1997. *Rationalizing Medical Work: Decision-Support Techniques and Medical Practices*, Cambridge, Mass.: MIT Press.

Böhme, G. 1980. *Alternative der Wissenschaft*, Frankfurt: Suhrkamp.

Butler, J. 1990. *Gender Trouble: Feminism and the Subversion of Identity*, London: Routledge.

Canguilhem, G. 1991[1966]. *The Normal and the Pathological*, New York: Zone Books.

Caplan, A. L., H. T. Engelhardt Jr. and J. J. McCartney. 1981. *Concepts of Health and Disease: Interdisciplinary Perspectives*, Reading, Mass.: Addison-Wesley.

Casey, E. 1997. *The Fate of Place: A Philosophical History*, Berkeley: University of California Press.

Chauvenet, A. 1978. *Médecines au choix, médecine de classes*, Paris: PUF.

Clifford, J. 1988. *The Predicament of Culture: Twentieth-Century Ethnography, Literature, and Art*, Cambridge, Mass.: Harvard University Press.

Clifford, J. and G. E. Marcus eds. 1986. *Writing Culture*, Berkeley: University of California Press.

Cussins, C. 1996. "Ontological choreography", *Social Studies of Science* 26, 575~610.

De Laet, M. and A. Mol. 2000. "The Zimbabwe Bush Pump: Mechanics of a Fluid Technology", *Social Studies of Science* 30, 225~63.

Dehue, T. 1995. *Changing the Rules*, Cambridge: Cambridge University Press.

Dodier, N. 1993. *L'expertise médicale*, Paris: Métailié.

_____. 1994. "Expert Medical Decisions in Occupational Medicine: A Sociological Analysis of Medical Judgement", *Sociology of Health and Illness* 16(4), 489~514.

Doyal, L. and I. Pennell. 1979. *The Political Economy of Health*, London: Pluto Press.

Dreifus, C. ed. 1978. *Seizing Our Bodies: The Politics of Women's Health*, New

York: Vintage House.

Duden, B. 1991. *The Women Beneath the Skin: A Doctor's Patients in Eighteenth-Century Germany*, trans. T. Dunlop, Cambridge, Mass.: Harvard University Press.

Duyvendak, J. W. ed. 1994. *De verzuiling van de homobeweging*, Amsterdam: Sua.

Engel, G. 1981. "The Need for a New Medical Model", *Concepts of Health and Disease*, eds. A. Caplan, H. T. Engelhardt Jr. and J. McCartney, Reading, Mass.: Addison-Wesley.

Engelhardt Jr., H. T. 1975. "The Concepts of Health and Disease", *Evaluation and Explanation in the Biomedical Sciences*, eds. H. T. Engelhardt Jr. and S. Spicker, Dordrecht: Reidel.

Engelhardt Jr., H. T. and A. Caplan. 1987. *Scientific Controversies*, Cambridge: Cambridge University Press.

Epstein, S. 1996. *Impure Science: AIDS, Activism, and the Politics of Knowledge*, Berkeley: University of California Press.

Fleck, L. 1980[1935]. *Entstehung und Entwicklung einer wissenschaftlichen Tatsache*, Frankfurt: Suhrkamp.

Fog Olwin, K. and K. Hastrup eds. 1997. *Siting Culture: The Shifting Anthropological Object*, London: Routledge.

Foucault, M. 1973. *The Birth of the Clinic: An Archaeology of Medical Perception*, trans. A. M. Sheridan-Smith, London: Tavistock.

_____. 1979. *Discipline and Punish*, trans. A. Sheridan, New York: Vintage.

_____. 1981. *The History of Sexuality, vol I: An Introduction*, trans. R. Hurley, Harmondsworth, UK: Penguin.

_____. 1984. "What is Enlightenment?", *The Foucault Reader*, ed. P. Rabinow, New York: Pantheon.

Fox, N. 1994. "Anaesthetists, The Discourse on Patient Fitness, and The Organisation of Surgery", *Sociology of Health and Illness* 16, 1~18.

Freidson, E. 1970. *The Profession of Medicine*, New York: Harper and Row.

Gilman, S. 1985. *Difference and Pathology: Stereotypes of Sexuality, Race, and Madness*, Ithaca: Cornell University Press.

Ginkel, R. van. 1997. *Notities over Nederlanders*, Amsterdam: Boom.

Goffman, E. 1971[1959]. *The Social Presentation of Self in Everyday Life*, Harmondsworth, UK: Penguin.

Goodman, N. 1978. *Ways of Worldmaking*, Indianapolis: Hackett Publishing Company.

Hacking, I. 1992. "The Self-Vindication of the Laboratory Sciences", *Science as Practice and Culture*, ed. A. Pickering, Chicago: University of Chicago Press.

Hahn, R. 1985. "A World of Internal Medicine: Portrait of an Internist", *Physicians of Western Medicine*, eds. R. Hahn and A. Gaines, Dordrecht: Reidel.

Haraway, D. 1989. *Primate Visions*, New York: Routledge.

_____. 1991. "Gender for a Marxist Dictionary: The Sexual Politics of a Word", *Simians, Cyborgs, and Women: The Reinvention of Nature*, London: Free Association Press.

_____. 1997. *Modest_Witness@Second_Millennium.FemaleMan©Meets_OncoMouse™*, New York: Routledge.

Harding, S. 1986. *The Science Question in Feminism*, Ithaca: Cornell University Press.

Harvey, D. 1990. *The Condition of Postmodernity*, Oxford: Basil Blackwell.

Helman, Cecil. 1988. "Psyche, Soma, and Society: The Social Construction of Psychosomatic Disorders", *Biomedicine Examined*, eds. M. Lock and D. Gordon, Dordrecht: Kluwer.

Henderson, L. J. 1935. "Physician and Patient as a Social System", *New England Journal of Medicine* 212, 819~23.

Hirschauer, S. 1993. *Die soziale Konstruktion der Transsexualität: Über die Medizin und den Geslechtswechsel*, Frankfurt: Suhrkamp.

Jacobus, M., E. Fox Keller and S. Shuttleworth eds. 1990. *Body/Politics: Women and the Discourses of Science*, New York: Routledge.

Kondo, D. 1990. *Crafting Selves: Power, Gender, and Discourses of Identity in a Japanese Workplace*, Chicago: University of Chicago Press.

Kuhn, T. 1962. *The Structure of Scientific Revolutions*, Chicago: University of Chicago Press.

Lacoste, Y. 1976. *La géographie, ça sert, d'abord, à faire la guerre*, Paris: Maspero.

Lakatos, I. and A. Musgrave. 1970. *Criticism and the Growth of Knowledge*, Cambridge: Cambridge University Press.

Lakoff, G. and M. Johnson. 1979. *Metaphors We Live By*, Chicago: University of Chicago Press.

Latour, B. 1987. *Science in Action*, Milton Keynes: Open University Press.

_____. 1988. *The Pasteurization of France*, trans. A. Sheridan and J. Law, Cambridge, Mass.: Harvard University Press.

_____. 1993. *We Have Never Been Modern*, trans. C. Porter, New York: Harvester Weathsheaf.

_____. 1996. *Aramis, Or the Love of Technology*, trans. C. Porter, Cambridge, Mass.: Harvard University Press.

Latour, B. and S. Woolgar. 1979. *Laboratory Life*, London: Sage.

Law, J. 1994. *Organizing Modernity*, Oxford: Blackwell.

_____. 2000. "On the Subject of the Object: Narrative, Technology, and Interpellation", *Configurations* 8, 1~29.

_____. 2002. *Aircraft stories. Decentering the Objects in Technoscience*, Durham: Duke University Press.

Law, J. and A. Mol. 1995. "Notes on Materiality and Sociality", *Sociological Review* 43, 274~94.

Lecourt, D. 1976. *Lyssenko*, Paris: Maspero.

Lijphart, A. 1968. *The Politics of Accommodation: Pluralism and Democracy in the Netherlands*, Berkeley: University of California Press.

Lynch, M. and S. Woolgar eds. 1990. *Representation in Scientific Practice*, Cambridge, Mass.: MIT Press.

MacKenzie, D. and B. Barnes. 1979. "Scientific Judgement: The Biometry–Mendelism Controversy", *Natural Order*, eds. B. Barnes and S. Shapin, London: Sage.

McCrea, F. and G. Markle. 1984. "The Estrogen Replacement Controversy in the USA and the UK: Different Answers to the Same Question?", *Social Studies of Science* 14, 1~26.

Mol, A. and J. Law. 1994. "Regions, Networks, and Fluids: Anaemia and Social Topology", *Social Studies of Science* 24, 641~71.

Mol, A. and M. Berg. 1998. "Introduction", *Differences in Medicine: Unravelling Practices, Techniques, and Bodies*, eds. M. Berg and A. Mol, Durham: Duke University Press.

Mol, A. and P. van Lieshout. 1989. *Ziek is het woord niet: medicalisering, normalisering en de veranderende taal van huisartsgeneeskunde en geestelijke gezondheidszorg 1945-1985*, Nijmegen: SUN.

Moore, B. 1966. *Social Origins of Dictatorship and Democracy*, Harmondsworth, UK: Penguin.

Mouffe, C. 1993. *The Return of the Political*, London: Verso.

Okely, J. and H. Callaway eds. 1992. *Anthropology and Autobiography*, London: Routledge.

Parsons, T. 1951. *The Social System*, New York: Free Press.

Pickering, A. ed. 1991. *Science as Practice and Culture*, Chicago: University of Chicago Press.

Pool, R. 1989. "Gesprekken over ziekte in een Kameroenees dorp: Een kritische reflectie op medisch-antropologisch onderzoek", *Ziekte, gezondheidszorg, en cultuur*, eds. S. van der Geest and G. Nijhof, Amsterdam: Het Spinhuis.

_____. 1994. *Dialogue and the Interpretation of Illness: Conversations in a Cameroon Village*, Oxford: Berg Publishers.

Poulantzas, N. 1978. *L'État, le pouvoir, le socialisme*, Paris: PUF.

Rose, S. ed. 1982. *Against Biological Determinism*, London: Allison and Busby.

Serres, M. 1980. *Le passage du nord-ouest*, Paris: Éditions de Minuit.

_____. 1994. *Atlas*, Paris: Julliard.

Shapin, S. and S. Schaffer. 1985. *Leviathan and the Air-Pump: Hobbes, Boyle, and the Experimental Life*, Princeton: Princeton University Press.

Showalter, E. 1985. *The Female Malady: Women, Madness, and English Culture, 1830-1980*, London: Virago Press.

Soja, E. 1989. *Postmodern Geographies: The Reassertion of Space in Critical Social Theory*, London: Verso.

Star, S. L. and J. Giesemer. 1989. "Institutional Ecology, 'Translations', and Boundary Objects: Amateurs and Professionals in Berkeley's Museum of Vertebrate Zoology, 1907-1939", *Social Studies of Science* 19, 387~420.

Stepan, N. 1987. "Race and Gender: The Role of Analogy in Science", *Isis* 77, 261~77.

Stocking, G. 1968. *Race, Culture, and Evolution*, New York: Free Press.

Strathern, M. 1991. *Partial Connections*, Savage, Md.: Rowman and Littlefield.

_____. 1992a. *After Nature: English Kinship in the Late Twentieth Century*, Cambridge: Cambridge University Press.

_____. 1992b. *Reproducing the Future: Anthropology, Kinship, and the New Reproductive Technologies*, Manchester: Manchester University Press.

Strauss, A. 1978. *Negotiations*, San Francisco: Jossey-Bass.

Suppe, F. ed. 1977. *The Structure of Scientific Theories*, Urbana: University of Illinois Press.

Sullivan, Mark. 1986. "In What Sense is Contemporary Medicine Dualistic?", *Culture, Medicine, and Psychiatry* 10, 331~50.

Trinh Minh-ha. 1989. *Woman, Native, Other*, Bloomington: Indiana University Press.

Watson, J. ed. 1997. *Golden Arches East: McDonald's in East Asia*, Stanford: Stanford University Press.

Willems, D. 1992. "Susan's Breathlessness: The Construction of Professionals and Laypersons", *The Social Construction of Illness*, eds. J. Lachmund and G. Stollberg, Stuttgart: Franz Steiner Verlag.

Young, A. 1981. "When Rational Men Fall Sick: An Inquiry into Some Assumptions Made by Medical Anthropologists", *Culture, Medicine, and Psychiatry* 5, 317~35.

Yoxen, Edward. 1982. "Constructing Genetic Diseases", *The Problem of Medical Knowledge: Examining the Social Construction of Medicine*, eds. P. Wright and A. Treacher, Edinburgh: Edinburgh University Press.

[ㄱ]

감각 데이터 130~133
감정 31~32, 40~41, 60, 130
『건강과 효율: 보건경제학의 사회학』
   272~273
결정주의 48, 50
경피적혈관성형술(PTA) 122~123, 167,
   169, 171~174, 176, 178, 229, 231,
   233~234, 239, 245
경험주의 19, 24, 168, 211
고프먼, 어빙 68~70, 74, 102
공민 281~283
공약불가능 132~134, 151
공존 21, 23, 90, 97, 126, 136, 173, 180,
   219, 242, 255, 257, 295, 300~301,
   303~304, 311
과학기술학 23, 269, 311~312
『과학 논쟁』 162
『과학의 사회적 연구』 165
과학주의 312
과학지식사회학 312
과학학 262
『과학혁명의 구조』 128

관내강 63, 78, 85, 88, 91, 102, 110, 122,
   130, 133, 137, 139, 141, 143~145, 147,
   157, 162~164, 166, 169, 188, 199, 249,
   270, 293, 298
관점주의 34, 36~37, 50, 122
규범성 7, 27, 280, 289
근대성 63~64
『급진적 과학 저널』 166
기능주의 27~30, 34, 56

[ㄴ·ㄷ]

내막 63~65, 71, 73, 75, 86, 88, 91~92,
   103, 110, 159, 189, 244
『네덜란드인들에게 알림』 290
네트워크 118~120, 125~127, 229,
   234~238, 240, 242
   의료 ~ 212
다원주의 130, 150, 180, 193, 297, 312
다중성 25~27, 42, 74, 97, 100, 135, 161,
   227, 258, 276, 297, 301, 305, 312
다중신체 6~8, 28, 104, 205, 296, 308
다중화 24~25, 36, 100, 113, 127, 134,

139, 149~150, 203, 228

당뇨 30~31, 33, 117, 120, 183~184, 218,
    231~233, 240~242, 289

데카르트, 르네 85

도디에, 니콜라 190~191

돌봄 27, 127, 281, 291, 294~295

동맥내막절제술 107, 159, 169, 171,
    175~176

동성애 30, 182, 213, 281

두덴, 바바라 57~58

듀플렉스 108, 132, 135~141, 143~145,
    147~151, 219, 221, 286

[ㄹ·ㅁ]

라마르크 생물학 169

라투르, 브뤼노 62~64, 66, 68, 114~115,
    118~119, 183~184, 236, 299, 312

레이파르트, 아런트 180~182

로, 존 82, 125

마르크스주의 24, 29, 170

「마르크스주의 사전을 위한 '젠더': 단어
    의 성정치학」 47

마클, 제럴드 173~174, 176

매켄지, 도널드 158

맥크레, 프랜시스 173~174, 176

멀케이, 마이클 273, 275

『메티스 로직』 224

면담 23, 30~32, 38, 42~43, 56, 70,
    79~81, 84, 98~99, 104, 120~121, 274

면역학 220

모더니즘 139

무페, 샹탈 192, 194

물리성 8, 29, 32, 37, 49, 57, 60, 83, 262,
    305

민족지학 8, 13, 20, 26~29, 41, 45, 52~53,
    57~60, 65~67, 70, 83, 85, 93, 96, 100,
    205, 214, 229, 257, 260, 266~268, 290,
    301, 303

[ㅂ]

바커, 마틴 44~45, 48~49, 51, 63

반스, 배리 158

발목/팔 지수 107, 114, 125~128, 174,
    207, 219

버라드, 캐런 313

버틀러, 주디스 5, 72~74, 76, 226, 309

베네딕트, 루스 287~288

베르흐, 마르크 279

벤야민, 발터 302

병리생리학 261

병자 역할 27~28, 34~35, 51, 107

보건경제학 272, 274~276

보건의료 272

보건 체계 29, 92, 112

보편성 286, 302

보편주의 7, 302

보행요법 165, 245, 264, 270, 274, 285,
    293~294, 311

부검 80~81, 247

『불순한 과학: 에이즈, 행동주의, 지식의
    정치학』 280

비샤, 사비에르 85~86, 88

비이행성 207, 209

「비환원자들」 183

빌럼스, 딕 247

[ㅅ]

사이보그 232~233, 252
사회 시스템 28, 102, 107
『사회 시스템』27
사회과학 28~29, 31~37, 41, 43~44,
　49~50, 57, 59, 67~68, 83, 101, 103,
　269, 276, 283, 286
사회심리학 84
사회적 동맥경화증 128, 130~131
사회학 23, 26, 29, 31~35, 45, 47, 49,
　68~73, 76~77, 83~84, 99, 130,
　157~159, 161, 163, 168, 178, 183,
　189~190, 192, 206, 226~227, 260,
　262, 273, 275, 283, 285, 288, 291, 296,
　301
　과학~ 156, 163, 189
　의료~ 8, 22, 24~25, 29, 31~32, 35~37,
　43, 51
상대주의 138
상호포함 56, 227, 229, 247, 251, 255
『새로운 인종주의』44
생물학 31~32, 34~35, 43~45, 47~50,
　158, 169~170, 175, 189, 196, 206, 220,
　260~262, 312
생의학 29, 32, 34~36, 48, 84, 220,
　241~242, 261, 286
석회화 62, 88, 117~118, 215, 272
설리번, 마크 84~89
성차 245~246, 249~250, 252, 255, 257,
　261, 298~299

성차별주의 259
세계보건기구 31
세르, 미셸 243, 245~247
소자, 에드워드 296~297
스탈린주의 170
스톨러, 로버트 47
스트래선, 매릴린 45~46, 48~50, 52, 63,
　138~141, 248~250, 252~253
시장 117, 202, 272, 280~281, 283
신진대사 90
신체검진 56~57, 84, 97~99, 106, 108,
　156
『신체의 정치적 해부』293
실용주의 27, 185, 188
실재론 312~313
실천성 38, 65, 73, 84, 92~93, 100, 102,
　118, 121, 157, 177, 201, 205~206, 263,
　265, 271, 273~274, 276, 287
『실천의 맹글』312
실천지 65, 67~68, 102~103, 149,
　205, 208, 243, 247, 253~254, 265,
　267~269, 271, 303, 310
『실험실 생활』80, 312
「심리, 몸, 사회: 심신 질병의 사회적 구
　성」80
심리학 35, 47, 69, 71~72, 226~227,
　260~261
　병리~ 305
　인본주의 ~ 295

[ㅇ]

아리스토텔레스 131~132, 243~244, 248

『아케이드 프로젝트』303

아크리히, 마들렌 291~292

아파르트헤이트 182

암 81, 173, 191, 283, 290

암셀, 장-루 224

암스트롱, 데이비드 89~91, 293

애시모어, 맬컴 273, 275

액트 업 280~284

양립불가능 72, 154, 158, 164, 167, 191, 200, 208

에스트로겐 대체요법(ERT) 173

에피스테메 86, 110, 114, 118~119

엡스타인, 스티븐 280, 282~284

엥겔하르트, 트리스트람 161~162, 168, 170, 186, 188

역학 표 221, 246, 252

영, 앨런 37~39, 41, 43

『우리는 결코 근대인이었던 적이 없었다』 63, 66

우생학 43~44

『우주의 중간에서 만나기』313

우회술 106, 170~171, 174, 207, 231, 293~294

위치성 303~304

유동체 239~242

「유전적 질병을 구성하기」80

유전학 83, 147, 198

유클리드 56, 205, 243~244, 248

윤리학 283, 296

의료서비스 31, 33~34, 36, 49, 229, 235, 281, 283, 301~302, 304

의료실천 21, 28, 57, 84, 88~89, 91, 104, 200, 206, 243, 255, 257, 261, 265, 270,

276~277, 295, 301, 309

의미론 33, 134

『의학을 합리화하기: 결정 지원 테크닉과 의료실천』277

『의학 전문직』24

이분법 50, 66~67, 92, 228, 309

이성 161, 164, 166~169, 178, 183

이종요법 5, 19~20, 94, 96

인공물 63, 78

인구집단 205~206, 218, 220, 222~229, 233~243, 250~252, 254~255, 265, 289, 296, 299

인류학 23, 26, 29, 38, 41, 45, 51, 54, 65, 137, 139, 141, 147, 229, 269, 285, 287, 290~291, 295, 311~312

의료~ 8, 23, 37, 43, 53

인식론 6, 8, 25, 27, 67, 85, 102, 244, 259, 274, 311~312

인종주의 44~45, 49

『일상생활에서 자아의 사회적 재현』69

일원론 260, 267

임상시험 280, 289~292

임상의학 86, 91~92, 112

『임상의학의 탄생』86

[ㅈ]

자아 68~69, 73, 219, 221, 223, 225~228, 231, 241~242, 250

사회적 ~ 69

인류학적 ~ 249

자연과학 67, 83, 101, 266, 269

『자연 이후: 20세기 후반의 영국 친족』45

정상성 108~109, 209, 211, 218
　비~~ 217
『정상적인 것과 병리적인 것』208
정상화 106~107
정신분석학 47, 73
정체성 48, 69~73, 75, 78, 80~83, 141,
　216, 224~226, 244, 300
　민족 ~ 224~225
　젠더 ~ 47, 72~73, 75~77
　지역적 ~ 105
　환자 ~ 300
젠더 20, 47~50, 74~75, 77~78,
　245~246, 261
존재론 12, 27~28, 82, 103~104, 150,
　200, 207, 244, 248, 255, 257, 260~261,
　266~268, 270, 276, 279, 295~296,
　301~302, 304, 308, 311~312
　몸의 ~ 312
존재자 54, 64~68, 71~72, 75, 82, 84~85,
　89, 115, 130, 137, 156, 195, 208~211,
　218, 244~245, 253, 257, 260, 266, 292,
　298, 300
지역성 7, 155, 285
지역화 104, 132, 143, 190, 286, 289, 301,
　303
지질단백질 180~181, 183~187, 207,
　218, 240~242

[ㅊ·ㅋ·ㅌ]

철학 19, 22~28, 43, 51, 65~66, 76, 84,
　157, 167~168, 178, 183, 185, 192, 196,
　243, 248, 259, 277, 286, 288, 301~304

과학~ 130, 155, 157, 159, 312~313
　의료~ 23, 43, 57
「카메룬 마을에서 질병에 대한 대화: 의
　료인류학 연구에 대한 비판적 성찰」55
카플란, 아서 162, 168, 170, 186
캉길렘, 조르주 43, 103~105, 208~212
콘도, 도린 226~228
쿠신스, 캐리스 82
쿤, 토마스 128~130, 136~137
클리퍼드, 제임스 138~139
타자 23, 115, 219, 223, 227~229, 231,
　241~242, 297
　~성 193, 213
트랜스섹슈얼 76~78

[ㅍ·ㅎ]

파스베이르, 베르니커 291~292
파스퇴르, 루이 115~117
파슨스, 탤컷 27, 29~36, 43, 52, 102~103,
　107, 109
파행 80, 138, 182, 199, 203, 223, 241
　간헐성 ~ 52~53, 55~57, 106, 122,
　156, 264
판독자 간 불일치성 134, 143
패러다임 104, 128~133, 136~137, 144,
　151, 257, 298, 313
페미니스트 24, 48, 50, 141, 174~177
폐색 137, 139, 141, 148~149
『포스트모던 지리』296
폭스, 니콜라스 188~189
『표상하기와 개입하기』313
푸코, 미셸 86, 88, 106~109, 112, 114,

120~121, 124~125, 127, 213~217, 303

풀, 로버트 53~55

프라이드슨, 엘리엇 24~26, 29, 43

플레츠크, 루드비크 220~223

플로우 체임버 189~190, 196

『피부 밑의 여성들』 57

피커링, 앤드류 312

펀치, 트레버 273, 275

할로, 해리 264

합리성 270, 272, 274, 277~278

「합리적인 사람이 병이 날 때: 의료 인류학의 일부 가정들에 대한 조사」 37

합리화 270~271, 277, 279, 304~305, 307

해러웨이, 도나 47~48, 50~51, 63, 232, 252, 263, 265, 312

해킹, 이언 133~135, 312~313

혈관촬영 132~135, 137~141, 143~145, 147~151, 162, 164, 209, 211, 219, 221, 248~249, 252, 272~274, 286, 293, 298

히르샤우어, 슈테판 15, 76

바디 멀티플 : 의료실천에서의 존재론

초판1쇄 펴냄 2022년 5월 26일

지은이 아네마리 몰
옮긴이 송은주, 임소연
펴낸이 유재건
펴낸곳 그린비
주소 서울시 마포구 와우산로 180, 4층
대표전화 02-702-2717 | **팩스** 02-703-0272
홈페이지 www.greenbee.co.kr
원고투고 및 문의 editor@greenbee.co.kr

주간 임유진 | **편집** 홍민기, 신효섭, 구세주, 송예진 | **디자인** 권희원, 이은솔
마케팅 유하나, 육소연 | **물류유통** 유재영, 한동훈 | **경영관리** 유수진

이 책의 한국어판 저작권은 듀란킴 에이전시를 통한 Duke University Press와의 독점계약으로 그린비에 있습니다.
저작권법에 의하여 한국 내에서 보호를 받는 저작물이므로 무단전재와 무단복제를 금합니다.
책값은 뒤표지에 있습니다. 잘못 만들어진 책은 구입처에서 바꿔 드립니다.
ISBN 978-89-7682-894-1 93160

學問思辨行: 배우고 묻고 생각하고 판단하고 행동하고

독자의 학문사변행을 돕는 든든한 가이드 _그린비 출판그룹

그린비 철학, 예술, 고전, 인문교양 브랜드
엑스북스 책읽기, 글쓰기에 대한 거의 모든 것
곰세마리 책으로 통하는 세대공감, 가족이 함께 읽는 책

이 저서는 2022년 대한민국 교육부와 한국연구재단의 지원을 받아 수행된 연구임(NRF-2020S1A5B8097404)